Hugh Cunningham
Die Geschichte des Kindes
in der Neuzeit

Hugh Cunningham

Die Geschichte des Kindes in der Neuzeit

Aus dem Englischen
von Harald Ehrhardt

Artemis & Winkler

Titel der englischen Originalausgabe: Children and Childhood in Western
Society Since 1500. Pearson Education Limited. Edinburgh Gate, Harlow,
Essex CM 20 2 JE, England
© Pearson Education Limited 2005

Bibliografische Information Der deutschen Nationalbibliothek
Die Deutsche Nationalbibliothek verzeichnet diese Publikation in der
Deutschen Nationalbibliografie; detaillierte bibliografische Daten
sind im Internet über http://dnb.d-nb.de abrufbar.

© 2006 Patmos Verlag GmbH & Co. KG, Düsseldorf
Artemis & Winkler Verlag, Düsseldorf
Alle Rechte vorbehalten.
Druck und Verarbeitung: CPI Books, Leck
ISBN: 3-538-07229-9
www.patmos.de

Inhalt

Vorwort

Die deutsche Übersetzung dieses Buches erscheint zu einem Zeitpunkt, an dem sich die Sorgen um Kinder und Kindheit noch einmal verstärkt haben. Es herrschen vielfältige Ängste. Die Furcht vor einem langfristigen Rückgang der Gesamtbevölkerungen durch Kindermangel, eine drohende »Umkehrung der Alterspyramide« geht um und führt zu heftigen Mediendebatten. Die Sorge, das bisherige Niveau der Renten- und Sozialleistungen aufgrund der rückläufigen Zahl junger Berufstätiger nicht mehr aufrechterhalten zu können, verbindet sich mit der keineswegs abwegigen Vorstellung, dass Gesellschaften, in denen Kinder und Jugendliche zu »Ausnahmeerscheinungen« geworden sind, labile Züge tragen und womöglich ohne Überlebenschance sind. Ungelöst ist nach wie vor das Problem der Kinderarmut, Fälle von Kindesmissbrauch zu Hause und in Institutionen beunruhigen von Zeit zu Zeit die Öffentlichkeit, und die Wirkung eines übermäßigen Medienkonsums – vom Fernsehen bis zur Handyflut – vergrößert die Zahl der negativen Einflüsse und Gefahren, denen Kinder außerhalb der (auch nicht mehr sicheren) Bereiche Familie und Schule ausgesetzt sind. Die Regierungen versuchen auf diese Ängste zu reagieren und z. T. das positive Image des Kindes und der kinderreichen Familie wiederherzustellen. So gibt es beispielsweise in England zum ersten Mal einen Minister für Kinderangelegenheiten. In Deutschland ist man derzeit bemüht, durch Neuverteilung der Kindergeldzahlungen, steuerliche Entlastungen sowie Ganztagskindergärten und -schulen die »Kinderfreudigkeit« wiederzubeleben. In einem größeren Zusammenhang – nicht zuletzt unter dem Druck der UN-Kinderkonvention (»Übereinkommen über die Rechte des Kindes«) von 1989 – setzt sich immer mehr die Erkenntnis durch, dass es genauso wichtig (wenn nicht wichtiger) ist, auf das zu hören, was Kinder zu sagen haben, wie auf das zu hören, was Erwachsene zu sagen haben.

Die Forschungen der Historiker reflektieren in vielerlei Weise diese Ängste, Hoffnungen und Neuerungen: Es ist ihr Ziel, die zeitgenössischen Fragen und Entwicklungen in einen historischen Kontext zu stellen. Haben Kinder schon immer in den Armutsstatistiken eine größere Rolle gespielt? Ist der sexuelle Missbrauch von Kindern etwas Neues oder hat es ihn schon immer gegeben? Wie reagierte die erwachsene Öffentlichkeit auf frühere mediale Neuerungen und deren Auswirkung auf Kinder? Wie hat sich die Idee der Kinderrechte im Laufe der Zeit entwickelt? Bei den Arbeiten für die zweite Auflage dieses Buches habe ich versucht, diese neuen Forschungsergebnisse zu berücksichtigen. Ein Gutteil der Arbeiten befasst sich mit Kindern und ihren Familien an der Schnittstelle zwischen ihrem eigenen privaten Bereich und der Öffentlichkeit des Staates oder der freiwilligen Organisationen. Im Mittelpunkt stehen verlassene und vernachlässigte Kinder, Kinder in Heimen oder Pflegefamilien und Kinder im Konflikt mit dem Gesetz und der öffentlichen Ordnung. Die verschiedenen Maßnahmen der Behörden werden thematisiert, ebenso versuchte man greifbar zu machen, was es bedeutete, in einer bestimmten Situation zu einer bestimmten Zeit ein Kind zu sein. Die Untersuchungen über konkrete Kindheitserfahrungen wurden mithilfe von Autobiographien und anderem Quellenmaterial weitergeführt, um herauszufinden, wann und wie man Kindheit als formative Kraft für die Herausbildung einer individuellen Identität aufzufassen begann – anstatt sie lediglich als eine durch Defizite markierte Lebensperiode zu betrachten.

Diese neue Akzentsetzung in den Studien über Kinder und Kindheit in der westlichen Gesellschaft führt zu einer Frage, die im vorliegenden Text nur am Rande berührt wird: wo liegen die Grenzen der »westlichen Gesellschaft«, und inwieweit sind die westlichen Ideen und Praktiken typische Merkmale dieser Gesellschaft? Es ist ohne Zweifel möglich, auch andere Gesellschaften zu nennen, in denen ähnliche Ideen über Kindheit lebendig sind wie im Westen. Die Besonderheit des Westens liegt darin, dass sich der westliche Einfluss über den gesamten Globus gerade in der Zeit verbreitete, als man im 18. Jahrhundert die Grundideen über Kindheit entwickelte. Wenn die Welt bis zu einem gewissen Grad (freilich nicht vollständig) die westlichen Ideen zur Kindheit übernommen hat, dann deshalb, weil der Westen die Kindheit – und bisweilen auch die Kinder selbst – als wesentliches Element des europäischen Imperialismus' exportiert hat.

Erstes Kapitel
Einleitung

Im Juni 1992, während der Belagerung von Sarajewo, schrieb ein elfjähriges Mädchen in ihr Tagebuch:

> STUMPFSINN!!! SCHIESSEN!!! GRANATEN!!! MENSCHEN WER-
> DEN GETÖTET!!! VERZWEIFLUNG!!! HUNGER!!! ELEND!!!
> ANGST!!! Das ist mein Leben! Das Leben eines elf Jahre alten,
> unschuldigen Schulmädchens!! Ein Schulmädchen ohne
> Schule, ohne den Spaß und die Aufregung der Schule.
> Ein Kind ohne Spiele, ohne Freunde, ohne Sonne, ohne
> Vögel, ohne Natur, ohne Früchte, ohne Schokolade und
> Süßigkeiten, nur mit ein bisschen Pulvermilch. Einfach ein
> Kind ohne Kindheit.

Zlata hatte in ihrer verzweifelten Lage eine klare Vorstellung von den Merkmalen einer Kindheit: Unschuld, Schule, Spaß, Spiele, Freunde, Natur, Süßigkeiten. All dieser Dinge beraubt, können sie und ihre Freunde »keine Kinder sein«.[1] Für Zlata war ein Kind nicht einfach ein Mensch eines bestimmten Alters, sagen wir, von seiner Geburt bis zum Alter von vierzehn Jahren; ein Kind konnte nur ein richtiges Kind sein, wenn es eine »Kindheit« hatte.

Es ist teilweise das Ziel meines Buches, die Entwicklung dieser am Ende des 20. Jahrhunderts formulierten Ansicht nachzuzeichnen, dass nämlich Kinder nur richtige Kinder sind, wenn sich ihre Lebenserfahrungen mit bestimmten Ideen von Kindheit decken. Werden wir auch um 1800 oder um 1500 Kinder finden, die wie das

Mädchen aus Sarajewo darüber entsetzt und beunruhigt sind, dass all das, was man ihnen über Kindheit und die damit verbundenen Erwartungen gesagt hatte, dermaßen von der Wirklichkeit abweicht? Hat »Kindheit« in der Vergangenheit Ideen transportiert, die sich von denen des Mädchens Zlata unterschieden?

Es geht mir auch darum, das Leben von Kindern zu erforschen. »Kinder« und »Kindheit« erscheinen als Leitbegriffe dieses Buches, weil wir trennen müssen zwischen Kindern als menschliche Wesen und Kindheit als sich wandelndes Ideensystem. Gab es in den fünfhundert Jahren seit 1500 signifikante Veränderungen in der Erfahrung von Kindheit und wenn ja, wann traten sie ein? Die Frage so einfach zu stellen, lädt sogleich zu einer Entgegnung ein: Kindheitserfahrung ist doch abhängig von der jeweiligen Region, von der Gesellschaftsschicht, vom Geschlecht. Das ist ohne Zweifel richtig. Dennoch behaupte ich, dass es in Europa und Nordamerika bestimmte vergleichbare Veränderungsmuster in der Erfahrung der Kindheit gibt, an der schließlich alle sozialen Schichten und beide Geschlechter ihren Anteil hatten.

In vielerlei Hinsicht ist es leichter, die Geschichte der Kindheit zu schreiben als die Geschichte der Kinder. Es liegt ein leicht zugänglicher Bestand an Literatur und Abbildungen vor, wie etwa pädagogische Abhandlungen, Romane, Porträts und Fotografien; diese Quellen ermöglichen einen Einblick in die Vorstellungen von Kindheit, die in den jeweiligen Gesellschaftsgruppen und in bestimmten Epochen vorherrschend waren. Man kann noch weiter gehen und untersuchen, welche Rolle die Kindheit als Idee für die Erklärung der Welt als Ganzes in einer Gesellschaft spielte. Beispielsweise war es üblich, die Geschichte des Menschengeschlechts analog zum Lebenszyklus eines Menschen zu betrachten; so fassten einige Gesellschaften die Entwicklung als aufsteigende Linie vom primitiven Urzustand/Kindheit zur Zivilisation/Erwachsenenalter auf, andere sahen darin einen Niedergang von urzeitlicher Unschuld/Kindheit zur Verderbtheit/Erwachsenenalter. Die

Auffassung von der Welt schließt die Auffassung vom Wesen der Kindheit ein.[2]

Ideen über Kindheit finden sich in der Vergangenheit in großer Zahl, nicht so leicht ist es indessen, etwas über das Leben der Kinder herauszufinden. Einige Quellen geben Auskunft über ihre Anzahl im Verhältnis zu den Erwachsenen, über ihre Lebenserwartung, über das Alter, in dem sie mit Arbeit beginnen und das Haus verlassen mussten und so fort, aber versucht man, die emotionalen Qualitäten kindlichen Lebens in der Vergangenheit zu erfassen, stößt man auf fast unüberwindliche Hürden. Briefe und Tagebücher von Eltern scheinen eine Möglichkeit zu bieten, diese Hürden zu überwinden, aber meist wurden sie von gebildeten und besser gestellten Leuten geschrieben, und in solchen Zeugnissen wird unser Bild von den Kindern durch die Sichtweise der Erwachsenen vermittelt. Bisweilen haben auch Kinder schriftliches Material hinterlassen, aber allzu oft erzählen uns ihre Aufzeichnungen mehr über das Genre des Tagebuchschreibens und die Wünsche und Erwartungen erwachsener Leser als über die Besonderheiten kindlicher Lebenserfahrung.[3]

Zahlreiche neuere historische Arbeiten über Kinder befassen sich indessen häufiger mit den Eltern als mit den Kindern selbst. Haben die Eltern in früheren Zeiten, so fragt man etwa, ihre Kinder geliebt? Ob die Kinder ihre Eltern liebten oder nicht ist offenbar kein Thema. So wie die Frage gestellt ist, lässt sie sich überhaupt nicht beantworten, zum Teil weil wir über die Intimität der Eltern-Kind-Beziehung nichts wissen und auch niemals etwas erfahren werden, zum Teil, weil die Frage impliziert, wir könnten Liebe erkennen, sobald sie sich uns zeigt, und von ihrer Abwesenheit sprechen, sobald sie sich uns nicht zeigt, so als handelte es sich um einen materiellen Gegenstand, beispielsweise einen Tisch. Liebe kann sich in der Tat in den verschiedenen Gesellschaften auf unterschiedlichste Weise manifestieren.[4]

Dem Historiker, der über das Thema Kindheit und Kinder arbeitet, muss somit bewusst sein, dass es leichter fällt, mit einiger Verlässlichkeit über Kindheit zu schreiben als über Kinder. Die Herausforderung besteht darin, die Beziehung zwischen den Ideen über Kindheit und den konkreten Kindheitserfahrungen herauszuarbeiten und festzustellen, wie sich diese Beziehung im Laufe der Zeit verändert hat. Wie lässt sich das Verhältnis zwischen den beiden Elementen erforschen? Die Antwort kann lauten, dass die Vorstellungen über Kindheit auf zwei unterschiedliche Arten Wirkungen ausübten. Zunächst liefern uns die Handbücher für Eltern die idealtypischen Ratschläge für das Aufziehen und die Erziehung von Kindern, und obwohl wir annehmen können, dass die Leser diese Ratschläge keineswegs immer wortwörtlich befolgt haben, dass sie diese Ratschläge manchmal auch völlig ignorierten, wissen wir auch, dass man sie bisweilen dennoch sehr ernst genommen hat. Akzentverschiebungen in diesen Handbüchern können durchaus Veränderungen in der Praxis widerspiegeln.[5] Sodann sind es Ideen über Kindheit, die uns in den Debatten und Tätigkeiten der Philanthropen und Regierungen entgegentreten. Ein wichtiges Thema dieses Buches wird sein, dass das Leben zahlloser Kinder in den von uns behandelten Jahrhunderten von öffentlichen Maßnahmen geformt wurde.

Es wäre nun falsch zu glauben, dass allein die Erforschung des Verhältnisses zwischen Kindern und Kindheit zu einer befriedigenden historischen Darstellung führen würde. Kindheit kann nicht isoliert von den allgemeinen gesellschaftlichen Bedingungen betrachtet werden. Es lässt sich durchaus sagen, dass die wichtigsten Einflussfaktoren auf die Kindheit – »Kindheit« als Ideencorpus und als Lebensphase – in erster Linie ökonomischer und demographischer Natur sind und erst in zweiter Linie politischer. Es war indessen die ökonomische Entwicklung in der westlichen Welt, die sowohl den Übergang der Kindheitserfahrung von der Kinderarbeit zur Schule ermöglichte, als auch die Entwicklung der Idee, dass Kindheit eine Zeit der Familienzugehörigkeit sein sollte. Und die

Sorge um die gegenwärtige Sicherheit und die zukünftigen Erfordernisse des Staates haben häufig den Impuls für eine offizielle Kinderpolitik geliefert. Wenn eine Theorie, wie wir sehen werden, über die Geschichte der Kinder und der Kindheit lautet, es habe sich zunehmend eine Trennung der Kinder von der Erwachsenenwelt vollzogen, dann müssen wir umso mehr die Geschichte der Kinder in den Kontext einer breiteren ökonomischen, sozialen und politischen Entwicklung einbetten.

Die Geschichtsschreibung der Kindheit

Bis zur Explosion der einschlägigen Publikationen in den letzten vierzig Jahren war derjenige, der nach historischen Informationen über Kinder und Kindheit suchte, entweder auf Bücher mit antiquarischem Ansatz angewiesen, beispielsweise auf R. Bayne-Powells *The English Child in the Eighteenth Century* (1939), oder auf sozialpolitische Darstellungen, die sich den Verhältnissen der Gegenwart über das Studium der Sozialgeschichte zu nähern versuchten. Einige dieser Arbeiten haben aufgrund ihres wissenschaftlichen Materialreichtums die Zeiten überdauert, so beispielsweise L. Lallemands *Histoire des Enfants Abandonnés et Délaissés: Etude sur la Protection de l'Enfance aux Diverses Epoques de la Civilisation* (1885), der darin die Rolle der katholischen Kirche in ihrem Verhalten gegenüber ausgesetzten Kindern verteidigte, oder O. J. Dunlop/R. D. Denmans *English Apprenticeship and Child Labour* (1912), die von dem Pionierwerk von Beatrice und Sidney Webb über die Geschichte der Armengesetze inspiriert waren, wie so viele andere englische Studien des beginnenden 20. Jahrhunderts. Solche Bücher trugen zur Entstehung eines Bildes über die Beziehung zwischen Kindern und Obrigkeiten in der Vergangenheit bei und behandelten auch die ökonomische Rolle der Kinder. 1926 unterstreicht R. H. Tawney die potenzielle Bedeutung solcher Arbeiten, wenn er schreibt, dass die »Behandlung der Kindheit« deutlicher als alles andere »den wahren Charakter einer sozialen Philosophie« zutage fördert.[6]

In den vergangenen vierzig Jahren haben Historiker ein außerordentlich starkes Interesse an der Geschichte der Kinder und der Kindheit an den Tag gelegt, waren sich in ihren Ergebnissen aber nur selten einig. Bei einigen zentralen Problemen hat sich ein regelrechter Meinungsumschwung ergeben. Am Ende der 1970er Jahre bestand die fast einhellige Meinung, dass die Geschichte der Kindheit die Geschichte eines Fortschritts gewesen sei, dass sich die Erfahrung ein Kind zu sein und das Verständnis vom Wesen der Kindheit im Laufe der Zeit verbessert habe. Ein Jahrzehnt später lautete die akzeptierte Lehre – nicht zuletzt, weil sich die materiellen Umstände verändert hatten –, dass die große Mehrheit der Kinder früher in Kernfamilien aufwuchsen und von den Eltern geliebt wurden. Kontinuität hatte den Wandel als Leitmotiv der Kindheitsgeschichte abgelöst.

Mit seinem Buch *L'Enfant et la vie familiale sous l'Ancien Régime* (1960) [engl. *Centuries of Childhood*, 1962; dt. *Geschichte der Kindheit*, 1975] löste Philippe Ariès eine Debatte über die Geschichte der Kinder und der Kindheit aus, die bis zum heutigen Tage anhält. Sein zentrales Thema hatte zuvor allerdings schon Norbert Elias behandelt. In seiner zuerst 1939 in der Schweiz erschienen Arbeit *Über den Prozess der Zivilisation* (die jedoch erst in den 1970er Jahren der englischsprachigen Leserschaft bekannt wurde) argumentierte Elias »dass sich die Distanz im Verhalten und der gesamten psychologischen Struktur zwischen Kindern und Erwachsenen im Verlauf des gesamten Zivilisationsprozesses vergrößert«. Genau dies war der Grundgedanke in Ariès' Buch. Für Elias beinhaltete der »Zivilisationsprozess« die Kontrolle der Instinkte, die gerade im Mittelalter nach seiner Auffassung noch kaum entwickelt war, als »die Distanz zwischen Erwachsenen und Kindern, gemessen an den heutigen Verhältnissen, gering war.«[7] In der frühen Neuzeit gab eine Vielzahl von Ratgebern den Erwachsenen Anweisungen, wie sie sich benehmen sollten und markierten damit die Distanz zwischen Erwachsenen und Kindern. Ein französischer Ratgeber von

1714 ermahnte die Leser: »Achte wohl darauf, dass Du Deine Nase nicht mit Deinen Fingern schnäuzt oder sie an Deinem Rockärmel abwischst, *wie es die Kinder tun*; benutze Dein Sacktuch und schau danach nicht hinein.« Natürlich wurden auch die Kinder angewiesen, ihre Instinkte zu kontrollieren. Ein anderer französischer Ratgeber von 1774 beobachtete, dass »Kinder gerne Kleider und andere Dinge, die ihnen gefallen, mit den Händen berühren. Dieser Drang muss korrigiert werden, und man muss sie lehren, alles, was sie sehen, nur mit den Augen zu berühren.«[8] Ende des 18. Jahrhunderts nahm man also an, dass Erwachsene, zumindest in den Gesellschaftsschichten, die solche Ratgeber lasen, bereits gute Manieren angenommen hatten, aber dass man sie den Kindern noch beibringen musste. Die Distanz zwischen beiden vergrößerte sich. Die Auffassung des 20. Jahrhunderts, Kindern müsse die Gelegenheit gegeben werden, sich die Verhaltensweisen der Erwachsenen nach ihrem eigenen Zeitmaß anzueignen, hat diese Distanz keineswegs verringert.[9] Für Elias war die Abgrenzung der Welt der Kindheit von der Erwachsenenwelt untrennbar mit dem »Zivilisationsprozess«, verbunden.

Ariès' Buch ist eine erweiterte Glossierung des Denkansatzes von Norbert Elias. Er war kein professioneller Historiker, und die Belege, auf die er sich stützte und die Art, wie er sie präsentierte, weisen alle Merkmale antiquarischer Tradition auf und bezeugen zugleich das Interesse an einer in die Geschichte sozialer Regeln eingebetteten Gegenwart. Was das Buch von den Arbeiten anderer Historiker unterscheidet, ist die chronologische Dimension – denn Ariès deckt die Periode vom Mittelalter bis in die Gegenwart ab – sowie das Bestreben, innerhalb dieser Zeitspanne auf Veränderungen hinzuweisen, und dies im Einklang mit der Argumentation von Norbert Elias. Er formulierte Hypothesen zur Geschichte der Kindheit, und diese wurden zu Fixpunkten für die gesamte nachfolgende Forschung.

Ariès verhehlte nicht, dass er die Gegenwart durch Vergleich und

Gegenüberstellung mit der Vergangenheit zu verstehen suchte. An den Gegenwartsverhältnissen fiel ihm besonders auf, wie sehr soziales Leben und Emotionen auf die Familie konzentriert waren. Seit dem 18. Jahrhundert wurde zuerst in den Mittelschichten »die Wand des Privatlebens zwischen Familie und Gesellschaft errichtet.« Die althergebrachten gesellschaftlichen Kontakte innerhalb einer Gemeinschaft hatten sich aufgelöst. In diesen Familien standen die Kinder im Mittelpunkt, in einer privatisierten Welt, in der die Erwachsenen »voll und ganz mit den physischen, moralischen und sexuellen Problemen der Kindheit beschäftigt waren.«[10] Ariès' Ausgangspunkt war somit die Missbilligung des seiner Ansicht nach repressiven und intoleranten modernen Familienlebens.[11] Um zu verstehen, warum sich die Dinge so entwickelt hatten, richtete er sein Hauptaugenmerk auf die Kindheit, die nach seiner Auffassung eine zentrale Rolle bei der Herausbildung der neuzeitlichen Familie spielte. Entscheidend war dabei die Vorstellung, dass Kinder eine Erziehung nötig hätten. Für Ariès gehörte dieser Gedanke zur »Moralisierung der Gesellschaft«, wie sie von den Reformern des 16. und 17. Jahrhunderts formuliert wurde. Die Kinder unterlagen »einer Art Quarantäne«, bevor man ihnen erlaubte, in die Welt der Erwachsenen einzutreten. Die Eltern lehrte man, es sei ihre Pflicht, ihre Kinder in die Schule zu schicken.[12] In einer vielleicht etwas romantischen Sicht des Mittelalters lässt Ariès die Kinder im Mittelalter ab etwa sieben Jahren ganz zwanglos in die Erwachsenenwelt übergehen, wobei sie nur noch recht lockere Bindungen zu ihren Familien beibehielten. Im Gegensatz dazu platzierte die Erziehung – und die damit verbundenen Verantwortlichkeiten der Eltern – die Kinder in die Mitte einer Familie, die sich zunehmend vom Rest der Gesellschaft isolierte.

Angesichts der Bedeutung, die Ariès der Erziehung für die Definition des modernen Kindheitskonzepts zuschreibt, ist es nicht verwunderlich, dass er gut die Hälfte seines Buches dem Studium der Veränderungen im »schulischen Leben« widmet. Wichtig im Rahmen dieser Wandlung war die aufkommende Idee, dass schulischer Unterricht nur etwas für Kinder sei und nicht etwas für Menschen jeden Alters: Kindheit und Erwachsensein wurden voneinander getrennt. Nachdem die Schule eine auf Kinder beschränkte Institution geworden war, konnte man ihr Ordnungs- und Disziplinaraufgaben zuweisen, einschließlich körperlicher Züchtigung, und diese schulische Disziplin »trennte das Kind, das unter ihr zu leiden hatte, von der Freiheit, der sich der Erwachsene erfreute.«[13] Je weiter sich nun das Schulwesen ausbreitete und ausgebaut wurde, desto länger dauerte die Kindheit. Ariès erkannte, dass diese Änderungen von langer Dauer waren und in unterschiedlichen Zeitabfolgen je nach Geschlecht, Gesellschaftsschicht und Land ihre Wirkungen ausübten. Allerdings zweifelte er nicht, dass der Einfluss der Moralisten bei der Ausbreitung der Schulidee und der Schulpraxis grundlegend war für die Entstehung der modernen Kindheitsidee.

Es war nötig, diesen Punkt zu betonen, denn die meisten Kommentare zu Ariès' Buch konzentrieren sich auf die Essays, die unter der Überschrift »Die Einstellung zur Kindheit« den ersten Teil der Arbeit ausmachen. In ihren Schlussfolgerungen sind sie eher sondierend und vorsichtig. Ariès untersuchte Veränderungen in den Vorstellungen über die Lebensalter, in bildlichen Darstellungen der Kindheit, in der Kleidung des Kindes, in der Geschichte der Kinderspiele und des Zeitvertreibs der Kindern sowie in der Ansicht, dass Kinder von Natur aus unschuldig seien und vor allem geschützt werden müssten, was ihre Sittsamkeit trüben könnte. Er kommt zu dem Ergebnis, dass sich im Frankreich des 17. Jahrhunderts zwei Kindheitskonzepte entwickelt hatten. Das eine entstand innerhalb der Familie; die Eltern »begannen an dem drolligen Wesen ihrer Kinder und am »Hätscheln« der Kinder Freude zu empfinden.«[14] Das zweite Konzept hatte seinen Ursprung außerhalb der Familie in moralistischen Kreisen, die Kinder als zerbrechliche Geschöpfe Gottes betrachteten, sodass sie des Schutzes wie der Besserung bedurften. Es waren diese Moralisten, die eine enge Zusammenarbeit zwischen Schule und Familie betonten, damit die besagten Aufgaben bewältigt werden konnten.

Ariès legte darauf Wert, »dass nicht so sehr die reale Familie unser Untersuchungsgegenstand ist, sondern vielmehr die Familie als Idee.«[15] Ihn interessierte vornehmlich die Geschichte der Kindheit und weniger die Geschichte des Kindes. Er entwarf einen Entwicklungsablauf der Kindheitsideen, namentlich in Frankreich, aber auch mit Bezügen zu anderen europäischen Ländern. Ein Teil der Argumente stieß auf breite Kritik, wie wir im folgenden Kapitel sehen werden, aber nur wenige bezweifelten die Legitimität der gestellten Aufgabe, auch wenn sie ohne ein gesichertes wissenschaftliches Grundlagenmaterial auskommen musste: Ideen oder Konzepte über Kindheit sind nicht unveränderlich, sondern haben eine Geschichte. Bei der Untersuchung dieses Themas stützte sich Ariès unvermeidlicherweise auf Auskünfte aus der Realität der Kindheit, aus der Schulerfahrung beispielsweise, und gewiss berücksichtigte er, dass Veränderungen in der Einstellung zur Kindheit auch die Erfahrung der Kindheit beeinflussten. Seine unmittelbaren Nachfolger in der Historiographie der Kindheit neigten zu einer Akzentverschiebung, betonten mehr die konkreten Erfahrungen der Kinder als die Entwicklung der Ideen von Kindheit.

Ariès' Buch wurde keineswegs sofort zum berühmten oder auch nur anerkannten Standardwerk. Nur wenige historische Fachzeitschriften würdigten es durch Rezensionen. Seine Arbeit wurde zunächst von den Sozialwissenschaften als wegweisend und autoritativ rezipiert, und diesen Status konnte das Buch bis heute behaupten.[16] Als dann die Sozialgeschichte Ende der 1960er und Anfang der 1970er Jahre einen Boom erlebte, war die *Geschichte der Kindheit* die einzige verfügbare Arbeit über diesen Themenkomplex. Das sollte sich rasch ändern. Eine Gruppe von drei Büchern gilt heute als typisch für die Forschung der 1970er Jahre über Kinder und Kindheit: Lloyd de Mause (Hg.), *The History of Childhood* (1974);

Edward Shorter, *The Making of the Modern Family* (1976) und Lawrence Stone, *The Family, Sex and Marriage in England 1500–1800* (1977). Diese drei Werke werden oft mit der *Geschichte der Kindheit* verknüpft. Mit der Zeit indessen fiel vor allem die geringe Übereinstimmung zwischen den drei Autoren ins Auge und nicht mehr die gemeinsame Grundlage, auf die sie sich angeblich stützen.

Das Buch von de Mause trägt den Untertitel *The evolution of parent-child relationships as a factor in history* und nennt damit genau das Thema des siebzigseitigen Beitrags des Herausgebers. Die übrigen Beiträge passen nicht immer zu dem von de Mause entworfenen Schema und können als selbstständige Fallstudien für die Geschichte der Kinder und der Kindheit gelten. Die Evolution des Verhältnisses zwischen Eltern und Kind ist ein zentraler Aspekt für das, was de Mause die »psychogenische« Interpretation von Geschichte nennt. Diese Interpretation reicht weit über die Geschichte der Kindheit hinaus, denn die Qualität der Eltern-Kind-Beziehung galt de Mause als Antriebskraft für Geschichte überhaupt: »Die zentralen Kräfte des historischen Wandels sind weder Technologie noch Ökonomie, es sind vielmehr die »psychogenischen« Veränderungen, die sich in der Generationenabfolge von Eltern-Kind-Interaktionen ergeben.« Nach de Mause gab es drei Möglichkeiten, wie Eltern auf ihre Kinder reagieren konnten. In der »projektiven Reaktion« nutzen die Erwachsenen ihre Kinder als Vehikel für die Projektion ihres eigenen Unterbewussten, das heißt, das Kind wird zum Auffangbecken aller unbewussten negativen Gefühle und Ängste der Erwachsenen. Die projektive Reaktion, argumentiert de Mause, steht hinter der Vorstellung von der Ursünde. In der »reversiblen Reaktion« nutzen Erwachsene ihre Kinder als Ersatz für eine Person, die in ihrer eigenen Kindheit eine wichtige Rolle gespielt hat, das heißt, die Eltern werden zum Kind und das Kind zu Eltern. Demgemäß erhoffen sich die Eltern Liebesbeweise von ihren Kindern. In der »empathischen Reaktion« schließlich fühlen sich die Erwachsenen in die Bedürfnisse der Kinder ein und versuchen sie zu befriedigen. Für Vater oder Mutter ist es durchaus möglich, die projektive und reversible Reaktion zu kombinieren; dieses duale Bild vom bösen und lieben Kind sei »in der Vergangenheit verantwortlich für einen Gutteil der wechselnden Qualität der Kindheit« gewesen. Der Schlüssel zum Erfolg für Eltern sieht de Mause in der Fähigkeit, sich auf das psychische Alter ihres Kindes einzustellen, und er glaubt, dass jede Elterngeneration in dieser Hinsicht besser war als die Vorgängergeneration, wobei der Antriebsmechanismus für diese Evolution nicht klar zutage liegt. Indessen könne man eine grobe Periodisierung der Eltern-Kind-Beziehungen vornehmen, die sechs Erscheinungsformen durchläuft: Kindesmord, Aussetzung, Ambivalenz, Zudringlichkeit, Sozialisation und ab der Mitte des 20. Jahrhunderts die Hilfe. Kurz, die Dinge haben sich stetig verbessert. Oder, wie es de Mause am Anfang seines Beitrags formuliert: »Die Geschichte der Kindheit ist ein Albtraum, aus dem wir erst vor Kurzem aufzuwachen begonnen haben. Je weiter man in die Geschichte zurückgeht, desto geringer ist der Grad der Kindesfürsorge und desto höher ist die Wahrscheinlichkeit, dass man Kinder tötete, aussetzte, schlug, terrorisierte und sexuell missbrauchte.«[17]

Diese psychogenische Theorie hat unter den Historikern kaum Befürworter gewonnen, wohl auch wegen einer instinktiven Abneigung gegen Konzeptionen, mit denen sie nicht vertraut waren, aber ohne Zweifel auch wegen der geringen Plausibilität einer Theorie, die den Gang der Menschheitsgeschichte schematisch mit der Eltern-Kind-Beziehung zu erklären versuchte. Die Theorie hatte einfach einen zu hohen Anspruch.[18] Jedenfalls räumte de Mause ein, seine Hypothesen sei offen für »Bestätigung oder Ablehnung durch die empirische historische Forschung«. Aus diesem Grunde hat die Geschichtsforschung seine Arbeit überprüft – und befand sie als unzureichend.[19]

Während sich de Mause auf die Interaktion zwischen Eltern und Kind konzentrierte, kehrte Edward Shorter zur Entstehung der modernen Familie zurück, dem zentralen Thema bei Ariès. Im Gegensatz zu Ariès sprach er den Kindern keine neue Rolle bei der Entstehung der modernen Familie zu, sondern rückte das sexuelle Verhalten von jungen Leuten und Erwachsenen in den Mittelpunkt. Tatsächlich kommen ältere Kinder als eine von Kleinkindern getrennte Gruppe in Shorters Buch kaum vor. Er bemühte sich bei seiner Quellenauswahl von den gesellschaftlichen Eliten wegzukommen, um »etwas über die repräsentativen Erfahrungen des normalen Menschen« herauszufinden. Er argumentierte zudem, dass der Übergang von der »traditionellen« zur »modernen« Familie verbunden war mit einer »starken Zunahme des Gefühls« auf drei Gebieten – eines davon ist von besonderem Interesse für uns, nämlich die Beziehung zwischen Mutter und Säugling. Grundsätzlich stimmte Shorter mit Ariès darin überein, dass die zeitgenössische Familie ein junges Phänomen ist, in Bezug auf ihre internen Beziehung, wie auch in Bezug auf ihre Privatheit, aber er bezweifelte Ariès' Chronologie, nach der das 17. und 18. Jahrhundert den Wendepunkt markieren sollten. Für Shorter, mit seiner Ausrichtung auf die Masse der Bevölkerung, vollzog sich der Übergang später. In einer Formulierung, die so oft zitiert wird wie de Mauses Wort von der Kindheit als Albtraum, behauptet Shorter: »Gute Mutterschaft ist eine Erfindung der Moderne. In traditionellen Gesellschaften standen Mütter der Entwicklung und dem Glück von kleinen Kindern unter zwei Jahren gleichgültig gegenüber. In der modernen Gesellschaft stellen sie das Wohlergehen der Kleinkinder über alles.« Für Shorter setzte der Wandel bei der Masse der Bevölkerung nicht vor dem letzten Viertel des 18. Jahrhunderts ein, und in einigen Regionen und Bevölkerungsschichten sogar noch später. Vor allem auf französischen Quellen fußend – wobei sich die französischen Erfahrungen durchaus von den Erfahrungen anderer europäischer Regionen unterscheiden konnten, wie er einräumte – stieß Shorter unter den mittleren Bevölkerungsschichten um die Mitte des 18. Jahrhunderts auf Anzeichen besonderer mütterlicher

Gefühlsintensität, markiert durch das Säugen des Kleinkinds an der Mutterbrust und durch die Abkehr vom Ammenwesen. Ein anderes Anzeichen war die Abkehr vom festen Wickeln eines Babys, wodurch sich ein engerer körperlicher Kontakt zwischen Mutter und Kind entwickeln konnte. Die Revolution der mütterlichen Gefühle indessen begann nach Shorter in den 1860er Jahren und hatte sich in der Mehrheit der Bevölkerung erst zu Beginn des 20. Jahrhunderts durchgesetzt.[20]

Shorter erklärt den Aufschwung mütterlich-gefühlsbetonten Verhaltens mit dem Kapitalismus, der die Fragmentierung und Zerstörung traditioneller Gesellschaftsformen bewirkte, und sprach dem Proletariat eine führende und initiative Rolle in Bezug auf romantische Liebe und sexuelles Verhalten zu. Er erkannte jedoch an, dass sich dieses Erklärungsmuster nicht auf die Mutter-Kind-Beziehung anwenden ließ und meinte, der Kapitalismus habe den Müttern der besser gestellten Schichten zusätzliche Zeit verschafft, sich um ihre Kinder nach »moderner Art und Weise« zu kümmern. Weil das kapitalistische System die Einkommenslage immer größerer Teile der Bevölkerung verbesserte, konnten »die Frauen dem Druck der harten kapitalistischen Produktionsbedingungen durch die Betreuung ihrer Kleinkinder entgehen.«[21] In der Realität verbreitete sich das Prinzip mütterlicher Kinderbetreuung in nach und nach absteigender Linie, ausgehend von den oberen, wohlhabenden Schichten, zu den unteren, weniger wohlhabenden Bevölkerungsteilen. Es ist diese Erklärung des Wandels, die im scharfen Widerspruch zu Shorters allgemeiner Einschätzung der Auswirkungen des Kapitalismus steht und die seine Darstellung der Mütter und Kleinkinder insgesamt konventionell erscheinen lässt.

Während Shorter seine Aufmerksamkeit auf das späte 18. und das 19. Jahrhundert konzentrierte, suchte Lawrence Stone, wie auch Ariès, die Hauptveränderungen in der Geschichte der Familie in der Periode 1500–1800. Die Unterschiede erklären sich weitgehend durch Stones Untersuchung der mittleren und oberen Schichten der Gesellschaft. Stone identifizierte drei Familientypen: die »Familie mit offener Geschlechterfolge« in der Periode 1450–1630, die »eingeschränkt patriarchalische Kernfamilie« in der Periode 1550–1700 und schließlich die »geschlossene häusliche Kernfamilie« in der Periode 1640–1800. Das zentrale Merkmal der modernen Familie war nach Stone eine »intensivierte affektive Bindung der Kernfamilie auf Kosten der Nachbarschaft und des weiteren Familienkreises«, die sich in den »maßgeblichen mittleren und oberen Bereichen der englischen Gesellschaft« um die Mitte des 18. Jahrhunderts fest etabliert hatte. Er meinte aber nicht, dass sich dieses Merkmal und andere Charakteristika vor dem Ende des 19. Jahrhunderts bis in die höhere Aristokratie oder in die Arbeiterklasse ausgebreitet hätten.

Für Stone sind Änderungen in den Eltern-Kind-Beziehungen einen durchaus wichtige Indikatoren für allgemeine Veränderungen im Wesen der Familie, weit mehr als für Shorter. Aber weder Kinder noch Kindheit nahmen eine so zentrale Stellung in seiner Theorie ein, wie es bei Ariès der Fall gewesen war. Im Falle der »Familie mit offener Geschlechterfolge« seien die Beziehungen zwischen Eltern und Kindern, so argumentierte Stone, »gewöhnlich recht distanziert« gewesen: In den Oberschichten übergab man die Säuglinge einer Amme, im höheren Bürgertum und in anderen Berufsständen schickte man die Kinder im Alter von zehn Jahren auf Internate. In der »eingeschränkt patriarchalischen Familie« verhielten sich die Dinge nicht besser, wo Stone, insbesondere in puritanischen Familien, eine »wilde Entschlossenheit« beobachtete, »den Willen des Kindes zu brechen und seine bedingungslose Unterwerfung unter die Autorität der Älteren und Höherstehenden, namentlich seiner Eltern, zu erzwingen«. In Schule und Familie war körperliche Bestrafung, häufig auf brutale Weise, die Norm; das ausgehende 16. Jahrhundert und das beginnende 17. Jahrhundert konnten regelrecht als »die große Zeit des Prügeln« bezeichnet werden. Die Kinder erzog man dazu, sich in Gegenwart ihrer Eltern in äußerster Förmlichkeit zu betragen und sich ihnen in allem und zu jeder Zeit zu fügen.[22] Der Wandel setzte um etwa 1660 ein, und im Laufe der folgenden anderthalb Jahrhunderte vollzog sich »eine bemerkenswerte Veränderung in der Theorie über die Erziehung eines Kindes, in den üblichen Praktiken des Kinderaufziehens sowie in den affektiven Beziehungen zwischen Eltern und Kindern«. England bewegte sich in Richtung eines »kindorientierten Familientypus«. Stone behauptete nicht, dass diese Entwicklung die gesamte Gesellschaft erfasst hätte. Vielmehr identifizierte er sechs verschiedene Arten des Kinderaufziehens, von der nur eine, »der kindorientierte, liebevolle und tolerante Modus« innerhalb des »gehobenen Bürgertums und des Landadels« wirklich als modern gelten konnte. Und selbst im Rahmen dieser sozialen Schichtung gab es einen alternativen »kindorientierten, aber repressiven Modus«.[23]

Wie Shorter ging es Stone darum, eine Erklärung zu finden »nicht für strukturelle oder ökonomische Veränderungen oder für Veränderungen der gesellschaftlichen Organisation, sondern für Veränderungen des Gefühls«. Im Gegensatz zu Shorter lehnte er die Idee ab, der industrielle Kapitalismus sei der Motor der Veränderungen gewesen. Stattdessen fand er die Erklärung in einer Zunahme des Individualismus verbunden mit dem Niedergang der aristokratischen Gesellschaft und der »Entstehung einer großen, unabhängigen und selbstbewussten Mittelklasse«. Dies allein erkläre das Auftauchen einer neuen Mentalität in Bezug auf Kinder zuerst in England und dann in Neuengland.[24]

Obwohl Stone bei seiner Behandlung der Familie die Sprache der »Evolution« benutzte, meinte er indessen, es sei »völlig falsch anzunehmen, dass sich so etwas wie eine geradlinige Entwicklung« vollzogen habe. Stone sah vielmehr »eine nie endende Dialektik konkurrierender Interessen und Ideen« sowie kreisförmige und keineswegs lineare Entwicklungen – jedoch mit einer entscheidenden Ausnahme: »Die einzige beständige lineare Veränderung im Laufe der letzten vierhundert Jahre scheint das wachsende Interesse an Kindern gewesen zu sein, auch wenn die aktuelle Behandlung der Kinder zyklisch zwischen dem Permessiven und dem Repressiven hin und her pendelte.« Außerdem meinte er, es habe ebenso viele Verluste wie Gewinne beim Aufstieg des affektiven Individualismus gegeben.[25]

Ariés, de Mause, Shorter und Stone hatten eines gemeinsam, und das war ihre Überzeugung, dass sich im Laufe der Zeit signifikante Veränderungen in der Haltung gegenüber und dem Umgang mit der Kindheit ergeben hatten. Andere, weniger weit reichende Studien, die sich auf das 18. Jahrhundert als wichtigstes Zeitalter der Veränderungen konzentrierten, kamen zum selben Ergebnis.[26] Sie unterschieden sich jedoch in der Bewertung und Erklärung der Veränderung, in den zeitlichen Abläufen und in der Art und Weise, wie sie diese Veränderungen in Beziehung zur gesellschaftlichen Stratigrafie setzten. Ihre Uneinigkeit in diesen Punkten ist signifikant: Ariès beschrieb eine zunehmende Distanz zwischen Erwachsenen und Kindern wo de Mause Annährung zu erkennen glaubte und richtig bemerkte, dass »Ariès' These meiner These gegenübersteht«.[27] In den 1980er Jahren jedoch wurde dieser allgegenwärtige Akzent der Gefühlsveränderung besonders hervorgehoben, um eine gemeinsame Grundlage und nicht die Unterschiede zu betonen, und dies bildete die Basis für eine Kritik, die alles zuvor Gesagte vom Tisch zu wischen schien.

Michael Andersons *Approaches to the History of the Western Family 1500–1914* (1980) war vielleicht der Erste, der diese Gruppe wissenschaftlicher Arbeiten als die »auf das Gefühl ausgerichtete Betrachtung« der Geschichte der Familie identifizierte, im Gegensatz zur »demographischen Betrachtung« und zur »haushaltsökonomischen Betrachtungsweise«. Auch wenn er die Berechtigung der Fragen, mit denen sich diese Arbeiten befassten, nicht bezweifelte, verwies er auf das Problem, tragfähige Belege für ihre Beantwortung zu finden und auf eine »Art der Darstellung, bei der Spekulationen oder sogar reine Fantasien so formuliert werden, als handele es sich um unumstößliche Fakten«. Überdies lenkte er den Blick auf die Schwierigkeiten dieser Autoren, Erklärungen für die von ihnen beschriebenen Veränderungen zu finden und argumentierte, ihre Methode würde allzu sehr die kulturelle Sphäre aus dem Kontext ökonomischer Strukturen herauslösen.[28]

Eine ausgereifte Kritik der existierenden historischen Darstellungen über Kinder und Kindheit erschien erst mit Linda Pollocks *Forgotten Children: Parent-child relations from 1500 to 1900* (1983). Es war zu dieser Zeit deutlich geworden, dass die Behauptung Ariès', es habe »in der mittelalterlichen Gesellschaft keine Vorstellung von Kindheit« gegeben,[29] von der Mittelalterforschung abgelehnt wurde und dass englische Historiker keineswegs Stones Charakterisierung der Eltern-Kind-Beziehungen im 17. Jahrhundert zustimmten. Mit zunehmender Schärfe kritisierte die damalige Forschung die maßgeblichen Arbeiten der 1970er Jahre als methodisch unsauber, in der angewandten Forschungstechnik inkompetent und in ihren Schlussfolgerungen völlig verfehlt.[30] Pollock verlieh der Forschung der 1980er Jahre ein neues Grundmuster. Im Wesentlichen konzentrierte sich der neue Ansatz auf die Realität der Kindheit und nicht auf deren Idee. Pollocks grundlegendes Argument besagte, dass Kontinuität und nicht Veränderung das wichtigste Faktum in solchen Beziehungen darstelle. Während Stone aus der hohen Kindersterblichkeit schloss, die Eltern hätten »ihr verfügbares emotionales Kapital für eine kluge Investition in einzelne Individuen, zumal in solche vergänglichen Geschöpfe wie Kinder«, reduziert, fand Pollock »über die Jahrhunderte keine Veränderungen bei elterlichem Schmerz« und keinerlei Belege für die Ansicht, Eltern hätten sich vor dem 18. Jahrhundert gegenüber dem Tod ihrer kleinen Kinder indifferent verhalten, während sie sich nach dem 18. Jahrhundert vor Kummer verzehrt hätten. Zur Frage der Disziplin meinte Pollock: »Die Belege stimmen nicht mit den Argumenten solcher Autoren wie Ariès, de Mause oder Stone überein, man habe die Kinder rüde, ja grausam, diszipliniert, vielmehr lässt sich zeigen, dass Brutalität die Ausnahme, nicht die Regel gewesen war.«[31]

Auf welcher Basis gelangte Pollock zu solchen Schlussfolgerungen? Zunächst stützte sie sich auf soziobiologische und anthropologische Erkenntnisse sowie auf Beobachtungen der Primatenforschung, um festzustellen, dass »Kinder für eine normale Entwicklung ein bestimmtes Maß an Schutz, Zuwendung und Training brauchen« und dass Eltern überall in der Welt versuchen, ihre Kinder damit zu versorgen.[32] Die Masse ihrer Belege jedoch stammt aus der systematischen Untersuchung von Tagebüchern und Autobiographien in England und Nordamerika, die sich in der Periode 1500–1900 mit dem Aufziehen von Kindern befassen. Pollock musste einräumen, dass »die Tagebuchschreiber als Gruppe eher eine außergewöhnliche Erscheinung waren und nicht als repräsentativ für die Gesellschaft als Ganzes gelten können«, und sie war sich darüber im Klaren, dass sie über diese Quellen bestenfalls Zugang zum literaten (mit der Schreib- und Lesekultur vertrauten) Teil der Bevölkerung erlangen konnte. Sie versuchte das Problem zu lösen, indem sie – freilich in aller Kürze – andere Quellen heranzog, aus denen hervorging, dass sich die Praxis des Kinderaufziehens in den unteren Schichten nicht grundlegend von den Praktiken der oberen Schichten unterschied. Insgesamt aber, so meinte sie, halfen die Tagebücher, »die Realitäten der Kindheit und weniger die Einstellung gegenüber der Kindheit« zu offenbaren. Diese Ambition verweist auf die eingetretene Veränderung, seitdem Ariès seinen Wunsch geäußert hatte, die Geschichte der Idee von der Familie verstehen zu wollen. Überdies, so argumentierte Pollock weiter, »gibt es – wenn überhaupt – nur eine geringe Verbindung zwischen Einstellung und konkretem Verhalten«. Historiker, die ihre Energie vorrangig auf die Lektüre von Ratgeberliteratur, Predigten oder allgemeinen Traktaten über Kindheit verwandten, konnten nach ihrer Auffassung nur wenig Brauchbares über die Wirklichkeit des Kinderaufziehens oder des Lebens der Kinder erfahren. Die Geschichte der

Kindheit als Idee wird damit scharf von der Geschichte der Kinder abgehoben.[33]

In seinem viel gelesenen Buch *English Society 1580–1680* (1982) widmete Keith Wrightson den Kindern fünfzehn Seiten und stützte sich, neben anderen Quellen, auch auf Testamente und meinte, in direktem Gegensatz zu Stone, »dass es keinen Grund gibt anzunehmen, die Einstellungen oder Ambitionen der Eltern gegenüber ihren Kindern hätten im 17. Jahrhundert fundamentale Veränderungen durchgemacht.«[34] Ralph Houlbrooke machte in seiner ausgewogenen Studie *The English Family 1450–1700* (1984) auf die Vielfalt der Erfahrungen innerhalb gesellschaftlicher Schichten und schichtenübergreifend aufmerksam und wies darauf hin, dass es »viele direkte Belege für die Realität liebevoller Fürsorge in manchen Familien gab sowie für elterlichen Schmerz beim Tod von Kindern.«[35]

Die Forschungen von Ariès, de Mause, Shorter und Stone hatten der Geschichte der Kinder und der Kindheit einen festen Platz innerhalb der umfassenderen Geschichte des Sentiments verschafft; die Kritiker reagierten auf ihre Arbeiten weitgehend innerhalb derselben Denkkategorien. Allerdings, und darauf wies Anderson hin, boten sich noch andere Annäherungsmethoden an die Geschichte der Kinder und der Kindheit an. Eine davon, die demographische Methode, hatte sich auf einer bestimmten Ebene auf alle diese Studien ausgewirkt. Seit den 1960er Jahren vertrat die »Cambridge Group for the History of Population and Social Structure« die Ansicht, dass ohne Zweifel die Haushaltsgrößen in England, möglicherweise auch in anderen Regionen, zumindest jedoch in Nordeuropa, typischerweise klein waren und die Kernfamilie die Norm darstelle. Diese Arbeit erschütterte die alte soziologische Auffassung, es habe eine durch die Industrialisierung verursachte Übergangsphase von der Großfamilie zur Kernfamilie gegeben und dass die Kernfamilie danach die Norm gewesen wäre. Man konnte nunmehr argumentieren, dass liebevolle Beziehungen innerhalb der Kernfamilie einen langen historischen Bestand hatten und stark genug waren, den Angriffen und Eingriffen der Kirche, des Staates und der ökonomischen Veränderungen zu widerstehen.[36] In einem weitergehenden Zusammenhang haben die Arbeiten von Demografen signifikante Belege über Faktoren wie etwa Heiratsalter, Anzahl der geborenen und überlebenden Kinder, Altersabstände der Kinder, Alter der Kinder beim Verlassen der Familie zutage gefördert. Solche Daten liefern der Geschichte der Kinder und der Kindheit grundlegende Konturen, aber häufig hat man darauf hingewiesen, dass die »Fakten« dieser Themen nicht immer rückhaltlos für sich sprechen; wir müssen immer noch versuchen herauszufinden, welche Bedeutungen ihnen die Menschen beimaßen.

Eine Möglichkeit besteht darin, die Familien im Rahmen ihrer jeweiligen ökonomischen und sozialen Strukturen zu betrachten; Anderson fasst diese Methode unter der Überschrift »Haushaltsökonomie« zusammen. Hierbei ergibt sich eine Verbindung zu einem größeren Bestand an Studien, die sich mit »Familienstrategien« befassen. Zugrunde liegt die Annahme, dass Familien in einer rationalen Art und Weise auf die Situation reagieren, in der sie sich befinden. So kann sich beispielsweise die Zahl der in den jeweiligen Familien geborenen Kinder deutlich nach der jeweiligen sozioökonomischen Situation unterscheiden. Man argumentierte etwa, dass unter den so genannten proto-industriellen Bedingungen mit ihren besseren Arbeitsmöglichkeiten für alle Familienmitglieder (einschließlich der Kinder) das Heiratsalter anstieg und sich die Zeugungsfrequenz in der Ehe verringerte. So herrscht auch kein Zweifel darüber, dass die Fruchtbarkeitsrate seit Ende des 19. Jahrhunderts rückläufig war und dass zur gleichen Zeit die Kinder zu einem immer größeren Kostenfaktor für ihre Eltern wurden.

Die familienstrategischen und haushaltsökonomischen Ansätze betonen somit insbesondere den wirtschaftlichen Wert und nicht mehr den sentimentalen Wert der Kinder. Eine besonders weit reichende Studie, die auch beide Ansätze zu vereinen trachtete, ist

Alan Macfarlanes Arbeit *Marriage and Love in England 1300–1840* (1986). Macfarlane kontrastierte die von Anthropologen typischerweise häufig untersuchten Gesellschaften, in denen Kinder als Gewinn betrachtet werden – wirtschaftlich in ihrem Beitrag zur ökonomischen Situation der Familie und emotional als Unterstützer ihrer Eltern und als Zeugnis für ihren Gesellschaftsstatus – mit der englischen Gesellschaft (unter Einschränkungen auch mit anderen europäischen Gesellschaften), wo seiner Meinung nach die Kinder seit dem Mittelalter ein Kostenfaktor für ihre Eltern darstellten. Deshalb die begrenzte Geburtenrate in England, die durch späte Heirat oder Ehelosigkeit sowie durch einen größeren Geburtenabstand innerhalb der Ehegemeinschaft erreicht wurde.

Macfarlane ging von tief verwurzelten Gewohnheiten und Einstellungen aus, die über die Jahrhunderte verhältnismäßig konstante Verhaltensweisen hervorgebracht hätten. Mit Blick auf kürzere Zeiträume konnten Familienstrategien, nach Meinung anderer Wissenschaftler, ziemlich schnell auf veränderte Umstände reagieren. Dies ist der Ausgangspunkt einer Reihe neuerer Arbeiten zur Beantwortung der zentralen Frage in der Geschichte der Kindheit: dem Einsatz von Kinderarbeit während der industriellen Revolution. In einer dieser Arbeiten wird argumentiert, es seien die Familien gewesen, die die Entscheidung über die Teilnahme ihrer Kinder am Arbeitsleben gefällt hätten und die später, als sich die wirtschaftlichen Verhältnisse verbesserten, eher in die Erziehung und Ausbildung der Kinder investiert hätten und damit die Kinder dem Arbeitsmarkt entzogen. Der Einsatz der Philanthropen zur Rettung der Kinder oder das gesetzliche Verbot von Kinderarbeit seien allenfalls von sekundärer Bedeutung gewesen.[37]

Solche Behauptungen lassen es an der Zeit erscheinen, die Rolle der Philanthropen und des Staates in Bezug auf Kinder eingehender zu untersuchen. Das Studium der Kindheitserfahrung innerhalb der Familie – ein gemeinsamer Schwerpunkt der »demographischen«, »affektiven« und »familienökonomischen« Ansätze – hat zu einer Vernachlässigung der komplexen politischen und sozialen Strukturen geführt, die ihre Wirkung auf die Kindheit ausübten. Gemeinsamer Ausgangspunkt ist die Annahme, dass namentlich die säkularen Organisationen erst im 19. und 20. Jahrhundert eine entscheidende Rolle übernommen hätten. Wie ich in den Kapiteln vier und fünf zeigen werde, trifft dies nicht zu. Die Strategien der übergroßen Mehrheit der Familien wurden von den Einrichtungen, Dienstleistungen und Sanktionen des Staates bestimmt. Zugleich darf kaum Zweifel daran herrschen, dass die gewöhnlich Ende des 19. Jahrhunderts eingeführte allgemeine Schulpflicht mehr als jeder andere Faktor bewirkte, die der Kindheit zugeordneten Erfahrungen und Bedeutungen in diesen fünf Jahrhunderten zu verändern: durch den – wenn auch nicht sofortigen, so doch prinzipiellen – Abzug der Kinder vom Arbeitsmarkt, der jetzt nur noch denjenigen vorbehalten war, die nicht mehr als »Kinder«, bezeichnet werden konnten. Dies schließlich brachte im 20. Jahrhundert eine weitaus größere emotionale Bewertung der Kinder hervor als alles, was man ihnen in früheren Jahrhunderten zugesprochen hatte.[38]

Dieses Buch nun wird sich auf drei zentrale, miteinander verknüpfte Themen konzentrieren: Vorstellungen von Kindheit; die Wirklichkeit der Erwachsenen-Kind-Beziehungen; die Rolle der Philanthropen und des Staates in Bezug auf Kinder. Es liegt die Annahme zugrunde, dass wir diese Themenkomplexe nur verstehen, wenn wir sie mit der übergreifenden Geschichte der westlichen Gesellschaft verbinden. In einem arbeitstechnischen Sinne bezeichne ich mit »Kind« alle Personen unter fünfzehn Jahren, wobei freilich in allen Gesellschaften substanziell unterschiedliche Vorstellungen darüber existierten, mit welchem Alter die Kindheit endete. Ich kann natürlich nicht hoffen, eine Geschichte der Kinder und der Kindheit vorzulegen. die jedem einzelnen Land der westlichen Welt gerecht wird, und dies kann gar nicht meine Absicht sein. Der Grund, warum ich ein so großes geografisches Gebiet für meine Untersuchung gewählt habe, liegt darin, dass sich trotz allem gemeinsame Verhaltens- und Veränderungssmuster erkennen lassen, die von Detailuntersuchungen nur verdeckt würden; dennoch werde ich die Aufmerksamkeit auf unterschiedliche Erfahrungen in den verschiedenen Regionen des westlichen Europa lenken. Im Zweiten Kapitel befasse ich mich mit den Ideen und Praktiken, die von den antiken und christlichen Traditionen ererbt oder verfügbar gemacht wurden und werde dann die von Ariès entfachte Debatte über die Kindheit im Mittelalter behandeln – als Voraussetzung, an der die Kindheit in der frühen Neuzeit zu messen ist. Im Dritten Kapitel werde ich ausführen, dass sich in der Periode 1500 bis 1900 ein Bestand an Ideen über Kindheit entwickelt hatte, der immerhin so kohärent war, dass man ihn als Ideologie bezeichnen kann. Im Vierten Kapitel gehe ich auf die Erfahrungen von Kindheit und die Einstellungen gegenüber der Kindheit in der Masse der Bevölkerung in Europa und Nordamerika ein und werde, um dies schon vorwegzunehmen, zu der Ansicht gelangen, dass die wichtigsten Veränderungen in den vier Jahrhunderten zwischen 1500 und 1900 von der frühen Teilnahme der Kinder an der Familienökonomie sowie von der allgemeinen Schulpflicht ausgingen. Das Fünfte und Sechste Kapitel untersuchen die Beziehung zwischen Familien und Kindern einerseits und Philanthropen und Staat andererseits, mit besonderem Blick auf die Art und Weise, wie sich die Staaten genötigt fühlten, mithilfe staatlicher Institutionen den Tod oder die Verelendung von Kindern abzuwenden – obgleich sie häufig das Gegenteil von dem erreichten, was sie ursprünglich beabsichtigt hatten. Im Siebenten Kapitel steht das 20. Jahrhundert im Mittelpunkt, das selbst ernannte »Jahrhundert des Kindes«. In der Zusammenfassung schließlich mache ich Inventur der Quellen als Gesamtheit und verweise auf die Arten, wie die Geschichte der Kindheit und die Geschichte der Kinder miteinander verbunden sind.

Zweites Kapitel

Kinder und Kindheit im antiken und mittelalterlichen Europa

In den frühneuzeitlichen und neuzeitlichen Jahrhunderten wurden die Vorstellungen über Kindheit und das Aufziehen von Kindern aus zwei Quellen gespeist: aus dem klassischen Erbe und dem Christentum. Es ist deutlich erkennbar, dass die neuzeitliche Praxis der Behandlung und Erziehung der Kinder von der Art und Weise beeinflusst wurden, in der man im Mittelalter die Kinder aufzog. Es ist mein Ziel in diesem Kapitel, dieses klassische und christliche Erbe darzustellen und das mittelalterliche Denken und Verhalten in Bezug auf Kinder zu bewerten.

Das klassische Erbe

Das neu erwachte Interesse an der klassisch-antiken Welt in der Renaissance macht es notwendig, unseren Blick auch auf das Denken und Handeln der Griechen und Römer zu richten. Hier sind es die Phänomene der Kindestötung, des Verkaufs von Kindern und der Kindesaussetzung sowie des Ammenwesens, die einer näheren Betrachtung und Interpretation bedürfen. Einige Wissenschaftler bewerten diese Erscheinungen als typische Merkmale dafür, wie Kinder in der antiken Welt aufwuchsen, als Indikatoren für die Haltung gegenüber Kindern im Allgemeinen und als Vermächtnis für spätere Jahrhunderte. Außerdem stammen zahlreiche Ausdrücke über Kinder und Kindheit in unserer Sprache aus dem Griechischen und Lateinischen, und es kann durchaus sein, dass sie Inhalte transportieren, die man in Antike und Spätantike mit Kindern und Kindheit in Zusammenhang gebracht hat. Des Weiteren wurden bestimmte Inhalte und Strukturen des römischen Rechts im Mittelalter und in der frühen Neuzeit rezipiert, und wir müssen herausfinden, inwieweit namentlich die *patria potestas*, das absolute Recht des Vaters über die Mitglieder seines Hauses, immer noch ein Faktor war, der für die frühneuzeitlichen Jahrhunderte zu berücksichtigen ist. Schließlich haftete dem Denken über Kindheit und den Ratschlägen für das Aufziehen und die Erziehung der Kinder in der klassischen Antike eine Autorität an, die noch bis etwa 1900 einflussreich gewesen sein könnte.

De Mause argumentierte, die Praxis der Kindestötung sei in der Periode bis zum 4. Jahrhundert n. Chr. vorherrschend gewesen. Es ging nicht einfach darum, dass viele Kinder getötet wurden: »Wenn Eltern routinemäßig ihre Schwierigkeiten beim Großziehen ihrer Kinder durch die Tötung eines Kindes lösten, so musste sich dies in tief greifender Weise auf die überlebenden Kinder auswirken.«[39] Die Belege für den Infantizid – den Akt der Kindestötung – sind schwer zu bewerten[40], aber es besteht kein Zweifel, dass zahlreiche Kinder ausgesetzt oder verlassen wurden, wobei häufiger Mädchen als Jungen dieses Schicksal erlitten haben dürften. De Mause nahm mit Recht an, dass Kindesaussetzung letztlich auf Kindestötung hinauslief, dass also die ausgesetzten Kinder in ihrer großen Mehrheit unweigerlich dem Tod geweiht waren.[41] John Boswell griff diese Interpretation in seiner Arbeit *The Kindness of Strangers: The Abandonment of Children in Western Europe from Late Antiquity to the Renaissance* (1988) an. Er führt aus einer römischen Quelle an, dass ein Mann bei einem Bordellbesuch fürchtete, in der Prostituierten seiner einst ausgesetzten Tochter zu begegnen, denn als ausgesetztes Kind könnte sie von einer anderen Familie aufgezogen worden sein. Boswell leugnete nicht das Ausmaß der Kindesaussetzung; er schätzte, dass wohl die Mehrheit der Frauen, die mehr als ein Kind aufgezogen hatten, mindestens ein Kind aussetzte und dass in den ersten drei nachchristlichen Jahrhunderten 20 bis 40 % aller geborenen Kinder ausgesetzt wurden.[42] Er meinte aber, ohne allerdings Zahlen zu nennen, dass viele dieser Kinder überlebten und dies den Eltern auch bewusst war, sonst hätten Väter beim Bordellbesuch nicht den Inzest befürchten müssen, oder man hätte nicht immer wieder der Sorge Ausdruck verliehen, dass frei geborene Kinder möglicherweise als Sklaven aufwachsen mussten. Im Gegensatz zur mittelalterlichen, frühneuzeitlichen und neuzeitlichen Periode gab es keinerlei offizielle Institutionen, etwa Findelhäuser, für ausgesetzte Kinder. Sie verdankten ihr Überleben der »Güte der Fremden«, Leuten also, die diese ausgesetzten Kinder bei sich aufnahmen und großzogen.

Welche Beweggründe hatten solche Leute, sich eines ausgesetzten Kindes anzunehmen? Boswell räumt ein, dass »ein großer Prozentsatz der ausgesetzten oder verkauften Kinder zweifellos zu Sklaven wurden«. Im Römischen Recht gab es kein Verbot der Kindesaussetzung oder des Verkaufs von Kindern; letzteres war »nicht nur in Rom weit verbreitet, sondern im gesamten hellenistischen Mittelmeerraum«, bisweilen zur Begleichung von Schulden. Es wird auch deutlich, dass Knaben und Mädchen »in bedeutendem Umfang in der Prostitution endeten«. Boswell verweist allerdings auf »vielerlei glücklichere Möglichkeiten«.[43] Ein ausgesetztes Kind konnte von einer Frau als legitimes Kind angenommen und großgezogen werden; hierbei handelte es sich wohl zumeist um Frauen, die keine eigenen Kinder zur Welt bringen konnten, Fehl- oder Totgeburten erlitten hatten oder deren eigenes Kind im Säuglingsalter gestorben war. Für die Römer waren Zeugung und Fortbestand der Familie als Zweck der Ehe und der Sexualität von höchster Bedeutung, und so konnten es Ehepaare, denen die Zeugung einer eigenen Nachkommenschaft nicht gelang, als willkommene Gelegenheit betrachten, ein Kind aus dem Kreis ausgesetzter Kinder zu versorgen. Andererseits: Wenn es um einen Erben ging, adoptierte man eher erwachsene Personen als Kleinkinder, bei denen noch nicht sicher war, ob sie überhaupt das Erwachsenenalter erreichten.[44] Vermutlich hatten die meisten von anderen Familien aufgenommenen Kinder den Status von *alumni*: sie waren ihren Pflegeltern fest zugeordnet, sie behandelten sie wie ihre eigenen Kinder, befreiten sie vielleicht aus der Sklaverei und hinterließen ihnen einen Erbteil. Aus Inschriften geht hervor, dass sich solche *alumni* häufig einer engen Beziehung zu ihren Pflegeeltern erfreuten.[45]

Das Ammenwesen ist eine weitere häufig geübte Praxis in der antiken Welt und wurde in der Literatur über frühneuzeitliche und moderne Kindheit oft kommentiert. Wenn ausgesetzte Kinder überlebten, dann nur mit Hilfe von Ammen. Überdies war das Ammenwesen in den Oberschichten eine allgemein verbreitete Erscheinung und bezog sich vermutlich auch auf die Kinder von Sklavinnen, deren Arbeitskraft möglichst schnell wieder zur Verfügung stehen musste oder die bald wieder schwanger werden sollten, um einen neuen Sklaven zu gebären, denn man wusste, dass das Stillen einen empfängnisverhütenden Effekt hatte.[46] Da die »Flaschennahrung« erst im 20. Jahrhundert wirklich hygienisch sicher wurde, war das Nähren durch eine Amme zweifellos die beste Alternative zum Stillen durch die eigene Mutter. In vielen Fällen, etwa wenn die Mutter starb oder nicht genügend Milch produzieren konnte, war die Ammenmilch ohnehin die einzige Lösung. Unzweifelhaft ist, dass Mütter – namentlich der Oberschichten –, die durchaus ihre Babys hätten stillen können, sich der Dienste einer Amme bedienten. Hierin besteht noch bis tief ins 19. Jahrhundert hinein eine bemerkenswerte Kontinuität, eine Kontinuität, die sich auch auf die gewünschten und üblichen Eigenschaften einer Amme bezog.[47]

Das frühneuzeitliche und neuzeitliche Europa ererbte von der Antike die Praxis der Kindesaussetzung, zugleich auch die – selten negative – Beurteilung dieser Praxis. »In weiten Teilen der antiken moralischen Literatur«, beobachtete Boswell, »treffen wir auf eine indifferente oder akzeptierende Einstellung gegenüber der Kindesaussetzung.« Platon und Aristoteles billigten sie. Der Verkauf von Kindern dagegen wurde verurteilt, weil verkaufte Kinder aller Wahrscheinlichkeit nach in die Sklaverei gerieten.[48] Für den modernen Leser ist es ausgesprochen schwierig, aufgrund dieser Situation nicht anzunehmen, dass in der Antike ein hohes Maß an Gleichgültigkeit gegenüber Kindern und Kindheit vorherrschte, und die Meinung von de Mause, der die Antike an das uns entgegengesetzte Ende des moralischen Spektrums platzierte, wirkt auf den ersten Blick plausibel. Neuere Arbeiten über die antike Familie kommen allerdings zu dem Schluss, dass enge und liebevolle Beziehungen zwischen Eltern und Kindern die Norm war. Wie Mark Golden im Falle der Griechen sagte, »erscheint das Gewicht der Belege zugunsten der Annahme zu sprechen, dass die Athener ihre Kinder liebten und um sie trauerten, wenn sie starben«. Mit Analogie zur Abtreibung in der Neuzeit und unter Auswertung anthropologischer Erkenntnisse argumentiert Golden, man dürfe die Praxis der Kindesaussetzung nicht in der Weise interpretieren, dass sich die Eltern auch den Kindern gegenüber gleichgültig verhielten, die sie bei sich behalten hatten.[49] Etwas vorsichtiger findet Beryl Rawson »Belege, die dafür sprechen, dass das Verhältnis zwischen Erwachsenen und Kindern eng und gefühlvoll gewesen sein konnte«.[50] Ein typisches Beispiel für die Belege, die eine solche Generalisierung stützen, ist ein Kindersarkophag aus dem 1. oder 2. Jahrhundert, den man in Agrigent auf Sizilien gefunden hat. Er zeigt das Kind beim Spiel, dann wie es lesen lernt und schließlich das Kind auf dem Totenbett mit den über den Verlust des Kindes trauernden Eltern und Großeltern.[51]

Es sind Quellen wie diese, auf die sich die klassische Altertumswissenschaft bei ihrer Rekonstruktion der Einstellung zur Kindheit und zur Behandlung von Kindern stützen muss. Viele davon lassen indessen mehr als eine Interpretation zu. Der Sarkophag aus Agrigent erzählt uns gewiss etwas über die Idealisierung der Kindheit in römischer Zeit, aber es ist keineswegs sicher, dass die Lebenswirklichkeit des toten Kindes dem in der bildlichen Darstellung repräsentierten Geist entsprach. Es liegt deshalb für die Altertumswissenschaft verführerisch nahe, mit Analogien zu operieren und das heranzuziehen, was sich aus Erkenntnissen der späteren Geschichte als wohl fundiert anbietet. Wie wir aber gesehen haben, gab es eine heftige Diskussion über Kinder und Kindheit namentlich in der frühen Neuzeit. Somit besteht die Gefahr, dass Altertumswissenschaftler zu Ergebnissen über die antike Welt kommen, die zwar im Einklang stehen mit Verhältnissen späterer Jahrhunderte, die aber nicht unmittelbar durch antike Belege untermauert werden.[52]

Das Problem der Altertumswissenschaft wird nicht gerade durch die Vieldeutigkeit der Sprache in Bezug auf Kindheit erleichtert. »Der Terminus *Kind*«, schreibt Richard Lyman, »scheint sich je nach Kontext und literarischer Konvention, auf jeden zu beziehen, vom Kinder- bis zum Greisenalter.«[53] Welcher Terminus bezieht sich auf wen, ist man geneigt zu fragen. Weder im Griechischen noch im Lateinischen existierte eine Entsprechung zu unserem Wort »Säugling/Baby«, aber beide Sprachen haben zahlreiche Wörter mit der Bedeutung »Kind«, die aber selten auf diese Bedeutung beschränkt sind.[54] Die modernen europäischen Sprachen berufen sich auf ein griechisches Wort und zwei lateinische Wörter: vom griechischen *pais* leiten sich etwa Pädiatrie/Kinderheilkunde und Päderastie/Knabenliebe ab, vom lateinischen *infans* (wörtlich »nicht sprechend«) kommt das englische »infant« und das französische »enfant«, vom lateinischen *puer* das englische »puerile« (pueril/kindlich/kindisch). Keines dieser Wörter transportierte in der jeweiligen Grundform eine eindeutige Wortbedeutung. Bisweilen betrachtete man *pueri* als abgeleitet von *puri*, die »Reinen«, aber für die Römer bedeutete diese Reinheit nicht sexuelle Unschuld, sondern fehlender Haarwuchs oder fehlender Flaum auf Oberlippe und Wangen.[55] Insbesondere lässt sich schwer entscheiden, ob sich die Wörter auf das Alter oder den Status beziehen. Im modernen Kolonialismus konnte man beispielsweise einen erwachsenen Afrikaner »Boy« nennen, und so nannte man in der Antike einen Sklaven oder Diener, welchen Alters auch immer, eben *pais* oder *puer*. Heißt das nun, dass man Kinder gering schätzte, oder bezieht sich diese Benennung einfach auf die Tatsache, »dass im Sinne von Machtstellung und rechtlichem Status« Sklaven und Diener dieselbe Position einnahmen wie Kinder?[56] Im Haushalt machte man zweifellos einen Unterschied zwischen Sklave und Kind; während man die Furcht vor der Peitsche als ausschlaggebend für die Aufrechterhaltung der Autorität des Herrn gegenüber dem Sklaven ansah, galt Mäßigung als Grundsatz bei der Bestrafung eines Kindes.[57] Außerhalb des Haushalts zog niemand in Zweifel, dass der Lehrer seine Autorität gegenüber den Schülern durch den Stock zu behaupten habe: das lateinische Wort für Schulunterricht, *disciplina*, bedeutete zugleich auch Bestrafung/Züchtigung.[58] Die linguistische Assoziierung von Sklave und Kind bedeutete, dass Mehrdeutigkeit und unterschiedliche Bedeutungsebenen, die den Wörtern für Kindheit anhafteten, in die Welten des Mittelalters und der Neuzeit weitergegeben wurden.[59]

Aus dem Römischen Recht stammte die scheinbar weniger mehrdeutige Erbschaft des Rechtsinstituts der *patria potestas*, der väterlichen Gewalt. Nach dem Römischen Recht besaß der älteste lebende Mann in einer Familie weit reichende Machtbefugnisse über alle seine Nachkommen, ganz gleich wie alt sie waren oder wo sie lebten. Diese Gewalt schloss nicht nur die Rechte über das Vermögen ein, sondern auch Rechte über Leben und Tod. Es unterlag seiner Entscheidung, ob ein Neugeborenes ausgesetzt werden sollte oder nicht, und er war es, der sein eigenes Kind bestrafen und töten konnte. Man hat gesagt, dass *patria potestas* »die allen römischen Institutionen zugrunde liegende Institution« war – privates Leben als Modell für öffentliches Leben.[60] Aristoteles formulierte: »Ein Vater herrscht über seine Kinder wie ein König über seine Untertanen.«[61] Die *patria potestas* war frühneuzeitlichen Autoren wohl bekannt und diente ihnen als Hauptargument für absolutistische Herrschaft.[62] In der römischen Welt indessen gestaltete sich *patria potestas* in der Praxis weniger Ehrfurcht gebietend als in der Theorie. Die Ausübung der Macht über Leben und Tod war extrem selten. Späte Eheschließung und niedrige Lebenserwartung bewirkten, dass erwachsene, verheiratete Söhne vergleichsweise selten unter die theoretische Jurisdiktion ihrer eigenen Väter gerieten. Getrennte Haushalte und Begüterung der Söhne trugen zum Abbau von Spannungen zwischen den Generationen bei.[63] Aber selbst wenn die Absolutheit patriarchalischer Macht in der Praxis abgemildert wurde, erbten spätere Jahrhunderte die Idee, dass die absolute Macht innerhalb einer Familie beim Vater liegen sollte. Wie wir sehen werden, sollten diese Ideen in der frühneuzeitlichen Periode außerordentlich einflussreich sein.

Der Tenor der neueren Forschung über Kinder und Kindheit in der Antike hat sich weit von den Positionen de Mauses entfernt. Der Infantizid wurde an den Rand gedrängt, die Schrecken der Kindesaussetzung durch die »Güte der Fremden« neutralisiert, *patria potestas* geriet zu einer puren Theorie, die weder in der Praxis noch in der beratenden Literatur das liebevolle Verhältnis zwischen Vätern und Kindern ausschloss, und die Familie schilderte man häufig als sicheren Hafen zärtlicher Beziehungen. Wenn dies allerdings das Argument stärken sollte, dass Kontinuität der Schlüssel zur Geschichte der Kinder und der Kindheit sei, dann ist durchaus ein Wort der Vorsicht angebracht. Der von den klassischen Quellen abgeleitete vorherrschende Eindruck besagt, dass Kindheit für sich genommen nicht als wichtig betrachtet wurde, sondern als Teil eines Prozesses, der zur Herausbildung eines guten Bürgers führen sollte und dass in diesem Prozess die Jugendjahre etwa von der Pubertät bis zum einundzwanzigsten Lebensjahr als die wichtigsten galten.[64] Überdies war es üblich, die Kinder nicht als Individuen zu betrachten, sondern eher in dem Sinne, wie sie ihren Eltern dienlich sein konnten, als Bestandssicherung des Geschlechtes, aber auch als Hilfe im Alter oder zum Ausführen bestimmter Rituale beim Tod der Eltern. In der »Medea« des Euripides schickt Medea ihre beiden Kinder in den Tod und ruft aus: »Es war alles vergeblich ... einst begründete ich viele Hoffnungen auf euch. Ich stellte

Römischer Sarkophag (um 160 n. Chr.) für zwei verstorbene Knaben.
Der Ausschnitt zeigt die Kinder unter der Obhut ihrer Mutter
(Venedig, Museo Archeologico).

mir vor, ihr würdet im Alter für mich sorgen und meinen Leichnam
zum Begräbnis vorbereiten, wenn ich gestorben bin.«[65] Einige Belege deuten in die entgegengesetzte Richtung. Kindern sagte man
häufig prophetische Fähigkeiten nach, und bei Ritualen spielten sie
eine wichtige Rolle, denn man konstruierte eine besondere Nähe

zwischen ihnen und der Welt des Göttlichen. Es wurde aber auch angeführt, dass »die antike Gesellschaft deshalb die Kinder in die Nähe des Göttlichen rückte, weil sie unwichtig waren«, und man dürfe aus diesen Zeugnissen nicht auf einen gehobenen Status der Kinder schließen. Kinder – wie auch Frauen und Sklaven – standen am Rande der Gesellschaft, hatten keinen vollgültigen Anteil an ihr und standen der anderen Welt – der göttlichen – näher als die Erwachsenen. Zum Teil erklärt sich diese marginale Stellung aus der Wahrscheinlichkeit, dass die Kinder noch vor dem Erreichen des Erwachsenenalters und ihrer Teilhabe an der Gesellschaft sterben könnten. Wenn sie in sehr jungem Alter starben, unterlagen sie anderen Begräbnisformen als ältere Menschen, beispielsweise begrub man sie innerhalb der Mauern und nicht außerhalb, bisweilen in den Fundamenten von Häusern und meist bei Nacht.[66]

Es zeigt sich hier, im Vergleich zu einigen späteren Quellen, die wir noch untersuchen werden, eine relative Vernachlässigung junger Kinder. So weit man sich überhaupt mit ihnen befasste, richtete man das Augenmerk auf ihre Defizite, auf die ihnen fehlenden Qualitäten einer erwachsenen Person. Im klassischen Athen »galten Kinder als körperlich schwach, moralisch unzulänglich und geistig unfähig«, und im Allgemeinen »sehnten sich die Griechen keineswegs in ihre Kindheit zurück«.[67] Wenn verstorbene Kinder betrauert wurden, dann deshalb, weil sie nach damaliger Auffassung ohne Sinn und Zweck gelebt und das Erwachsenenalter nicht erreicht hatten. Kindheit selbst kann nicht gepriesen werden, meinte Cicero, lediglich ihr Potenzial.[68] Damit verbunden vollzog sich eine Idealisierung von Kindern, die offenkundige Eigenschaften von Erwachsenen angenommen hatten – der *puer senex*, das »alte Kind«: Gesetztheit, Ernsthaftigkeit, Fleiß waren geschätzte Eigenschaften.[69]

Das vornehmliche Bestreben der Römer – die Erhaltung der Familie und das Heranziehen guter Bürger – hat zu einer erheblichen Schräglage der überlieferten Quellen geführt: Die Hauptmasse der Belege befasst sich mit Knaben und nicht mit Mädchen, und wir wissen fast nichts über Kinder und Kindheit außerhalb der oberen Schichten. Wiedemann räumt ein: »Die überwiegende Mehrheit der Menschen im Römischen Reich hat nichts über ihre Gefühle gegenüber Kindern hinterlassen.«[70]

Den Althistorikern ist bewusst, dass sich im Laufe der Jahrhunderte zwischen 500 v. Chr. und 400 n. Chr. möglicherweise größere Veränderungen in der Einstellung gegenüber der Kindheit und in ihrer Behandlung vollzogen haben. Solche Veränderungen sind allerdings schwer zu dokumentieren. Die naturalistische Darstellung von Kindern in Dichtung und bildender Kunst der hellenistischen Periode wurde häufig als Indikator für eine neue Haltung gegenüber Kindern und Kindheit interpretiert. Davon ist man inzwischen abgerückt.[71] Dixon schreibt »ein sentimentales Interesse an jungen Kindern und eine Freude an ihrem kindlichen Wesen« der »generellen ideologischen Betonung eines glücklichen ehelichen Hausstandes« zu, »die sich in der römisch-lateinischen Kunst und Literatur seit dem 1. Jahrhundert v. Chr. geltend machte.« Aus Lukrez zitiert sie eine wohl gebräuchliche Klage von Trauernden am Grab eines jungen Mannes: »Niemals mehr, niemals mehr wird dich dein glückliches Haus willkommen heißen, niemals mehr auch dein vortreffliches Eheweib. Niemals mehr werden deine lieben Kinder herbeieilen, um dich mit Küssen zu begrüßen, und sich an deine Brust schmiegen in süßer Schweigsamkeit.« Sie vergleicht dieses »sentimentale Ideal des Familienlebens« mit dem Ideal unserer Zeit und meint, es habe bis in die Kaiserzeit fortgelebt.[72] Beryl Rawson stimmt dieser Ansicht zu; die frühe Kaiserzeit, ab der zweiten Hälfte des 1. Jahrhunderts v. Chr., habe den Römern »mehr Muße, Stabilität und Wohlstand für mindestens zwei Jahrhunderte« verschafft »und damit bessere gefühlsmäßige Voraussetzungen für zwischenmenschliche Beziehungen. Davon profitierten auch die Beziehungen zwischen Erwachsenen und Kindern … Im 2. Jahrhundert scheint sich eine besondere Kindorientierung eingestellt zu haben.«[73] Wiedemanns

Sicht dieser Jahrhunderte ist wesentlich nüchterner. Sein zentrales Thema ist der Wandel in den ersten vier nachchristlichen Jahrhunderten, aber sein Ausgangspunkt ist nicht Dixons »sentimentales Ideal«, sondern das geringe Interesse an Kindern und Kindheit. Er stellt durchaus in diesem Zeitraum eine Richtungsänderung zugunsten einer mehr kindorientierte Gesellschaft fest, die teilweise mit der christlichen Auffassung zusammenhing, dass alle Menschen vor den Augen Gottes gleich sind. Lyman betrachtete die Periode 200–800 n. Chr. und argumentierte, dass »die Kindheitsideale grundlegende Veränderungen durchgemacht hatten ... die offiziellen und formalen Erwartungen, die man an die Behandlung von Kindern knüpfte, scheinen nach dem 4. Jahrhundert milder gewesen zu sein«, und dies habe sich auch in der Praxis gezeigt. Lyman schrieb diese Veränderungen zum Teil dem Christentum zu, zum Teil aber auch der Möglichkeit, dass die »barbarischen Völker« Traditionen der Kinderaufzucht in die spätrömische Gesellschaft einbrachten, die wesentlich humaner waren als die in der klassischen Welt praktizierten.[74] Angesichts dieser Akzentunterschiede und der Dürftigkeit der entsprechenden Quellengrundlage bleibt nur, zur Skepsis zu raten, insbesondere gegenüber der Hartnäckigkeit, mit der die Historiker der Kindheit nach Fortschritten Ausschau halten.

Der Einfluss des Christentums

Der christliche Glaube an das Bedürfnis eines jeden Menschen nach Erlösung brachte eine unverzügliche Statusverbesserung für kleine Kinder mit sich. Sie mussten – so früh wie möglich – in die christliche Gemeinschaft mit Gott eingeführt werden. Eine Möglichkeit dies zu tun, bestand in der Kindtaufe, obwohl sie keineswegs von allen gebilligt wurde.[75] Ob die Taufe nun an Kindern vollzogen wurde oder nicht, man verspürte die Notwendigkeit, die Kinder frühzeitig darüber zu belehren, dass sie eine Seele haben und dass ihr jenseitiges wie ihr irdisches Leben vom Zustand ihrer Seele abhing. Sie konnten in diesem Sinne nicht mehr als Randerscheinungen der Gesellschaft behandelt werden, bis sie schließlich das Erwachsenenalter erreicht hätten.

Im Einklang mit dieser Grundeinstellung, und im Gegensatz zu den Auffassungen der Griechen und Römer vor der Christianisierung, betrachteten die Christen – in Anlehnung an das Judentum – das Töten von Kindern als Mord. Im Jahre 374 dekretierten die christlichen Kaiser Valentinian, Valens und Gratian: »Wenn jemand, Mann oder Frau, die Sünde der Kindestötung begehen sollte, so soll dieses Verbrechen mit dem Tode bestraft werden«, eine Haltung, die deutlich vom Geist des römischen Rechts und des Zwölftafelgesetzes (5. Jahrhundert v. Chr.) abwich, nach deren Maßgaben ein bei der Geburt missgebildetes Kind sogar getötet werden musste.[76] Dieses Dekret bezog sich wohl ursprünglich auf die rituelle Tötung von Kindern im Rahmen heidnischer Kulthandlungen, aber, wie Boswell bemerkt, »dürfte es nachfolgend als generelle Verdammung der Kindestötung interpretiert worden sein.«[77]

Die Kindesaussetzung wurde weniger streng verurteilt. Im Jahre 374 bestimmte Valentinian, dass sich Eltern um ihre Kinder kümmern müssen, dass aber solche Eltern, die ihre Kinder aussetzen, einer Bestrafung »nach den Bestimmungen des Gesetzes« unterliegen. Es wird indessen nicht deutlich, um welche Bestimmungen es sich dabei handelte, und es hat den Anschein, dass dieses Gesetz auf die Praxis der Kindesaussetzung keinerlei Auswirkung hatte. In der Tat ist die christliche Einstellung zur Kindesaussetzung kaum von der römisch-heidnischen zu unterscheiden, außer dass man namentlich ab dem 4. Jahrhundert denen Sympathie und Verständnis entgegenbrachte, die ihre Kinder aus Armut oder sonstigen misslichen Umständen heraus ihrem Schicksal überließen. Wie die Christen aus der Mosesgeschichte wussten, konnte es Situationen geben, die eine Kindesaussetzung rechtfertigten und die sich sogar zum größeren Ruhme Gottes auswirken konnten.[78]

Nicht nur bei der Frage der Kindesaussetzung sind einige Ähnlichkeiten zwischen Heidentum und Christentum festzustellen. Die Bibel selbst sanktionierte eine Sicht der Beziehung zwischen Eltern und Kindern, die auch in der heidnischen Welt breite Zustimmung gefunden hätte, denn hier wie dort waren die Kinder gehalten, ihre Eltern zu ehren und ihnen zu gehorchen.[79] Den Vätern sagte man: »Wer seine Rute schont, der haßt seinen Sohn; wer ihn aber lieb hat, der züchtigt ihn beizeiten«, eine Aussage, die häufig zur Rechtfertigung körperlicher Bestrafung herangezogen wurde.[80]

In anderer Hinsicht indessen bahnte die Bibel den Christen den Weg einer völlig anderen Haltung gegenüber Kindern und Kindheit: Während die heidnischen Götter von ihren Anhängern unter Umständen verlangten, ihnen ihre Kinder zu opfern, hatte der Christengott seinen eigenen Sohn hingegeben. Überdies: ein Kind oder »kindlich« zu sein, galt nun als ehrenvoll. Als die Jünger versuchten, die Eltern zu verscheuchen, die ihre Kinder zu Jesus brachten, »wurde er unwillig und sprach zu ihnen: Laßt die Kindlein zu mir kommen und wehret ihnen nicht; denn solchen gehört das Reich Gottes«, und Jesus belehrte sie: »Wer das Reich Gottes nicht empfängt wie ein Kind, der wird nicht hineinkommen.«[81] Gott oder seine Engel gewährten Kindern einen besonderen Schutz: »Seht zu, daß ihr nicht einen von diesen Kleinen verachtet. Denn ich sage euch: Ihre Engel im Himmel sehen allezeit das Angesicht meines Vaters im Himmel.«[82] Kinder, so glaubte man inzwischen, hatten ihren eigenen Schutzengel. Außerdem wurden die elterlichen Pflichten und Verantwortlichkeiten betont. Väter sollten ihre Kinder »nicht zum Zorn reizen« und »nicht die Kinder sollen den Eltern Schätze sammeln, sondern die Eltern den Kindern.«[83] Schließlich fanden sich in der Heiligen Schrift Passagen, die so gedeutet werden konnten, dass man die eigene Familie zugunsten der Familie Gottes verlassen musste, um seiner christlichen Berufung Folge zu leisten.[84]

Diese Spannung zwischen Neuem und Traditionellem im Christentum scheint sich in der Person des hl. Augustinus (gest. 430), dem Autor der ersten modernen Autobiografie, in besonderem Maße Ausdruck gefunden zu haben. In der berühmten Kontroverse mit Pelagius, der die Meinung vertrat, Kinder würden unschuldig geboren und die Erlösung könne nur aufgrund eines guten Lebens als Erwachsener kommen, setzte Augustinus dagegen, dass jedes menschliche Wesen mit der von Adam ererbten Ursünde geboren werde und dass nur die Taufe den Menschen von dieser Erbsünde befreien könne – nicht aber von der dem Menschen eigenen Neigung zum Bösen. Augustinus exemplifizierte diese Position mit einem Erlebnis aus seinem eigenen Leben: Er habe einmal Erbsen gestohlen, aus dem einzigen Grund, etwas Böses tun zu wollen. Aber diese Ansicht, so hart sie auch erscheinen mag, nicht zuletzt wenn man sie im Zusammenhang mit Augustinus' Billigung der körperlichen Züchtigung sieht, hatte doch noch eine weitergehende Bedeutung: Das Kind als menschliches Wesen stand auf gleicher Höhe wie ein Erwachsener, es war nicht »unvollkommen«, und man musste seine moralische Situation genauso ernst nehmen wie die eines Erwachsenen. Das Kind bewegte sich allmählich vom Rand der Gesellschaft in die Gesellschaft hinein.[85]

Das Mittelalter

Alle Studien über die Kindheit im Mittelalter nach 1960 gingen von Ariès' Behauptung aus, dass »in der mittelalterlichen Gesellschaft die Idee der Kindheit nicht existierte«.[86] Nur selten haben so wenige Wörter so viel Ablehnung hervorgerufen. Die Mediävisten scheinen nicht müde werden zu wollen zu beweisen, dass sich Ariès irrte. Sie haben sich das Ziel gesetzt zu zeigen, dass das Mittelalter sehr wohl über ein Konzept der Kindheit verfügte, es war vielleicht nicht das Konzept späterer Jahrhunderte, aber immerhin ein Konzept. Ariès, so ist die einhellige Meinung, hat die Quellen falsch interpretiert oder ignoriert. Shulamith Shahars Buch *Childhood in the Middle Ages* (1990) (deutsch: Kindheit im Mittelalter, 1991) gilt als autoritatives Standardwerk für diese Periode. Ihre zentrale These lautet, »dass im Hoch- und Spätmittelalter [1100–1425] ein Konzept der Kindheit existierte, dass die Lehre von den verschiedenen Stufen der Kindheit nicht nur eine Theorie war und dass Eltern materielles und emotionales Kapital in ihre Nachkommenschaft investierten.«[87] Unsere eigene Aufgabe besteht nicht nur darin, diese Behauptungen zu beurteilen, sondern auch festzustellen, inwieweit mittelalterliche Vorstellungen und Praktiken tatsächlich und ausschließlich »mittelalterlich« waren und wie viel sie mit Vorstellungen späterer Jahrhunderte gemeinsam hatten.

Zunächst einmal müssen wir Ariès' berühmte Behauptung glossieren. Die meisten Übersetzungen (auch die englische) vermitteln nicht die komplexe Bedeutung des Originals, denn das mit »Idee« (»idea«) übersetzte Wort lautet im Französischen »sentiment«, es schwingt also neben dem konzeptionellen Gedanken auch so etwas wie ein Fühlen in Bezug auf die Kindheit mit. Außerdem beeilte sich Ariès deutlich zu machen, dass er keineswegs die Existenz eines affektiven Verhältnisses zu Kindern im Mittelalter leugnen wolle. Vielmehr ging es um eine klare Unterscheidung zwischen einem »sentiment« bezüglich der Kindheit und der Art und Weise, wie Eltern ihre Kinder behandelten. Dennoch, das Fehlen eines solchen »sentiment« bedeutete, dass man Kinder etwa ab dem Alter von sieben Jahren als »der Erwachsenengesellschaft zugehörig« betrachtete. Dies besagte nun nicht, dass ein zehnjähriges Kind denselben Status hatte und dieselbe Rolle spielte wie ein Erwachsener von dreißig Jahren, es gab nur keine Grenzlinie, die die Welt der Kinder von der Welt der Erwachsenen getrennt hätte. Kinder fanden ihren Platz in dieser Welt, aber es war ein spezieller, ihrem Alter gemäßer Platz: »Es gibt kein einziges Mehrpersonenbild in dieser Periode, auf dem Kinder nicht zu finden wären – sie nesteln alleine oder paarweise an dem Beutelchen, das einer Frau um den Hals trägt, oder sie urinieren in eine Ecke, sind bei Volksfesten dabei, arbeiten als Lehrjungen in einer Werkstatt oder dienen einem Ritter als Page etc.«[88] Das Thema dieses Buches ist das zunehmende »sentiment«

in Bezug auf die Kindheit sowie die Trennung zwischen Kinder- und Erwachsenenwelt. Bisweilen ist es der Aufmerksamkeit der Mittelalterforschung entgangen, dass Ariès die Ursprünge und frühen Entwicklungsstadien dieser Erscheinungen gerade in die mittelalterliche Periode platziert. Ariès' Sicht der mittelalterlichen Kindheit war somit differenzierter, als seine starken Einleitungsworte nahe legen könnten.

Dass sich Ariès auf bildliche Darstellungen stützte, ist besonders häufig kommentiert worden. Er hatte behauptet, dass »die mittelalterliche Kunst bis etwa zum 12. Jahrhundert die Kindheit nicht kannte und auch nicht versuchte, sie darzustellen«. Allein die Größe einer Figur zeigte, dass mit einer abgebildeten Person ein Kind gemeint war. Ab dem 13. Jahrhundert lassen sich drei Entwicklungsstränge beobachten: (1) Engel werden als Jünglinge dargestellt, »wohl genährt, schön und irgendwie weiblich-weich«; (2) das Jesuskind wird zunehmend naturalistisch und gefühlvoll gemalt; (3) wenn die Seele als Kind abgebildet wird, dann ist die Kindfigur nackt. Was den zweiten Fall betraf, so vollzog sich die markanteste Entwicklung im 14. und 15. Jahrhundert: Die Abbildungen der Jungfrau mit dem Kind »wurden immer profaner«, die Kinderzeit von Heiligen wurde thematisiert, und diese Motive fanden Eingang in die profane Ikonographie. Die neuere Forschung hat Ariès' Beobachtung dieser Veränderungen bestätigt, denn »um 1300 werden Abbildungen von Kindern lebendiger, menschlicher und glaubhafter«. Allerdings kam erst in der frühen Neuzeit, im 16. und 17. Jahrhundert, ein Genre auf, bei dem normale Kinder im Alltagsleben gemalt und tote Kinder porträtiert wurden – für Ariès »ein höchst wichtiger Augenblick in der Geschichte des Fühlens«.[89]

Die Kritik an Ariès ist an dieser Stelle zweigeteilt. Zunächst wird angeführt, Ariès habe andere mittelalterliche Quellen, in denen die Kindheit naturalistisch dargestellt wird, nicht berücksichtigt. Forsyth konzentriert sich auf den Zeitraum des 9. bis 12. Jahrhunderts und kommt zu dem Schluss, dass »Kinder in der frühmittelalterlichen Kunst vorkommen; ihre häufig intelligente und mit Sinn für Dramatik gestaltete Darstellung dokumentiert eine ausgesprochene Kenntnis dieser Lebensphase und ein feines Gespür für ihre besonderen Qualitäten.« Die Bildquellen stützen diese Ansicht.[90] Der zweite Kritikpunkt besagt, dass Ariès im Irrtum war, Einstellungen gegenüber der Kindheit aus Bildern herauszulesen, die für die Theologie- und Kunstgeschichte relevant sind, nicht aber für die der Kindheit. So etwa zum theologischen Aspekt: Jesus war das am häufigsten dargestellte Kind des Mittelalters. Im frühen Mittelalter zielten die Maler darauf ab, das Kind als göttlich darzustellen, deshalb seine »erwachsene« Erscheinung. Im ausgehenden Mittelalter wollte man zeigen, wie das Göttliche zum uneingeschränkt Menschlichen geworden war, und deshalb bildete man das Jesuskind nackt ab, die Augen auf seine Genitalien gerichtet. Die veränderte Darstellung erzählt etwas über Veränderungen in der Theologie, nicht über die Wahrnehmung der Kindheit.[91] Außerdem merkte man an, dass »unterschiedliche, in Werken der Malerei dargestellte Kindheitstypen im Laufe der Jahrhunderte mehr mit Veränderungen innerhalb der bildenden Kunst als mit einem veränderten Blick auf Kinder« zu tun hatten.[92] Gewiss weisen diese Argumente darauf hin, dass man mit Bildquellen vorsichtig umgehen muss, sie werden aber dadurch für die Behandlung unseres Themas nicht wertlos – so als wolle man behaupten, die Romane von Dickens würden uns nichts über Kindheit im 19. Jahrhundert erzählen.

Man hat Ariès auch vorgeworfen, er habe irrige Ansichten hinsichtlich der Bewertung der ersten Lebensjahre durch die mittelalterlichen Menschen verbreitet. In einem Kapitel über die »Lebensalter« behandelte er die Art und Weise, wie man die verschiedenen Lebensstufen schilderte und bildlich darstellte. Es handelte sich dabei um ein gängiges Thema im mittelalterlichen Denken und in der mittelalterlichen Literatur, das vielerlei Formen annahm: man setzte zwischen drei und zwölf Lebensalter an, wobei sich die Anzahl im ausgehenden Mittelalter auf sieben einpendelte.[93] Die

Kindheit taucht bei allen diesen Systematisierungen auf, meist in zwei Stufen, *infantia* und *pueritia*, womit eine Zeitspanne von der Geburt bis zum vierzehnten Lebensjahr abgedeckt ist; es folgen *adolescentia* und *iuventus*. Diese Einteilung legt eine gewisse Wahrnehmung charakteristischer Merkmale der Kindheit nahe, nicht zuletzt, weil Kinder beim Spielen mit Spielzeug dargestellt werden.[94] Ariès leugnete diesen Umstand nicht, meinte aber, das am meisten favorisierte Lebensalter im Rahmen dieser Ikonographie sei die »Jugend« *(iuventus)* gewesen, eine Periode, die von Mitte zwanzig bis zum Alter von fünfzig Jahren reichen konnte. Dementsprechend sei die Kindheit unterbewertet worden. Bisweilen verknüpfte man die Lebensalter mit den Monaten des Jahres, wobei der Januar die ersten sechs Jahre des Lebens repräsentierte. Ariès zitiert ein Gedicht des 14. Jahrhunderts, um die verhältnismäßig geringe Wertschätzung dieser Lebensperiode zu illustrieren:

Of all the months the first behold
January two-faced and cold.
Because its eyes two ways are cast,
To face the future and the past.
Thus the child six summers old
Is not worth much when all is told.[95]

(Von allen Monaten erblickst du den ersten,/den Januar, doppelgesichtig und kalt./Weil er seinen Blick nach zwei Seiten wirft, /zur Zukunft hin und zurück in die Vergangenheit./Genauso ist ein Kind, sechs Sommer alt,/nicht viel wert, wenn alles ist erzählt.)

Allerdings gibt es gewichtige Belege für eine entgegengesetzte Auffassung. Man stößt durchaus auf Gefühle des Kummers und des Schmerzes beim Tod kleiner Kinder, auf anrührende Weise etwa bei Gregor von Tours (6. Jahrhundert). Er berichtet von einer Hungersnot, »die zu allererst kleine Kinder ergriff, und für sie ging es tödlich aus: und so verloren wir unsere Kleinen, die uns so lieb waren, die wir an unserer Brust hegten und pflegten, die wir in unseren Armen wiegten, die wir fütterten und nährten mit so viel zärtlicher Fürsorge. Während ich schreibe, wische ich mir die Tränen aus den Augen.«[96] Wichtiger noch war, wie Shahar zeigen konnte, das umfangreiche Lehrgebäude des Mittelalters in Bezug auf Schwangerschaft, Geburt, Stillen und Entwöhnen von der Mutterbrust sowie Versorgung des Kleinkindes; es umfasste ein ganzes Corpus an Theorien und praktischen Verfahren. Die Autorin merkt in diesem Zusammenhang an, dass in dieser Hinsicht das mittelalterliche Denken und Handeln den Anschauungen anderer Jahrhunderte überlegen war, namentlich solchen Modellen, die im Zeitalter der Aufklärung im 18. Jahrhundert entwickelt wurden: sie nennt hier etwa die mittelalterliche Vorliebe für warme Bäder statt für kalte, und stellt die mittelalterliche Ansicht, man solle Kinder bis zum siebten Lebensjahr mit Zärtlichkeit behandeln, der Auffassung zahlreicher Autoren des 18. Jahrhunderts gegenüber, man müsse »vom frühesten Alter an strengste Disziplin üben und sich unnachgiebig auch gegenüber Kleinkindern zeigen, um sie zur Befolgung der elterlichen Gebote zu zwingen«. Sie zeigt außerdem, dass die mittelalterliche Ansicht, Geburten sollten in einem dunklen Raum stattfinden, um dem Neugeborenen den Übergang vom Mutterleib in die Außenwelt zu erleichtern, manchen Theorien des ausgehenden 20. Jahrhunderts durchaus ähnlich war.[97] Überdies kann sie uns reale Beispiele von Interaktionen zwischen Erwachsenem und Kind präsentieren. So beschreibt etwa eine Quelle des 14. Jahrhunderts eine Vision der hl. Ida von Löwen, in der ihr von der hl. Elisabeth erlaubt wird, ihr beim Baden des Jesuskindes zu helfen:

»Als das Heilige Kind ins Bad gesetzt wurde, begann es nach Art der Kinder zu spielen. Es lärmte im Wasser, indem es die Hände zusammenschlug, und wie es Kinder tun, planschte es im Wasser bis es herausspritzte und alle naß machte, die anwesend waren. Es planschte weiter im Wasser und bewegte seinen ganzen winzigen Körper dabei. Als es sah, wie das Wasser überall umherspritzte,

Maria lactans (Stillende Maria) mit Jesusknaben. Gemälde von Jean Fouquet. Es handelt sich um ein Kryptoportrait der französischen Hofdame Agnès Sorel (†1450), der Geliebten König Karls VII. (Antwerpen, Koninglijk Museum voor Schone Kunsten).

begann es laut vor Wonne zu juchzen ... und als das Bad beendet war, hob sie das Kind aus dem Bad, trocknete und wickelte es. Sie setzte es auf ihren Schoß und spielte mit ihm, wie es Mütter tun.«

Dies ist zwar eine Vision, aber die Szene ist ohne Zweifel so realistisch, dass sie von eigenem Erleben geprägt sein muss. Überdies geht die Darstellung von einer gemeinsamen Erfahrung aus, sodass sich der Leser in den Bemerkungen »wie es Kinder tun« und »wie es Mütter tun« wieder erkennen kann, wobei sich zeigt, wie sehr das Baden, im Gegensatz zum 16. und 17. Jahrhundert, ein alltäglicher Vorgang war. Das Spielen galt ebenfalls als wichtig für das gesunde Wachstum und die Entwicklung eines Kindes. »Kindern soll das Spielen erlaubt werden, denn die Natur fordert es«, schrieb der ansonsten gestrenge Philipp von Novara.[98]

Worin liegt der Ursprung solcher Vorstellungen? Zunächst einmal existierte ein umfangreicher Corpus medizinischer Schriften, größtenteils aus antiken und arabischen Quellen abgeleitet, die Arzneien gegen eine Vielzahl von Krankheiten, die typisch für Kinder waren, beschrieben und anpriesen.[99] Vom 13. Jahrhundert an kamen darüber hinaus Predigthandbücher auf, die sich in Form von Musterpredigten mit Problemen der Kinderaufzucht und Erziehung befassten, die verschiedenen Phasen der Kindheit benannten, die Bedeutung des Lernens betonten und zur Mäßigung bei Bestrafungen aufriefen. Ein viel zitiertes Exempel ist Anselm von Canterbury, der im 11. Jahrhundert einschärfte, ein Kind benötige »liebevolle Freundlichkeit von anderen, Zärtlichkeit, Nachsicht, fröhliche Ansprache, milde Geduld und vielerlei Behaglichkeiten dieser Art.« Solche Handbücher »erlangten in den folgenden beiden Jahrhunderten eine außerordentliche Popularität«.[100]

Gleichwohl ist es schwierig zu ermessen, inwieweit sich diese Unterweisungen der Predigtliteratur, die uns oft recht aufgeklärt und modern anmuten, in der Praxis auswirkten. Ihre häufigen Wiederholungen könnten darauf hindeuten, dass sich das Verhalten der Leute nicht im Einklang mit ihnen befand. Nach Shahars Auffassung »scheint es völlig klar zu sein, dass die Leute keineswegs die Ermahnungen der Prediger und der Autoren didaktischer Schriften verinnerlicht hatten«, man solle Kinder von sexuellen Kenntnissen und Handlungen fern halten.[101] In anderer Hinsicht indessen findet sie größere Übereinstimmung zwischen Lehre und

Praxis, und zwar in der allgemein akzeptierten Ansicht, dass Kinder während ihrer ersten sieben Lebensjahre von ihren Müttern mit liebevoller Zuwendung und möglichst ohne die Zwänge der Erwachsenenautorität aufgezogen werden sollten. Sie und andere Autoren konnten zweifelsfrei zeigen, dass das Mittelalter die *infantia*, die ersten sieben Lebensjahre, als eine eigenständige Lebensstufe anerkannte und ihr größere Bedeutung beimaß als Ariès behauptet hatte.

Wie steht es aber um die zweite Stufe, die *pueritia*, der Mädchen bis zum zwölften und der Knaben bis zum vierzehnten Lebensjahr? Es war die Zeit der Erziehung, mit väterlicher Verantwortung für die Söhne und mütterlicher Verantwortung für die Töchter.[102] Für die überwiegende Mehrzahl der Bevölkerung war Erziehung nicht gleichbedeutend mit Schule; sie bedeutete schrittweise Einführung in die Arbeitswelt der Erwachsenen, entweder durch eine regelrechte Lehre oder einfach durch die Übernahme spezieller Aufgabenbereiche im Haushalt oder bei der Feldarbeit. Ein Hinweis darauf, dass dieser Lebensabschnitt eine Zeit der Einführung und des Lernens war, bietet die Tatsache, dass man Kinder nicht für umfassend strafmündig hielt, und wenn sie sich eines Vergehens schuldig machten, fiel ihre Bestrafung gewöhnlich milder aus als in einem weiter fortgeschrittenen Alter. Sündhaftes Verhalten in kirchlichem Sinne zog leichtere Bußen nach sich, und es bestand auch die Auffassung, dass man mit Beichte und Buße erst am Ende der *pueritia* beginnen sollte.[103]

Ariès hätte gegen solche Schlussfolgerungen in Bezug auf die *pueritia* wohl nichts einzuwenden gehabt. Dennoch akzentuierte er diese Lebensphase ganz anders. Auf seiner Suche nach Veränderungen – und nicht nach Kontinuität – hielt er die Entwicklung des Schulwesens, namentlich in Form der mittelalterlichen Kathedralschulen, für den hauptsächlichen Motor für die Entstehung einer ganz eigenen Welt der Kindheit: »Sobald das Kind [vermutlich im Alter zwischen neun und zwölf] mit dem Schulbesuch begann, trat es unverzüglich in die Welt der Erwachsenen ein.«[104] Im Gegensatz dazu wird in der modernen Welt gerade die Schulzeit mit Kindheit assoziiert. Ariès weist auf drei unterschiedliche Erscheinungsformen hin, um zu zeigen, dass sich diese Entwicklung ab dem 15. Jahrhundert vollzog. (1) Die Schule begann die Lehre als Mittel der Sozialisation abzulösen; das Merkmal der Lehre war, dass sich Kinder in engem Kontakt zu Erwachsenen befanden. Ariès bemüht sich, die Wichtigkeit dieser Veränderung zu betonen, wobei er einräumen muss, dass sich der Wandel erst richtig gegen Ende des 18. Jahrhunderts geltend machte.[105] Man kritisierte ihn, weil die Lehrzeit mit der Adoleszenz und der Jugend assoziiert wurde, nicht mit der Kindheit. Die Lehrzeit begann aber tatsächlich in der Periode der *pueritia*, im Alter von elf oder zwölf, und in manchen Fällen, wenn die Lehre nur drei Jahre dauerte, war die Ausbildungsphase beendet, noch bevor das dritte Lebensalter begonnen hatte.[106] (2) Es existieren Belege, dass es in den Schulen eine Altersabstufung gab, sodass Erwachsene von Kindern getrennt wurden und man die Kinder je nach ihrem Alter in unterschiedlichen Klassen zusammenfasste. (3) Die Lehrer hatten die Disziplinargewalt gegenüber den Schülern. Zusammengenommen begannen diese Veränderungsfaktoren die moderne Verknüpfung zwischen Kindheit und Schule herzustellen und eine separate Welt der Kindheit zu schaffen. Ariès hatte Recht, den Einfluss der Schule auf die Kindheitskonzepte zu betonen, aber obwohl er eifrig bemüht war, die Ursprünge dieser Entwicklungen im Mittelalter zu verankern, ist es genauso gut möglich, seinen langen mittleren Abschnitt über das »schulische Leben« so zu lesen, als sei das 19. Jahrhundert die Hauptperiode dieses Wandels und nicht das 17. Jahrhundert und schon gar nicht die Zeit des Mittelalters.[107] Das mittelalterliche Schulwesen stand nur einer Minderheit offen. Gewiss behandelten die didaktischen Autoren die Periode vom siebten bis zum vierzehnten Lebensalter als Einheit und gehen davon aus, dass in dieser Periode zumindest die Mitglieder der Oberschicht eine schulische Ausbildung genossen. Ein wichtiger Aspekt indessen ist, dass nicht einmal alle aus der Oberschicht eine Schule besuchten, nicht zuletzt, weil schulische Ausbildung vor allem als Vorbereitung auf den Klerikerstand angesehen wurde.[108] In Ariès' Darstellung wird die Chronologie des Übergangs zu einer Situation, in der Kinder ihre Kindheit in einer nach Alter gestaffelten und disziplinierten Schule verbrachten, nicht immer deutlich, aber es ist nach unserer Auffassung vollkommen richtig, wenn er auf der Beziehung zwischen Schulbesuch und den Konzepten und Erfahrungen von Kindheit beharrt.

Mit der Betonung eines langsamen Prozesses des Heranwachsens befindet sich Shahar in einem wichtigen Punkt in Übereinstimmung mit Ariès: Kinder waren von einem frühen Lebensalter an, selbst noch vor Erreichen des siebten Lebensjahres, nicht von der Erwachsenenwelt abgeschnitten. Die Lebensbedingungen in mittelalterlichen Haushalten boten wenig Gelegenheit zum Rückzug, weder für Erwachsene noch für Kinder, und in der Außenwelt waren Kinder sofort Teile einer altersmäßig gemischten Gesellschaft, in der auch die Nachbarn in die Beaufsichtigung der Kinder einbezogen waren.[109] Häufig nahmen Kinder an Prozessionen und Umzügen teil und wuchsen so in das örtliche Gemeinschaftsleben hinein. Sie beteiligten sich insbesondere an ausgelassenen und lärmenden Spielen in der Weihnachtszeit, wo in den westeuropäischen Ländern ab dem 12. Jahrhundert Knabenbischöfe die Altershierarchie umkehrten und sich über die Älteren im Sinne der »verkehrten Welt« lustig machten.[110] Gewiss wollten einige Autoren die Unschuld der Kinder bewahrt wissen, aber in vielerlei Hinsicht existierte nicht das Gefühl, wie etwa in späteren Jahrhunderten, dass die Welt der Kinder von jener der Erwachsenen fern gehalten werden sollte.

Shahar hat ein Bild von der mittelalterlichen Kindheit gezeichnet, das wesentlich positiver ausfällt als üblicherweise in der wissenschaftlichen Literatur auch noch der letzten Jahre. Ihre Darstellung ist umso überzeugender, weil sie negative Aspekte nicht unterdrückt, die für sie eine generelle Ambivalenz gegenüber Kindern nahe legen. Das negative Kindheitsbild geht im Großen und Ganzen auf die augustinische Lehre von der Erbsünde zurück, kombiniert mit der hohen Wertschätzung für alle, die entweder nie sexuelle Beziehungen hatten oder die bereit waren, ihre Kinder zugunsten ihrer Hingabe an Gott zu verlassen – ein gängiges Thema im Leben weiblicher Heiliger. Der *puer senex* sowie die *puella senex* waren Gegenstand höchsten Lobes, mit dem Unterschied, dass in der antiken Literatur das Kind die Frische der Jugend mit der Reife des Alters verknüpfte, während in mittelalterlichen Quellen das Kind »in allem alt ist außer an Jahren«. Überdies lobten die Hagiographen diejenigen, welche die Tugenden des Alters und nicht die Unschuld der Kinder bewiesen.[111] Dennoch wurden Kinder und Kindheit sehr häufig als rein und unschuldig dargestellt und mit der spezifischen Fähigkeit, den Erwachsenen verborgene Wahrheiten zu erkennen – Projektionen, die sich für Shahar auch in der Romantik des 19. Jahrhunderts manifestieren. Dieses positive Bild mittelalterlicher Kindheit wird von Nicholas Orme bestätigt. Er ist ein scharfer Kritiker von Ariès, und präsentiert aussagekräftige Belege für eine regelrechte Kultur der Kindheit mit Spielen und Spielzeug sowie eigens für Kinder geschriebenen Büchern. »Die englische Kinderliteratur«, schreibt er, »beginnt in Bezug auf Inhalt und Leserschaft im Mittelalter« – eine deutliche Zurückweisung der gängigen Ansicht, dass spezielle Kinderliteratur erst ab den 1740er Jahren anzusetzen sei.[112]

Shahar und andere Autoren entwerfen somit ein Bild der mittelalterlichen Kindheit, das eine eigenständige mittelalterliche Auffassung von Kindheit nahe legt sowie eine starke Kontinuität, die auf biologischen Faktoren beruht. Ihr wichtigster Beitrag dürfte die Betonung der frühen Jahre der Kindheit als Zeit für Wachstum und Spiel gewesen sein. An dieser Stelle sind drei Einsprüche angebracht.

Erstens: Shahar deckt einen Zeitraum von drei Jahrhunderten ab und erweckt den Eindruck, dass es in dieser Periode eigentlich keine Veränderungen gegeben hat. Sie erkennt an, dass man gegen Ende des Mittelalters die Bedeutung des Lernens in der frühen Kindheit stärker betonte, geht aber ansonsten von Kontinuität aus, im Gegensatz zu anderen Autoren, die in Ikonographie und Lebenswirklichkeit ab dem 12. Jahrhundert eine stärkere mütterliche Zärtlichkeit wahrnehmen oder ein positives Bild der Kindheit nach den Pestepidemien des 14. und 15. Jahrhunderts zu erkennen glauben.[113] Es besteht immerhin die Gefahr, dass die »mittelalterliche Kindheit«, die vielleicht durch bestimmte Eingriffe noch vor das 12. Jahrhundert zurückging und ganz Europa umfasste, als etwas präsentiert wird, das man ohne weiteres mit Kindheit in anderen Epochen vergleichend oder kontrastierend in Beziehung setzen kann, ohne Nuancen, Ambivalenzen und Veränderungen innerhalb der Periode zu berücksichtigen.[114] Eine Veränderung verlangt besondere Beachtung: Gerade im Mittelalter nahm die Familie eine Struktur an, die wir Heutigen wieder erkennen können. In der antiken Welt umfasste die *familia* Sklaven und andere, nicht zur (genetischen) Familie gehörige Personen; über sie herrschte ein *pater*, den die Mitglieder der *familia* als außen stehenden Faktor betrachteten. Das christliche Beharren auf Exogamie und Monogamie sowie die kirchliche Kontrolle der Ehe, kombiniert mit der Identifikation einer bestimmten Familie mit einem bestimmten Stück Land, machte die Familie zunehmend nicht nur zu einer ökonomischen Einheit, sondern auch zu einem Ort für emotionale Bindungen, für Zuneigung und Gefühle. »Die kindorientierte Familie«, meint Jack Goody, »war von einer sehr frühen Zeit an integraler Bestandteil der religiösen Ideologie der christlichen Kirche.«[115] Ruiniert durch Pest und Steuerdruck, wandten sich die Menschen im 14. und 15. Jahrhundert der Familie als Zufluchtsort vor einer feindlichen Außenwelt zu. Und die Kinder waren der Mittelpunkt dieser Familien. Thomas von Aquin fragte sich im 13. Jahrhundert, ob Eltern ihre Kinder mehr liebten als Kinder ihre Eltern und kam zu dem Schluss, dass die Elternliebe größer sei.

Eine solche Liebe, meinte der Erzbischof von Florenz um die Mitte des 15. Jahrhunderts, führe unweigerlich zu einer Situation, bei der die Eltern »wegen ihrer ungebührlichen Liebe zu ihren Kindern Verdammung verdienen! Oh wie viele sind es, die ihren Kindern wie Götzen dienen!«[116]

Zweitens: Shahar verhält sich nicht ganz immun gegenüber dem Bestreben, die Modernität des mittelalterlichen Menschen gebührend herauszustreichen, und dabei mag sie Aspekte ausgelassen haben, die einen fundamentalen Unterschied zu unserer Auffassung markieren. Eine Studie über Kindheit im deutschen Mittelalter von 1100 bis 1350 argumentiert, dass es in der Tat ein Kindheitskonzept im Mittelalter gab, dass es sich jedoch grundlegend von allem unterschied, was wir instinktiv anzunehmen bereit sind. Nach dieser Perspektive war Kindheit nicht für sich selbst genommen wichtig, sondern dafür, welche bei dem Kind beobachteten Charakterzüge (Mut, Bescheidenheit etc.) etwas über den zukünftigen Erwachsenen aussagen können. Die Behandlung eines Kindes hatte nach dieser Sichtweise nur geringe Auswirkungen auf seine weitere Existenz als Erwachsener (dies im direkten Gegensatz zum Denken des 20. Jahrhunderts). Dem Kind fehlten eben, wegen seiner Unzulänglichkeiten, die Attribute eines Erwachsenen.[117]

Drittens: Wir müssen uns daran erinnern, so wie es auch Shahar tut, dass es bei unserem Thema viele Dinge gibt, die wir nicht wissen. Sie räumt beispielsweise ein, »dass uns so gut wie keine direkten Belege über kleine Kinder der bäuerlichen Bevölkerung, der Mehrheit der mittelalterlichen Gesellschaften, vorliegen.«[118] Die Wissenschaft hat zur Überwindung des Problems einen recht großen Erfindungsreichtum an den Tag gelegt. Barbara Hanawalt etwa stützte sich auf die Untersuchungsberichte der Coroners (richterliche Untersuchungsbeamte, die bei unnatürlichen Todesfällen zu ermitteln hatten) aus London, Oxford, Bedfordshire und Northamptonshire und konnte anhand der Unfallmuster vier Stufen der Kindheit identifizieren. Bei Kindern im ersten Lebensjahr war das Verbrennen in der Wiege die häufigste Unfallursache – ein Hinweis darauf, dass sie oft alleine gelassen wurden. Kinder im Alter von zwei Jahren waren besonders anfällig für Unfälle, sie fielen in Brunnen und Teiche oder verbrühten sich; Knaben erlitten Unfälle meist außerhalb, Mädchen meist innerhalb des Hauses. In der dritten Phase, im Alter zwischen vier und sieben Jahren, verbrachten die Kinder mehr Zeit bei ihren Eltern, aber die Unfälle zeigen, dass Spielen ihre Hauptbeschäftigung war. Im Alter zwischen acht und zwölf Jahren dürften sich die Kinder eher unabhängig von ihren Eltern bewegt haben, zumal sie zu arbeiten begannen. Untersuchungen über Wunder, bei denen Kinder durch die Fürbitte von Heiligen von Krankheit und Unfallverletzungen geheilt wurden, kommen zu ähnlichen Ergebnissen, wobei ein deutlicher Unterschied zwischen Knaben und Mädchen zu beobachten ist. Sechzig Prozent der 134 Kinder, die – nach den einschlägigen Quellen – wegen erlittener Unfälle in die Sanktuarien englischer Heiliger und Märtyrer gebracht wurden, waren Knaben (in der Hälfte der Fälle war übrigens ein Sturz ins Wasser die Unfallursache). Auch im übrigen Europa wurden bezeichnenderweise wesentlich mehr Knaben als Mädchen zur Heilung von Geburtsfolgen oder Krankheiten zu den Reliquienschreinen der Heiligen gebracht. Die von Hanawalt ausgewerteten Berichte »spiegeln keinerlei gefühlsmäßige Bindung an den Zustand der Kindheit«, aber Gordon schließt daraus, dass »mittelalterliche Kinder, genauso wie ihre heutigen Gegenstücke, neugierig, abenteuerlustig, unerfahren und häufig schlecht betreut« waren, dass »Eltern ihre Sprösslinge von Herzen lieb hatten und oft Kummer, Schuldbewusstsein und Gewissensbisse angesichts ihrer Unfälle äußerten«. Auch R. C. Finucane findet zahlreiche Belege für elterliche, insbesondere mütterliche, Sorgen und Schmerzen zusammen mit der Wahrnehmung der »Kindlichkeit« ihrer Kinder. Dies allerdings muss im Zusammenhang mit der anscheinend größeren Sorge um Knaben als um Mädchen gesehen werden.[119]

Auch lokalhistorische Studien können bisweilen Details darüber liefern, wie man sich um Kinder kümmerte und sorgte. Im Falle der von Le Roy Ladurie untersuchten Inquisitionsprotokolle über das französische Pyrenäendorf Montaillou liegen aus dem frühen 14. Jahrhundert Belege vor über die Sorge um Kinder, über die Freude an ihrer Gesellschaft und über Trauer und Schmerz, wenn sie starben. Eine Frau erzählt, wie das Kind ihres Bruders starb: »Er schickte nach mir, als ich gerade in den Wald ging, um Feuerholz zu sammeln, und so konnte ich das sterbende Kind in meinen Armen halten. Und so hielt ich es vom Morgen bis zum Abend, bis es starb.« Aus alledem ergibt sich, meint Le Roy Ladurie, »dass der Unterschied zwischen der heute bei uns gewöhnlichen Einstellung zu Kindern und derjenigen der Menschen des 14. Jahrhunderts in Montaillou und im oberen Ariège weniger groß ist, als man neuerdings oft hört.«[120] Le Roy Ladurie bestätigt, dass Kinder bis zum Alter von zwölf und auch noch kurz danach bei ihren Eltern blieben, bisweilen bei der täglichen Arbeit halfen, häufig als Boten ausgeschickt wurden. Im Alter von zwölf Jahren indessen begannen die Knaben, Schafe zu hüten, entweder die des Vaters oder anderer Bauern, und die Mädchen begann man auf die Heirat vorzubereiten.[121] Belege dieser Art helfen den Historikern, vorsichtige Generalisierungen über mittelalterliche Kindheit in der Masse der Bevölkerung zu wagen.

Zusammenfassend wird deutlich, dass Ariès' übereilte Behauptung – »in der mittelalterlichen Gesellschaft hat es keine Vorstellung von Kindheit gegeben« – nicht haltbar ist. Die Behauptung trifft auch nicht auf die Antike zu. Das Christentum brachte es mit sich, dass das Mittelalter jüngeren Kindern mehr Bedeutung zumaß als die Antike, aber es existieren überwältigende Belege dafür, dass in beiden Perioden die Kindheit als ein gesondertes Stadium der menschlichen Existenz wahrgenommen wurde. Die verhältnismäßig geringen Auskünfte über das reale Aufziehen von Kindern zeigen überdies ein Interesse an sehr jungen Kindern und bieten

Beispiele für ein enges, liebevolles Verhältnis vor allem zwischen Müttern und Kindern. Ohne Zweifel gab es den Infantizid, aber wiederum bewirkte der Einfluss des Christentums, dass er als Verbrechen behandelt wurde. Versuche einer Bezifferung der Kindestötungen stoßen in dieser, wie auch in anderen Perioden, auf erhebliche Schwierigkeiten.[122] Über die Praxis der Kindesaussetzung wissen wir mehr als über den Kindesmord, aber näher betrachtet sagt sie weniger über das Fehlen elterlicher Gefühle aus, als de Mause behauptete.

Ein Problem bleibt: Die meisten Mediävisten begnügten sich damit, einen schnellen Erfolg zu erzielen, indem sie sich auf die verwundbarsten Positionen von Ariès stürzen und sie verwerfen. Sie sind der schwierigeren Aufgabe ausgewichen, sich mit solchen Widersprüchen und Veränderungen zu befassen, die sich im Laufe der Zeit und in den verschiedenen Regionen ergeben haben. Ariès waren diese Probleme durchaus bewusst, nur ist er recht unsystematisch mit ihnen umgegangen.

Drittes Kapitel

Die Entwicklung der Kindheitsideologie in den Mittelschichten (1500–1900)

Um die Mitte des 19. Jahrhunderts hatte eine Ideologie der Kindheit als machtvolle Kraft die europäischen und nordamerikanischen Mittelschichten erobert. Ihre Lehren wurden in diesen Schichten zwar keineswegs vollständig in die Praxis der Kindererziehung umgesetzt, und als Denkrichtung stand diese Ideologie auch nicht ohne Konkurrenz da, aber sie übte als Ideal und Leitvorstellung eine starke Wirkung auf weite Bereiche der westlichen Kultur aus. Der Kern dieser Ideologie war die feste Überzeugung, dass Kinder in Familien aufwachsen sollten, dass die Art und Weise, wie Kindheit gelebt wurde, für den zukünftigen Erwachsenen von höchster Bedeutung war. Hinzu trat die zunehmende Erkenntnis, dass Kindheit ihre eigenen Rechte und Privilegien hat.

Die Entwicklung dieses Denkens verlief nicht geradlinig auf ein klar definiertes Ziel zu. Was diese Periode zusammenhielt, war ein deutlicheres Gefühl für die Bedeutung der Kindheit, das sich auf vielerlei Arten äußerte: in der Überzeugung von der Wichtigkeit einer frühen Erziehung, in der Sorge um die Rettung der kindlichen Seele, im wachsenden Interesse daran, wie Kinder lernen; in der Auffassung, Kinder seien Boten Gottes und die Kindheit müsse deshalb als beste Zeit des Lebens gelten. Jede dieser Positionen lässt sich mit den großen Bewegungen in der europäischen und amerikanischen Geistesgeschichte verknüpfen, mit der Renaissance, der Reformation und Gegenreformation, der Aufklärung und der Romantik, und sie sind zudem verbunden mit Persönlichkeiten, deren Ruhm sich auch jenseits ihrer Schriften über Kindheit

konstituiert hat: Erasmus von Rotterdam, Locke, Rousseau, Wordsworth.

Humanismus

Unser Ausgangspunkt ist die Renaissance und insbesondere das
Florenz des 15. Jahrhunderts. In der Renaissancekultur nahmen
Kinder einen »besonderen und herausgehobenen Platz« ein.[123]
Man betrachtete sie als Schlüssel zur Zukunft des Staates, ihre
Erziehung war ausschlaggebend für diese Zukunft. Aber mehr noch
als das: Man betrachtete die Familie als Prototyp des Staates, und
wohl geordnete, harmonische Beziehungen innerhalb der Familie
sollten sich in denselben Tugenden des Staates widerspiegeln. Der
Staat wurde von Männern beherrscht, und folglich hatten auch die
Männer in der Familie die maßgebliche Rolle zu spielen. Hier
erkennen wir den ersten Bruch mit mittelalterlichem Denken und
mittelalterlicher Praxis, denn damals sprach man, wie wir gesehen
haben, den Müttern die vornehmliche, wenn nicht ausschließliche
Verantwortung für die ersten sieben Lebensjahre eines Kindes zu.
Die Vater-Kind-Beziehung konkurrierte mit der Mutter-Kind-Beziehung, oder ersetzte sie gar als intensivste aller Beziehungen.
»Wer mag glauben«, fragte Leon Battista Alberti in seinem weit verbreiteten Buch »Über die Familie« (1433–1441), »außer durch die
Erfahrung seiner eigenen Gefühle, wie groß und innig die Liebe
eines Vaters zu seinen Kinder ist?« Verantwortung und Autorität
eines Vaters waren unbegrenzt:
»Er soll ... über seine Familie wachen und sie vor anderen schützen,
die ganze Gemeinschaft im Auge haben und bedenken, die Tätigkeit eines jeden Mitglieds überprüfen, innerhalb und außerhalb
des Hauses, und jede schlechte Gewohnheit korrigieren und verbessern. Er soll insbesondere vernünftige und keine ungehaltenen
Worte benutzen, Autorität ausüben und nicht Macht ... Sein erster
Gedanke soll stets der Friede und die Ruhe seiner ganzen Familie
sein. Von dieser Art soll das Ziel sein, zu dem er, mithilfe seiner

Klugheit und Erfahrung, die ganze Familie mit Tugendhaftigkeit und Ehre führt.«[124]

Nach den Vorstellungen solcher didaktischer Werke soll der Vater auch für die Auswahl und die Heranziehung einer Amme sorgen, wenn das bevorzugte Stillen durch die Mutter nicht möglich war – und es gibt Belege dafür, dass sich die Väter dieser Aufgabe annahmen. Väter sollen ihre Kinder im Auge behalten und sorgfältig »jede noch so geringfügige Handlung, jedes Wort und jede Geste« deuten, um das Wesen und die eventuellen zukünftigen Geschicke des Kindes zu verstehen, sie sollen sich aber auch an der Gesellschaft des Kindes erfreuen, »das fröhlich lacht und sich tausendmal in einer Stunde verändert«.[125]

Die zweite Abweichung von mittelalterlichem Denken war die Betonung des frühen Lernens, und wiederum soll der Vater hierbei die Hauptrolle spielen: Er lehrt die Kinder, sobald sie den Windeln entwachsen sind, die Gestalt der Buchstaben, indem er Früchte oder Gebäck verwendet, nicht nur zur Formung der Buchstaben, sondern auch zur späteren Belohnung – eine wohl von Horaz herstammende Idee –, und er soll seine Autorität »durch Liebe« aufrecht erhalten. Körperliche Züchtigung mochte einmal nötig sein, aber man betonte sie nicht mehr so stark im weiteren Verlauf des 15. Jahrhunderts.[126]

Mit Recht gehen die Historiker vorsichtig mit der Frage um, ob diese Ratschläge auch in die Praxis umgesetzt wurden. Man geht davon aus, dass solche Ratschläge nötig waren, weil sie in der Praxis eben nicht befolgt wurden. Warum sonst sollten solche didaktischen Bücher vor Erwachsenen warnen, die ihr Kind dazu verleiteten, seinen Daumen zwischen Zeige- und Mittelfinger zu legen und mit dieser obszönen Geste auf die eigene Mutter zu deuten, womit es die Erwachsenen zum Lachen brachte?[127] Es gibt indessen zwei Gründe, die dafür sprechen, diese florentinischen Ratgeberbücher ernst zu nehmen. Zum einen ist gut belegt, dass sie in den großen Kaufmannsfamilien gelesen und von ihnen geschätzt wurden, zum anderen markieren sie, wie schon gesagt, in wichtigen Aspekten eine Abkehr von mittelalterlichen didaktischen Werken. Es setzte sich in dieser Epoche eine neue, von der antiken Kultur abgeleitete Idealform des Umgangs mit Kindern durch.[128]

Die neue humanistische Sicht der Kindheit war nicht auf Florenz oder Italien beschränkt. Sie fand ihren berühmtesten Vertreter nördlich der Alpen in dem Niederländer Desiderius Erasmus. Das italienische humanistische Denken war um die Wende des 15. Jahrhundert in Paris und im nördlichen Europa wohl bekannt; Erasmus selbst hatte die Jahre 1506 bis 1509 in Italien verbracht. In den 1520er Jahren verfasste er eine Reihe von Büchern und Streitschriften, in denen er sein lebenslanges Interesse an Kindern und ihrer Erziehung zusammenfasste. Seinen Werken gemeinsam ist ihre Begründung auf antike Autoritäten, verbunden, wenn auch in geringerem Ausmaß, mit den Schriften italienischer Humanisten sowie eigenen Erfahrungen und Beobachtungen.

Erasmus von Rotterdam legte besonderen Wert auf eine früh einsetzende Erziehung und attackierte damit diejenigen, die »aus einem falschen Geist der Zärtlichkeit und des Mitfühlens heraus«, zulassen, dass ihre Kinder »von ihren lieben Müttern verhätschelt und von ihren Kinderfrauen verwöhnt werden.« Ein Kind sollte »mit der Milch, das es nuckelt, den Nektar der Erziehung saugen«, denn »es wird aus ihm ganz gewiss eine unnütze Kreatur werden, wenn es nicht sofort und ohne zu zögern einem Prozess eingehender Unterweisung unterworfen wird.« Eine frühe Erziehung zu vernachlässigen sei ein viel größeres Verbrechen, als einen Kindesmord zu begehen.[129] Erasmus entrüstet sich darüber, wie viel Zeit und Geld manche Menschen für die Abrichtung ihrer Hunde und Pferde verwendeten, verglichen mit dem Aufwand für die Erziehung ihrer Kinder. Er glaubte, die Natur habe in den Kindern das Saatgut des Wissensdurstes eingepflanzt und die Kraft eines besseren Gedächtnisses als in jedem anderen Lebensalter. Sie müssen aber geformt werden: »Das Kind, das die Natur gegeben hat, ist nichts anderes als ein formloser Klumpen, aber das Material ist noch geschmeidig und fähig, jedwede Gestalt anzunehmen und du musst es so modellieren, dass es die bestmöglichen Eigenschaften annimmt. Wenn du nachlässig bist, dann wirst du eine Bestie heranziehen, aber wenn du dich bemühst, dann wirst du ein gottgleiches Wesen schaffen, wenn ich diesen vermessenen Ausdruck verwenden darf.«[130] Wie viele andere Autoren auch vergleicht Erasmus das Kind mit einem Wachsklumpen, der geformt werden muss, solange er noch geschmeidig ist. Im 12. Jahrhundert hatte schon Anselm von Canterbury das Bild vom Wachsklumpen gebraucht, aber er meinte, kleine Kinder glichen einem Stück Wachs, das zum Formen noch zu dünnflüssig sei; man müsse damit deshalb bis in die Zeit der *adolescentia* warten.[131]

Mit dem »du« wendet sich Erasmus an den Vater. »Um ein wirklicher Vater zu sein«, schrieb er, »musst du die vollständige Aufsicht über die Existenz deines Sohnes übernehmen.« Die Mutter hat eine nährende Rolle inne, aber der Vater muss die Verantwortung übernehmen für die charakterliche Entwicklung des Knaben, »die ihn vom Tier unterscheidet und die der Widerspiegelung des Göttlichen am nächsten kommt.«[132] Es trifft zwar zu, dass sich Erasmus in anderen Schriften an beide Eltern wendet, wenn er von erzieherischer Verantwortung spricht, und dass christliche Humanisten in weitgehender Übereinstimmung auch der Mutter eine Rolle bei der Kindererziehung zuweisen, aber die eigentliche Verantwortung lag beim Vater, insbesondere, wenn es sich bei dem Kind, wie in den zitierten Passagen, um einen Sohn handelte. Und es war die Erziehung des Sohnes, auf die sich Erasmus konzentrierte, wobei er offen ließ, inwieweit auch Töchter an jener Erziehung teilhaben sollten, die er propagierte.[133]

Es sollte eine Lehrmethode angewendet werden, bei der das Kind durch Ermutigung lernte, und sie sollte auch spielerische Elemente enthalten. Bereits 1497 hatte er geschrieben, »dass stets ein Element des Ergötzlichen unseren Studien beigegeben sein muss, sodass wir meinen, das Lernen sei ein Spiel und nicht eine Schinderei, denn keine Tätigkeit kann über längere Zeit fortgeführt werden, wenn sie nicht dem Beteiligten auch Freude bereitet.« Als ein gutes Beispiel führt er an, wie ein englischer Vater, der das Interesse seines Sohnes am Bogenschießen entdeckt hatte, »einen vortrefflichen Bogen und Pfeile anfertigen ließ, die er mit Buchstaben des Alphabets schmückte«, wobei die griechischen und lateinischen Alphabete als Ziel dienten. Traf der Knabe das Ziel und konnte er den Buchstaben benennen, wurde er mit einer Kirsche belohnt; auch konnte man ein Wettschießen mit anderen Knaben veranstalten. »Mit dieser List lernte der besagte Sohn in wenigen Tagen des vergnüglichen Spiels die Buchstaben zu erkennen und auszusprechen – etwas, was die meisten Lehrer mit all ihren Schlägen, Drohungen und Beschimpfungen kaum je in drei Jahren erreicht hätten.«[134] Erasmus hatte einen Horror vor Schlägen, nicht zuletzt wegen seiner eigenen Erfahrungen, und maß dementsprechend dem Lehrerberuf eine hohe Bedeutung bei, denn er erkannte, dass man von Vätern kaum verlangen konnte, für die gesamte Erziehung ihrer Sprösslinge die Verantwortung zu übernehmen. »Ein Schulmeister zu sein«, schrieb er, »ist ein Amt, das an Bedeutung gleich nach dem des Königs kommt.« Die Wirklichkeit sah jedoch anders aus: »Schulen«, klagte er, »sind Folterkammern geworden; man hört nichts weiter als das Pfeifen des Stocks, das Zischen der Rute, Heulen und Jammern, und die Schreie brutaler Misshandlungen.«[135]

Das von Erasmus vorgeschlagene Curriculum orientierte sich weitgehend an antiken Lehrplänen, so wie auch seine eigenen Erziehungsvorstellungen von antiken Autoritäten abgeleitet waren, etwa von Plutarchs Traktat *Über die Erziehung von Kindern* oder von den Schriften Quintilians, der im 1. Jahrhundert n. Chr. die Bedeutung einer früh einsetzenden Beziehung betonte, um die natürliche Lernbegier des Kindes zu nutzen, und der sich – untypisch für die Antike – gegen körperliche Züchtigung aussprach.[136]

Erasmus beschränkte sich nicht auf die eher formalen Aspekte der Kindererziehung und des schulischen Lernens. Er schrieb auch – und dies war sein am weitesten verbreitetes Werk – einen an den elf-jährigen Heinrich von Burgund gerichteten Leitfaden über das Betragen von Kindern, der aber auch dazu gedacht war, Verhaltensregeln für alle Knaben aufzustellen. Erasmus empfahl Bescheidenheit und Schicklichkeit bei allen Handlungen des Knaben, gab Ratschläge zur Körpersprache, zum Niesen, Spucken, Urinieren, zu Tischmanieren und für den Umgang mit anderen. Mit seiner Betonung »des Ein-übens guter Manieren gleich von den frühesten Jahren an« steht der Traktat im Einklang mit dem Glauben des Erasmus an die große Bedeutung einer ausgewogenen Erziehung von früh an und ist auch ein Schlüssel zu einer Verhaltensweise, die einige Jahrhunderte lang als Richtschnur für Kinder galt, denn das Buch erfreute sich auch noch im 19. Jahrhundert großer Popularität.[137]

Erasmus kann als Stimme des Humanismus begriffen werden, aber es war ein vom Christentum untrennbarer Humanismus. Eras-mus selbst wurde in die Auseinandersetzungen der Reformation verwickelt und hielt, freilich mit einigen Schwierigkeiten, zur katholischen Kirche. Es bestand für ihn kein Zweifel, wie er in seinem Traktat über Manieren sagte, dass der wichtigste Teil der »Formung der jungen Leute« darin bestand, das »Saatkorn der Frömmigkeit in das zarte Herz einzupflanzen«. Gott gab uns »die Kinder, damit wir sie in den Wegen der Religion aufwachsen las-sen«, und dies zu vernachlässigen, sei »mehr als nur eine lässliche Sünde«.[138] Erasmus hatte Mühe damit, seine eigenen Glaubensposi-tionen von solchen zu trennen, die von der Erbsünde ausgingen. Obwohl er anerkannte, dass wir »mit einer Neigung zum Bösen« geboren wurden, meinte er doch, dass dieser Glaube häufig über-trieben werde, denn es seien »vornehmlich die Erwachsenen, die junge Gemüter mit dem Bösen beflecken, bevor wir sie dem Guten aussetzen«. Wie John Earle, ein Humanist der jüngeren Generation, im Jahre 1628 schrieb: »Ein Kind ist ein Mann in kleinen Buchstaben, das beste Abbild von Adam bevor er von Eva oder dem Apfel kostete ... Seine Seele ist ein weißes Papier, noch nicht voll gekritzelt mit Beobachtungen der Welt ... es kennt das Böse nicht.« Ein gutes, früh erlerntes manierliches Betragen würde zur Frömmigkeit führen.[139]

Protestantismus

Erasmus schrieb auf Latein, aber seine Werke wurden rasch in alle wichtigen europäischen Sprachen übersetzt und übten einen enormen Einfluss bei Katholiken und Protestanten aus. Insbesondere die Protestanten orientierten sich zwar mehr an der Bibel als an den antiken Autoritäten – Erasmus' vornehmliche Inspirationsquelle – aber die protestantischen Ansichten über Kindererziehung waren seinen Positionen doch recht nahe, und so beförderte auch der Protestantismus die Autorität des Desiderius Erasmus. Ein Historiker hat kürzlich die Ansicht geäußert, »dass die Bibelexegese des Erasmus in Bezug auf die Familie in vielem zu denselben Schlüssen führte wie die Bibelexegese der Protestanten, und die gemeinsamen Quellen der Humanisten und der Protestanten schufen gemeinsame Ansichten und Ideale.«[140]

So zutreffend diese Äußerung auch in Hinblick auf Ursprünge und Einflüsse ist: Sie versäumt es dennoch, der Bedeutung der »Spiritualisierung des Haushalts« im Protestantismus gebührendes Gewicht zu verleihen. Es war Christopher Hill, der zum ersten Mal auf diese Entwicklung aufmerksam machte, aber auch er unterschätzte möglicherweise den humanistischen Beitrag dazu. Es steht jedoch außer Frage, dass er eine neue Akzentuierung der innerfamiliären Beziehungen identifiziert hatte, die dazu noch auf eine besondere Resonanz im Protestantismus stieß. Kernpunkt war der Glaube an die Familie als kirchlicher und staatlicher Mikrokosmos, in dem Sinne, dass ihre innere Verfassung auch die Verfassung der größeren Institutionen widerspiegeln sollte sowie in dem Sinne, dass die Familie als Pflanzschule der Kirche und des Staates galt, in der die Kinder für den Dienst in beiden Institutionen vorbereitet werden müssten.[141] Justus Menius formulierte: »Die sorgfältige Erziehung von Kindern ist der größte Dienst für die Welt, in spirituellen wie in weltlichen Angelegenheiten, für das Leben in der Gegenwart wie für die Nachwelt.«[142] Die Familie war die Keimzelle für alle anderen Organisationen, und von ihrer guten Leitung hing vieles ab. In aktiven protestantischen Kreisen war die Familie vor allem eine religiöse Gemeinschaft, bei der Gebete und Bibellektüre im Kreise der Familie in die Struktur des Tagesablaufs eingefügt waren.

Es verstand sich fast von selbst, dass die Väter diesen Familien vorstanden: »Jeder Mann ist ein König in seinem Haus.«[143] Diese Aussage bewertet die Forschung in unterschiedlicher Weise: Einige wollen in diesem Ideal der protestantischen Familie eine patriarchalische Tyrannei sehen, andere verweisen auf Passagen in didaktischen Werken und insbesondere in Berichten über das reale Familienleben und erkennen darin ein gewisses Maß an partnerschaftlicher und gemeinsamer Familienführung der Ehegatten.[144] Unzweifelhaft ist, dass die Kinder eine untergeordnete Stellung hatten. Die Ehe wurde jetzt, besonders eindrücklich bei Luther, als dem zölibatären Leben übergeordnet gepriesen, und einer ihrer Hauptzwecke war die Fortpflanzung; das Kind indessen galt als Quelle der Sorge und der Freude. Nach Ansicht der gängigen Ratgeberliteratur sollte namentlich der Versuchung zu übertriebener Nachgiebigkeit gegenüber Kindern vorgebeugt werden. So schrieb etwa Konrad Sam über die Herren und Junker in Ulm:

»Sobald das Kind umherlaufen kann, wirft man ihm einen ausgefransten Kittel über und behandelt alles, was es tut, in derselben [unverständigen] Weise. Bald kommt es zu Ausbrüchen und Wutanfällen, aber das ergötzt die Alten nur noch, denn sie kommen von einem niedlichen kleinen Sohn, der ja nichts Falsches machen kann. Wer solcher Art Dornen und Disteln sät, wie kann er erwarten, daß dann etwas anderes als Unkraut gedeiht?«

Zu viele Eltern, behauptete man, betrachteten die Kindheit »nicht anders als eine Zeit für Vergnügen, Fröhlichkeit und Zeitvertreib«.[145] Es standen viel ernstere Dinge auf dem Spiel, wenn Kinder aufwuchsen – nicht nur die zukünftige gute Ordnung in Kirche und Staat: es ging um den Seelenzustand des Kindes. Das erfolgreiche Wirken pflichtbewusster Eltern würde reichen Lohn bringen: »Gibt es auf Erden irgend etwas kostbareres, freundlicheres und liebenswerteres«, schrieb ein Anhänger der Reformation um die Mitte des 16. Jahrhunderts, »als ein frommes, diszipliniertes, folgsames und lernwilliges Kind?«[146] Hier steht es vor uns, das Musterkind der protestantischen Reformation.

Auf welche Weise bringt man solche Musterkinder zustande? Von früher Kindheit an durch elterliche Erziehung zu gutem Betragen. Bei den unzähligen Analogien und Metaphern in den Erziehungsbüchern geht es nicht um natürliches Wachstum, sondern eher um Gartenbaukunst: einen guten Boden bereiten, Unkraut ausjäten, junge Schößlinge in die gewünschte Richtung trimmen; manchmal wird die Kindererziehung auch mit Tierdressuren, dem Einimpfen des Gehorsams bei jungen Hunden und Füllen, verglichen. Sich selbst überlassen, würden sich Kinder zum Bösen entwickeln. Ihr Wille müsse gebrochen werden. Das biblische Vorbild fand man in den Sprüchen Salomons 22:15: »Torheit steckt dem Knaben im Herzen; aber die Rute der Zucht treibt sie ihm aus.« Soweit wie möglich sollte diese Erziehung vernünftig und ruhig vonstatten gehen, aber bisweilen war körperliche Züchtigung nicht vermeidbar, sie sollte indessen nicht zu streng und nicht von zorniger Erregung geleitet sein.[147] Sehr oft schien die Züchtigung die Väter genauso mitzunehmen wie die Kinder. Thomas Cawton, Geistlicher in London und dann in Rotterdam, »war oft so gerührt von Mitleid, sein väterliches Herz empfand ihnen gegenüber so viel Liebe, dass Tränen aus seinen Augen strömten während er sie bestrafte; nichts rührte mich so sehr wie dieser Anblick, der seine Kinder davon überzeugte, dass er sie nicht nach seinem freien Willen züchtigte, sondern weil er dazu gezwungen war.«[148]

Ein Gutteil dieser Probleme und Besorgnisse rührte vom Glauben an die Erbsünde her, eine Frage, die Erasmus, wie wir gesehen haben, herunterzuspielen versuchte. In der protestantischen Literatur spielte dieser Glaubensgrundsatz jedoch eine beherrschende Rolle. »Was ist ein Kind, oder was bedeutet es, ein Kind zu sein?«, fragte Thomas Becon im Jahre 1550, nur um zu antworten: »Ein Kind in der Schrift ist ein gottloser Mensch, weil es unwissend ist und ungeübt in Gottesfurcht.« Für seinen fünfjährigen Sohn verfertigte Becon einen 271 Folioseiten starken Katechismus.[149] Ein Nürnberger, unter Cranmers Leitung ins Englische übersetzter Katechismus, versicherte, dass selbst Ungeborene im Mutterleib »schlechte Begierden und Gelüste« haben.[150] In einer deutschen Predigt aus den 1520er Jahren heißt es:

»So wie eine Katze nach Mäusen verlangt, der Fuchs nach Hühnern, und das Wolfsjunge nach Schafen, so tragen die Jungen der Menschen in ihrem Herzen das Verlangen nach Ehebruch, Unzucht, unreinen Begierden, Obszönität, Götzendienst, Magie, Feindseligkeit, Streitsucht, Leidenschaft, Zorn, Zwist, Widerspruch, ketzerischen Gedanken, Hass, Mord, Trunkenheit, Gefräßigkeit und nach vielem anderen mehr.«[151]

Was konnten besorgte Eltern tun, warum überhaupt sollte man Kinder haben? Die Säuglingstaufe bot jetzt keinen sicheren Weg mehr zur Erlösung wie bei den Katholiken. Nur der Glaube allein konnte die Rettung bringen. Einige meinten, Gotte würde »die Gabe des Glaubens in die Seele eines Kindes einpflanzen«[152], aber gute protestantische Eltern sollten sich natürlich eifrig bemühen, ihren Kindern so früh wie irgend möglich das Bewusstsein der eigenen Sündhaftigkeit und der Notwendigkeit der Erlösung zu vermitteln. John Robinson, der Pastor der Pilgerväter, schrieb:

»Gewiss liegt in allen Kindern eine Verstocktheit, eine Hartnäckigkeit des Gemüts, erwachsen aus naturgegebenem Stolz, die zu allererst gebrochen und niedergerungen werden muss, damit das Fundament ihrer Erziehung auf Demut und Gefügigkeit begründet

Die Kinderaue. Holzschnitt von Hans Baldung Grien (1480-1545). Darstellung nackter und ungezogener Kinder, die sich (unter der Obhut zweier gleichfalls nackter Frauen) ihren Raufereien hingeben (Berlin, Kupferstichkabinett).

ist; andere Tugenden mögen zu gegebener Zeit darauf aufbauen. Die Eltern müssen sorgfältige Vorkehrungen treffen, dass diese Verstocktheit niedergeschlagen und niedergehalten wird, dass Wille und Eigenwilligkeit der Kinder eingeschränkt und unterdrückt werden, und das beizeiten.«[153]

Gedruckte Katechismen, Frage- und Antwortsszenarien zwischen Eltern und Kindern galten als die beste Methode, diese Ziele zu erreichen, wobei sich auch die Pastoren dieser Methoden bedienen konnten. Katechismen wurden in großer Zahl aufgelegt, in England alleine 350 zwischen 1549 und 1646.[154] Es lag außerhalb der Vorstellungskraft dieser protestantischen Pädagogen, dass man mit dieser religiösen Gewissenserziehung vielleicht zu früh beginnen könnte. Es sei ein »eitler Trug«, insistierte Thomas Gataker, dass »Religion und Gottesfurcht nichts für Kinder ist«; er selbst verfasste einen Katechismus für Kinder, »die noch nicht von der Brust sind«.[155] In einigen, wenn auch nicht in allen Kommentaren, konnte nur der Vater diese religiöse Unterweisung vornehmen, die Mütter kritisierte man als zu wenig konsequent und als zu wirklichkeitsfremd.[156] Deshalb »verwendete Thomas Cawton nicht geringe Mühe darauf, [seine Kinder] zu unterweisen und zu katechisieren, um sie aufzuziehen in der Speise und der Mahnung des Herrn.«[157]

In ihrer Betonung der Erbsünde ging die protestantische Erziehungsliteratur auf einige Distanz zu Erasmus, stand ihm aber näher in seinem Urteil über gutes Benehmen. Davon überzeugt, dass die Körpersprache die Gedankenwelt einer Person widerspiegelt, legten sie besonderen Wert auf Benehmen und Auftreten. William Gouges »Prayer for a Childe to Use« aus dem 17. Jahrhundert schärfte den Kindern nicht nur Gehorsam gegenüber ihren Eltern ein, sie sollten ihnen auch Verehrung entgegenbringen:

»… indem ich mich allzu vieler Reden in ihrer Gegenwart enthalte, auf sie höre, sie ehrenvoll anrede, ihnen bescheiden und bereitwillig antworte, ohne Stolz und Verstocktheit … Meiner verehrungsvollen Rede lass' mein gebührliches Verhalten gegenüber meinen

Eltern entsprechen: dass ich ihnen eilig entgegen gehe, wenn sie zu mir kommen, dass ich mich vor ihnen erhebe, dass ich vor ihnen aufrecht stehe, ihnen jeden gebührenden Gehorsam erweise, ihnen Platz mache und ihren Segen erbitte: indem ich jedwede ungesittete Rohheit, geringschätzige Gespreiztheit, übermäßige Kühnheit, jeden kindischen Mutwillen und jeden Hochmut gänzlich vermeide.«

Gouge hatte gewiss so manche »ungesittete Rohheit« etc. erlebt, aber für ein christliches Kind legte er eine andere Messlatte an.[158]

Wenn der gottesfürchtige Haushalt das Fundament einer guten Ordnung in Kirche und Staat war, dann gründete auch die Schule auf diesem Fundament. Und obwohl die Puritaner das Lernen nur dann hochschätzten, wenn es zur Gottesfurcht führte, akzeptierten sie doch weitgehend den klassischen Lernstoff der Humanisten.[159] Mit drei Besonderheiten drückten sie der Schule ihren eigenen Stempel auf. Die erste bestand in der Gründung neuer Schulen oder in karitativen Stiftungen für die schulische Erziehung. In der Präambel zu den Statuten der Grammatikschule zu Wakefield im Jahre 1607 heißt es etwa: »Diese Schule ist zu allererst als Pflanzstätte für die Heranziehung christlicher Kinder bestimmt, damit sie mit der Zeit Botschafter der Versöhnung Gottes mit seiner Kirche werden, und sie ist im Weiteren als Schule für christliche Unterweisung in Tugendhaftigkeit ausersehen, dass alle Schüler hierselbst gute Sitten erlernen …« Die zweite Besonderheit war die Auswahl der Schulmeister. Sie sollen, schrieb Thomas Becon, »Männer von Ernsthaftigkeit, Weisheit, Gelehrsamkeit, und Bildung sein, von rechtschaffener und gottesfürchtiger Rede, von angesehenem Lebenswandel, von einwandfreien Manieren, sorgfältig und gewissenhaft in ihrer Amtsführung, der wahren und reinen Religion zugewandt, ernsthafte Liebende des Gotteswortes, Hasser der Götzenverehrung und des Aberglaubens …« Nach William Gouge war mangelnde Frömmigkeit ein hinreichender Grund, einen Lehrer zu entlassen.[160] Als dritte Besonderheit gab es in solchen Familien, bei denen Schulbildung auch jenseits des Elementarwissens üblich wurde, eine deutliche Trennung zwischen den Erfahrungen der Knaben und der Mädchen, denn Schulen waren nur für Knaben vorgesehen, und sie kultivierten eine Art von Männlichkeit, bei der Disziplin und Kontrolle der Emotionen an oberster Stelle standen. Mädchen dagegen erhielten eine weniger anspruchsvolle Form der Erziehung zu Hause mit dem Lernziel Bescheidenheit und Gehorsam.[161]

Die Erziehungsbücher, Katechismen und Schulregularien entwerfen das Idealbild der Kindererziehung mit protestantischen Vorzeichen. Ihre pure Quantität, die natürlich auch mit der Verbreitung des Buchdrucks zusammenhing, lässt es nicht plausibel erscheinen, dass dies alles nur im Reich der Ideale existierte. Die Leute kauften diese Bücher und nutzten sie zumindest für eine gewisse Zeit ihres Lebens als Richtschnur. Es ist allerdings schwer auszumachen, inwieweit das Ideal Wirklichkeit wurde. Selbst für die Gebildeten und Wohlhabenden, mit denen wir es in diesem Kapitel zu tun haben, bieten die Quellen nur ein lückenhaftes Bild. Sie umfassen schriftliche Dokumente, Tagebücher, Autobiografien, Briefe und Testamente sowie die Überreste der materiellen Kultur, wie etwa Grabsteine, Spielzeug, Kleider und Bilder. Auf der Grundlage solcher Quellen haben die Historiker das Wagnis unternommen, die Realität der Kindheit im 16. und 17. Jahrhundert in den protestantischen Kernländern des nördlichen Europas und Nordamerikas zu rekonstruieren.

Fragen wir zunächst, wie man auf eine bevorstehende Geburt reagierte. Die Antwort scheint zu lauten: mit Angst und Sorge, und – wenn alles gut ging – mit Dankbarkeit. In den protestantisch-republikanischen Niederlanden geriet »die glückliche Familie bei der Geburt eines Kindes in einen bürgerlichen Gnadenzustand.« Abzeichen wurden an die Haustür geheftet, der Vater setzte eine Vaterschaftskappe auf, und der Haushalt wurde von bestimmten Steuern und Abgaben befreit. Feste und Gastmähler markierten die erste Zeit im Leben eines Kindes.[162] Die Geburt selbst war ein halböffentliches Ereignis, weibliche Anverwandte, Nachbarn und Freunde waren alle zugegen.[163] Auch wenn die Erziehungsbücher eine Vielzahl von Methoden anboten, wie man das Geschlecht eines Kindes vorhersagen könne, und auch die Gedanken Lady Mordaunts, die sie in den 1650er Jahren während ihrer Schwangerschaft ihrem Tagebuch anvertraute – »wenn es Dein gesegneter Wille ist, so lass' es einen Knaben werden« – sicherlich keine Ausnahme war, so gibt es doch keine Anzeichen direkter Ablehnung, wenn sich herausstellte, dass das Baby das »falsche« Geschlecht hatte.[164]

Humanistische und protestantische Schriften vertraten mit Entschiedenheit das Stillen des Säuglings durch die Mutter, und in der Gesellschaft war dies auch zweifellos die Norm. Wenn es Ausnahmen gab, dann vor allem unter den Reichen, aber es ist zahlreich belegt, dass Mütter dieser Schicht ihren Säuglingen die Brust gaben und darauf stolz waren. Auch das Wickeln wurde angeraten und mit ziemlicher Sicherheit auch praktiziert, wobei diese Praxis bei den frühen amerikanischen Siedlern nicht belegt ist.[165] Wickeln sollte das gerade Wachstum der Knochen fördern und den Säugling vor Kälte schützen. Und man scheint es nicht länger als nur wenige Monate angewendet zu haben.[166]

Es war natürlich keineswegs unwahrscheinlich, dass ein Kind sterben würde; immerhin überlebten ein Fünftel bis ein Viertel aller Kinder das zehnte Lebensjahr nicht.[167] Wie gingen Eltern mit dieser Möglichkeit oder Wahrscheinlichkeit um? Ein holländischer Druck aus dem 17. Jahrhundert zeigt die grausige Gestalt des Sensenmannes, der ein Bettchen mit einem Wickelkind darin an sich reißt, während die Mutter schläft; es muss ein Bild gewesen sein, das Eltern noch in ihren Träumen verfolgte.[168] Die übereinstimmende neuere Forschungsmeinung ist, dass der emotionale Rückzug von den Kleinkindern unter den Bedingungen hoher Kindersterblichkeit, wie es Stone postulierte, nicht von den Primärquellen gestützt wird. Eltern trauerten. Als Selbstschutz sprachen sie vom Willen

Gottes und davon, dass sich ihr Kind nun an einem besseren Ort aufhalte, aber ihre Trauer ist unverkennbar. Ein besonders deutliches Beispiel ist Martin Luther, der zwei seiner sechs Kinder verlor, Elisabeth mit acht Monaten und Magdalena mit dreizehn Jahren. Elisabeths Tod ließ Luther »schwer krank« zurück, »mein Herz wurde weich und schwach; niemals hätte ich gedacht, daß eines Vaters Herz so gebrochen sein könnte wegen seines Kindes Tod.« Als Magdalena starb, wussten Luther und seine Frau, daß es jetzt »frei ist vom Fleische, von der Welt, vom Türken und dem Teufel«, aber, so schrieb er an einen Freund: »Die Macht der natürlichen Liebe ist so groß, daß wir nicht fähig sind, dies zu tun, ohne in unseren Herzen zu weinen und zu trauern … Das Antlitz, die Worte, die Bewegungen unserer lebenden und sterbenden Tochter, die so folgsam und respektvoll war, bleiben in unseren Herzen eingegraben; selbst der Tod Christi … ist nicht in der Lage, dies alles so von uns zu nehmen wie es nötig wäre.«[169] Oder nehmen wir die Reaktion des Klerikers Ralph Josselin aus Essex auf die Krankheit und den Tod seiner acht Jahre alten Tochter Maria:

»Meine kleine, ach so schwache Maria, wir fürchteten, dass sie davongeht, sehr viel Furcht ergriff mein Herz, aber sie ist nicht mein, sie ist Gottes, und sie ist nicht zu gut für ihren Vater, sie war zärtlich zu ihrer Mutter, dankbar, gottesfürchtig, in ihrer äußersten Not schrie sie auf, ich Armer, ich Armer … sie war ein kostbares Kind, ein Bund Myrrhe, ein Strauß von Lieblichkeit, sie war unschätzbar wertvoll, voller Klugheit, in ihrem Ernst wie eine Frau, voller Wissen, sie redete freundlich von Gott, war eifrig im Lernen, im Herzen zärtlich und liebevoll, sie war uns ein gehorsames Kind. Sie war frei von der Wildheit kleiner Kinder, sie war uns wie ein Gefäß mit süßer Salbe, das, jetzt zerbrochen, köstlicher duftet als je zuvor, Herr, ich bin voll der Freude, dass ich ein solches Geschenk für Dich bereit hatte … «[170]

Über diese Entschlossenheit, sich dem Willen Gottes zu unterwerfen, seinen Willen zu akzeptieren, breitete sich ein Kummer, ein schmerzliches Gefühl des Verlustes, der in Josselins von Qual geprägter Prosa wie ein Feuer brennt.

Luther und Josselin empfanden deutlich Freude an der Gemeinschaft mit ihren Kindern, und dafür liegen uns viele Zeugnissen auch aus glücklicheren Umständen vor und nicht nur aus Erinnerungen an den Tod eines Kindes. Bei dem Versuch, die Fülle von Kinderdarstellungen in Kunst und Kultur der protestantischen Niederlande zu erklären, findet Simon Schama den Schlüssel »in der Polarität zwischen dem Spielerischen und dem Didaktischen, zwischen Spielen und Lernen, zwischen Freiheit und Gehorsam, zwischen Unabhängigkeit und Sicherheit« und macht darauf aufmerksam, dass ein Großteil der niederländischen Kunst, ganz gleich wie ihre moralische Botschaft aussieht, von einer Freude an Kindern geprägt ist. Schama meint sogar, dass »die Niederländer von Anfang an – als Kulturerscheinung – in Kinder vernarrt waren.« Sie malten sie auf Hunderten von Familienbildern oder in Einzeldarstellungen, wobei immer das individuelle Kind greifbar war. In Caesar van Everdingens Portrait *Kind mit Apfel*, ist eine moralische Lehre eingeschrieben: der Knabe hält einen zahmen Vogel auf seinem linken Zeigefinger und scheint ihn mit dem Apfel in seiner rechten Hand zu füttern. Die Fähigkeit, einen Vogel zu zähmen und ihn etwas zu lehren ist eine Metapher für Kindererziehung, denn auch Kinder mussten gezähmt und unterwiesen werden. Aber weder diese Symbole, der auffällige Fliesenboden und der antike Pfeiler inmitten einer ländlichen Szenerie noch die extravagante Kleidung, in die man den Knaben zu diesem Anlass gesteckt hat, können von der Fähigkeit des Künstlers ablenken, die Persönlichkeit eines ganz bestimmten Knaben einzufangen.[171] Die niederländische Malerei zeigt immer wieder spielende Kinder, vielleicht, um moralisierend die Torheit der Welt darzustellen, vielleicht aber auch nur, weil man sich an dem Spiel erfreute – auch Moralisten verteidigten das Spiel. Van Beverwijck schrieb 1643: »Kinder sollten nicht zu fest an die Kandare genommen werden, man soll sie ihre Kindlichkeit leben lassen … Lasst sie frei spielen und lasst die Schule das Spiel für ihre Reifung nutzen.« Im Gegensatz zur klassischen Verknüpfung von Disziplin und Erziehung liegt die Wurzel des niederländischen Wortes für Erziehung, *oproeding*, in dem Verb *voeden*, »nähren, füttern«, und die dem Wort innewohnende Einstellung scheint in die niederländische Kindererziehung eingegangen zu sein.[172]

Schama übertrieb wohl darin, dass er diese Einstellungen und Verhaltensweisen als typisch oder ausschließlich niederländisch betrachtete. Vielmehr sind sie überall in der protestantischen Welt, auch außerhalb der Niederlande, zu finden: Die Gräfin von Buckingham übersandte 1623 ihrem Gemahl eine ausführliche Beschreibung ihrer jungen Tochter und schloss ihren Bericht mit den Worten:»Ich wollte, Ihr wäret hier, nur um sie zu sehen, denn Ihr hättet große Freude an ihr, jetzt, wo sie so voller reizender Spiele und Kunststücke ist …«[173] Hier äußert sich elterlicher Stolz. Adam Martindale berichtete von seinem 1663 verstorbenen Sohn John: »Er war ein hübsches Kind und sehr männlich und mutig für sein Alter … Wir hatten ein ungebärdiges, wildes Kalb, das sich immer auf Kinder stürzte, um sie niederzuwerfen. Diesem Kalb stellte er sich, als er um die zwei Jahre alt war, mit einem Strick in der Hand entgegen … er stand fest auf dem Boden, verscheuchte es und triumphierte, schrie *caw, caw*, und meinte, er habe das Kalb besiegt. Ich glaube nicht, dass ein Kind von hundert in diesem Alter so viel gewagt hätte.« John Saffin aus Boston sagte von seinem sieben Jahre alten Sohn, er sei »ein so kluges und viel versprechendes Kind« gewesen, »wie man es unter Tausenden nicht finden wird«.[174]

Es wäre falsch, nur von einem einzigen Typus protestantischer Kinderbehandlung auszugehen. Hilfreicherweise hat Philip Greven drei entsprechende Typen in Amerika identifiziert, die zwischen dem 17. und der Mitte des 19. Jahrhunderts ihre Wirksamkeit entfalteten. Er beschreibt sie als »evangelikal«, »moderat« und »gentil«, und jeder Typ brachte einen anderen Familientypus hervor, den »autoritären«, »autoritativen« und den »affektionierten«. Seine

Kategorien können mit geringen Abweichungen auf das gesamte protestantische Europa angewendet werden. Bis zu einem gewissen Grad kann jede Kategorie speziellen sozialen Bedingungen zugeordnet werden, wobei der »gentile« Modus insbesondere unter denen zu finden war, die sich selbst der »Oberschicht« zurechneten.[175]

Dies führt aber nicht allzu weit; im Grunde geht es Greven um Glaubensdinge. So leitete sich die »autoritäre und rigoros repressive« Erziehung in evangelikalen Familien vom Glauben an die Erbsünde ab, und entsprechend ging es in solchen Familien darum, den Willen des Kindes zu brechen. Jonathan Edwards, der berühmteste Prediger des 18. Jahrhunderts und keineswegs ein bösartiger Mensch, hielt Kinder dennoch für »junge Vipern, ja unendlich abscheulicher noch als Vipern«. Ansichten wie diese mussten sich auf das Verhalten der Eltern auswirken. Von Edwards Kindern ist überliefert, dass sie »ungewöhnlich respektvoll ihren Eltern gegenüber waren. Sobald die Eltern den Raum betraten, erhoben sie sich unwillkürlich von ihren Stühlen und setzten sich erst, wenn sich auch die Eltern gesetzt hatten, und wenn Vater oder Mutter mit jemandem sprachen, ganz gleich, mit wem sie sich unterhielten, verstummten sie sofort und hörten aufmerksam zu.«[176] Die natürliche Ausgelassenheit der Kinder, an der sich Eltern damals wie heute erfreuen konnten, stieß in einem solchen Haushalt auf keinerlei Gegenliebe. Susanna Wesley, die Mutter des Gründers der Methodistenkirche, schrieb über ihre eigenen Kinder:

»Als sie ein Jahr alt wurden (und einige noch früher), lehrte man sie, die Rute zu fürchten und leise zu weinen, wodurch sie eine Vielzahl an Züchtigungen vermieden, die ihnen ansonsten zuteil geworden wären: und dieser widerwärtige Lärm laut weinender Kinder wurde im Hause nur selten gehört, vielmehr lebte die Familie zumeist in solcher Stille, als wäre nicht ein einziges Kind zugegen.«[177]

Wenn Kinder solcher Familien starben, wurden ihr Gehorsam und ihr respektvolles Verhalten gepriesen (Luther), ihre »Ernsthaftigkeit wie die einer Frau« und ihre Folgsamkeit (Josselin). Disziplin und Bestrafung, im Idealfall ohne Gebrauch der Rute, waren Begleiter dieser Kindheiten. Der in England in den 1650er Jahren geborene William Caton erinnerte sich, »wie eine Furcht auf mir lastete vor Tadel und Züchtigung durch meine Eltern, die nach ihrem besten Wissen danach trachteten, mich zu Tugend und Gottesfurcht zu erziehen.«[178] Ernsthaft bemühte Eltern konnten nicht anders handeln. So hieß es in einer englischen Fibel aus dem Jahre 1553: »Kinder und Diener zu haben, ist Dein Segen, O Herr, aber sie nicht Deinem Worte gemäß zu lenken und zu leiten, verdient Deinen furchtbaren Fluch.«[179]

Familiäre Beziehungen dieser Art galten früher als symptomatisch für alle Familien. Für die neuere Forschung indessen waren lediglich bei den strengeren Puritanern und den späteren Evangelikalen sie besonders augeprägt, und selbst da hatten Eltern Schwierigkeiten mit der gestellten Aufgabe, den Willen ihrer Kinder zu brechen. Grevens zweite Kategorie, die »moderate« Elternerziehung, dürfte typischer für den Protestantismus der wohlhabenden Schichten gewesen sein, zumindest im 18. Jahrhundert. Solche Eltern waren weniger auf die Erbsünde fixiert, und obwohl sie auf dem Gehorsam ihrer Kinder bestanden, glaubten sie, ihre Kinder mit »Zärtlichkeit und Geduld« zur Folgsamkeit erziehen zu können.[180] Familien dieser Art verhielten sich weniger strikt als die Evangelikalen, häufig fungierten die Großeltern als willkommene Partner bei der Betreuung und Erziehung der Kinder, und diese standen bei den Evangelikalen im Verdacht, zu weichherzig und nachgiebig zu sein.[181]

In vielerlei Hinsicht, so könnte man sagen, trug die moderate Elternschaft eher den Stempel Lockes als den der Bibel, und gewiss fällt es schwer, etwas typisch Protestantisches in Grevens letzter Kategorie, der »gentilen«, zu erkennen. Man ist geneigt zu fragen, ob sich die protestantische Familie nicht vor unseren Augen aufgelöst hat. Zwei Historiker haben sich dieses Problems angenommen.

Steven Ozment befasste sich mit dem Deutschland des 16. Jahrhunderts und attackierte den »großen Selbstbedienungsmythos der modernen Welt, dass Kinder früherer Zeiten beinahe wie Sklaven unter der Fuchtel herrschsüchtiger, liebloser Väter aufwuchsen und ihnen nichts zu verdanken gehabt hätten« und weist nachdrücklich darauf hin, dass Kindererziehung im 16. Jahrhundert von Zielen bestimmt war, die sich von denen des ausgehenden 20. Jahrhunderts deutlich unterschieden. »Im 16. Jahrhundert wurden Kinder großgezogen und erzogen, um in erster Linie soziale Menschenwesen zu werden, und in diesem Sinne hatten sie mehr Pflichten gegenüber ihren Eltern und der Gesellschaft als davon unabhängige Rechte.«[182] Das Verhalten der Eltern – Ozment beschreibt es als »das Zerbrechen des selbstsüchtigen und antisozialen Betragens ihrer Kinder durch konsequente Disziplin mithilfe verbaler Drohungen und körperlicher Züchtigung, wenn Liebe und Vernunft nichts fruchteten« – hatte den Aufbau einer Gesellschaft zum Zweck, in der ein gewisses Maß an »sozialem Zusammenhalt und Harmonie« herrschen sollte.[183] Gewiss waren Protestanten der Überzeugung, dass eine gute Ordnung im Staat abhängig war von einer guten Ordnung in der Familie, aber natürlich existierte noch eine höheres Motiv für die geforderte Disziplin: Das Kind sollte einen Begriff von der Notwendigkeit der Erlösung erhalten. Man kann sich des Eindrucks nicht erwehren, dass Ozment den Individualismus ablehnt, der seiner Meinung nach von heutigen Erziehungsprinzipien gefördert wird, und dass er mehr aus dem 16. Jahrhundert herausliest, als die Quellen erlauben. Je strenger die Familiendisziplin war, desto deutlicher waren die Hinweise auf soziale Isolierung und mögliche Feindschaft mit den Nachbarn.[184]

Patrick Collinson ist vorsichtiger und sich der Schwierigkeiten bewusst, Belege für die »protestantische Familie« zu finden; außerdem kennt er die herrschende, auf Kontinuität setzende wissenschaftliche Meinung. Mit Blick auf die Familie leugnet er nicht, dass die Protestantische Reformation »kein vollständig neuer Anfang war«, aber sie beförderte bestimmte Merkmale der westeuropäischen Familie »auf eine hohe Ebene der Bewusstheit und sorgte damit für ihre Nachfolge und Fortsetzung in späteren Generationen. Hier erlebte die Familie wie wir sie kennen ihre Geburtsstunde.«[185]

Katholizismus

Wie steht es nun um die katholische Familie? Wenn sich der humanistische Einfluss schon substanziell auf die Entstehung der protestantischen Familie auswirkte, dann ist er in noch höherem Maße im Katholizismus greifbar, denn das katholische Italien war das Ursprungsland des Humanismus. Wir erinnern uns, dass sich Ariès bei seiner Suche nach dem Ursprung der modernen Familie hauptsächlich auf Belege aus dem – mehrheitlich – katholischen Frankreich stützte. Und dennoch ist es so, als wolle sich die »katholische Familie« noch schneller vor unseren Augen auflösen als ihr protestantisches Gegenstück. Wahrhaftig ist unklar, ob wir es überhaupt, wie im Falle der protestantischen Familie, mit einem Idealtypus zu tun haben. Dies ist zum Teil eine Frage der Quellen. Die französischen *livres de raison* (Hausbücher/Hauschroniken) bringen in nur äußerst geringem Ausmaß solche Angaben über Initimitäten des Familienlebens, wie wir sie in Tagebüchern, etwa des Ralph Josselin, finden.[186] Vielleicht sind diese Unterschiede im Quellenmaterial mehr als zufällig und verweisen darauf, dass das katholische Familienleben weniger intensiv und weniger selbstkritisch war als das protestantische. Durch die Säuglingstaufe von der Fixierung auf die Erbsünde entlastet, stellte sich katholischen Eltern nicht so unmittelbar das Problem der Erlösung des Kindes. Überdies: Der Druck innerhalb des Protestantismus, der zu jener hohen verantwortlichen Stellung des Vaters im Hauswesen geführt hatte, hing teilweise mit der Abschaffung des Priesters als Vermittler zwischen Gott und Mensch zusammen.[187] Dies traf natürlich für den Katholizismus nicht zu. Es herrschte dort nicht die Vorstellung von der Familie als Kirche im Kleinen, und deshalb bestand auch eine geringere Notwendigkeit für die absolute Hingabe an die Familie.

Allerdings entwickelte sich im katholischen Denken eine stärkere Betonung der elterlichen Pflichten gegenüber den Kindern. Obwohl die Erbschaft des Römischen Rechts, verstärkt durch den Absolutismus, besagte, dass man »die Väter als Götter auf Erden« betrachten solle, und einige Stimmen den Vätern sogar erneut das Recht über Leben und Tod zubilligen wollten, betonten doch katholische didaktische Werke und religiöse Handbücher ab dem Ende des 16. Jahrhunderts zunehmend die Verantwortung beider Eltern. Das Vierte Gebot »Du sollst Vater und Mutter ehren«, schrieb Kardinal Richelieu, »legt nicht nur den Kindern Pflichten gegenüber ihren Eltern auf, sondern auch den Vätern und Müttern gegenüber ihren Kindern, um so mehr, als Liebe auf Gegenseitigkeit beruhen sollte.« Kinder wurden ermahnt, ihre Eltern zu lieben, und im 18. Jahrhundert begann diese Liebe positive Attribute anzunehmen und wurde nicht mehr nur, wie in den Katechismen des 16. und 17. Jahrhunderts, als Abwesenheit von Hass betrachtet. Im katholischen Denken vollzog sich zwischen dem 16. und dem 18. Jahrhundert ein Wandel hin zu einem Ideal der Familie als Ort emotionaler Zuwendung. Dieser Wandel trat indessen später ein als im protestantischen Denken.[188]

Es ist schwer auszumachen, inwieweit sich diese Wandlungen im realen Familienleben und in der Kindererziehung der wohlhabenden Schichten im katholischen Europa widerspiegeln oder sich widergespiegelt haben. In vielem bestand sicherlich kaum ein Unterschied zum protestantischen Europa, denn beispielsweise trauerten selbstverständlich auch katholische Eltern über den Tod ihres Kindes. 1591 ließen »von Trauer erfüllte Eltern« eine Grabinschrift für ihre sechs Jahre alte Tochter anfertigen: » … der Tod hat sie als kleines Kind von ihren Blicken gestohlen, aber nicht von ihrer Erinnerung«. Henri de Campion schrieb über seine Tochter

Heinrich III. als Kind. Zeichnung von François Clouet (†1572). Der erst zehnjährige französische Kronprinz trägt reiche Renaissancetracht: auf dem Kopf ein Federbarett; sein pelzverbrämtes Wams ist mit der Halskette des Michaelsordens, der vornehmsten Auszeichnung der französischen Könige, geschmückt (Berlin, Kupferstichkabinett).

Louise-Anne, die 1653 im Alter von vier Jahren starb: »Ich liebte sie mit einer Zärtlichkeit, die ich nicht in Worte fassen kann.«[189]

Henri de Campion berichtete weiter, dass er seine Zeit »zu Hause sehr angenehm«, verbrachte »... und mit meiner Tochter spielte, die – trotz ihres zarten Alters – alle so sehr entzückte, die sie sahen.« Hier tritt uns wiederum ein gemeinsames Thema entgegen. Wie im Umkreis des europäischen Protestantismus stoßen wir immer häufiger auf Äußerungen elterlicher Freude an ihren Kindern. Es lässt sich nur schwer sagen, ob es mehr ist als nur eine Tendenz, solchen Gefühlen auch schriftlichen Ausdruck zu verleihen oder mehr als der reine Überlieferungsstatus solcher Schriften, aber die Tatsache, dass diese schriftlichen Äußerungen von Klagen über das Hätscheln von Kindern begleitet werden, legt nahe, dass es sich doch wohl eher um eine neue Erscheinung handelte. Madame de Sévigné beschreibt im Jahre 1672, wie sie mit ihrer Enkelin spielte: »Ich lese gerade die Geschichte der Entdeckungen des Christoph Kolumbus, die mich höchst angenehm unterhält, aber noch mehr bereitet mir deine Tochter Vergnügen. Ich liebe sie so sehr ... sie streichelt dein Bild und liebkost es auf so reizende Weise, dass ich sie einfach küssen muss.«[190] Die Moralisten beklagten sich über Eltern, »die ihre Kinder nur so weit schätzen, wie sie Freude und Unterhaltung von ihnen bekommen können.«[191] Die bildende Kunst liefert weitere Belege für die Zunahme des Gefühls im Zusammenhang mit Kindern; der Praxis des 16. Jahrhunderts, verstorbene Kinder zu portraitieren, folgte im 17. Jahrhundert die Abbildung lebendiger Kinder im Kreise ihrer Familien oder als Einzelportrait.[192]

Über ein französisches Kind des ausgehenden 16. und beginnenden 17. Jahrhunderts sind wir außergewöhnlich gut informiert: Es handelt sich um den jungen Ludwig XIII., dessen Leben Tag für Tag in einem von seinem Leibarzt Jean Heroard geschriebenen Journal festgehalten ist. Natürlich ist dieses Journal ungewöhnlich – wegen seiner puren Existenz und wegen des Gegenstands seiner Darstellung, denn die Erziehung eines zukünftigen Königs dürfte sich von der Erziehung eines jeden anderen unterschieden haben. Und doch: Wenn alle Vorbehalte geäußert sind und man auch die geäußerte obsessive Sorge um die Zukunft der Bourbon-Dynastie beiseite lässt, behält dieses Dokument die Kraft, zu überraschen und zu schockieren. Im Alter von einem Jahr, in »fröhlicher Ausgelassenheit« und zum Amüsement aller Anwesenden, ließ sich der zukünftige König »von jedem auf seinen Schwanz küssen«. Seine Verlobung mit der Infantin von Spanien gab Anlass für allerlei Spielereien und Anzüglichkeiten. »Wo ist der Liebling der Infantin?«, fragte man ihn, und er legte seine Hand an seinen Penis. Und wenn man ihn ankleidete, erklärte er, er wolle jedem etwas Milch aus seinem Penis geben, und alle streckten ihre Hände aus. Es ist Ariès' Argument, dass diese Ermunterung und das Vergnügen der Erwachsenen an der Sexualität eines Kindes im Laufe des 17. Jahrhunderts verschwand und durch die strenge Vorstellung von der Unschuld eines Kindes und von der Notwendigkeit, sie zu schützen, ersetzt wurde.[193]

Die Belege für diesen Wandel stammen indessen nicht aus dem Kreis der Familien selbst, sondern von außerhalb. An diesem Punkt kommen wir zur wahren Bedeutung der katholischen Gegenreformation für die Geschichte der Kindheit. Neben der Durchdringung der Familie und der Spiritualisierung des Häuslichen führte die Gegenreformation zur Gründung von Institutionen für die Kindererziehung außerhalb der Familie, namentlich von Schulen. Schulen waren auch im Zusammenhang mit der protestantischen Reformation von großer Bedeutung, aber sie sollten eher parallel zu den Familien wirken, und nicht, um familiäre Defizite zu kompensieren oder gar als Familienersatz wirken. Innerhalb des Katholizismus entwickelten sich die Schulen zu Macht- und Autoritätszentren, die häufig mit den Familien konkurrierten und drohten, die Familie zu ersetzen. So begann ein heranwachsendes, nach Heiligkeit strebendes Mädchen »ernsthaft daran zu denken, mehr Gott zufrieden zu stellen als meinen Vater«, and als sie in einen Konvent eintrat, bemühte sie sich nach Kräften, ihren Vater davon fern zu halten.[194] Die Jesuiten des ausgehenden 16. und des 17. Jahrhunderts übernahmen die Führung bei der Gründung von Internatskollegien, in denen Knaben gleichen Alters ein diszipliniertes Leben zu führen hatten. Das Glanzstück der neuen Erziehung in Frankreich dürfte das Mädchenpensionat Port Royal unter Führung der berühmten Schulleiterin Jacqueline Pascal gewesen sein. Jacqueline verspürte die machtvolle Berufung, sich um Kinder zu kümmern. Diese Berufung war so wichtig, schrieb sie, »dass wir gehalten sind, diese Verpflichtung allem anderen vorzuziehen, wenn es uns der Gehorsam auferlegt, und mehr noch, auch allen unseren persönlichen Neigungen, selbst wenn diese spiritueller Natur sind.« Die Kinder mussten ständiger Überwachung und Kontrolle unterliegen. Wenn sich die Mädchen zum Schlafen legten, wurden »ihre Betten gewissenhaft inspiziert, um zu sehen, dass sie in gebührender Sittsamkeit lagen, und auch um zu sehen, dass sie im Winter richtig zugedeckt waren.« Aber »diese ständige Überwachung soll freundlich ausgeführt werden und mit einer gewissen Zutraulichkeit, die sie denken lässt, dass man sie liebt …« Wenn dies nach Manipulation klingt, so muss man diese Haltung im Zusammenhang mit einer neuen, positiven Bewertung der Kindheit sehen – in Anlehnung an die Kindheit Jesu – und mit dem Selbstverständnis der Lehrer, »dass wir getrieben sind von dem Wunsch, [die Kinder] so heranzuziehen wie Gott sie haben will.«[195]

Die katholische Reform teilte mit ihrem protestantischen Gegenstück das Gefühl für die Wichtigkeit der Kindheit, verlieh diesem Gefühl aber auf unterschiedliche Weise Ausdruck. Die Waagschale neigte sich von der Familie zur Kirche und zu den Schulen als wichtigste Institutionen für die Erziehung guter Christen.[196] Es muss betont werden, dass es sich hierbei um eine unterschiedliche Akzentuierung handelt, denn aus der Perspektive der Geschichte der Kindheit wiesen beide Bewegungen mehr Gemeinsamkeiten als Unterschiede auf. Beiden war die frühe Kindheit für die Herausbildung eines Christen wichtig, und für beide war dies das wichtigste Ziel. Dennoch wirkten sich die Unterschiede nachhaltig auf das Familienleben aus. In einem der am wenigsten befriedigenden Abschnitte seines Buches versucht Ariès die Veränderungen im Bereich der Erziehungsinstitutionen mit dem Aufkommen der modernen Familie zu verknüpfen, denn in vielerlei Hinsicht wurde die Schule für das Kind zu einem Familienersatz; die Schule diente dazu, den Knaben – Schulen waren fast ausschließlich Knaben vorbehalten – von seiner Familie zu trennen.[197] Dies wiederum nahm den Familien jene intensive Sorge um die Kinder, die so charakteristisch war für die puritanischen und evangelikalen Familien. In Grevens Terminologie war die katholische Erziehung »moderat« oder »gentil«, Formen der Erziehung also, die nicht ausschließlich protestantisch waren.

Das 18. Jahrhundert

Für Ariès vollzogen sich im 17. Jahrhundert die wichtigsten Veränderungen in den Ideen über Kindheit, während die meisten Historiker dem 18. Jahrhundert diesen Ehrenplatz zuweisen. Eingerahmt von den Schriften John Lockes zu Beginn und den romantischen Dichtern am Ende, mit der herausragenden Figur Rousseaus in der Mitte, scheint sich im 18. Jahrhundert ein Ausmaß an Sensibilität gegenüber Kindern und Kindheit zu manifestieren, das es in früheren Jahrhunderten nicht gegeben hat. Es begannen damals einige Leute, die Kindheit nicht als Vorbereitungszeit auf etwas anderes – sei es das Erwachsenenleben oder das Himmelreich – aufzufassen, sondern als eine Lebensphase, die nach ihrem eigenen Recht zu bewerten sei. Kinder können, neben Sklaven und Tieren, als die Nutznießer der Empfindsamkeit und der humanitären Gesinnung des ausgehenden 18. Jahrhunderts bezeichnet werden. Auch nach Abzug aller Einsprüche dürfte es den Historikern schwer fallen zu vermeiden, dieses Jahrhundert als eine Zeit des Fortschritts zu sehen, gefolgt von einer Phase der Reaktion in der ersten Hälfte des

19. Jahrhunderts, als sich das Eltern-Kind-Verhältnis distanzierter und formaler gestaltete, nur um in der zweiten Hälfte des 19. Jahrhunderts vom Triumph der Auffassung überwunden zu werden, dass die Kindheit nicht nur ein eigenständiger Lebensabschnitt sei, sondern sogar der beste aller Lebensabschnitte.

Der Schlüssel für die Erklärung dieser Veränderungen liegt in einer Säkularisierung der Haltung gegenüber Kindheit und Kindern, die sich über einen längeren Zeitraum entwickelt hat. Nun ist es nicht so, dass die Leute plötzlich aufgehört hätten, Christen zu sein. Für viele verengte sich lediglich die Bandbreite ihres Christentums; es galt nicht mehr als das alles umfassende Denksystem für die Erklärung natürlicher Phänomene oder als absolute Richtschnur für sämtliche Handlungen des Menschen. Allerdings gab es zahlreiche und gewichtige Ausnahmen von dieser Verallgemeinerung. Das Christentum gab seine Ansprüche nicht widerstandslos auf und erlebte am Ende des 18. Jahrhunderts und zu Beginn des 19. Jahrhunderts einen neuen Aufschwung. Dennoch ist ein, wenn auch mit Unterbrechungen, langfristiger Niedergang des Glaubens an die Erbsünde zu beobachten, der um die Mitte des 19. Jahrhunderts nur noch an den Rändern des Christentums existierte. Im Zuge dieses Niedergangs verwandelten sich die Kinder von verderbten, mit dem Urbösen behafteten Wesen zu Engeln, zu Botschaftern Gottes in einer ermatteten Welt der Erwachsenen. Man sah sie zunehmend ausgestattet mit der Fähigkeit zu Entwicklung und Wachstum, und die Antriebskraft dafür war nun nicht mehr in erster Linie Gott, sondern die Natur. Die Kunst der Kindererziehung bestand jetzt in der Beachtung der Natur, man ließ dem Wachstum freien Lauf und zwang die Zweige nicht mehr in eine gewünschte Form und Richtung.

Die zunehmende Privatheit und die besseren Lebensumstände der Mittel- und Oberschichtfamilien hatten ihren Anteil an dieser Betonung der Individualität des Kindes. Gemeinschaft und Großfamilie verloren ihre Rolle als Schiedsrichter über Fragen der

Moral; ihre Behandlung oblag jetzt dem engeren Bereich der Kern-familie, und sie war auch der Ort der stärksten affektiven Beziehungen. Die schon lange in der westlichen Ikonographie sanktionierte Liebe zwischen Eltern und Kindern, namentlich zwischen Mutter und Kind, erhielt im Zuge ihrer Säkularisierung eine neue Intensität. Und diese Liebe konnte leichteren Ausdruck finden in der Anlage der Wohnhäuser, in denen es jetzt sehr viel mehr private Rückzugsmöglichkeiten gab.

Die Bewegung hin zu einer kindorientierten Gesellschaft stieß fast in jeder Phase auf Widerstände und ist niemals wirklich zu ihrem Ende gelangt. In Bezug auf die Einstellung gegenüber der Kindheit und auf das Verhalten gegenüber Kindern sehen wir uns an jedem Wendepunkt mit Ambivalenzen und Widersprüchen konfrontiert. Es existierten immer, wie man sagen könnte, Subkulturen der Kindererziehung, die von Änderungen offenkundig unberührt blieben. Dennoch vollzogen sich nachweislich äußerst wirkungsvolle Veränderungen: es ging um eine deutliche Akzentverschiebung – von der Sorge um die spirituelle Gesundheit eines Kindes hin zur Sorge um seine individuelle Entwicklung.

John Locke hat mit seinem Buch *Some Thoughts Concerning Education* (1693) (deutsch: Gedanken über Erziehung) den Status eines Klassikers im Rahmen dieses Prozesses erlangt, auch wenn nicht sofort deutlich wird, warum dies so war. Locke war von einem Vater, einer Standesperson, gebeten worden, ihm Ratschläge für die Erziehung seines Sohnes zu erteilen. Weil seine Briefe einen solchen Anklang fanden, entschloss er sich, sie zu veröffentlichen. Womit wir es also zu tun haben, ist nicht eine systematische Abhandlung über Erziehung, sondern es handelt sich um bisweilen wiederkehrende Reflexionen über Kindererziehung, aufgelockert durch Lockes eigene Erfahrungen in Häusern des Landadels. Das Buch gehört in mancherlei Hinsicht zu einer Gattung, die bis in die Renaissance zurückverfolgt werden kann, das Buch des Höflings (*cortegiano*), in diesem Falle: wie erzieht man einen Knaben, der einmal ein mustergültiger englischer Gentleman werden soll. Überdies dürften viele der angebotenen Ratschläge denen vertraut gewesen sein, die eine derartige Literatur zu lesen gewöhnt waren. Alle, die Locke wörtlich nahmen, ließen sich auf eine Kindererziehung ein, die ebenso konservativ wie innovativ war.

Locke kehrt immer wieder zu einem alten Thema zurück: Welchen Platz sollte körperliche Bestrafung in der Kindererziehung einnehmen? Die Antwort fiel nicht sonderlich ausführlich aus. »Ich bin sehr geneigt zu denken«, schrieb er, »dass eine *große Strenge* der Bestrafung nur sehr wenig Gutes bringt; ja sogar großen Schaden für die Erziehung.« Dies aber ist weniger als eine konsequente Verdammung der Körperstrafe und Locke fährt fort, sie bei Kindern zu erlauben, die »Halsstarrigkeit« und »Rebellion« an den Tag legen, denn er war überzeugt, dass man Kinder an die Unterwerfung »ihres Willens unter die Vernunft anderer« gewöhnen müsse.[198] Dies klingt nach dem »Willen brechen« der Puritaner, aber bei Locke verfolgt dieser Gedanke einen anderen Zweck: Es geht ihm um die Heranziehung eines Erwachsenen, »der sich seiner eigenen Vernunft unterwirft, wenn er in das Alter gekommen ist, von ihr Gebrauch zu machen« und der in der Lage ist zu erkennen, »dass das Prinzip jedweder Tugend und Vortrefflichkeit in der Kraft liegt, uns selbst die Befriedigung unserer Wünsche zu versagen, wenn sie nicht durch die Vernunft autorisiert sind.«[199] Diese Kraft lässt sich durch eine Verhaltensformung von frühem Alter an erwerben. Unter bestimmten Umständen kann körperliche Bestrafung angewendet werden, um das Ziel der Willensunterwerfung zu erreichen, ein Prozess, dessen Verinnerlichung den Schlüssel zur Herausbildung eines erfolgreichen und moralischen Erwachsenen liefert.

So gesehen scheint Locke einen Entwurf für den »kapitalistischen Menschen« vorgelegt zu haben, der seine Wünsche unterdrückt und Belohnung zurückstellt oder gar ablehnt. Es gibt jedoch noch eine andere Seite an Locke. Er ist möglicherweise am besten bekannt für etwas, woran er nicht glaubte, nämlich, dass »ein Kind ein unbeschriebenes Blatt Papier oder ein Klumpen Wachs« sei, »den man nach Belieben formen und gestalten kann«. Locke räumt ein, dass er diese Ansicht in seinem Buch vertreten hatte, wie jedoch seine Argumentation in *An Essay Concerning Human Understanding* (deutsch: Versuch über den menschlichen Verstand) deutlich macht, ist ein Kind nur in Bezug auf Ideen eine *tabula rasa* oder blanke Schreibtafel, und nicht in Bezug auf Fähigkeiten oder Temperament.[200] Dies war eigentlich keine neue Idee, aber Locke verlieh ihr eine Autorität, welche die Autorität aller seiner Vorgänger übertraf. Die Bedeutung dieser Ansicht für die Kindererziehung war enorm, sie verlieh dem Erzieher eine gewaltige Macht und Verantwortung, denn er war es, der das Papier beschreiben oder das Wachs formen musste. Wie es Locke präzise formulierte: »Neun Teile von zehn sind sie, was sie durch Erziehung geworden sind – gut oder böse, nützlich oder unnütz.«[201] Aber was auch immer man über Verstand und Geist eines Kindes sagen kann: Locke betont, dass nicht zwei Kinder gleich sind; sie haben ihre »unterschiedlichen Temperamente, verschiedenen Neigungen und ganz eigenen Fehler«, und dies alles muss durch Beobachtung ihres Spiels entdeckt werden. Die Erziehung muss so angepasst werden, dass sie »zu ihrem natürlichen Genius und zu ihrer Konstitution« passt. Man könne durchaus allgemeine Prinzipien für die Kindererziehung entwickeln, ihre Anwendung indessen müsse auf das individuelle Kind zugeschnitten sein: »Nur wenige von Adams Kindern sind so glücklich, nicht mit der einen oder anderen Verwerfung in ihrer natürlichen Veranlagung geboren zu werden, und es ist das Geschäft der Erziehung, sie entweder zu beseitigen oder sie auszugleichen.«[202]

Dies ist ein wichtiger Schritt in Richtung auf eine kindorientierte Gesellschaft, es ist die Anerkennung der Individualität eines jeden Kindes. Auch andere Gedanken Lockes verfolgen diese Tendenz. Kinder, sagte Locke, »sollen wie vernunftbegabte Wesen behandelt werden«; man soll ihre Neugierde ermuntern, ihre Fragen sorgfältig

John Locke. Zeitgenössisches Portrait.

beantworten. Alles nur Erdenkliche soll getan werden, damit das Lernen »zu einem Spiel und zu einer Erholung für die Kinder« wird, und zugleich soll sich »all ihre unschuldige Torheit, ihr Spiel, ihr kindliches Handeln frei und ungehindert entfalten können, so weit es mit dem gebührenden Respekt gegenüber allen Anwesenden vereinbar ist; und dies mit der größten Anerkennung.«[203]

Aber diese beginnende Kindzentrierung bei Locke wird immer wieder durchkreuzt durch seine Betonung einer übergreifenden Zielsetzung: Es soll ein Erwachsener herangezogen werden, der seine von ihm erwartete standesgemäße Rolle erfüllt. Der Erwachsene als Endziel dominiert die Argumentation seines Buches. »Ich nehme an, es gefällt einem klugen Vater besser, dass sein Sohn im Mannesalter tüchtig und nützlich ist, als dass er im Kindesalter eine angenehme Gesellschaft und ein Zeitvertreib für andere war.«[204] Es sind eher die Frauen, meinte Locke, die einem Kind »durch Verhätschelung und Zärtlichkeit« Schaden zufügen. Ähnliches fürchtete beispielsweise auch Defoe: Frauen hätten einen zu großen Einfluss auf kleine Kinder, »wenn dem Verstand die frühesten Anregungen gegeben werden müssen, wenn der Geist, wie ein Stück weiches Wachs, in die Gestalt geformt wird und die Eindrücke erhält, wie sie es mögen, und wenn – einiger Eigensinn und reines Unvermögen der Natur ausgenommen – sie ein Kind nach ihrem Belieben in einen Mann von Verstand oder in einen rohen Menschen formen können.«[205]

Wenn schon nicht alles bei Locke Geschriebene mit dem übereinstimmt, was Lehrbücher anführen, so kann auch das Nichtgesagte schnell der Aufmerksamkeit entgehen. Gott spielt so gut wie keine Rolle in seinem Buch. Es findet sich nicht der geringste Hinweis darauf, dass es das vornehmste Ziel der Kindererziehung sei, einen christlichen Menschen heranzuziehen. Gewiss gehört zum Erwerb der »Tugend« eines Kindes, dass »sehr früh in seinen Geist ein Begriff von Gott als unabhängiges höchstes Wesen, als Ursprung und Schöpfer aller Ding, von dem wir das Gute empfangen, der uns liebt und uns alle Dinge gibt«, eingegraben wird. Außerdem sollen die Kinder das Vaterunser, das Glaubensbekenntnis und die Zehn Gebote auswendig lernen. Der eigentliche Zweck dabei war aber, wie auch im Falle einer sorgfältig ausgesuchten Bibellektüre, »einfache und schlichte moralische Regeln zu lernen, die während ihres ganzen Lebens sofort bei der Hand sind.«[206] Das bedeutet: das Festhalten an christlich-moralischen Regeln war ein Element der Erziehung zu einem englischen Gentleman. Zum Teil kann dieses Herunterspielen des Christlichen bei der Kindererziehung mit dem Genre erklärt werden, zu dem Lockes Buch gehört, es erhält aber größere Signifikanz, weil Locke von zahllosen englischen Mittelklassefamilien als Leitfaden benutzt wurde. Um die Mitte des 18. Jahrhundert existierten mehr als ein Dutzend englischer Editionen, sowie verschiedene Editionen auf Französisch, Deutsch, Italienisch, Niederländisch und Schwedisch im gesamten 18. Jahrhundert. Lockes Ideen können in der Romanliteratur und der Poesie des Jahrhunderts nachgewiesen werden. Beispielsweise überreicht

Herr B. in Samuel Richardsons *Pamela* seiner Frau ein Exemplar von *Some Thoughts Concerning Education* und fragt sie nach ihrer Meinung, die sie dann auch ausführlich äußert.[207] Haben die Leser die Abwesenheit einer christlichen Akzentuierung bemerkt? Wir können dazu nichts sagen, müssen aber festhalten, dass das wichtigste Buch für Kindererziehung des 18. Jahrhunderts nach Ton und Inhalt ausgesprochen weltlich ist.[208]

Rousseau erkannte Locke als seinen Vorgänger an, und gewiss hatte er ihn im Sinn, als er im Vorwort zu *Émile* (1762) schrieb: »Die vernünftigsten Leute halten sich an das, was der Mensch wissen muss, ohne zu überlegen, was zu lernen die Kinder imstande sind. Immer suchen sie im Kind den Erwachsenen, ohne zu bedenken, was ein Kind vorher ist.« Rousseau erklärte unumwunden: »Die Kindheit ist etwas uns vollkommen Unbekanntes.«[209] Er war entschlossen, dies zu ändern und ein Kind als Kind zu betrachten. Dieser Ansatz ist es, der das Buch zu einem Orientierungspunkt und zu einer Inspirationsquelle für andere Autoren und Denker, aber auch für Eltern machte. Rousseaus Radikalismus wird von Anfang an sichtbar. Er attackiert die seit der Renaissance herrschende Meinung, dass sich die Väter der Kindererziehung annehmen müssten: »Ihr sagt, Mütter verziehen ihre Kinder, und das ist ohne Zweifel falsch, aber es ist schlimmer, sie zu verderben, so wie ihr es tut. Die Mutter will ihr Kind glücklich sehen. Darin hat sie Recht, und wenn ihre Methode falsch ist, so muss man sie eine bessere lehren. Ehrgeiz, Habgier, Tyrannei, die irrige Voraussicht der Väter, ihre Nachlässigkeit, ihre Grobheit sind hundertmal schädlicher für ein Kind als die blinde Liebe einer Mutter.«[210] Wie also kann man das Glück eines Kindes herbeiführen? Indem das Kind gemäß der Natur aufwächst, das bedeutet in erster Linie Nähren an der Mutterbrust und kein festes Wickeln, aber letztlich bedeutet es, dass Kinder aus sinnlicher Erfahrung und nicht durch Belehrung von Personen lernen sollen, etwa dass Steine hart sind und Feuer brennt. Die Erziehung in den frühen Jahren, bis zum

Alter von zwölf soll »lediglich negativ« erfolgen: »Lasst die Kindheit in euren Kindern reifen ... hütet euch davor, ihnen heute etwas zu geben, was ohne Not auf morgen verschoben werden kann.« Kurz: »Kehrt die gewohnte Praxis um, und ihr werdet es beinahe immer richtig machen.«[211] Denn »Kindheit hat ihre eigenen Wege des Sehens, des Denkens und Fühlens«; Kindheit »ist der Schlaf der Vernunft«, und deshalb soll man Lockes Rat nicht befolgen, mit einem Kind vernünftig zu reden (»gegenwärtig auf der Höhe der Mode«) und dem Kind erlauben, das Geheimnis wahren Glücks zu entdecken, das heißt das Gleichgewicht von Macht und Wille.[212]

Andere Autoren zeigten sich herablassend nachsichtig gegenüber den Spielen und der Spielfreude der Kinder, letztlich aber stets mit einem Hintergedanken: »Alle die Spiele und Zerstreuungen der Kinder«, schrieb Locke, »sollten auf das Gute und auf nützliche Gewohnheiten gerichtet sein ...«.[213] Rousseau lehnt diese Art des Denkens ab. Er verweist darauf, dass viele Kinder in jungem Alter sterben und sich in der Zeit ihres kurzen Lebens auf ein Erwachsenenleben vorbereiten, das sie niemals erreichen werden. Er besteht auf dem Recht des Kindes, ein Kind zu sein und damit glücklich zu werden. Überdies stoßen wir bei Rousseau auf die erste Äußerung der Ansicht, dass Kindheit die beste Zeit des Lebens sein könnte, eine Zeit, auf die man mit Sehnsucht zurückblickt:

»Liebt die Kindheit, duldet ihre Kurzweil, ihre Freuden, ihre angenehmen Instinkte. Wer hat nicht schon einmal diesem Alter nachgetrauert, da stets Lachen auf den Lippen war und das Herz stets im Frieden? Warum diese Unschuldigen von den Freuden wegreißen, die so rasch vergehen, von diesem kostbaren Geschenk, das sie nicht missbrauchen können? Warum mit Bitternis die flüchtigen Tage der frühen Kindheit erfüllen, Tage, die niemals mehr für sie wie für dich wiederkehren werden.«[214]

Rousseau räumte ein, dass er gerne im Widerspruch zur allgemeinen Meinung schrieb und dass manche Paradoxien, wie beispielsweise »Lesen ist der Fluch der Kindheit«[215] die Leserschaft schockieren sollten. Und er ist nicht immer konsequent. So überrascht es doch ein wenig, wenn er über die Adoleszenz schreibt: »Wie die Kindheit durchlebt wird, ist nicht von sonderlicher Bedeutung; dem Bösen, das seinen Weg finden mag, ist nicht abzuhelfen, und das Gute, das hervordringt, mag später kommen.«[216] Es wäre natürlich gänzlich verfehlt, wenn man diese Äußerung als die Botschaft des Buches betrachten würde. Auch wenn es Rousseau, wie jedem anderen Autor auch, darum ging, dass Erziehung einen guten Erwachsenen hervorbringen sollte, bestand sein Radikalismus doch darin, dass auf dem Weg dorthin die Kinder nach Maßgabe der Natur aufwachsen müssten, ohne dass man ihnen moralische Regeln und Lernstoffe aufzwingt. Damit war eine feste Verbindung zwischen Kind und Natur geschmiedet, mit gewaltigen Auswirkungen auf das zukünftige Denken über das Wesen der Kindheit und über die geeignete Methode der Kindererziehung.

Émile unterscheidet sich von anderen Erziehungstraktaten durch seine Form. Émile ist der Protagonist des Buches; er wächst so auf, wie es Rousseau empfiehlt. Sein Geschlecht ist kein Zufall, denn in der zweiten Hälfte des Buches führt Rousseau Sophie ein, die Émiles Erziehung zum Abschluss bringt, und zwar als Kontrastfigur zu Émiles sorgfältig geförderter Männlichkeit. »Der Mann soll stark und aktiv sein«, schrieb Rousseau, »die Frau schwach und passiv.«[217] Das Buch endet wie ein Roman, es beginnt, so könnte man sagen, als Utopie. »Man wird weniger«, schreibt Rousseau, »eine Abhandlung über die Erziehung zu lesen meinen, als die Träumereien eines Phantasten in Sachen Erziehung.«[218] Wie auch Locke misst Rousseau der Auswahl des Lehrmeisters große Bedeutung bei, aber während der Lehrer bei Locke die direkte Aufgabe der Erziehung im weitesten Sinne zu übernehmen hat, ist Rousseaus Lehrer bisweilen der unsichtbare Manipulator von Begebenheiten, die Émile die Lektionen der Natur nahe bringen sollen. Im Idealfall sollte Émile ohne jeden menschlichen Kontakt aufwachsen, um allein von der Natur zu lernen. Rousseau sieht ein, dass dies unmöglich ist: »Ich zeige, was wir zu erreichen versuchen sollten, ich sage nicht, dass wir es wirklich erreichen, aber ich sage: wer immer diesem Ziel am nächsten kommt, ist auch dem Erfolg am nächsten.«[219]

Es ist genügend belegt, dass Leute versuchten, ihre Kinder nach den Prinzipien Rousseaus zu erziehen. Beispielsweise wissen wir, dass Jean Ranson, Kaufmann aus La Rochelle, mehrere Bücher über das Aufziehen und die Erziehung von Kindern »durchtränkt von Rousseauismus« kaufte, seinem zweiten Sohn den Namen Émile gab und die Eigenschaften seiner Kinder der Anwendung der rousseauschen Prinzipien zuschrieb.[220] Im Jahre 1788 zeigte sich Madame de Staël zuversichtlich, dass »jeder das physische Erziehungssystem Rousseaus übernommen hat: Der sichere Erfolg hat keine Ablehnung zugelassen … Es ist ihm gelungen, der Kindheit das Glück zurückzugeben.«[221] In Amerika manifestiert sich die neue Einstellung etwa in deutlichen Veränderungen bei der Kinderbekleidung und der Einrichtung der Haushalte. Während man im 17. Jahrhundert und in der ersten Hälfte des 18. Jahrhunderts bemüht war, das Kind so früh wie möglich zu einer aufrechten Körperhaltung zu bringen, um die Entwicklung zu einem erwachsenen Menschen noch zu beschleunigen, ging es in der Periode 1750 bis 1830 darum, das Kind nach den Geboten und den zeitlichen Abläufen der Natur aufwachsen zu lassen.[222] In England wurden vor dem Ende des Jahrhunderts mindestens 200 Abhandlungen über Erziehung veröffentlicht, und alle waren auf die eine oder andere Weise von *Émile* beeinflusst.[223] Richard Edgewood etwa versuchte seinen erstgeborenen Sohn nach Rousseaus Prinzipien zu erziehen – mit verheerenden Folgen, die bei einer persönlichen Begegnung mit Rousseau offen zum Ausbruch kamen, als sich der Knabe äußerst wild und ungebärdig aufführte. Es gab da noch andere Merkwürdigkeiten, die fast einem Skandal gleichkamen: Thomas Day, Autor des viel gelesenen Kinderbuches *Sandford and Merton*, wollte seine eigene Sophie haben und wählte zu diesem Zweck ein elfjähriges Mädchen aus dem Waisenhaus in Shrewsbury aus. Er zog sie nach den Vorschlägen Rousseaus auf und härtete beispielsweise ihr Schmerzempfinden dadurch ab, dass er heißen Siegellack auf ihre Arme tropfen ließ. Es spricht für das Mädchen, dass es nicht Days Erwartungen entsprach.[224] Vorgänge wie diese lieferten den zahlreichen Kritikern Rousseaus genügend Munition: die katholische Kirche etwa verdammte das Buch, weil Rousseau die Autorität der Kirche ablehnte. Die Stimmen der Kritiker legen indessen ihrerseits Zeugnis von dem großen Erfolg des Buches ab.

Die unmittelbar einflussreichen Passagen des Buches waren diejenigen, die sich dem Stillen an der Mutterbrust und dem Wickeln befassten, Passagen also, die am wenigsten den Anspruch des Neuen erheben konnten und die Rousseau als nachträglicher Einfall einfügte, wobei er eigentlich aus einem anderen Buch abgeschrieben hatte.[225] Rousseau trug zu einer neuen Sensibilität gegenüber der Mutterschaft bei und verlieh ihr große Publizität. Die von der Renaissance bis zur Aufklärung dominierenden Denkmuster wiesen dem Vater die Schlüsselrolle bei der Kindererziehung zu. Mit der Romantik erhielten die Mütter die Vorrangstellung zurück, die sie im Mittelalter inne gehabt hatten. Das Aufziehen der Kinder wurde zu einer weiblichen Beschäftigung, und die Väter wurden in eine untergeordnete Position zurückgestuft. Die Konsequenzen waren verblüffend: Im dritten Viertel des 18. Jahrhunderts fiel die Sterberate bei englischen Kindern der Aristokratie unter fünf Jahren auf 30 %. Die einzige plausible Erklärung dafür scheint zu sein, dass aristokratische Mütter mehr Zeit mit ihren Kindern verbrachten und sie ab den 1760er Jahren zunehmend an der eigenen Brust stillten. »Die Kinder überlebten«, schreibt Randolph Trumbach, » nicht weil sie weniger anfällig für Krankheiten oder besser ernährt gewesen wären, sondern weil man sie mehr liebte.«[226]

Das bessere Überleben der Kinder war unumwunden eine positive Erscheinung. Es ist indessen weniger leicht, einige andere Konsequenzen jener engen Verknüpfung von Kindheit und Natur so eindeutig positiv zu bewerten. Die Folge war nämlich die Ausgliederung der Kindheit als eine separate und ganz eigene Welt. Das vielleicht augenfälligste Zeugnis dafür ist die Entwicklung einer besonderen Literaturgattung für Kinder. Wir haben gesehen, dass seit der Reformation Katechismen und andere religiöse Literatur vornehmlich, wenn nicht ausschließlich, für Kinder produziert wurden, aber erst im 18. Jahrhundert entstand eine säkulare Literatur, die sich von den billigen Volksbüchern unterschied, die von Leuten jeden Alters gelesen wurden. In England gelten John Newberys Publikationen in den 1740er Jahren als Beginn dieser Entwicklung. In der zweiten Hälfte des 18. Jahrhunderts war die Kinderliteratur bereits ein gut eingeführtes Genre, markiert etwa in Frankreich durch die von Madame Le Prince de Beaumont zwischen den 1750er und 1770er Jahren verfassten 60 Kinderbücher und durch das 24 Bände umfassende Werk *The Children's Friend* von Arnaud Berquin in den 1780er Jahren.[227]

Kinder drückten auch künstlerischen Äußerungen ihren Stempel auf, die eigentlich für Erwachsene bestimmt waren. Dichter beklagten den Tod von Kindern oder sorgten sich um ihre Zukunft,[228] und in der Prosa spielten Kinder in den Romanen der zweiten Jahrhunderthälfte eine herausragende Rolle. Sie waren eher Symbole oder Ikonen und weniger Protagonisten eigenen Rechts, sie standen für »Unschuld, Gefühl und Einfachheit«.[229] Auch die bildliche Darstellung der Kinder änderte sich. Eine Studie über amerikanische Familienportraits konnte zeigen, dass vor 1750 Männer und Knaben (älter als sechs Jahre) in Hosen stärker repräsentiert sind als Frauen und Mädchen in Röcken. Nach 1750 gestaltete sich die Komposition der Portraits komplexer und die Kinder wurden mit ihren Kleidern und den sie umgebenden Requisiten deutlicher von den Erwachsenen beiderlei Geschlechts abgegrenzt.[230] Ähnliche Wandlungen hin zum Naturalismus und einer zentraleren Stellung von Kindern lassen sich in den Gemälden von Jean-Baptiste Greuze und Étienne Aubry in Frankreich erkennen oder in den Werken von

Thomas Gainsborough und Joshua Reynolds mit Kindern der englischen Mittel- und Oberschicht, die sich dessen erfreuten, »was man für eine natürliche Kindheit hielt, umgeben von elterlicher Fürsorge, abgeschirmt von bestimmten schmerzlichen Erfahrungen, in einer Arena der Unschuld und folglich des Glücks.«[231] Reynolds gab dem Portrait seiner Nichte Offy den Titel *The Age of Innocence*. Platziert in eine Landschaftsszenerie (der »natürliche« Ort für Kinder) erinnert die etwa sechs Jahre alte Offy den erwachsenen Betrachter, dass das Alter der Unschuld (nicht zuletzt der sexuellen Unschuld) als etwas Kostbares zu behandeln sei, weil es vergänglich ist. Das Kind befindet sich im Licht, aber der Hintergrund ist dunkel – ein Hinweis auf kommende Dinge. Dieses Bild, aber auch andere, ähnliche Bilder, wurden im 19. und 20. Jahrhundert in großer Zahl kopiert und lieferten die Vorlage für eine Kinderdarstellung, die dem modernen Bewusstsein eine romantische Vision der Kindheit aufprägten.[232]

Die Vorstellung einer unschuldigen und natürlichen Kindheit konnte keineswegs einen vollständigen und unangefochtenen Triumph verbuchen. Die Angriffe kamen aus drei Richtungen. Zunächst von Seiten der Puritaner, deren Glaube an die Erbsünde nach wie vor lebendig war. Die puritanischen Erwachsenen hatten Angst um ihre Kinder, und sie projektierten diese Angst auf ihre Kinder. Watts ließ sie singen:

There is an hour when I must die,
Nor do I know how soon 'twill come.
A thousand children, young as I,
Are call'd by death to hear their doom.

(Es kommt eine Stunde, in der ich sterben muss,/
Und ich weiß nicht, wie bald sie kommen wird./
Viele tausend Kinder, jung wie ich, Ruft der Tod,
dass sie ihr Urteil hören.)

Dieses puritanische Erbe erfuhr Verstärkung durch die evangelikale Wiedergeburt am Ende des 18. Jahrhunderts. 1799 riet das *Evangelical Magazine*, Eltern sollten ihren Kindern vor Augen führen, dass »sie mit Sünde befleckte Kreaturen« sind, und im selben Jahr warnte Hannah More, einst die führende Figur der evangelikalen Wiedergeburt, vor der Mode, Kinder als unschuldige Wesen zu behandeln.[233] Solche Auffassungen erlebten wohl eine weitere Verbreitung zu Beginn des 19. Jahrhunderts, und es ist gut dokumentiert, wie sie in die Realität umgesetzt wurden. In den Vereinigten Staaten etwa berichtete ein Baptist, dass er seinen Sohn achtundvierzig Stunden ohne Essen eingeschlossen hatte, bis dieser seine Verfehlung eingestand.[234] Über Kindheit in evangelikalen Familien berichten in England detailliert Samuel Butler in seinem autobiographischen Roman *The Way of All Flesh* und Edmund Gosse in *Father and Son*, die Schilderung seines Verhältnisses zu seinem Vater. In den Vereinigten Staaten verschwindet erst in den 1860er Jahren der Glaube an die Erbsünde aus der populären Literatur, und es dauerte bis zum Anfang des 20. Jahrhunderts, dass die Presbyterianische Kirche formell die Doktrin von der Verdammung der Kinder aufgab.[235] Hierin indessen hinkte die Kirche hinter den populären Ratgebern zurück und ganz gewiss hinter den gängigen Überzeugungen. »Erzähle deinen Kindern nicht, sie seien Sünder«, riet Jacob Abbott im Jahre 1871.[236]

Ein zweiter Angriff auf die Rousseauschen Ideen war differenzierter und wurde von Leuten geführt, die anerkanntermaßen in seiner Schuld standen. Er findet sich, in Frankreich und England, in einer moralisierenden Literatur für Kinder, die vor allem instruieren, belehren wollte. Dies war weit von dem entfernt, was Rousseau gebilligt hätte, aber es gab in dieser Art Kinderliteratur ein Element, dem Rousseau die Autorität seiner Unterstützung verliehen hatte: sie hatte keinen Platz für alles Phantasiereiche und Imaginative. Diese Bücher – das berühmteste Beispiel ist Mrs. Barbaulds *Early Lessons* – haben mehr von Locke als von Rousseau; sie sind einfühlend, moralisch und meist offen für die kindliche Art des Verstehens, aber sie richten ihren Blick fest auf die Heranziehung eines nützlichen Erwachsenen.[237] Dasselbe kann von dem Kinderspielzeug gesagt werden, das im 18. Jahrhundert gängig war: Auf entsprechenden Hinweisen Lockes fußend, war es zum Lernen gedacht. Eine Amerikanerin bat eine Freundin in England, sie möge ihr für ihren kleinen Sohn »das neue Spielzeug kaufen, dessen Beschreibung ich beilege, damit es ihn nach Lockes Methoden, die ich sorgfältig studiert habe, unterrichtet und er sich ins Lernen hineinspielt.«[238]

Die dritte Gefahr für den Erfolg der Rousseauschen Ideen erwuchs aus der immer stärker werdenden Neigung bei Eltern, ihre Kinder regelrecht als Bestätigung ihres eigenen gesellschaftlichen Status' einzusetzen. Im Frankreich des 17. Jahrhunderts stieß Ariès auf eine kritische Haltung solchen Eltern gegenüber, die ihre Kinder verhätschelten und verwöhnten und sie nur als für das eigene Amüsement geschaffene Wesen betrachteten. Dieses Verhalten lebte auch im 18. Jahrhundert weiter, aber für die Kritiker kam noch hinzu, dass »Kinder zu Luxusobjekten geworden waren, für die Mütter und Väter gerne bereit sind, immer größere Summen Geldes aufzuwenden.« Wir müssen dies im Zusammenhang mit einer wachsenden Konsumbereitschaft in der Gesellschaft als Ganzes sehen und mit der entsprechenden Verfügbarkeit von Büchern, Spielsachen und Vergnügungen für Kinder in einem Ausmaß, das zu Beginn des 18. Jahrhunderts einfach noch nicht existierte. »Im Jahre 1730«, schreibt J. H. Plumb über England, »gab es noch keinerlei spezielle Spielzeuggeschäfte, während sie um 1780 überall in großer Zahl zu finden waren.« Die Literatur für Kinder nahm insbesondere ab den 1740er Jahren einen gewaltigen Aufschwung. Viele sich auf Lockes Lehren berufende Stimmen beklagten diese überzogenen Aufwendungen für Kinder und das maßlose Verwöhnen der Kinder, konnten aber der Expansion dieses Marktes keinen Einhalt gebieten.[239]

Die romantischen Dichter stimmten mit keiner dieser gegen Rousseau gerichteten kritischen Tendenzen überein, verbissen sich aber insbesondere in die zweite. »Verflucht seien sie alle! Ich meine diese verdammte Barbauld-Sippschaft, dieser Fäulnis- und Schädlingsbefall auf alles, was menschlich ist in Mensch und Kind«, schrieb Charles Lamb an Coleridge.[240] Die Romantik wollte der Kindheit die Freiheit der Fantasie wiedergeben, die der Utilitarismus zermalmt hatte. Das bedeutete Zugang zur gesamten Literatur, und vieles deutet darauf hin, dass volkstümliche Abenteuererzählungen über Zauberei, Tapferkeit, Schlauheit, Stärke und Beharrlichkeit – eine Literatur, die die vornehme Welt eher der Vergessenheit anheim geben wollte – die Einbildungskraft vieler Kinder im 18. Jahrhundert beflügelt hatte. Die modische utilitaristische Erziehung wurde von Wordsworth gebrandmarkt als »ein Übel, das in diesen Tagen den Kindern des Landes auferlegt ist – eine Pest, die mir Leib und Seele ausgetrocknet.«[241]

Mit Locke teilte Wordsworth die Ansicht, dass der Geist des Menschen eine *tabula rasa* war, aber während Locke von Anbeginn an die Verhaltensweisen eines zukünftigen guten Gentleman einpflanzen wollte, drängte Wordsworth darauf, dass der Geist den Gefühlen und Empfindungen, insbesondere gegenüber der Natur, weit geöffnet sein solle. Hierin scheint er Rousseau nahe zu stehen, aber für Rousseau war es die Erfahrung, die ein Kind von der Natur zu lernen habe – dass Feuer wirklich brennt und verbrennt –, für Wordsworth hingegen soll die Natur die Grundlagen für Moral und Schönheit legen und diese wiederum würden den Erwachsenen formen:

> The Child is father of the man,
> And I could wish my days to be
> Bound each to each by natural piety.[242]

> (Das Kind ist Vater des Mannes,
> Und ich kann nur wünschen, dass meine Tage
> Verknüpft sind mit beiden durch natürliche Ehrfurcht.)

Die Romantiker formulierten auf diese Weise ein Ideal der Kindheit, das eine Veränderung durchlief: von einer Vorbereitungsphase zur Herausbildung eines Erwachsenen hin zu einem Quell, der das gesamte Leben speisen sollte. Wenn die Erwachsenen das Kind in sich nicht lebendig hielten, dann würden sie vertrocknen und verbittert und engherzig werden.

Dies war die zentrale Botschaft der Romantik, zuerst artikuliert von William Blake, aber bald vermischt mit einer anderen Botschaft, der Wordsworth in seiner *Ode on Intimations of Immortality from Recollections of Early Childhood* Ausdruck verlieh. Darin sah er das Kind geboren als

Not in entire forgetfulness,
And not in utter nakedness,
But trailing clouds of glory do we come
From God who is our home:
Heaven lies about us in our infancy!

(Nicht in völliger Vergessenheit/Und nicht in höchster
Nacktheit,/Sondern in aufziehende Wolken der
Glorie kommen wir von Gott, unserer Heimstatt:/
Der Himmel ist um uns in unserer Jugend!)

Hier wird der Gedanke der Erbsünde von der Idee einer Jugend ersetzt, die unter dem Segen Gottes steht. Den Kindern billigte man jetzt die Gabe zu, Schönheit und Wahrheit deutlicher erkennen zu können als Erwachsene. In einer mit der Frage befassten Welt, inwieweit der »Überfluss« die Sensibilität abstumpfen und die Moral verderben könne, begann die Kindheit die »Rohheit« als Ort und Quell der Tugend abzulösen. Das Leben konnte man jetzt nicht mehr als den Aufstieg zur Reife, sondern als Abstieg von der Frische der Kindheit betrachten. Für Wordsworth selbst war die Ode der Versuch, den Niedergang, wie er es sah, seiner eigenen poetischen

Kraft zu verstehen, aber sie formulierte die Kernaussage der romantischen Kindheitsauffassung: Die Kindheit ist der beste Abschnitt des Lebens.

Der Einfluss der Romantik

Der Einfluss von Wordsworths Ode kann gar nicht überschätzt werden. Sie hatte nach den Worten von Barbara Garlitz »einen genauso machtvollen Einfluss auf die Kindheitsvorstellungen des 19. Jahrhunderts wie Freud auf diejenigen unserer Zeit«. Die Christen begrüßten freudig, dass das Kind ein Wesen »aus den Händen Gottes ist, in dem alle Lehren und Gedanken des Himmels in aller Frische enthalten sind«, wie es der spätere Kardinal Newman in den 1830er Jahren formulierte. Die Kinder, die auf unseren Schoß klettern, sagte Rev. Stopford Broke im Jahre 1872, »kommen frisch von der Hand Gottes, sie sind ein lebendiger Segen, zu uns herabgekommen aus dem fürstlichen Palast der Liebe Gottes.«[243] Eine romantische Sensibilität gegenüber der Kindheit dominierte das 19. Jahrhundert und weite Teile des 20. Jahrhunderts, mit einem Höhepunkt wohl zwischen 1860 und 1930. Die Kinderfiguren bei Dickens trugen viel dazu bei, im öffentlichen Bewusstsein einerseits das Bild vom Mitleid erregenden Kind (Oliver Twist), andererseits die Vorstellung des Kindes als eines Wesens »frisch von Gott« zu verankern, als Verkörperung einer angeborenen Kraft des Guten, die zur Rettung verbitterter Erwachsener im Stande ist.[244] Das Kind stand aber auch im Mittelpunkt zahlreicher anderer Literaturwerke des 19. Jahrhundert. So zum Beispiel in George Eliots *Silas Marner*, wo der alter Geizkragen von dem Mädchen Eppie gerettet wird:

»Da war Liebe zwischen ihm und dem Kind, die sie in eins zusammenschmolz, und da war Liebe zwischen dem Mädchen und der Welt – von Männern und Frauen mit elterlicher Miene und Stimme bis hin zu roten Marienkäfern und runden Kieselsteinen ... Einst gab es Engel, sie kamen herbei, nahmen den Menschen an der Hand und führten ihn aus der Stadt der Verderbnis. Jetzt sehen wir keine weißgeflügelten Engel mehr. Und doch werden Menschen von drohender Zerstörung hinweggeführt: Eine Hand legt sich in die ihre und geleitet sie sanft in ein Land voller Ruhe und Helligkeit, sodass sie nicht mehr zurückblicken müssen; und die Hand kann die eines kleinen Kindes sein.«[245]

Die roten Marienkäfer und runden Kieselsteine verweisen auf die enge Beziehung zwischen Kindheit und Natur – das zentrale Thema romantischer Visionen –, und immer mehr betraute man die kleinen Kinder mit der Errettung von Erwachsenen. »Kindheit hat mich *gerettet*«, vertraute der amerikanische Transzendentalist Bronson Alcott 1835 seinem Tagebuch an. Und sein Landsmann Emerson sagte: »Kindheit ist der ewige Messias; sie kommt in die Arme der gefallenen Menschen und fleht sie an, ins Paradies zurückzukehren.«[246]

An dieser Art des Denkens lässt sich ablesen, wie sich die Einstellung der Erwachsenen zu ihrem eigenen Leben veränderte. Bis zum Ende des 18. Jahrhunderts maßen sie bei einem Lebensrückblick ihrer Kindheit keine sonderliche Bedeutung bei. Jetzt aber hatte sich alles geändert. In seinen *Confessions* von 1783 schrieb Rousseau: »Wer mich als Erwachsener kennen lernen will, muss mich als Kind kennen.« Immer häufiger beachteten diejenigen, die sich an ihr Leben erinnerten, auch ihre Kindheit. Die holländischen Autobiografien der um 1780 Geborenen machten damit den Anfang. In Deutschland erwachte das Interesse an der Herausbildung des eigenen Ichs in der Kindheit und an den entsprechenden nachfolgenden Einflüssen schon etwas früher.[247] Die Menschen begannen das Ich als einen innerpersönlichen Raum zu betrachten, zu dem nur sie selbst Zugang hatten, und für die Entwicklung des Ichs wurden Kindheit und die Erinnerung daran immer wichtiger. Kindheit, und alles, wofür sie stand, erhielt eine neue Bedeutung, die sich im Interesse an Leib und Wesen des Kindes und an dem Fortgang seiner Entwicklung manifestierte. Der Eingriff von Erwachsenen in die natürliche Entwicklung konnte zu einer Horrorvision werden.

Als Archetypus eines solchen Kindes in der europäischen Kultur des 19. und beginnenden 20. Jahrhunderts galt Goethes Mignon in *Wilhelm Meisters theatralische Sendung*, ein Kind, das seine Abrichtung in einer Akrobatentruppe an Leib und Seele deformiert hatte. Mignon erweckte Mitleid als Kindergestalt und war zugleich das Symbol einer Kindheit, das die Erwachsenen, die dem Kind Mignon bei seinen Vorführungen zuschauten, verloren hatten.[248]

Unter dem Eindruck der Romantik dachte man sich »das Kind« nicht mehr nur als Knabe wie noch bei Erasmus und Locke. Kindheit wurde zu einer speziellen Zeit des Lebens, in der das Geschlecht als Attribut keine Rolle mehr spielte; wichtig wurden vielmehr die kindlichen Eigenschaften des Kindes, die es zu bewahren galt. In den 1830er Jahren empfahl man knielange Kleider und lange, weiße Hosen sowie kurz geschnittenes Haar für Knaben und Mädchen, mit dem erklärten Ziel, die Unterschiede zwischen den Geschlechtern zu verwischen. Zwischen den 1820er und 1840er Jahren legte man in der Ratgeberliteratur Wert darauf, dass Knaben wie Mädchen Wut und Zorn vermeiden sollten. In diesem Zeitraum liegt vielleicht der Höhepunkt der Idealisierung des geschlechtslosen Kindes, denn später, bis zum Anfang des 20. Jahrhunderts, stellte sich in den Ratgebern und im emotionalen Verhalten wiederum eine größere Differenzierung der Geschlechter ein.[249] Allerdings bot auch die Wissenschaft einige Rückendeckung. »Das Kind«, schrieb Krafft-Ebing, »ist von neutralem Geschlecht.«[250] Wenn überhaupt, stellte man sich das romantische Kind eher weiblich als männlich vor, vielleicht, weil Knaben eigentlich nicht mit dem Ziel eines Lebens in Harmonie mit der Natur sozialisiert wurden. Ein augenfälliges Beispiel für die imaginierte Feminisierung der Kindheit ist das Gemälde von Thomas Gotch *The Child Enthroned*, das er »als Personifizierung der Kindheit« geschaffen hatte. Der religiöse Symbolismus ist übermächtig, und so mancher Betrachter des Bildes in der Royal Academy im Jahre 1894 fasste es als Abbildung Jesu auf; wahrhaftig war hier das Jesuskind zu einem Mädchen geworden, und die Betrachter werden sozusagen aufgefordert, zu Füßen des Mädchens ihre Andacht zu verrichten.[251]

Romantik konnte indessen allzu leicht zu rührseliger Sentimentalität führen. Philipp Otto Runge hatte in der ersten Dekade des 19. Jahrhunderts die Kinder in seinen Gemälden mit Energie und Vitalität ausgestattet und den Betrachter gezwungen, die Welt aus der Perspektive des Kindes zu betrachten, aber diesem Vorbild scheint man bis zum Ende des Jahrhunderts nicht gefolgt zu sein.[252] Im 19. Jahrhundert wurden Kinder vorherrschend im Stile eines süßlichen Romantizismus' bildlich dargestellt. In seiner Arbeit über die Kinderdarstellung der 1880er Jahre sagt J. Ruskin: »Hier haben wir den Glanz und die Unschuld einer wiederhergestellten Göttlichkeit, mit der die Blumen auf englischen Wiesen von Mrs. Allingham und Kate Greenaway übergossen werden.«[253]

In der Literatur stellte sich eine hohe Sterberate bei den Kinderprotagonisten ein, denn für sie gab es nach der Kindheit kein akzeptables Leben mehr. Die Leute begannen auf ihre Kindheit als die beste Zeit ihres Lebens zurückzublicken, und wünschten vielleicht, ganz wie die Romanfiguren, niemals erwachsen geworden zu sein. In Louisa Alcotts *Little Women* (1868) verabscheut die fünfzehn Jahre alte Jo »daran zu denken, einmal groß zu werden«, entsprechend der Ansicht ihrer Mutter, dass »Kinder Kinder bleiben sollten, solange sie können.«[254] Diese Haltung fand viele Nachahmer in der fiktionalen Literatur und traf möglicherweise auch einen Nerv im wirklichen Leben.

Sprache und Sensibilität der Romantik hielten ihren Einzug auch in Ratgeber und Literatur über Kinder. In den Vereinigten Staaten empfahl der *Christian Advocate* 1898 das Musizieren in der Schule und das mit Worten, die mehr mit Wordsworth als mit Hannah More zu tun hatten: »Diese kleinen Herzen müssen ergriffen werden, solange sie noch frisch benetzt sind vom Tau des Himmels, und sie sollen dazu gebracht werden, den Takt zu schlagen in Harmonie mit den höchsten Gesetzen.«[255] Ein Arzt aus Edinburgh bezog sich Anfang des 20. Jahrhunderts in seinem viel gelesenen Leitfaden für das Aufziehen von Kindern auf Wordsworth, wenn er schreibt, dass »das selektive Gefühl des Dichters bisweilen Züge entdecken kann, die dem nüchtern-prüfenden Blick der Wissenschaft verborgen bleiben.«[256]

An dieser Stelle jedoch müssen wir auf die Grenzen des romantischen Einflusses aufmerksam machen. Viel von dem oben Gesagten wirkte in der Einbildungskraft vor allem erwachsener Männer. Und in der Welt der Mittelschicht hatten Männer, auch wenn sie häufig liebende Väter waren, wenig zu tun mit dem täglichen Geschäft des Kinderaufziehens.[257] Für viele Mütter dagegen war die Versorgung der Säuglinge und der kleinen Kinder eine Vollzeitbeschäftigung, in der sie Erfüllung finden sollten, die jedoch häufig Beklemmung und Beängstigung hervorrief. Während die Romantiker Angaben darüber machten, unter welchen Umständen Kinder aufwachsen sollten – in ländlicher Umgebung beispielsweise – lieferten sie keinerlei Handreichungen für das Aufziehen von Kindern, an denen sich die Mütter hätten orientieren können. Kinder konnte man wesentlich leichter im Geiste als nach dem Buchstaben der Romantik erziehen. Die Romantik beeinflusste die Art und Weise, nach der Kinder erzogen werden sollten, vor allem, indem man ihnen den Weg zur Fantasie fördernden Literatur öffnete, den man ihnen verweigert hätte, wenn der Geist Lockes zur Norm geworden wäre. Der alles durchdringende Einfluss der Romantik hielt nur wenig Präzises bereit. Und es gab zahlreiche andere, traditioneller ausgerichtete Erziehungshandbücher, die auf die Mütter von allen Seiten einwirkten. »Die Bücher unterscheiden sich so sehr voneinander«, jammerte Mrs. Gaskell, die Romanautorin, als sie in den 1830er Jahren mit ganz unterschiedlichen Ratschlägen konfrontiert wurde, wie man sich gegenüber Kindertränen verhalten soll.[258] Mütter machten sich nicht nur Sorgen darüber, wie sich ihre Kinder betrugen, sondern ob sie am Leben bleiben und welchen Platz sie im Leben finden würden. Und angesichts dessen legte man Wert auf

Spielendes Mädchen. Ölgemälde von J. H. Hillebrandt (1832).

Hygiene und geregelte Lebensverhältnisse, und im weiteren Verlauf des 19. Jahrhundert stellte sich immer mehr das Vertrauen ein, dass einfühlsames Aufziehen der Kinder die bestehenden Gefahren reduzieren könnte. »Außer in den besonders evangelikal eingestellten Familien ersetzten die Amerikaner zunehmend das Vertrauen auf die göttliche Vorsehung durch den Glauben an die Kraft menschlichen Handelns.«[259] Diese Überzeugung bezog sich in der Praxis mehr auf die Prinzipien Lockes als auf diejenigen Rousseaus oder der Romantiker. Die Kindererziehung der Mittelklasse blieb im Grunde ein Einüben von Verhaltensregeln. Überdies gab es einflussreiche Kräfte, die dem Ideal des romantischen Kindes nur geringe Aufmerksamkeit schenkten, etwa solche, die eine Trennung der Kinder von ihren Eltern befürworteten oder die Erziehung der Knaben zur »Männlichkeit« in den englischen Public Schools propagierten.

Somit übte die Romantik ihren Einfluss vornehmlich im Rahmen von Ideen aus und weniger als aktive Kraft der täglichen Kindererziehung in den Haushalten der Mittelschicht. Ihre Bedeutung lag in der Anregung eines neuen Denkens über Kindheit, in der Organisation des Lebens der Kinder, die wir in den folgenden Kapiteln erörtern werden. Der Kern dieses Denkens war die Hochschätzung und Heiligung der Kindheit – ein vollkommener Gegensatz zur puritanischen Auffassung vom Kind als sündigem Wesen. Die Romantik verankerte im europäischen und amerikanischen Bewusstsein ein Gefühl für die hohe Bedeutung der Kindheit, weiterhin den Glauben, dass Kindheit glücklich sein müsse sowie die Hoffnung, dass die guten Eigenschaften der Kindheit, wenn sie in das Erwachsenenalter herübergerettet werden konnten, zur Erlösung der Erwachsenenwelt beitragen würden. Mit dieser Hinwendung zum Kind hatte die Gesellschaft radikal ihre Vorstellung von der Beziehung zwischen Kindheit und Religion geändert. So schrieb Wordsworth über das Kind:

Mighty prophet! Seer blest,
On whom those truths do rest
Which we are toiling all our lives to find.[260]

(Mächtiger Prophet! Gesegneter Seher,/
In dem jene Wahrheiten ruhen,/
Die zu finden wir uns unser Leben lang abmühen.)

Diese Zeilen bezeugen die wahrhaft revolutionäre Wirkung romantischen Denkens über Kindheit. Vom geringsten und am wenigsten beachteten menschlichen Wesen war das Kind zu einem Geschöpf mit geradezu göttlichen Eigenschaften geworden, zum Gegenstand der Verehrung und zum Gefäß der Hoffnung.

Viertes Kapitel
Familie, Arbeit und Schule
(1500–1900)

Die Mehrzahl der Kinder wurde in diesen vier Jahrhunderten in Familien hinein geboren und wuchs in Familien auf. Die Familien waren ihrerseits Teil größerer Gemeinschaften, aber die wichtigsten Erfahrungen, welche die Persönlichkeit formten, vollzogen sich in der Familie. Im Laufe der letzten 40 Jahre haben Historiker in zwei rasch zusammenlaufenden Wegen versucht, die Geschichte der Familie zu schreiben. Der erste dieser Ansätze firmiert unter der Bezeichnung »Familienrekonstruktion«; unter Auswertung verschiedener statistischer Angaben entwickelte man Methoden, die Historiker in die Lage versetzten, einigermaßen verlässliche Aussagen über Größe und Zusammensetzung von Haushalten und Familien zu machen. Der zweite Ansatz wird gemeinhin mit »Haushaltsökonomie« oder »Familienstrategie«, bezeichnet. Dabei versucht man die speziellen Erscheinungsformen zu verstehen, die Haushalte oder Familien annahmen, um Wandlungen über die Zeiten zu erklären. Man geht davon aus, dass Familienstrategien auf veränderte äußere Bedingungen reagieren, dass aber auch veränderte Familienstrategien die Änderung der äußeren Bedingungen bewirken können. Während uns also der erste Ansatz die Profile einer Gemeinschaft zu bestimmten Zeitpunkten liefert, erforscht der zweite Ansatz die Dynamik des Wandels. Die jeweiligen Unterschiede neutralisieren sich jedoch, weil der Forschung klar geworden ist, dass beide Ansätze zum Verständnis der Geschichte der Familie nötig sind.

Die Rolle der Kinder in den Familien war in diesen vier Jahrhunderten starken Veränderungen unterworfen. Zu Beginn unseres

120

Untersuchungszeitraums hieß Kindheit für die meisten Kinder ab etwa sieben Jahren die langsame Einführung in die Arbeitswelt der Erwachsenen. Am Ende der Periode war in beinahe jedem Land der Schulbesuch für Kinder obligatorisch geworden. Viele Historiker wollen in der Schulpflicht das Ende einer langen Reise erkennen, in deren Verlauf die Kinder und ihre Familien einen Weg von der bäuerlichen Wirtschaftsweise über eine, in vielen Fällen, proto-industrielle Phase bis zur industriellen Wirtschaftsweise zurückgelegt hatten. Jede dieser Wirtschaftsformen zwang zu unterschiedlichen Familienstrategien, oder legte sie zumindest nahe, und bewirkte unterschiedliche Rollen für die Kinder. Die Bedeutung der Schulpflicht und ihre Ausweitung auf höhere Altersstufen lag darin, dass sie den Zeitpunkt in eine fernere Zukunft hinausschob, an dem Kinder zu einem wirtschaftlichen Aktivposten für ihre Familien werden konnten, wenn es überhaupt dazu kommen sollte. Mit weit reichenden Folgen neigte sich die Waagschale von einer Situation, in der Eltern billigerweise annehmen konnten, dass ihnen ihre Kinder einmal wirtschaftlichen Nutzen bringen würden, zu Verhältnissen, in denen Kinder eher zu Passivposten der Eltern wurden. Die Wirtschaftsgüter flossen zunehmend von den Eltern zu den Kindern und nicht mehr von den Kindern zu den Eltern.

Wenn Historiker die breiteren Schichten der Bevölkerung in Europa und Amerika untersuchen und sich also nicht auf die Eliten beschränken, greifen sie auf Konzepte und Terminologien zurück, die in wissenschaftlichen Disziplinen wie Demographie, Ökonomie und Anthropologie entwickelt worden sind. Die eher literarischen Quellen, wie beispielsweise Erziehungsratgeber oder Tagebücher – die wichtigsten Dokumente zur Erfassung der Eliten – sind eher nicht vorhanden oder gelten als irrelevant, denn Bauern lasen keine Handbücher über die Erziehung von Kindern. Die Demographie gibt uns Auskunft über das mehrheitliche Verhalten der Bevölkerung, über das Heiratsalter, die Anzahl der Kinder etc.; die Ökonomie gibt Aufschluss über Familienstrategien, und die Anthropologie versucht zu erklären, welche Bedeutung die Menschen ihrem Verhalten beimaßen. Nichts davon kann uns jedoch einen Eindruck von vertraulichen, intimen Beziehungen vermitteln, wie es etwa Tagebücher tun. Die individuellen Kinder und Familien werden durch die oben genannten Quellengattungen kaum lebendig für uns. Bisweilen sind für die spätmittelalterliche Welt lebendigere Bilder vom Leben der Kinder greifbar als für die frühneuzeitliche Periode, so etwa bei Le Roy Ladurie *Montaillou – Ein Dorf vor der Inquisition* oder bei Hanawalt *The Ties That Bound* und *Growing Up in Medieval London*. Kirchengerichtsakten und -matrikeln des 17. Jahrhunderts bieten einen Einblick in das Familienleben, erzählen jedoch mehr über Aspekte des Erwachsenenlebens als über Kinder und Kindheit. Es existieren einfach keine Quellen, die es uns ermöglichen würden, mit einiger Verlässlichkeit über das emotionale Leben der Familien in der Masse der Bevölkerung zu schreiben. Lawrence Stone, der sich mit dieser Frage in seiner ersten Ausgabe von *The Family, Sex and Marriage in England 1500–1800* zu befassen versuchte, behandelte sie in der gekürzten Fassung seines Buches nicht mehr und wurde wegen der Unzulänglichkeit seiner Belege kritisiert. In den auf diesem Themengebiet vorherrschenden Fachdisziplinen werden Kinder eher als Aktiv- und Passivposten behandelt und kaum als geliebte oder ungeliebte Individuen, die vielleicht auch über eigene Gefühle verfügten. Die Geschichte der Familie konzentriert sich auf die Eltern.

Deutlicher treten uns Kinder aus Fleisch und Blut entgegen, wenn sie außerhalb der privaten Sphäre des Hauses in der Öffentlichkeit der Gemeinde oder der Schule auftreten. Die Belege stammen fast alle von Erwachsenen, aber sie erlauben doch einen gewissen Einblick in Formen kindlichen Verhaltens und verweisen auf die Existenz einer Kinderkultur mit eigenen Gebräuchen, mit eigener Moral und Sprache.

Die bäuerliche Familie

Die Ergebnisse der Familienrekonstruktion haben unser Wissen über die Familienstruktur im frühneuzeitlichen Europa verändert. Die Norm in Nord- und Mitteleuropa war die aus zwei Generationen (Eltern und Kinder) bestehende Kernfamilie, die in einem eigenen Haushalt lebte. Zu jedem beliebigen Zeitpunkt setzten sich nur 10 Prozent der Familien in einem Haushalt aus drei Generationen zusammen, und viele bäuerliche Familien durchliefen niemals eine Dreigenerationenphase, und wenn, dann nur für eine kurze Zeitspanne.[261] In Süd- und Osteuropa waren Mehrgenerationenhaushalte wesentlich verbreiteter. Die Ursprünge des Kernfamiliensystems sind umstritten: Macfarlane meint eine besondere englische Neigung zur Kernfamilie feststellen zu können, die bis in die Zeit der Invasion Englands durch germanische Völkerschaften datieren soll. Davon sind nur wenige Historiker überzeugt, es herrscht jedoch Übereinstimmung, dass in den nördlichen und mittleren Teilen Europas die Kernfamilie am Ende des Mittelalters fest etabliert war. Ein Motor dieser Entwicklung war die mittelalterliche Kirche und die Macht ihrer Vorschriften zu Monogamie und Exogamie in der Ehe.[262]

Eine wichtige Begleiterscheinung der Kernfamilie ist das späte Heiratsalter. Frauen heirateten um die Mitte ihrer Zwanzigerjahre, Männer gegen Ende ihrer Zwanzigerjahre, und dies bedeutete in vielen Fällen, dass die Eltern zurzeit der Verheiratung nicht mehr am Leben waren oder bald danach verstarben. Bereits aus demographischen Gründen waren Mehrgenerationenhaushalte unwahrscheinlich, und wenn sie existierten, dann wurden sie nicht nach patriarchalischer Manier von den Großvätern beherrscht. Die Autorität beruhte auf der mittleren Generation; mit den Eltern hatte man zwar die Altersversorgung auf dem Altenteil ausgehandelt, sie umfasste aber keine Entscheidungsrechte der Eltern über den Landbesitz.[263]

Der Landbesitz übte eine mächtige Wirkung auf die Kernfamilie und das Heiratsalter aus. Die bäuerlichen Besitzrechte an Grund

und Boden gestalteten sich äußerst vielfältig, die meisten bäuerlichen Familien verfügten wohl nicht über uneingeschränktes und schuldenfreies Eigentum, aber alle Besitzformen gewährten (dies gilt zumindest für England) das Erbrecht. Vereinfacht gesprochen gab es zwei Hauptformen des Erbrechts: das geteilte Erbe, bei dem das Land unter die lebenden Nachkommen aufgeteilt wurde, sowie das ungeteilte Erbe, bei dem das Besitztum – in den meisten Gebieten – an den ältesten Sohn ging. In der Praxis gab es zahlreiche Varianten, alle wirkten sich auf den Haushalt und die Zukunft der Kinder aus. Bäuerliche Familien mussten eine Strategie entwickeln, mit deren Hilfe sie das Land an die nächste Generation weitergeben und zugleich verwalten und bearbeiten konnten. Der Schlüssel zum Erfolg für den letzteren Aspekt war die Bereitstellung ausreichender Arbeitskraft. Gewiss konnte man sich für bestimmte Zeiten Arbeitskräfte dingen, aber für frisch verheiratete Eheleute eröffnete sich durchaus die Möglichkeit, dass die Arbeit auf dem Hof auch unter Mithilfe der Kinder erledigt würde. Natürlich durften es auch nicht zu viele Kinder sein, und man versuchte deshalb, die Geburten durch späte Heirat und durch späte Entwöhnung der Kinder von der Mutterbrust zu regulieren, weil das Stillen einen Empfängnis verhütenden Effekt hatte. Wenn sich trotzdem zu viele Kinder einstellten, wurden die als Arbeitskräfte auf dem elterlichen Hof nicht benötigten Kinder in den Dienst bei anderen Familien gegeben.

Für die familienstrategische Forschungen stellen sich Kinder auf zwei Arten dar: als potenzielle Arbeitskräfte und als Hoferben. Natürlich warf die Investition in Kinder – wenn es richtig ist, die Dinge einmal unter diesem rein wirtschaftlichen Aspekt zu betrachten – nur sehr langsam Gewinne ab. Die Volkswirtschaft, die sich freilich meist mit zeitgenössischen bäuerlichen Gesellschaften befasst, ist sich über den »Wert« von Kindern nicht einig, aber in keinem der möglichen Szenarien konnte sich bei der Investition etwas anderes einstellen als Nettoverluste in den ersten sechs oder sieben Jahren. In diesem Alter musste das älteste Kind in der Regel kleine, aber nützliche Aufgaben in Haus und Hof übernehmen – auf die jüngeren Geschwister aufpassen, Vieh hüten, Vögel und sonstige Schädlinge von den Feldern verjagen. Im Kastilien des 16. Jahrhunderts sammelten Buben und Mädchen Brennholz, hüteten das Vieh, halfen beim Pflügen, sammelten und vernichteten Blattläuse und Raupen in den Weinfeldern und befassten sich mit der Seidenraupenzucht. Nach den englischen Belegen verrichteten Kinder mindestens im Alter von zehn Jahren bereits mehr als solche geringeren Arbeiten, die jedoch kaum die gesamte Zeit der Kinder in Anspruch genommen haben dürften.[264] Erst gegen Ende der Teenagerjahre entsprach die Arbeitsleistung der Kinder dem Einsatz der Erwachsenen. Aus englischen Quellen geht hervor, dass es im agrarischen Sektor der Wirtschaft damals Unterbeschäftigung oder auch Beschäftigungslosigkeit der Kinder gab.[265] Landwirtschaftliche Arbeit war von Natur aus saisonal, und es ist schwer vorstellbar, dass eine agrarische Wirtschaft den Kindern über das ganze Jahr eine Vollzeitbeschäftigung bot. Wie wir sehen werden, beschränkte sich der Schulbesuch auf die Wintermonate, auf eine Zeit also, in der ein Beitrag der Kinder zur Familienökonomie in nur geringem Umfang zu realisieren war. Die Historiker haben sich mit Entschiedenheit gegen eine Romantisierung des Familienlebens gewehrt, mit der einzigen Ausnahme, dass sie von der bäuerlichen Familie als Erwerbsgemeinschaft ausgehen, in der jedes Mitglied je nach Fähigkeit und Geschlecht seinen Beitrag leistete. Wahrhaftig waren viele Kinder häufig ohne Beschäftigung, es sei denn, es gab am Ort irgendein anderes Gewerbe, in dem sie tätig werden konnten. Vermutlich glich die Arbeitsleistung des ältesten Kindes die Kosten für seine Ernährung, Kleidung und Unterkunft bis zu seinem fünfzehnten Lebensjahr nicht aus, und die Familie als Ganzes dürfte wohl erst im achtzehnten Ehejahr einen Gewinn aus den vorhandenen Kindern gezogen haben.[266] Aber auch wenn Kinder einen Kostenfaktor darstellten, waren sie doch als zukünftige Arbeitskräfte und als zukünftige Hoferben wichtig für die bäuerliche Wirtschaft. Das empfindliche Gleichgewicht dieser Wirtschaft diktierte die späte Verheiratung; eine Zahl von vier oder fünf überlebenden Kindern bildete den Idealfall, wobei das älteste Kind vielleicht schon aus dem Haushalt ausschied, wenn das jüngste gerade geboren wurde.[267]

Für die nicht erbberechtigten Kinder war die Verheiratung ein besonders riskantes Unterfangen und wurde deshalb auch meist vermieden. In einer österreichischen Region mit ungeteilter Erbfolge arbeiteten die Geschwister des ältesten Sohnes als Knechte auf dem Hof. Eine Eheschließung kam für sie in der Regel nicht infrage, aber sie waren sexuell keineswegs inaktiv, wie die Rate von 80 Prozent unehelich geborener Kinder beweist.[268] Die Ehe war eng mit der Erbschaft von Haus und Hof verbunden. Die Historiker haben über die Auswirkung eines solchen Systems auf die innerfamiliären Beziehungen spekuliert. Ohne Zweifel gab es genügend Gelegenheit für Rivalitäten zwischen den Generationen: Der älteste Sohn wartete auf das Ableben des Vaters oder auf dessen Rückzug auf das Altenteil, damit er den Hof übernehmen konnte; es kam zu Spannungen unter den Geschwistern, wenn sie vom Hoferben, dem ältesten Sohn, wie Knechte behandelt wurden; im Falle der Realteilung konnten Streitigkeiten wegen wirklicher oder vermeintlicher Ungerechtigkeiten bei der Aufteilung des Besitzes ausbrechen. Es war auch wichtig für die Familien, ein ausgewogenes Geschlechterverhältnis in ihrer Kinderschar zu erreichen, denn nur so konnten die Arbeiten innerhalb der geschlechtsspezifischen Arbeitsteilung angemessen ausgeführt werden. Die Forschung hat solche Probleme bislang erst auf rudimentärer Ebene behandelt. In seinem Überblickswerk über die bäuerliche Familie und Wirtschaft in Europa schrieb Richard Rudolph: »Eine vergleichende Untersuchung der verschiedenen Formen der Großfamilie, der Geschlechterfamilie und der Kernfamilie in Hinblick auf die jeweiligen Erscheinungsformen affektiver Beziehungen, insbesondere zu den Kindern, wäre außerordentlich lohnend.«[269] Dem kann man nur zustimmen, aber es ist in dieser Hinsicht nichts getan worden, und eine derartige Forschungsleistung ist möglicherweise gar nicht erfüllbar; auch wären die Voraussetzungen zu beachten, auf denen man, nach Rudolphs Ansicht, eine solche Untersuchung aufbauen müsste. Man geht nämlich davon aus, dass es gerade die von Umweltbedingungen und erbrechtlichen Gepflogenheiten bestimme Form der Familie ist, die Aufschluss über die Einstellung zu Kindern liefern kann. Die Forschung über die bäuerliche Familie neigt dagegen zu einem ökonomischen Determinismus.

Ist es überhaupt sinnvoll, von »*der* bäuerlichen Familie« zu sprechen? Ohne Zweifel gab es weit reichende Unterschiede von einer Region zu anderen, oder zwischen Nord- und Mitteleuropa auf der einen Seite und Osteuropa auf der anderen (wo die bäuerliche Unfreiheit weiter verbreitet war), aber auch innerhalb der einzelnen Regionen mit unterschiedlichen Rang- und Statusbedingungen unter der bäuerlichen Bevölkerung. Überall in Europa, namentlich in den wirtschaftlich besonders gut entwickelten Regionen, gab es eine große Anzahl von Menschen, die zwar in agrarischen Gebieten lebten, aber keinen Landbesitz hatten, auf Lohnarbeit angewiesen waren oder auf andere Weise ihren Lebensunterhalt bestritten. Deren Kinder stellten, wie wir im nächsten Kapitel sehen werden, ein Problem ungeheuren Ausmaßes dar. Bei aller gebotenen Vorsicht kann gesagt werden, dass bäuerliche Familien die Mehrheit – wenn auch eine ständig abnehmende – der europäischen Bevölkerung in diesen vier Jahrhunderten ausmachten. Es lassen sich zwei Typen bäuerlicher Familien erkennen, je nachdem, wo sie lebten. In diesen Familien war das Leben der Kinder von der Notwendigkeit bestimmt, von frühem Alter an mit ihrer Arbeit zur Familienökonomie beizutragen, oder es bestand die Aussicht, Landbesitz zu erwerben – entweder durch Erbschaft oder durch Heirat. Kinder waren für die bäuerliche Wirtschaft unerlässlich, aber niemand weiß, ob ihr ökonomischer Wert auch im Reich der Emotionen seinen Niederschlag fand oder ob Zuneigung innerhalb der Familie getrennt war von Erwägungen über wirtschaftlichen Nutzen.

Vorindustrielle Verhältnisse

Viele bäuerliche Familien waren nicht rein landwirtschaftlich ausgerichtet. Bisweilen wechselten »überschüssige«, das heißt für die Arbeit auf dem Hof nicht benötigte Familienmitglieder, in andere Sektoren der Wirtschaft. Die Feldarbeit hatte häufig saisonalen Charakter und ließ Raum für andere Betätigungen für den Rest des Jahres, nicht selten durch Migration. Überdies wurde im 17. und 18. Jahrhundert der bäuerliche Haushalt immer häufiger zu einem Ort gewerblicher Produktion. Das ländliche Gewerbe der frühneuzeitlichen Periode ist schon seit langem eine vertraute Erscheinung in den historischen Darstellungen, aber in jüngster Zeit erfuhr diese wirtschaftliche Betätigung sozusagen eine Erhöhung durch den Terminus »Protoindustrialisierung«. Wir brauchen die Debatten über die genaue Definition dieser Protoindustrialisierung nicht zu verfolgen, wir müssen uns aber mit den Auswirkungen des ländlichen Gewerbes auf das Heiratsalter und die Rolle der Kinder befassen. In den frühen Formulierungen der Theorien über Protoindustrialisierung in den 1970er Jahren wurde argumentiert, dass sich Familien, die von gewerblicher Arbeit abhingen, nicht mehr mit Erbschaftsproblemen belasten mussten; auch die Begrenzung der Kinderzahl sei nicht mehr nötig gewesen, weil die Kinder problemlos auch bei der Feldarbeit eingesetzt werden konnten. Damit wären dann auch die Hindernisse für eine frühe Verheiratung beseitigt gewesen und die Zahl der Kinder erhöhte sich. Die Eheschließung konnte immer dann stattfinden, wenn sich ein junges Paar zur Gründung eines separaten Haushalts, respektive eines separaten Arbeitsplatzes, entschloss, und dies erforderte nur einen minimalen Kapitaleinsatz. Die Kinder folgten ganz zwanglos und konnten deutlich früher an die eine oder andere nützliche Arbeit gesetzt werden als in der Landwirtschaft. Nach Ansicht Hans

Medicks favorisierte die Protoindustrialisierung »eine Form des reproduktiven Verhaltens, die – durch die »Produktion« einer maximalen Anzahl von Kinderarbeitskräften – die produktive Kapazität der Familie erhöhte und damit auch die Überlebenschancen jenseits der kritischen Armutsschwelle verbesserte, an deren Rand solche Familien häufig ihre Existenz begannen.«[270] Gewerblich-industrielle Kinderarbeit ist nichts Neues. Archäologische Funde des 13. Jahrhunderts aus der Keramikregion um Bonn und Siegburg förderten Fingerabdrücke von Kindern auf Töpfereiwaren zutage, die darauf hindeuten, dass Kinder die frisch gedrehten Keramikwaren zu den Brennöfen brachten und das in einer exportorientierten Landschaft, die ihre Produkte nach England, Skandinavien und Polen versandte.[271] Der Arbeitsbedarf für Kinder im protoindustriellen Gewerbe war steigend – wie auch der für Erwachsene. In den Textil verarbeitenden Distrikten in England war Defoe höchlichst erfreut zu sehen – worauf man immer wieder hingewiesen hat –, dass bereits vierjährige Kinder offensichtlich ihren Unterhalt verdienten. Vielleicht hat er das Alter dieser Kinderarbeiter etwas übertrieben, aber eine über Jahre andauernde Arbeit für Kinder ab dem sechsten Lebensjahr wurde immer gebräuchlicher.[272] Diese Kinder konnten sich in einem verhältnismäßig frühen Alter von ihrer Familie lösen und zugleich ihren Beitrag zum Familienunterhalt einstellen, sie konnten heiraten und ihren eignen Haushalt und ihre eigene Erwerbsgemeinschaft gründen.

Man hat inzwischen festgestellt, dass Formen ländlichen Gewerbes nicht nur in marginalen Landwirtschaftsregionen existierten, sondern auch in Gebieten mit hoher landwirtschaftlicher Produktivität und weiterhin, dass nicht alle Erscheinungsformen ländlichen Gewerbes dem oben skizzierten Prototyp entsprachen. In der mit der Waffenproduktion befassten Heimindustrie in Gebieten des heutigen Belgien (Maasregion/Lütticher Land) beispielsweise bedurfte es einer gewissen Ausbildung und Erfahrung, bis die Arbeit gebührend verrichtet werden konnte, und dies wiederum dämpfte die Tendenz zur Gründung neuer Haushalte.[273] Überdies erwiesen sich die demographischen Konsequenzen als komplexer, als man vorher angenommen hatte: Erst wenn der Kapitalbedarf für die Gründung einer neuen Erwerbsgemeinschaft wirklich minimal war, wie etwa in den Rahmenwirkereien in Lincolnshire, wo man die Arbeitsausrüstung mietete, und erst wenn die Einkommen aus dieser vorindustriellen Arbeit deutlich höher lagen als die Einkommen aus landwirtschaftlicher Arbeit, ergab sich daraus ein schnelles demographisches Wachstum, verbunden mit einem niedrigeren Eheeintrittsalter. Anderswo existierte ländliches Gewerbe mehr in Form des Nebenerwerbs und weniger als hauptsächliche Einkunftsquelle im Rahmen einer dominierenden lokalen Industrie, oder die gewerbliche Arbeit wurde vornehmlich von Frauen ausgeführt (z. B. Leineweberei in Teilen Norddeutschlands). In beiden Fällen waren die demographischen Auswirkungen weniger deutlich. In einer Gegend der Normandie etwa, wo die Männer weiterhin in der Landwirtschaft arbeiteten, die Frauen aber die gewerbliche Arbeit verrichteten, zuerst in der Spinnerei, dann in der Weberei, blieb das Eheeintrittsalter auf demselben hohen bäuerlichen Niveau.[274]

Die starke Zunahme des ländlichen Gewerbes war jedoch von großer Bedeutung für die Kinder, denn diese Zunahme erhöhte ohne Zweifel ihren wirtschaftlichen Nutzen. Das ländliche Gewerbe konnte dazu beitragen, die überschüssige Arbeitskapazität von Kindern zu absorbieren. Im Schweizer Kanton Zürich arbeiteten die Kinder von Bauern und Handwerkern oft in den Textilmanufakturen. Die Protoindustrialisierung bot Kindern eine regelmäßige Arbeit, wie sie die Landwirtschaft oder das traditionelle Handwerk nicht bereitstellen konnten.[275]

Das Zürcher Beispiel verweist auf eine weitere Erkenntnis: Unter den Bedingungen der Protoindustrialisierung war es keineswegs sicher, dass die Kinder zu Hause oder gemeinsam mit Familienmitgliedern arbeiten würden. Sie mussten bereit sein, einen Teil ihres Lebensunterhalts dort zu verdienen, wo sie Arbeit finden konnten.

Aus seiner Studie über die Verhältnisse in Colyton in Devon im Jahre 1851 zog Richard Wall das Fazit:»Viele Familien funktionierten nicht als integrierte Arbeitseinheiten.«[276]

Zeitalter der Industrialisierung

Die Verbindungen zwischen Protoindustrialisierung und Industrialisierung sind komplex und müssen uns hier nicht beschäftigen, außer in einer Hinsicht: Die vorindustrielle Zeit hat die Menschen an den Anblick regelmäßig arbeitender kleinerer Kinder gewöhnt. Von wenigen Ausnahmen abgesehen fiel das entsprechende Urteil der Beobachter aus der Mittel- und Oberschicht positiv aus. Überdies hat man viele Anstrengungen darauf verwendet, geeignete Gewerbe zu schaffen, in denen Kinder arbeiten konnten. In derselben Zeit, als Locke seinen Leitfaden für die Erziehung eines Gentleman veröffentlichte *(Some Thoughts Concerning Education)*, empfahl er dem Handelsministerium die Einrichtung von Arbeitsschulen in den Kirchspielen für Kinder ab dem dritten Lebensjahr sowie ihre Ausbildung für die Textilindustrie. Im Alter von vierzehn, so rechnete er vor, hätten sie dann die Anfangskosten mehr als wettgemacht.[277] Als Ende des 18. Jahrhunderts die Industrialisierung den Standort der Textilindustrie vom Haus in die Fabrik zu verlegen begann, erschien es ganz natürlich, die Kinder als wichtige Arbeitskraftkomponente zu betrachten.

Potenziell bot die Industrialisierung die Lösung eines Problems, das die Eliten in Europa schon seit Langem verdrossen hatte: der Müßiggang der Kinder. Weit seltener ist belegt, dass die arbeitenden Familien diesen »Vorteil« der Industrialisierung erkannt hätten. An diesem Zeitpunkt – wir befinden uns am Beginn der Industrialisierung – werden die Grenzen der Theorie von der »Familienstrategie« besonders offenkundig. Der Ausdruck »Familienstrategie« unterstellt, dass eine Familie ganz rational, vielleicht auch mit einer gewissen Hartherzigkeit, eine Reihe von Optionen für sich offen hält – eine Familie, die ihre Geschicke unter Kontrolle hat und eine freie Wahl treffen kann.[278] Natürlich nimmt man an, dass Familien ihre Entscheidungen im Rahmen bestimmter institutioneller, ökonomischer, geografischer und moralischer Parameter trafen, gleichwohl bleibt die Wahlmöglichkeit die Essenz der Familienstrategie: die Menschen sind die Handelnden und nicht die Objekte der Geschichte. Nur wenige Familien, die den Prozess der Industrialisierung durchleben mussten, hätten diesen Gedanken mit etwas anderem kommentiert als mit einem müden Lächeln. In Wirklichkeit stellte sich eine Situation ein, in der »Parameter«, »Zwänge« und »einschränkende Faktoren« so übermächtig wurden, dass der eigentliche Wortsinn von »Wahl« sinnlos wurde. Würde man den Familien gesagt haben, sie hätten – als Teil einer »Familienstrategie« – die »Wahl« getroffen, ihre Kinder für unermesslich lange Stunden zur Arbeit in ungesunde Fabriken zu schicken, hätten sie gewiss geantwortet, es sei keineswegs ihre freie Wahl gewesen, sondern reine Notwendigkeit, dazu noch eine Notwendigkeit, die sie zutiefst bedauerten.

Niemand mehr behauptet heute, der Industrialisierungsprozess habe das Wesen oder die Größe der Familie verändert. Die alte Ansicht vom Übergang der Großfamilie zur Kernfamilie als Folge der Industrialisierung gehört auf den Abfallhaufen der Geschichtswissenschaft, wenn überhaupt, haben sich Familien nur leicht vergrößert. Auch kann nicht gesagt werden, die Familie habe sich unter dem Druck der Industrialisierung aufgelöst. Wiederum ist das Gegenteil der Fall: Die Familie wurde zum zentralen Überlebensmechanismus, zu einer Zuflucht, die man nur auf eigene Gefahr verließ. Denn die Familie hielt nicht nur eine Heimstatt bereit, sie bot auch die Möglichkeit, Arbeit zu finden, denn ein Gutteil der frühindustriellen Arbeit wurde um die Struktur der Familie herum organisiert.

Leicht lässt sich das Ausmaß übertreiben, indem man Industrialisierung lediglich als einen Wechsel der Arbeitsstätte vom Haus in die Fabrik sieht. Wie auch immer sich dieser Wechsel auf die Konti-

Kinderarbeit im Zechengebiet von Charleroi (Belgien).
Historische Fotografie von 1905.

nuitäten der Familienerfahrungen ausgewirkt haben mag – für die Kinder war die Erfahrungsveränderung einschneidend. Im Gegensatz zur landwirtschaftlichen Arbeit, und in geringerem Ausmaß zur vorindustriellen Arbeit, unterlag Kinderarbeit jetzt einer Regelmäßigkeit, die sich über das ganze Jahr erstreckte. Die Handelszyklen konnten zwar zu Perioden geringerer Beschäftigung oder zu vorübergehenden Entlassungen führen, aber prinzipiell nahm die Arbeit einen regelmäßigen Charakter auf täglicher, wöchentlicher und jährlicher Basis an, der weit entfernt war von vorindustrieller Praxis. Weiterhin ging der Eintritt in den Arbeitsmarkt nicht stufenweise vonstatten: an einem Tag war man Arbeiter, an einem anderen nicht. Schließlich war keineswegs garantiert, dass die Kinder unter der Aufsicht eigener Familienmitglieder arbeiten würden. Das traf zwar auch für die protoindustrielle Phase zu, hatte aber eine ganz andere Wirkung in einer so großen Arbeitsstätte wie einer Fabrik. Berücksichtigt man noch, dass Kinder oft in geringerem Alter als zehn mit ihrem »Arbeitsleben« begannen, dann erhält die industrielle Revolution den Ruf zurück, den sie bis in die jüngste Zeit innehatte: als die dunkle Zeit in der Geschichte der Kindheit. Die Familie als Institution mag die industrielle Revolution überlebt haben, aber viele Kinder überlebten sie nicht.[279]

Die Familienstrategie ließ vielen Familien praktisch keine andere Wahl, als ihre Kinder zur Arbeit in die Fabriken zu schicken; ihr Beitrag zum Familieneinkommen war einfach zu wichtig. Untersuchungen über belgische Familien zeigen, dass im Jahre 1853 die Kinder 22 % zum Familieneinkommen beisteuerten, im Jahre 1891 waren es 31 %. In den Vereinigten Staaten der 1880er Jahre verdienten die Kinder etwa ein Drittel des Familieneinkommens und das zu einer Zeit, als die männlichen Familienoberhäupter in ihren Fünfzigern waren. In einer katalanischen Stadt mit Textilindustrie war der Anteil noch höher: über die Hälfte bei einem Alter des Haushaltsvorstands von Ende fünfzig und über zwei Drittel, wenn der Haushaltsvorstand über sechzig war. Die Alternative zur

Fabrikarbeit der Kinder war die Fabrikarbeit der Mütter, aber normalerweise »zog man die Kinder den Müttern als Lohnempfänger für die Familie vor.«[280] Da es zudem noch für Männer schwierig war, angesichts der Vorliebe der Textilindustrie für jugendliche Arbeitskräfte, in diesem Wirtschaftszweig Arbeit zu finden, kann es zu einer Transformation der innerfamiliären Beziehungen gekommen sein, besonders, wenn die Kinder in ihre Teenagerjahre kamen. In der Praxis scheinen nur wenige Kinder die Macht in einer Familie ausgeübt zu haben, die ihnen aufgrund ihres Verdienstes zugestanden hätte. Die Familie hielt zusammen.

Die Kinderarbeit in Fabriken führte schließlich in allen Ländern zum Eingreifen des Staates, ein Thema, das wir im sechsten Kapitel behandeln werden. Jetzt ist nur zu sagen, dass sich die Regierungen bei der Kontrolle der Fabrikarbeit von Kindern einer völlig neuen Situation gegenübersahen. In der Mittel- und Oberschicht gab es durchaus Stimmen, welche die Kinderarbeit verteidigten, aber man wird wohl kaum jemanden in der Arbeiterschicht finden, der sie nicht als unvermeidliche Notwendigkeit bezeichnet hätte, und viele verurteilten die Kinderarbeit ganz offen. Es überrascht deshalb nicht, dass die Kinderarbeit in Fabriken der wichtigste, wenn auch nicht einzige, Faktor war, der zur Transformation der Kindheit von einer Einführungsphase in das Arbeitsleben zu einer Phase des Schulbesuchs geführt hat.

Demografie

Die Demografie macht es möglich, die Konturen des Kinderlebens mit einiger Genauigkeit nachzuzeichnen. Das demografische Profil Europas behielt eine bemerkenswerte Konstanz bis in die zweite Hälfte des 19. Jahrhunderts. Das heißt nicht, dass sich die Bevölkerungsgrößen nicht geändert hätten – natürlich haben sie sich verändert –, aber im Vergleich zu dem, was im 20. Jahrhundert kommen sollte, waren die Änderungen in der demografischen Struktur minimal.

Fragen wir zunächst, welche Überlebenschancen die Kinder hatten. Als grobe Generalisierung starb eines von vier oder eines von fünf Kindern, bevor es seinen ersten Geburtstag erreicht hatte. Zwischen 1600 und 1749 kann für England gesagt werden, dass die Sterblichkeitsrate (Kinder unter einem Jahr bei tausend Geburten) bei 250 bis 340 lag. Im letzten Drittel des 17. Jahrhunderts waren es in Frankreich zwischen 200 und 400, wobei die Überlebenschancen auf dem Lande besser waren als in den Städten. Die Kindersterblichkeitsrate in Frankreich scheint im Laufe des 18. Jahrhunderts wegen geringerer Geburtenhäufigkeit rückläufig gewesen zu sein.[281] In der zweiten Hälfte des 18. Jahrhunderts betrug in Schweden die durchschnittliche Kindersterblichkeitsrate genau 200 (von 1000). Als sich im 19. Jahrhundert Statistiken über Kindersterblichkeit verbreiteten, wurden einige wichtige Unterschiede sichtbar: Vorwiegend landwirtschaftlich geprägte Länder wie Irland und Norwegen verloren nur ein Kleinkind von zehn, während Deutschland mehr als zweimal so viel verlor. Das Hauptthema ist indessen das der Kontinuität. Ein Vergleich der durchschnittlichen Kindersterblichkeitsrate in neun Ländern der Perioden 1840 bis 44 und 1895 bis 99 zeigt, dass sich in drei Ländern (Belgien, England, Wales) die Rate leicht erhöhte und in den restlichen sechs Ländern (Österreich, Dänemark, Deutschland, Niederlande, Norwegen und Schweden) abschwächte, jedoch auch hier nur in geringem Maß. Aufs Ganze gesehen fiel in diesen neun Ländern die Säuglingssterblichkeit von 177 auf 156 je tausend Lebendgeburten.[282] Auffällig ist, auf welch hohem Niveau die Sterblichkeitsrate verharrte.

Die Sterblichkeitsrate fiel nach dem ersten Lebensjahr, aber die Kinder waren weiterhin äußerst gefährdet. In einigen Regionen erreichte fast die Hälfte der Kinder das zehnte Lebensjahr nicht, unter günstigen Bedingungen jedoch konnte die Rate, wie das englische Beispiel zeigt, auf unter ein Viertel zurückfallen. Im kolonialzeitlichen Neuengland war die Situation noch besser: 80 bis 90 % der in Andover, Massachusetts, zwischen 1640 und 1729 geborenen Kinder überlebten bis zum zehnten Lebensjahr. Gegen Ende des 18. Jahrhunderts allerdings näherte sich Nordamerika der europäischen Norm wieder an.[283]

Der Kindertod stellte die Mehrzahl aller Todesfälle. In einer Florentiner Pfarrei in der zweiten Hälfte des 17. Jahrhunderts gingen zwei Drittel aller Sterbefälle auf das Konto von verstorbenen Kindern unter fünf Jahren.[284] Je jünger sie waren, desto größer die Wahrscheinlichkeit des Todes: In den ersten Stunden und Tagen des Lebens war die Gefährdung für Kinder besonders hoch. Seuchen und Hungersnöte konnten diese Zahlen zum Schlechteren wenden, gute Zeiten zum Besseren, aber die Schwankungen waren weniger bedeutend als die Unterschiede zwischen diesen vier Ländern und als die fast ununterbrochene Verringerung der Sterblichkeitsrate im 20. Jahrhundert. Dennoch ging die Kindersterblichkeit früher zurück als die Säuglingssterblichkeit. In England und Wales zeigte sich der Abwärtstrend bei Ein- bis Vierjährigen ab der Mitte der 1860er Jahre, bei Fünf- bis Neunjährigen ab den 1840er Jahren. Bei weißen amerikanischen Kindern ging die Sterblichkeit ab den 1880er Jahren zurück.[285]

Diese alle Gesellschaftsschichten betreffende hohe Sterblichkeitsrate hat man als Zeichen für eine geringe Wertschätzung der Kinder gedeutet. Wir haben gesehen, dass es Gründe gibt, diese Interpretation – zumindest im Falle der wohlhabenden Schichten – anzuzweifeln. Trifft dasselbe auch für die Unterschichten zu? Zur Beantwortung der Frage müssen wir zwei Faktoren berücksichtigen, die Einfluss auf die Sterblichkeitsrate ausübten: Kindesaussetzung, das heißt auch Weggeben des Säuglings, und Ammenwesen. Die Kindesaussetzung war eng verbunden mit der Verfügbarkeit von Findelhäusern und deren Aufnahmemodalitäten. Allgemein gesprochen gab es Findelhäuser vor allem in katholischen Regionen, vornehmlich also in Südeuropa. In Florenz zeigen Jahrzehntdurchschnitte für das 16. und 17. Jahrhundert, dass niemals weniger als 12 Prozent der Säuglinge ausgesetzt wurden, zumindest einige davon dürften legitime Kinder gewesen sein. Vermutlich gab es Ende des 17. Jahrhunderts und Anfang des 18. Jahrhunderts ein Nachlassen der Kindesaussetzung, bevor sich ein stärkerer Anstieg im ausgehenden 18. und beginnenden 19. Jahrhundert einstellte.[286] Zwischen 1700 und 1720 wurden in Paris etwa 1700 Kinder pro Jahr ausgesetzt, zwischen 1760 und 1789 jedoch 5 bis 6000. In Toulouse stieg das Verhältnis zwischen ausgesetzten Kindern und aktenkundigen Geburten von durchschnittlich 10 % in der ersten Hälfte des 18. Jahrhunderts auf einen Durchschnitt von 17 % in der zweiten Hälfte und erreichte bisweilen sogar 25 %. In Mailand betrug die Rate ausgesetzter Kinder zum Ende des Jahrhunderts 25 %.[287] Die Aussetzungsrate war auch in der ersten Hälfte des 19. Jahrhunderts und sogar noch darüber hinaus ansteigend. David Kertzer hat die Situation im frühen 19. Jahrhunderts wie folgt zusammengefasst:

»Säuglinge wurden in großer Zahl in Frankreich, Belgien und Portugal ausgesetzt, bzw. weggeben, und die Situation war noch schlimmer in Spanien, Irland, Polen und den meisten österreichischen Provinzen. In Madrid, Dublin und Warschau wurden bis zu einem Fünftel aller Säuglinge ausgesetzt, in Mailand ein Drittel, in Prag zwei Fünftel und in Wien die Hälfte.«

Auf Europa bezogen wurden um die Mitte des 19. Jahrhunderts nach Berechnungen jährlich über 100 000 Kinder ausgesetzt.[288] Die Zunahme gegenüber früheren Jahrhunderten ist augenfällig. In Frankreich wurden in der Dekade 1820 bis 29 sechsmal so viele Säuglinge ausgesetzt wie in der Dekade 1740 bis 49. Das *Ospedale degli Innocenti* in Florenz erhielt im Jahrzehnt 1841 bis 50 38 % aller neugeborenen Kinder gegenüber einem Prozentsatz von unter 9 % im 15. Jahrhundert. Obwohl Kinder gewöhnlich gleich nach der Geburt oder kurz darauf in Findelhäusern abgegeben wurden, konnte dies auch noch später geschehen. Aufnahmelisten von Waisenhäusern für Mädchen im Rom des 17. und 18. Jahrhunderts belegen die Aufnahme von älteren Kindern, wenn ein Elternteil gestorben war.[289]

Aus dem Hungerjahr 1773. Eine Frau bietet ihr dreijähriges Kind, das sie selbst nicht ernähren kann, einem Reisenden als Geschenk an. Zeichnung von Daniel Chodowiecki (1773).

Im Frankreich des ausgehenden 18. und des 19. Jahrhunderts stieg die Anzahl der Säuglinge, die für ihr erstes Lebensjahr aufs Land in die Obhut von Ammen gegeben wurden. Ende des 18. Jahrhunderts vermittelte in Paris das *Bureau des Nourrices,* die 1769 gegründete offizielle Agentur für Ammen, jedes Jahr die Hälfte der 21 000 Neugeborenen; weitere 45 % wurden von privaten Agenturen vermittelt. Das bedeutet, dass 95 % aller Neugeborenen von Ammen versorgt wurden – eine außergewöhnlich hohe Rate. 1801 bis 02 lag sie bei 49 % und fiel 1869 geringfügig auf 41 % ab.[290]

Kindesaussetzung und Ammenwesen hat man mit den hohen Sterblichkeitsraten in Verbindung gebracht. Wie hoch die Rate ausfiel, hing danach davon ab, wie rasch die Säuglinge einer Amme auf dem Lande übergeben wurden: je schneller, desto besser. Unter schlechten Bedingungen starben neun von zehn abgegebenen Säuglingen noch vor Erreichen ihres ersten Geburtstages. Wo Verfahren zu einer schnellen Vermittlung von Kindern existierten – selbst wenn die Aussetzungsrate hoch war wie in Florenz um die Mitte des 19. Jahrhunderts – ging die Sterblichkeitsrate zurück auf etwa 300 Todesfälle per 1000 Lebendgeburten.[291] Trotzdem hatten ausgesetzte Kinder eine höchst unsichere Zukunft vor sich.

Welche Umstände verursachten diese hohe Rate der Kindesaussetzung und der Übergaben von Säuglingen an Ammen? Vieles deutet darauf hin, dass diese Vorgänge mit Armut zu tun hatten. Im Norditalien des 16. und frühen 17. Jahrhunderts lässt sich eine Wechselbeziehung zwischen wirtschaftlichen Krisenjahren und häufiger Kindesaussetzung beobachten. Das gleiche Bild haben Studien über die *Inclusa* von Madrid im 17. und 18. Jahrhundert ergeben. Nach Joan Sherwoods Worten »strömten der Inclusa immer dann die Säuglinge zu, wenn der Getreidepreis stieg.« In England, wo sich die Pfarreien mit den ausgesetzten Kindern befassten, »stieg die Aussetzung parallel zu den steigenden Brotpreisen im ausgehenden 17. und beginnenden 18. Jahrhundert.«[292] Auch in Limoges, wo sich die Anzahl der ausgesetzten Kinder zwischen den 1740er und 1780er Jahre verdreifacht hatte, lässt sich eine Wechselbeziehung zu den steigenden Getreidepreisen feststellen. Mit Blick auf ganz Frankreich stellt Olwen Hufton fest, »dass der starke zahlenmäßige Anstieg der *enfants trouvés* im Großen und Ganzen mit dem Einsetzen langfristiger wirtschaftlicher Verschlechterungen in den jeweiligen Provinzen zusammenfällt.«[293]

Zweifellos stand die starke Zunahme der Findelkinder auch im Zusammenhang mit der Zunahme der Illegitimität. Eines der

Argumente zugunsten der Findelhäuser lautete, dass eine Frau mit einem außerehelich empfangenen Kind ihre Ehre bewahren könne; die Weggabe des Kindes konnte in Heimlichkeit und Anonymität erfolgen. Als Gegenargument wurde vorgebracht, dass die Findelhäuser einer illegitimen Schwangerschaft und Geburt die Schande nehmen und somit der Unmoral Vorschub leisten würden. Unzweifelhaft ist, dass die Rate illegitimer Geburten Ende des 18. Jahrhunderts im Steigen begriffen war, und dies zeigt sich an den Aufnahmezahlen der Findelhäuser. Im 18. Jahrhundert waren in Paris 70 bis 80 % der abgegebenen Kinder illegitim, eine Proportion, die sich im 19. Jahrhundert noch auf 80 bis 95 % erhöhte. In den meisten großen französischen Städten waren 60 % der verlassenen Kinder illegitimer Geburt.[294] Mit Ausnahme der Toskana und der Stadt Mailand waren fast alle ausgesetzten Kinder in Italien illegitim. Es trifft zu, dass die Mütter unehelicher Kinder wohl meist auch in Armut lebten, und es mag aus Armut genauso wie aus Gefühlen der Schande gewesen sein, dass Kinder abgegeben wurden. In Bologna etwa ist schwer auszumachen, wie solche Frauen ihre Ehre bewahrt haben sollen, die zu arm für die Zahlung einer Aufnahmegebühr für das Findelhaus waren und ein Jahr lang als unbezahlte Amme tätig sein mussten. In Korsika haben Frauen ihre Ehre zu bewahren versucht, indem sie das illegitime Kind töteten, während die Weggabe der Kinder den Armen vorbehalten war, für die Ehre kein besonderes Problem war.[295]

Sind Armut und damit verbunden die Illegitimität verantwortlich für das Ausmaß der Kindesaussetzung? Nicht vollständig. Wir müssen uns daran erinnern, dass in vielen Städten mindestens die Hälfte der verlassenen Kinder legitime Kinder waren. In Limoges hat sich, wie schon gesagt, die Zahl der verlassenen Kinder zwischen den 1740er und 1780er Jahren verdreifacht – die Mehrheit dürfte legitimer Geburt gewesen sein. In Madrid war die Hälfte legitim, in Moskau und St. Petersburg zwischen einem Drittel und der Hälfte, in London in den 1740er und 1750er Jahren etwa ein Drittel. In den

1840er Jahren überließ man in Mailand ein Drittel der legitim geborenen Kinder dem Findelhaus.[296]

Es existiert eine enge Verbindung zwischen dem Weggeben legitimer Kinder und dem Ammenwesen; Kinder wegzugeben bedeutete die Inanspruchnahme von Ammendiensten auf Kosten der Allgemeinheit, denn oft stand die Absicht dahinter, das Kind zurückzuverlangen, was dann auch häufig geschah. In den 1840er und 1850er Jahren wurden in Mailand über 13 000 Kinder zurückgefordert, von denen fast zwei Drittel mehr als zwei Jahre im Findelhaus zugebracht hatten.[297] Dies hatte wohl weniger mit veränderten wirtschaftlichen Bedingungen zu tun, sondern mehr damit, dass die Mütter Geld verdienen mussten – und das gestaltete sich schwierig, wenn zu Hause mehr als zwei Kinder gleichzeitig zu betreuen waren. Das Findelhaus bot die Möglichkeit, diese Strategie in die Tat umzusetzen. Die Norm war, wie im Falle der Ammenpflege, das Kind zurückzufordern; oft aber war es schon gestorben.[298] Die Findelhäuser hingen oft von den ärmsten Ammen ab. Diejenigen, die für Ammendienste bereit waren zu zahlen, hatten eine größere Chance, ihr Kind lebend zurückzubekommen, sobald es der Brust entwöhnt war. Neben Familien der Ober- und Mittelschicht nutzten vor allem solche Familien die Dienste einer Amme, deren Frauen in den Städten Arbeit bei Handwerkern oder im Handel fanden. Im Lyon des 18. Jahrhunderts gaben Frauen, die bisweilen weiter entfernt von zu Hause im Lebensmittelhandel oder in Seidenmanufakturen arbeiteten, ihre Kinder verstärkt in die Obhut von Ammen auf dem Lande. Die Ammen selbst entstammten den ärmeren Schichten der Landbevölkerung, und die Bezahlung für ihre Ammendienste war ein wichtiger Beitrag im Rahmen einer »Behelfsökonomie«.[299] Dieses System blühte im 19. Jahrhundert und kam erst zu Beginn des Ersten Weltkriegs zu seinem Ende, vielleicht deshalb, weil sich die Frauen aus solchen Arbeitsverhältnissen zurückzogen, bei denen sich die Inanspruchnahme von Ammendiensten als nahe liegende Strategie erwiesen hatte.[300] Das

Ammenwesen war wohl in Frankreich besonders verbreitet. Es gibt Belege für das Ammenwesen in den Dörfern um London für das 17. und beginnende 18. Jahrhundert, danach aber nicht mehr, und in jedem Falle richtete es sich mehr nach den Bedürfnissen der wohlhabenden Familien.[301] Das Ammenwesen hing jedoch genauso stark von der Verfügbarkeit der Ammen ab, wie von der Nachfrage nach ihren Diensten. In Stockholm bestand das System noch im 20. Jahrhundert bis staatliche Beihilfen für unverheiratete Mütter gewährt wurden.[302] Es existierte ohne Zweifel in den alten europäischen Gewerbe- und Industrieregionen, wie beispielsweise in Mailand, und so wäre es falsch, das Ammenwesen als etwas ausschließlich Französisches zu betrachten.[303]

Nach Ansicht von Jean Meyer verweisen die französischen Belege auf eine »wachsende Indifferenz gegenüber Kindern und traditionellen Familienmustern in den französischen Städten des 18. Jahrhunderts.«[304] Andere meinen dagegen, dass in Zeiten extremer Armut die Weggabe von Kindern zumindest die Hoffnung auf das Überleben des weggegebenen Kindes sowie der übrigen Familie eröffnete, denn die Mutter konnte einen größeren Beitrag zum Familieneinkommen leisten, wenn sie sich nicht mehr um ein Neugeborenes kümmern musste.[305] Desgleichen lässt sich die Praxis der Übergabe eines Kindes an eine Amme auf dem Lande als Teil einer rationalen Familienstrategie zur Erhöhung des Familieneinkommens und damit zur Erhöhung der Überlebenschancen der Familie deuten. Solche Strategien müssen im Kontext hoher Säuglings- und Kindersterblichkeitsraten bei solchen Kindern gesehen werden, die weder in Findelhäuser gegeben noch von Ammen genährt wurden. Sie verweisen durchaus plausibel auf eine Akzeptanz der Säuglings- und Kindersterblichkeit, die jedoch keinesfalls die Trauer ausschließt, wenn der Kindestod wirklich eintrat.

Mit ihrer Untersuchung der Pariser Polizeiakten konnte Arlette Farge jenen mehr oder weniger plausiblen Verallgemeinerungen in Bezug auf das Verhältnis der Eltern zu ihren Kindern ein menschliches Gesicht verleihen. So wissen wir beispielsweise, dass Louise Brulé, die Frau eines Hausdieners, ihren Sohn im Jahre 1765 in Pflege geben hatte. Als der Kleine ein Jahr alt war, nahm sie ihn wieder zu sich, aber er starb auf ihrem Weg nach Hause. Die Mutter war wahnsinnig vor Schmerz und »in Tränen aufgelöst«. Und wir wissen von der Verzweiflung der Eltern und Kinder, als die Pariser Behörden Kinder einfingen, um sie zu Zwecken der Besiedlung nach Louisiana und Mississippi zu schicken, und wie die Eltern unverzüglich alles daransetzten, ihre Kinder wieder freizubekommen.[306]

Obwohl sie in so großer Zahl starben, machten Kinder einen größeren Anteil an der Gesamtbevölkerung aus als in unseren Tagen. Zwischen etwa einem Drittel und der Hälfte der Bevölkerung war jünger als fünfzehn Jahre.[307] In jeder Gesellschaft vor dem 20. Jahrhundert gab es, wie es Peter Laslett ausdrückte, »Scharen und Scharen kleiner Kinder«.[308] Allein aufgrund der demografischen Fakten war es beinahe unvermeidlich, dass man von Kindern einen Beitrag zum Familieneinkommen schon von frühem Alter an erwartete; es wäre unmöglich gewesen, diese vielen Kinder zu unterhalten, wenn sie vollständig abhängig von ihren Eltern gewesen wären.

Ein drittes Merkmal der demografischen Struktur, das diese Jahrhunderte vom 20. und 21. Jahrhundert deutlich unterscheidet, liegt darin, dass Kinder noch vor Erreichen ihres Erwachsenenalters mit dem Tod eines oder beider Elternteile rechnen mussten. Von den um die Mitte des 18. Jahrhunderts geborenen englischen Kindern dürften etwa 14 Prozent im Alter von zehn Jahren einen Elternteil verloren haben, und 20 Prozent im Alter von fünfzehn. Auf der anderen Seite war Vollwaisentum keineswegs eine allgemeine Erscheinung: nur 2 Prozent verloren beide Eltern im Alter von zehn Jahren, und 4 Prozent im Alter von fünfzehn.[309] Wenn ein Elternteil starb, vermählte sich der überlebende Partner meist erneut. Neuverheiratungen machten zwischen einem Viertel und einem Drittel aller Eheschließungen aus. In Städten wie London mit extrem hoher Sterblichkeitsrate erhöhte sich die Wahrscheinlichkeit, dass sich Kinder irgendwann an eine Stiefmutter oder einen Stiefvater gewöhnen mussten, aber auch an Stiefbrüder und Stiefschwestern.[310] Im 20. und 21. Jahrhundert löste die Ehescheidung den Tod als wichtigsten Faktor des Auseinanderbrechens einer Familie ab.

Das vierte distinktive demografische Merkmal besteht in der Erscheinung, dass innerhalb der Geschwister eine breitere Altersabstufung bestand als im 20. und 21. Jahrhundert. Die Mütter mussten mit mindestens fünfzehn gebärfähigen Jahren und mit einem Kind alle zwei Jahre rechnen. Es ist durchaus denkbar, dass das älteste Kind zu einer Zeit die Familie verließ, als das jüngste geboren wurde. Zusammen mit der hohen Sterblichkeit wuchsen die Kinder als Folge davon nicht mit einer Vielzahl von Geschwistern auf. Wo die städtische Bevölkerung rückläufig war, wie etwa in Reims im 15. Jahrhundert oder in Coventry im 16. Jahrhundert, lebten in drei Vierteln der Kinderhaushalte nur ein oder zwei Kinder gleichzeitig. Als Faustregel wohnten in der Mehrzahl aller Haushalte mit Kindern zu jeder beliebigen Zeit nicht mehr als drei Kinder gleichzeitig unter einem Dach.[311]

In welchem Alter verließen die Kinder das Haus? Nach Stones Berechnungen verließen die Kinder der unteren Schichten das Haus »zwischen sieben und vierzehn Jahren, um als Hausbedienstete, Arbeiter oder Lehrlinge zu arbeiten, in allen Fällen aber wohnten sie im Haushalt des Dienstherren und nicht zu Hause oder zur Miete.«[312] Eingehende Untersuchungen über Zensusmaterial haben gezeigt, dass dies so nicht zutrifft. Selten verließen Kinder das Haus vor ihrem zehnten Lebensjahr, sondern hauptsächlich zwischen dem dreizehnten und dem sechzehnten Lebensjahr. Und keinesfalls schied jedes Kind aus dem elterlichen Haushalt aus. In England beispielsweise war es, im Gegensatz zu anderen Regionen, besonders üblich, dass Kinder außerhalb des Elternhauses arbeiteten und wohnten. So arbeiteten etwa 60 Prozent der Bevölkerung zwischen fünfzehn und einundzwanzig Jahren als Dienstboten, aber selbst in England lebte ein Drittel der Kinder im Alter von fünfzehn Jahren und darüber hinaus immer noch im Elternhaus. In anderen Regionen wohnte noch die Hälfte der Zwanzig- bis Einundzwanzigjährigen zu Hause.[313] Die Gründe für diese Unterschiede dürften in den Arbeitsbedingungen und erbrechtlichen Gepflogenheiten zu finden sein. Namentlich in den Arbeiterfamilien ohne Landbesitz verließen die Kinder das Haus am frühesten, denn es gab keine andere Möglichkeit, einen besseren Beitrag zum Familieneinkommen zu leisten. Im westlichen England war es bei armen Familien üblich, die Kinder im Alter von neun Jahren bei Bauern zu verdingen und sie dort bis zum Alter von einundzwanzig Jahren zu belassen. Wenn aber Familien einen handwerklichen Nebenerwerb hatten oder über etwas Vermögen verfügten, und wenn das älteste Kind ein Erbe erwarten konnte, gab es weniger Gründe, das Haus zu verlassen. Mittlere Kinder dürften in einem früheren Alter aus dem Haushalt ausgeschieden sein als das älteste oder jüngste Kind.[314]

Der am meisten praktizierte Abschied von der Kindheit erfolgte durch Annahme einer Dienstbotenstelle auf jährlicher Einstellungsbasis mit Kost und Logis im Hause des Dienstherrn. Der zweitwichtigste Weg war der Eintritt in ein Lehrverhältnis, wobei das Eintrittsalter als Lehrling dem Eintrittsalter als Dienstbote weitgehend entsprach. Im Frankreich des 16. Jahrhunderts lag das Alter wohl bei zwölf Jahren, im Mitteleuropa des 18. und 19. Jahrhunderts üblicherweise bei vierzehn. Dies trifft auch für die Verhältnisse im England des 18. Jahrhunderts zu.[315]

Unter dem Eindruck der Industrialisierung, bei der die Familie meist keine Produktionseinheit mehr war, sondern eine Einheit von Lohnempfängern, gab es weit weniger Anreiz für Eltern, ihre Kinder zum Verlassen des Haushalts zu drängen. Gewiss mochte es Raumprobleme im Haus selbst geben, wenn dort eine größere

Anzahl Kinder Platz finden musste, aber aus anderen Gründen gab es für Eltern genügend Anlass, ihre heranwachsenden, Arbeitslohn empfangenden Kinder im Hause zu behalten und sie zum Familienbudget beitragen zu lassen. Es hat sich also eine graduelle Änderung des Systems – adoleszente Kinder verlassen das Haus im Alter von vierzehn – eingestellt. Dennoch, aufgrund der uns vorliegenden Informationen haben die jungen Männer normalerweise das Elternhaus noch vor ihrer Verehelichung verlassen. Im Jahre 1851 lebte in England und Wales ein Viertel aller jungen Männer bis zum Alter von fünfzehn, und 40 Prozent der Achtzehnjährigen, außerhalb des Elternhauses.[316] Weil Mädchen bevorzugt als Hausbedienstete arbeiteten, liegt es nahe anzunehmen, dass auch sie das Elternhaus noch vor ihrer Verheiratung verließen. Die englischen Belege deuten darauf hin, dass Mädchen zwischen 1700 und 1860 immer früher aus dem elterlichen Haushalt ausschieden.[317]

Leben in der Gemeinschaft

Ohne Zweifel war es im Rahmen der Familie, dass die Kinder etwas über die Welt lernten und erfuhren, in die sie hineingeboren wurden und auch etwas über die Rolle, die sie vermutlich im Leben zu spielen hatten. Die Familie jedoch war nicht das einzige Mittel der Sozialisation. Die größere Gemeinschaft, in der das Mädchen oder der Knabe lebten, war ebenfalls wichtig für das Leben eines Kindes. Allein, wie wichtig diese Gemeinschaft war, ist schwer zu sagen. Wir wissen mehr darüber, welche Rolle die Gemeinschaft ganz am Anfang und am Ende der Kindheit spielte als über die Zeit dazwischen. Die Geburt war in vielerlei Weise ein gemeinschaftlich-öffentliches Ereignis, auch wenn es sich fast ausschließlich auf Frauen beschränkte.[318] Häufig schlossen sich Heranwachsende zu Gruppen von politischer und sozialer Bedeutung zusammen. Wie sah die Beziehung zwischen der Gemeinschaft und den Kindern von der Geburt bis in die Teenagerjahre aus? In größeren und kleineren Stadtgemeinden jedenfalls existierten, wie wir im nächsten

Kapitel sehen werden, nicht nur Einrichtungen für die Mittellosen, sondern auch Hilfsmaßnahmen, für andere, die in Schwierigkeiten geraten waren. In Norwich etwa gab es Einrichtungen für kranke Kinder. In derselben Stadt nahm man einer Mutter ihr Kind weg, weil sie es übermäßig geschlagen hatte. Es gab zudem – und das ist besonders wichtig – ein bestimmtes Maß an öffentlicher Kontrolle der Lehrverhältnisse, die dazu diente, die Kinder in die Gesellschaft einzugliedern. Gerade diese Maßnahme unterstreicht das Interesse der Gemeinschaft an der Wohlfahrt der Kinder.[319]

Gab es innerhalb einer Gemeinschaft auch weniger formalisierte Verfahren in Bezug auf Betreuung und Erziehung der Kinder? Zumindest bis zum Ende des 19. Jahrhunderts[320] wissen wir wenig darüber, in welchem Ausmaß sich mehrere Familien gemeinsam an der Kinderbetreuung beteiligten. Die eine oder andere Form gemeinschaftlicher Kinderbetreuung dürfte in städtischen Verhältnissen unvermeidbar gewesen sein, denn für Kinder war die Straße attraktiver als die überfüllte Wohnung. Möglicherweise hielten sich die Kinder auf dem Lande mehr in der Nähe des Hauses auf, sie waren gewiss aber auch während der arbeitsintensiven Phasen des bäuerlichen Jahres auf den Feldern zu finden.

Wenn wir etwas über das soziale Leben der Kinder erfahren, dann hauptsächlich durch die Klagen von Erwachsenen über Kinderbanden, die den Frieden der Nachbarschaft stören. Ende des 17. Jahrhunderts sollen sich in Bristol die Kinder »wie Heuschreckenschwärme an jeder Straßenecke« herumgetrieben haben. In der Kleinstadt Olney in Buckinghamshire klagte der Dichter William Cowper, Kinder von sieben Jahren würden »jeden Abend die Straßen mit lautem Fluchen und Singen unsicher machen.« Kinder zeigten keinen Respekt vor Kirchen: 1681 fand man sie in der Kathedrale von Durham, wie sie auf dem Abendmahlstisch Karten spielten. Ein gewisses Maß von Ausgelassenheit hielt man für zulässig bei den zahlreichen Gelegenheiten für Tumult und Unruhe, die der Kalender bereithielt.[321] Wir müssen uns daran erinnern, dass Kinder einen viel größeren Anteil an der Bevölkerung stellten als heutzutage und deshalb auch wesentlich sichtbarer – und hörbarer – waren. Bisweilen stoßen wir auch auf ein rührendes Verständnis für ihre Schwächen: So galt es im elisabethanischen Winchester nicht als Verstoß gegen die öffentliche Ordnung, wenn Kinder bis zu 12 Jahren auf der Straße ihre Notdurft verrichteten.[322]

Keith Thomas meinte, Kinder im frühneuzeitlichen England hätten in einer Subkultur gelebt, deren Werte sich deutlich von denen der Erwachsenen unterschieden hätten. Sie hatten, so bemerkt er, »ein lockeres Verhältnis zum privaten Eigentum, einen Hang zum Unfug und eine Vorliebe für alles, was die meisten Erwachsenen für Krach und Dreck hielten.« Sie mochten alles, was die Erwachsenen als Spiel betrachteten (und oft gering schätzten); sie waren geschickt darin, aus allen möglichen Gegenständen Spielzeug herzustellen; ihre Handlungen wurden von ausgeklügelten Regeln und Ritualen bestimmt, einschließlich ihrer eigenen Sprache. Dies klingt alles nach modernen Kindern, beispielsweise solchen, deren Verhalten man im nordöstlichen England studierte: »Kinder konstruieren ihr eigenes, geordnetes Regelsystem, in dem sie die von den Erwachsenen vorgelebten sozialen Modelle neu interpretieren.« Wie Iona und Peter Opie argumentierten, haben wir es möglicherweise mit einer bemerkenswerten Kontinuität bei den Kulturformen der Kinder zu tun.[323]

Schulwesen

Die Gemeinschaft war die eine Quelle der außerfamiliären Sozialisation, die Schule die andere. Wir wollen an dieser Stelle die Schule gesellschaftlich gesehen von unten nach oben betrachten und nicht, wie im nächsten Kapitel, von der Spitze nach unten. Das heißt, der Schwerpunkt liegt auf dem Grad der Nachfrage nach Schulbildung. Zugleich muss jedoch gesagt werden, dass es nicht leicht ist, die Nachfrage von der schulischen Versorgung zu trennen und dass die

Quellen einen Blickwinkel vom Standpunkt der Versorgung aus nahe legen. Unter dem Einfluss der Religion im 16. Jahrhundert, und im 18. Jahrhundert unter vorherrschend säkularem Einfluss, gab es bisweilen enorme und erfolgreiche Anstrengungen, die Versorgung mit Schulen zu erhöhen und den Schulbesuch durchzusetzen. Wie bereitwillig besuchten Kinder die Schulen und inwieweit konnten die Schulen den Bedarf abdecken?

Ohne Zweifel gab es gewaltige Unterschiede bei der Schulversorgung. In der Regel waren bevorzugt: Städte, protestantische Gebiete, das Tiefland mehr als das landwirtschaftlich geprägte Hochland, Jungen mehr als Mädchen. So gab es etwa in den ländlichen Gegenden Skandinaviens praktisch keine Schulen. Der Geschlechtsunterschied ist besonders augenfällig: Zu Beginn des 16. Jahrhunderts gab es in Brandenburg 55 Knabenschulen, aber nur vier Schulen für Mädchen. In der französischen Diözese Tarbes besuchten im ausgehenden 18. Jahrhundert zwei Drittel der infrage kommenden Knaben eine Schule, jedoch nur eines von 50 Mädchen.[324]

Was konnte die Schule den unteren Schichten im Europa der frühen Neuzeit bieten? Als erstes religiöse Erziehung. Dies war die Hauptmotivation für Schulgründungen im 16. Jahrhundert, und es gibt keinen Grund anzunehmen, dass nicht auch eine entsprechende Nachfrage bestanden hätte. In katholischen Gebieten war es die wichtigste Funktion der Katechismusschulen, die Kinder für den Empfang der Heiligen Kommunion vorzubereiten.[325] Im Protestantismus waren Bibellektüre und Katechismus die Grundlage für die religiöse Erziehung eines Kindes, und die gewaltige Literaturproduktion bedeutete genauso eine Reaktion auf die Nachfrage wie die Erzeugung der Nachfrage selbst. So wurden in England zwischen der Mitte des 16. Jahrhunderts und der Mitte des 17. Jahrhunderts nicht weniger als 350 verschiedene Katechismen veröffentlicht.[326] Wir können den Bedarf an dieser Art Erziehung an der Resonanz auf die englischen Sonntagschulen im ausgehenden 18. und beginnenden 19. Jahrhundert ablesen, die von einem sehr hohen Anteil der englischen Arbeiterkinder besucht wurden.[327]

Der zweite Grund, warum Eltern ihre Kinder zum Schulbesuch ermunterten oder zwangen, kann als säkular beschrieben werden. In den Schulen lehrte man Schreiben, eine Fertigkeit, die im Protestantismus, wie schon gesagt, von fundamentaler Bedeutung war, die aber auch aus rein weltlichen Gründen geschätzt wurde. Eine Bildung jenseits des Elementarniveaus war unerlässlich für den sozialen Aufstieg, und es eröffneten sich, parallel zur wachsenden Staatsbürokratie, genügend Aufstiegsmöglichkeiten. Aber selbst auf rudimentärer Ebene wurde aus zwei Gründen ein Mindestmaß an Lese- und Schreibkenntnissen geschätzt: Einmal konnten die Leute die gedruckten Vorschriften und Anweisungen verstehen, mit denen sie von staatlicher Seite überschüttet wurden, und zum anderen erhielten sie Zugang zur Populärliteratur der Balladen, Abenteuerromane, Kalender, Almanache und zu frühen Zeitungsdrucken, die in dieser Periode eine Blütezeit erlebten.

Dass die Schule eine bequeme Kinderbetreuung darstellte, dürfte der dritte Grund gewesen sein, warum Eltern ihre Kinder in die Schule schickten. Einige Schulen, wir wissen freilich nicht wie viele, nahmen Kinder bereits im zarten Alter von drei Jahren auf. Für Schulen in Spanien und im England des 19. Jahrhunderts ist belegt, dass 40 Prozent der Schüler in privaten Schulen unter fünf Jahre alt waren. In Antwerpen stellte sich eine sofortige Nachfrage nach den vier Kindergärten ein, die in den 1840er Jahren von der Société d'Écoles gardiennes gegründet wurden, und die täglich 1160 Kinder aus armen Familien im Alter von zwei bis sechs Jahren von 7 Uhr bis 19 Uhr betreuten.[328] In einem Alter, da sich ein Kind störend auf die Erwerbsproduktivität der Eltern auswirkte, insbesondere, wenn die Mutter außerhalb des Hauses arbeiten musste, galt es wohl als sinnvoll, eine kleine wöchentliche Gebühr für die Betreuung der Kinder zu zahlen, umso mehr, wenn die Kinderbetreuung, wie in Antwerpen, nichts kostete.

Die Zahlung des Schulgeldes war natürlich die Kehrseite des Schulwesens für das Familienbudget. Es gab zwar freien Schulbesuch im Rahmen der einen oder anderen karitativen Stiftung, aber die überwiegende Mehrzahl der Eltern, deren Kinder eine Schule besuchten, musste zahlen.[329] Für die Armen – etwa 20 Prozent der Bevölkerung – kam die Zahlung von Schulgebühren nicht infrage. Sie waren eher die Zielgruppe für Arbeitsschulen, die sich selbst durch die gewerbliche Arbeit der Schulkinder zu finanzieren versuchten. Etwas besser gestellte Eltern dürften nicht nur den finanziellen Verlust gespürt haben, sondern sich auch klar gemacht haben, dass sie die Erwerbskraft des Kindes verlieren würden. So überrascht es nicht, dass der Schulbesuch häufig unterbrochen wurde und insgesamt unregelmäßig war. In ländlichen Gebieten beschränkte sich der Schulbesuch meist auf die Wintermonate oder umfasste noch einen geringeren Zeitraum. In den Niederlanden im 17. Jahrhundert und in Norwegen im 19. Jahrhundert dauerte das Schuljahr nicht länger als zehn Wochen. Für Ligurien ist für die 1870er und 1880er Jahre belegt, »dass die Bauernschaft die Schule selbst nicht ablehnt, aber dass das Schulwesen nur schlecht an die Erfordernisse des ländlichen Lebens angepasst ist. Jedes Jahr zur Erntezeit sind alle Schulen leer.« In den Städten mochte das Schuljahr einen kontinuierlicheren Charakter gehabt haben, aber der Schulbesuch selbst verlief wohl nicht regelmäßiger. Überdies gingen nur wenige Kinder länger als drei Jahre in die Schule, viele auch für eine noch kürzere Periode.[330]

Vorübergehende Notzeiten oder die Gelegenheit zur Arbeit reduzierten den Schulbesuch. In Frankreich ergab sich »eine deutliche Verminderung beim Besuch der Elementarschulen« in Zeiten schlechter Ernten und hoher Lebensmittelpreise wie etwa in den Perioden 1589 bis 94, 1693 bis 95 und 1711 bis 13. In Bremen sank die Zahl der Zwergschulen von 100 im Jahre 1788 auf 60 im Jahre 1810, als sich für Kinder die Möglichkeit eröffnete, in der Tabakverarbeitung zu arbeiten. Ein Niedergang der Schreib- und Lesefähig-

»Die Bauer-Schule«. Stich von J. F. Schuster nach Daniel Chodowiecki
(wohl um 1770).

keit ergab sich in Lancashire auf dem Höhepunkt der industriellen
Revolution, als die Gelegenheit für Kinderarbeit am größten war.[331]

Es ist nicht schwer, Zahlen vorzulegen, die für Teile des frühneuzeitlichen Europa einen hohen Grad des Schulbesuchs und der

Elementarbildung belegen.[332] Aber um diese Zahlen in ihrer Relativität zu sehen, müssen wir sie vom Standpunkt der Familienökonomie und der Sozialisation des Kindes betrachten. Dann erst wird der Kontrast zur Periode der Schulpflicht und des regelmäßigen Schulbesuchs im ausgehenden 19. und im 20. Jahrhundert besonders deutlich. In Nord- und Mitteleuropa, freilich nicht in Ost- und Südeuropa, hatte die überwiegende Mehrzahl der Knaben, und zum geringeren Teil auch der Mädchen, in der frühneuzeitlichen Periode ein gewisses Maß an Schulbildung, aber ihr Schulbesuch nahm deutlich weniger ihrer Zeit in Anspruch als dies später der Fall war. Die Schule funktionierte eher im Umfeld des zentralen Erziehungsziels für Kinder, das da lautete: Einführung des Kindes in die Arbeitszusammenhänge der Familie. Eine Untersuchung über Autobiografien von Angehörigen der Arbeiterklasse zeigt die Überzeugung »von der Unterordnung der Erziehung unter die Anforderungen der Familienökonomie.«[333]

Wie dem auch sei, die Nachfrage nach Schulbildung ist gut belegt. David Vincent schreibt: »Schulausbildung war weit davon entfernt ein Gut zu sein, das der Arbeiterklasse von den Behörden aufgezwungen wurde.«[334] Ein Gutteil der Schulen – zwischen 70 und 80 % um die Mitte des 19. Jahrhunderts in England und noch 1875 immerhin ein Viertel aller Schulen – entstand durch private Initiativen.[335] Einige Schulen wurden aufgrund direkter Elternwünsche eingerichtet. David Love beschreibt, wie er »… von einigen Leuten in einem großen Dorf gedrängt wurde, eine Schule einzurichten und ihre Kinder zu unterrichten: sie beschafften mir ein großes, leeres Gebäude, so etwas wie eine Scheune, mit einem offenen Kamin an dem einen Ende: sie stellten sogleich Bänke und Tische hinein, und in der ersten Woche bekam ich mehr als zwanzig Schüler, und jede Woche kamen mehr dazu bis ich fünfzig hatte; aber ich erhielt nicht mehr als einen Penny jede Woche für Leser und drei Halfpence für Schreiber, sodass mein Lohn nur sehr gering und schlecht bezahlt war.«[336]

Die geforderte Schulbildung beschränkte sich auf den Erwerb von Grundfertigkeiten, und die Eltern zahlten dementsprechend mehr fürs Schreiben als fürs Lesen. Die Eltern hatten auch einige Kontrolle über die Schulbildung ihrer Kinder, sie konnten ihre Kinder beliebig die Schule wechseln lassen und zogen private Schulen den kirchlichen oder staatlichen vor.[337]

Natürlich dürfte es so gewesen sein, dass die Nachfrage nach schulischer Ausbildung mehr von den Eltern als von den Kindern ausging. Die Schule war kaum als Anreiz für die Kinder organisiert, vielmehr war sie, wie Keith Thomas mit Blick auf das frühneuzeitliche England meinte, »ein repressives Herrschaftssystem, autokratisch geleitet, aufrecht erhalten durch körperliche Bestrafung und nur durch Nachsicht, Unfähigkeit oder finanzielle Abhängigkeit von den Schülern abgemildert.« Wahrscheinlich nutzten die Kinder jede sich bietende Gelegenheit, dieses System zu unterlaufen oder ihm zu entkommen – vielleicht so wie in Wales Ende des 18. Jahrhunderts, als sie einige zusätzliche Ferientage herausschlagen wollten und ihren Eltern erzählten, die Schulferien dauerten nicht vier, sondern fünf Wochen.[338] Eine gewalttätigere Opposition zur Schule manifestierte sich im Ort Central in New Mexico im 19. Jahrhundert: Dort trug der Lehrer unter seinem Rock einen Revolver mit sechs Schuss, der jedoch nicht verhindern konnte, dass der Lehrer von einem älteren Jungen mit einer Kette bewusstlos geschlagen wurde.[339] Das war sicherlich eine Ausnahme, aber gewiss trifft allgemein Shakespeares Bemerkung zu, dass Kinder »unwillig zur Schule gehen«.

Erst wenn staatliche und kirchliche Obrigkeiten den Schulbesuch zu erzwingen versuchten, rührte sich auch die Opposition der Eltern. Sie richtete sich nicht gegen die Schulerziehung selbst, sondern gegen das Kontrollsystem, die strengen Bestimmungen und die Strafgebühren für das Fernbleiben vom Unterricht. Aus dem Orléanais wird 1881 berichtet, dass »unsere Bauern irritiert sind über die neuen Gesetze zur Volksschulpflicht … Sie sagen: ›Die

Regierung kann ja Gefängnisse bauen, aber sie sind nicht groß genug für uns alle.'« In London, wo 1881 fast 13 000 Vorladungen an Eltern ergingen, weil ihre Kinder nicht in der Schule erschienen waren, lehnten Eltern wie Kinder die neuen Vollmachten zur Durchsetzung des Schulbesuchs ab – und stießen auch bei den Richtern auf einige Sympathie.[340]

Interesse und Emotion

In diesen vier Jahrhunderten bildeten Haus, Arbeit und Schule die Zusammenhänge, in denen Kinder lebten. Bis zum 19. Jahrhundert fand die Arbeit für die meisten Kinder in der Familie statt. Deshalb müssen wir uns der Familie zuwenden und die schwierigste aller Fragen stellen: Wie sah die Qualität der innerfamiliären Beziehungen aus? Wurden die Knaben den Mädchen vorgezogen? Wie standen die Geschwister zueinander?

Häufig werden die Antworten auf diese Fragen von unausgesprochenen Vermutungen beherrscht. In der modernen Welt haben Kinder keinen »ökonomischen Wert«, und leicht lässt sich annehmen, dass diese Tatsache alleine die Liebe der Eltern zu ihren Kindern möglich machen würde. In anderen Zusammenhängen würde sich das »Interesse« (der Bedarf der Eltern an der Arbeit des Kindes) auf die »Emotion« störend auswirken. In der Tat gelten Interesse und Emotion als entgegengesetzte Pole: sie stehen im direkten Konflikt zueinander. Diese Annahme scheint Michael Andersons Analyse *Family Structure in Nineteenth-Century Lancashire* zugrunde zu liegen. In seiner Untersuchung der Textilstadt Preston betont er die Bedeutung der Familie für die Arbeiter in dieser expandierenden Stadt: allein über Familienbeziehungen fanden sie ihre Arbeitsstelle, und es war die Familie, in die sie sich in Notzeiten als Zufluchtsort zurückzogen. Allerdings fasste Anderson diese Familienbindungen mehr instrumental als affektiv auf und folgerte, »dass sich eine wirklich starke affektive und unkalkulierte Bindung an die Familie« nur im Rahmen wirtschaftlicher Prosperität und im Rahmen des Wohlfahrtsstaates entwickeln könne.[341] Eine ähnliche, wenn auch extremere Version dieser Theorie findet sich in einer Studie über die Familie des 19. Jahrhunderts in Bayern. Robert Lee meinte: »Im Großen und Ganzen wurde das Verhältnis der Eltern zu ihren Kindern weiterhin von dem ökonomischen Nutzen bestimmt, den man aus zusätzlichen Familienmitgliedern gewinnen kann. Solange das Kind nicht eine gewisse, auch nur rudimentäre Fertigkeit auf bestimmten Gebieten erworben hatte, oder seinen Nutzen für die Haushaltsökonomie nicht anderweitig unter Beweis stellen konnte, akzeptierte man es nur in seltenen Fällen als wirtschaftlich und emotional vollwertiges Mitglied der Familie.« Wenn das Kind ökonomisch nutzbringende Fertigkeiten erworben hatte, »änderte sich die Haltung der Eltern deutlich«, aber selbst dann noch »war die Behandlung der Kinder sowie ihre Sozialisation von ökonomischen Erwägungen diktiert«, und wenn sie für die Familienarbeit überflüssig waren, verdingte man sie außerhalb der Familie als Bedienstete oder Knechte.[342] Ob wir nun bäuerliche oder industriell geprägte Gesellschaften betrachten, das Argument lautet, dass kalte ökonomische Überlegungen gewichtiger waren als warme, emotionale Bindungen, ja sogar, dass wirtschaftliche Überlegungen bereits den Ausdruck solcher Emotionen verhindert hätten.

Wir müssen die Haltung gegenüber Säuglingen von der Haltung gegenüber Kindern trennen, die ihre ersten Geburtstage überlebt haben. Nach Meinung von Edward Shorter war es die Gleichgültigkeit gegenüber dem Schicksal der Kinder, die die Kindersterblichkeit verursachte und nicht, dass die hohe Kindersterblichkeit die Mütter gezwungen hätte, sich mit der Waffe der Gleichgültigkeit gegen psychische Belastungen zur Wehr zu setzen.[343] Gewiss gibt es Hinweise darauf, dass eine Reihe von Müttern den Säuglingstod als etwas außerhalb ihrer Kontrolle Stehendes betrachteten (was ja auch in vielen Fällen zutraf), aber obwohl sie – wie von irischen und schwarzen New Yorker Müttern berichtet wird – »schrecklich fatalistisch« auf den Tod ihrer Kinder reagiert haben mochten, sie waren nicht »gefühllos«; und ein gewisses Maß an Prahlerei über die Anzahl der geborenen und verlorenen Kinder schloss Gefühle der Trauer und des schmerzlichen Verlustes nicht aus.[344] Die wirtschaftlichen Umstände ließen den Müttern keine Wahl, ihren Neugeborenen oft weniger als die notwendige Fürsorge zukommen zu lassen. Das trifft nicht nur für solche Mütter zu, die ihre Kinder ins Findelhaus gaben oder in die Obhut einer Amme, sondern auch für solche, die in einem saisonalen Gewerbe arbeiteten. Während der Wachstumszeit der Seidenraupen in der Region Montpellier »sind die Frauen unablässig mit dem Sammeln von Maulbeerblättern oder mit den Raupen selbst beschäftigt. Die Kinder werden vernachlässigt, leiden und sterben. Die Gewohnheit, in dieser Saison so viele sterben zu sehen, drückt sich in einem Sprichwort aus, das folgendermaßen lautet: ›Als man die Raupen wachsen ließ, fuhren die Kinder ins Paradies.‹«[345] Es ist das Problem aller dieser Äußerungen, dass sie von außen stehenden Beobachtern stammen; wenn Trauer beim Tod eines Kindes gefühlt wurde, hat man sie möglicherweise nicht dem Angehörigen einer anderen Klasse gegenüber geäußert.

Es deutet einiges darauf hin, dass man Knaben besser behandelte als Mädchen. Wie sollen wir die Beobachtung eines böhmischen Reisenden bereits des 15. Jahrhunderts interpretieren, der berichtete: »Im Lande Portugal herrschen viele seltsame Sitten. Wenn Mädchen geboren werden, setzen sie alles daran, dass sie nur selten sterben.« Heißt das nicht, dass man sich in anderen Ländern gegensätzlich verhielt?[346] Wenn schon legitime Kinder einen hohen Anteil an ausgesetzten Kindern stellen, dann dürften Mädchen häufiger ausgesetzt oder weggeben worden sein als Knaben – in Siena im 16. Jahrhundert im Verhältnis 76 Knaben zu je 100 Mädchen und 58 Knaben zu je 100 Mädchen in Neapel um die Mitte des 17. Jahrhunderts.[347] Im 19. Jahrhundert begrüßte man in den Pyrenäen die Geburt eines Knaben mit Flintenschüssen, die Geburt eines Mädchens dagegen »mit tiefer Enttäuschung«, während im Limousin Mütter ohne Söhne sagten, sie hätten keine »Kinder«, obwohl sie selbst mehreren Töchtern das Leben geschenkt hatten.[348] Die nach Geschlecht unterschiedlichen Überlebensraten in Nordamerika des 19. Jahrhunderts haben zur Ansicht geführt, die Mütter hätten den Söhnen mehr Fürsorge angedeihen lassen, weil sie als wirtschaftlich wertvoller galten, aber dies lässt sich nur schwer beweisen.[349]

Wir sind in einer ähnlich schwierigen Lage, wenn wir nach Belegen über die Haltung zu älteren Kindern fahnden. Nur für das 19. und 20. Jahrhundert können wir aufgrund besser verfügbarer Autobiografien aus dem Arbeitermilieu sowie aus aufgezeichneten mündlichen Berichten ein Bild vom emotionalen Leben in der Familie entwerfen, und selbst in diesen Quellen haben die Autoren oder Sprecher große Mühe, über formelhafte Wendungen wie »Elternliebe« oder »Mutterliebe« hinauszugehen. Eines aber können wir mit einiger Zuversicht sagen: Kinder identifizierten sich mit den Bedürfnissen der Familie. Sie mochten vielleicht bedauern, dass sie in eine bestimmte Gesellschaftsschicht hineingeboren worden waren, aber dennoch identifizierten sie sich eng mit ihren Familien, weil sie wussten, dass sie von früh an so viel zur Familie beitragen mussten, wie sie nur konnten. In Deutschland, wo der allgemeine Schulbesuch schon recht früh durchgesetzt wurde, hielten Autobiografen »die Schule für eine Pflicht, die der Arbeit des Kindes in die Quere kommt.«[350] Sehr oft waren die Kinder stolz auf ihr erstes verdientes Geld, ein Gefühl, das sich nicht eingestellt hätte, wären sie in ihrer frühen Kindheit brutal behandelt worden. Lee behauptete, ökonomische Überlegungen hätten »Stellung und Funktion« eines Kindes bestimmt, aber das schloss Zuneigung zwischen Eltern und Kindern keineswegs aus. Beides war eng miteinander verknüpft. Genauso konnte die Abfolge der Geburten den jeweiligen Geschwistern unterschiedliche Aussichten eröffnen, aber Anzeichen für akute und latente Geschwisterrivalitäten gibt es nicht. Das älteste Kind konnte damit rechnen, früher an Arbeit zu kommen oder früher auf andere Weise zur Familienökonomie beizutragen als die nachgeborenen Geschwister, während die jüngeren

Kinder vielleicht das Elternhaus verlassen mussten, wenn es keine Arbeit in der Familie gab oder Lohnarbeit in der Nähe des Elternhauses nicht zur Verfügung stand, aber solche Zukunftsaussichten scheint man akzeptiert zu haben.[351]

Manche Autobiografen werden regelrecht zu Lyrikern, wenn sie von ihren frühen Kindheitserinnerungen erzählen. William Thom wendet sich in seinen *Rhymes and Recollections of a Hand-Loom Weaver* (1844) mit diesen Worten an den Leser:

»Oh die Tage der Kindheit! Reisen wir auch danach auf glatten oder wogenden Wassern, sie sind die Landmarken, die nimmermehr entschwinden. Das Blau unserer heimatlichen Hügel mögen wir für lange, lange Jahre aus den Augen verlieren, doch irgendwann einmal halten wir wieder ihr blühendes Heidekraut in Händen; aber euch, ihr sonnigen Augenblicke der Kindheit, auch wenn ihr stets durch jedes Dunkel und in jeder Ferne schimmert, euch begegnen wir niemals mehr.«

Andere wiederum, wie es scheint vor allem in Deutschland, bedauerten, dass ihre Kindheitstage nicht so waren wie sie hätten sein sollen – die glücklichsten ihres Lebens. Adelheid Popp, 1869 in eine dörfliche Weberfamilie im Österreichischen geboren, klagte: »Keine strahlenden Augenblicke, kein Sonnenschein, nichts von einem angenehmen Heim, wo mütterliche Liebe und Sorge meine Kindheit hätte formen können – nichts davon ist mir jemals widerfahren.«[352] Deutlich hatte bei diesen Autoren ein romantisches Konzept von Kindheit Wurzeln geschlagen. Aber als Verfasser einer Lebensbeschreibung waren sie natürlich eine Ausnahme. Waren solche Ansichten weit verbreitet? Wir wissen es nicht, obwohl es einige Hinweise darauf gibt, dass Menschen aus den Arbeiterschichten – angesichts der in Fabriken arbeitenden Kinder – die Verhältnisse so entsetzlich fanden, dass sie Vorstellungen entwickelten, was Kindheit in einer besseren Welt sein könnte. Erst im 20. Jahrhundert indessen fanden solche Ideen weite Verbreitung.

Fünftes Kapitel
Kinder, Philanthropie und Staat in Europa (1500–1860)

Die Politik gegenüber Kindern in dieser Periode lässt sich in zwei große Zeitabschnitte unterteilen: 1500–1750 und 1750–1860. Charakteristisch für den zweiten Abschnitt ist das erhöhte Engagement der Regierungen. In beiden Zeitabschnitten jedoch gab es gemeinsame Probleme, die private Organisationen und Regierungen zur Formulierung und zur Durchführung einer auf Kinder ausgerichteten Politik zwangen. Das erste dieser Probleme betraf Kinder solcher Eltern, die zu ihrer Betreuung nicht bereit waren oder sich dazu nicht in der Lage sahen. Es konnten illegitim geborene Kinder sein oder Waisenkinder, es konnte sich aber auch um Kinder verheirateter Eltern handeln. Das zweite Problemfeld betraf das Schulwesen und die wachsende Überzeugung, dass man Schulbildung auf die gesamte Bevölkerung ausdehnen müsse.

Kinder und Armut

Aus allen Teilen Europas ist belegt, dass Kinder während einer langen Zeit ihres Lebenszyklus' einen Armutfaktor für ihre Familien darstellten, und allen war bewusst, dass es sich so verhielt. Der dramatischste Ausdruck für diese anerkannte Beziehung zwischen Kindern und Armut ist die Kindesaussetzung, und mit ihr wurden lokale Obrigkeiten und Philanthropen konfrontiert, wann immer und wo immer sie sich mit Armut befassten. Kinder hatten einen hohen prozentualen Anteil an den Armen in einer Bevölkerung. Armenverzeichnisse in den verschiedenen englischen Pfarreien zeigen, dass Kinder zwischen 42 und 53 Prozent der Armen ausmachten, jeweils ein Viertel davon war jünger als zehn Jahre. Diese Prozentzahlen liegen zwar nur wenig höher als der Anteil der Kinder an der Gesamtbevölkerung, aber für die Sachwalter der Armengesetze stellten Kinder ein bedeutendes Problem dar.[353] Im 19. Jahrhundert wurden in England und Wales 195 000 Kinder armer Familien von den Pfarrbezirken unterstützt.[354] England war jedoch hier keine Ausnahme. In einer Pfarrei im brabantischen Löwen (Louvain) stellten Kinder im Jahre 1541 über die Hälfte der 765 versorgungsberechtigten Armen. Im Montpellier des 18. Jahrhunderts waren zwei Drittel aller Zugänge zum Hôspital Général Kinder, die überwiegende Mehrzahl unter zehn Jahren.[355]

Die Mehrzahl der in Armut lebenden Kinder wuchs in Familien auf. In Lyon zeigten die Regularien der in den 1530er Jahren gegründeten Aumône-Générale, dass es versorgungsberechtigte Armut in »armen Haushalten und bei Handwerkern gab, die schwer an der Last ihrer Kinder zu tragen haben«, wobei es sich in der Regel um drei Kinder in den jeweiligen Haushalten handelte. In einem Überblick über 400 Armenfamilien in London im Jahre 1552 waren 350 »arme Leute überbelastet durch ihre Kinder«. In Harlow, Essex, benötigten Ende des 16. Jahrhunderts einige in Arbeit und Brot befindliche Leute Unterstützung, weil sie »schwer belastet mit kleinen Kindern« waren.[356] Für Norfolk galt im 17. Jahrhundert: »Je mehr Kinder jemand hat, desto schlechter geht es ihm.« John Locke meinte gegen Ende des 17. Jahrhundert, ein Mann und eine Frau könnten »mit ihrer normalen Arbeit« nicht mehr als zwei Kinder unterhalten.[357] Im 17. und 18. Jahrhundert reichte in Aix-en-Provence »der normale Lohn eines Mannes und einer Frau nur für die bequeme Versorgung eines einzigen Kindes aus«, und die Charité nahm von Familien mit vier Kindern unter 14 jeweils ein Kind in ihren Versorgungsplan auf. In den Worten Olwen Huftons: »Für jede arme Familie bedeutete allein das Vorhandensein von Kindern die ökonomische Katastrophe.«[358]

Charakteristisch für diese zweieinhalb Jahrhunderte von 1500 bis

1750 war, in Bezug auf Kinderarmut, der Übergang von kirchlich initiierten und kontrollierten karitativen Maßnahmen zu einem von Laien dominierten karitativen System. Die mittelalterliche Kirche hatte nicht nur karitative Institutionen, wie etwa Hospitäler, ins Leben gerufen und geleitet, die der gesamten Bevölkerung offen standen, sondern sie richtete auch ab dem 14. Jahrhundert Findelhäuser für ausgesetzte Säuglinge und Kleinkinder ein. Zumindest der Legende nach nahm die Findelhausbewegung unter Papst Innozenz III. (1198–1216) ihren Ausgang, als Fischer dem Papst die Leichen der im Tiber ertränkten Säuglinge zeigten. Findelhäuser waren fester Bestandteil italienischer Städte im 13. und 14. Jahrhundert, sie verbreiteten sich im 15. und 16. Jahrhundert nach Spanien sowie im 17. Jahrhundert nach Portugal und Frankreich.[359] Im Spanien des 16. Jahrhunderts etwa gab es Findelhäuser in Sevilla, Madrid, Toledo, Valladolid, Salamanca, Córdoba und Santiago de Compostela.[360] In vielen dieser südeuropäischen Stiftungen spielten bürgerliche Organisationen eine größere Rolle als religiöse Orden und wurden in der Regel von Laiengremien in Zusammenarbeit mit der Kirche verwaltet.[361] Bisweilen wird der bewusste Wunsch seitens der Gründer deutlich, sich selbst von der Kirche zu distanzieren. Der italienische Großkaufmann Francesco di Marco Datini, selbst ohne legitime Nachkommen, sah in seiner Stiftung eines Findelhauses die Möglichkeit, seinen Namen der Nachwelt zu erhalten und seiner Stadt Ruhm und Ehre zu verleihen, und setzte den Rat seiner Heimatstadt Prato – und nicht die Kirche – zur Verwaltung seiner Stiftung ein. Letztlich wurde dann in der Nachbarstadt Florenz Datinis Testament in Form des *Ospedale degli Innocenti* in die Tat umgesetzt – ein Findelhaus als Zeugnis bürgerlich-humanistischer Gesinnung und nicht als Zeugnis einer kirchlichen Initiative.[362] Der Wunsch nach persönlicher Unsterblichkeit und der Einsatz für die Zukunft des Staates inspirierten in den folgenden Jahrhunderten zahlreiche Schenkungen und Gründungen. Unter den Reichen wurde es üblich, Geld für die

Errichtung von Schulen, für die Aussteuer armer Mädchen und für die Finanzierung von Lehrstellen für arme Knaben zur Verfügung zu stellen.[363]

Wirtschaftskrisen und die damit verbundene Unordnung waren häufig der Anlass für die Laisierung der Mildtätigkeit, wie etwa in Lyon in den 1530er Jahren, sie waren aber nicht der einzige Grund dafür. Nach Cissie Fairchilds »begannen die Kaufleute in fast jeder größeren westeuropäischen Stadt im ausgehenden 15. und beginnenden 16. Jahrhundert neue karitative Einrichtungen zu gründen, die unter ihrer Leitung und nicht unter der Leitung der Kirche standen.« Natalie Davis erkennt darin »einer internationale Bewegung für die Wohlfahrtsreform in Europa in den Jahrzehnten nach 1520.«[364] Zwischen 1522 und 1545 organisierten gut sechzig Städte in Deutschland, in den Niederlanden, in Frankreich und der Eidgenossenschaft ihre Sozialpolitik neu, und zentrale Behörden waren gleichermaßen aktiv in Holland, Frankreich, England, Schottland und Spanien.[365] Zum Teil hing dies mit der Sorge um die öffentliche Ordnung zusammen, denn Kinder waren stark unter den Vaganten und Bettlern vertreten, die die Obrigkeiten seit dem 16. Jahrhundert zu kontrollieren entschlossen waren. Der spanische Humanist Juan Luis Vives, der sein höchst einflussreiches, in den 1520er Jahren geschriebenes Werk *De Subventione Pauperorum* an die Konsuln und den Rat von Brügge richtete, beschreibt, wie »die kleinen Kinder der Armen schändlich aufwachsen; sie [die Mütter] und ihre Söhne lagern draußen vor den Kirchen oder ziehen bettelnd umher.«[366] Im Lyon des 16. Jahrhunderts beklagen sich Stadtbürger über die »zahllosen kleinen Kinder, welche vor Hunger und Kälte bei Tag und Nacht in der Stadt schreien und heulen und in den Kirchen einen gewaltigen Radau veranstalten.« Mitte des 16. Jahrhunderts machte man sich in Venedig Sorgen über »den ungeheuren Anstieg der Zahl von Kindergaunern und Kinderbettlern, die sich auf den Plätzen von San Marco und Rialto herumtreiben und des Nachts in Toreinfahrten schlafen …«[367] Die Stockholmer

Straßen waren im 17. Jahrhundert voller bettelnder und vagabundierender Kinder. Bei der Vorbereitung zu den Krönungsfeierlichkeiten für Königin Christina in den 1650er Jahren fing man hunderte dieser Straßenkinder ein und ließ sie nach der Krönung außerhalb der Stadt wieder laufen, und 1682 setzte die Stadtregierung von Stockholm spezielles Wachpersonal ein, um die Kinder am Betreten der Kirchen während der Predigt zu hindern; vermutlich boten die Kirchen den Kindern Schutz und Wärme.[368] Im Südfrankreich des 18. Jahrhunderts »zogen oft Scharen von Kindern durch die Straßen und fanden überall Schutz und zahlreichen Zulauf.« In Preußen soll über ein Drittel der Bettlerschaft Kinder gewesen sein.[369]

Als Lösung galt, die Kinder in die Obhut einer wie auch immer gearteten Institution zu geben, wo man sie zu vorbildlichen Untertanen erziehen würde. In Brügge empfahl Vives, die etwas intelligenteren Burschen sollten die anderen unterrichten, um dann in ein »Priesterseminar einzutreten; die anderen mögen nach ihren Neigungen bei Handwerkern unterkommen.« Mädchen mit Interesse am Lernen sollte man zum Weiterlernen ermuntern und ihnen alles ermöglichen, »was zu einem besseren Betragen führt.« Zwei Zensoren sollen ernannt werden, »Männer von Gewicht und einwandfreiem Ruf«; sie sollen überprüfen, »was die Kinder tun, welche Fortschritte sie machen, wie ihre Betragen, ihre natürlichen Anlagen, ihre Aussichten beschaffen sind, und ob es Kinder gibt, die etwas falsch machen.«[370] Typische Maßnahmen bestanden in der Einrichtung oder in der Übernahme von Heimen für arme oder verlassene Kinder, eine Art Betreuung für Kinder, die ihr Kleinkindalter überlebten sowie in der Finanzierung von Lehrlingsstellen für Knaben und von Heiratsausstattungen für Mädchen.[371] In Venedig versuchte man dem Problem auf etwas abenteuerlichere Weise Herr zu werden und gab Betteljungen als Schiffsjungen auf Schiffe und löste damit das Problem der Kinderbettelei und deckte zugleich den Bedarf des Staates an Schiffsbesatzungen.[372] In vielfältiger Weise standen Kinder im Mittelpunkt solcher Reformprogramme, die hoffnungsvolle Aussichten für die Zukunft boten. In Aix war »die Mildtätigkeit gegenüber Kindern die am weitesten verbreitete und populärste Art der Caritas.« Der christliche Humanismus lieferte die philosophische Begründung für diese Initiativen, und in seinem Namen leerte man die Straßen von Bettlern und brachte die Armen in Einrichtungen unter und erreichte damit, wie Fairchilds bemerkt, »eine Überwachung ihres moralischen Zustands« sowie eine scharfe Unterscheidung zwischen Würdigen und Unwürdigen und eröffnete vielleicht, wie Vives' Schriften nahe legen, den intelligenten Burschen bessere Zukunftsaussichten.[373] Und obwohl Laien solche Reformprogramme kontrollierten, waren sie in katholischen wie in protestantischen Regionen Europas von einem religiösen Ethos durchdrungen.[374]

Obwohl die Forschung zur frühneuzeitlichen Periode den Prozess der Laisierung der Mildtätigkeit betont, heißt das nicht, dass die soziale Politik vollkommen unabhängig von kirchlichen oder staatlichen Obrigkeiten entwickelt und realisiert worden wäre. Ganz im Gegenteil. Außerhalb Englands, wo die staatlichen Armengesetze eine Abdeckung der ländlichen und urbanen Regionen garantierten, lassen sich diese Maßnahmen am besten als städtische Initiativen charakterisieren, die eng in die politischen, kirchlichen, sozialen und ökonomischen Strukturen einer Stadtgemeinde eingebunden waren und ihre Finanzmittel aus vielfältigen Quellen bezogen, zum Teil aus mildtätigen Stiftungen, zum Teil aus Steuermitteln. In Portugal beispielsweise wurden Einrichtungen für Findelkinder unter der direkten Zuständigkeit des Stadtrates verwaltet oder man übertrug die Verwaltungen den *misericórdias*, den unter königlicher Patronage gegründeten Laienbruderschaften, wobei jede dieser Bruderschaften in die Machtstruktur der jeweiligen Stadtgemeinde integriert war.[375]

Es kommt hinzu, dass die Zentralregierungen zunehmend die Führung in allen Dingen übernahmen, die mit Kindheit zu tun hatten – ein Hinweis auf die wachsende Moralisierung der Armen und auch auf eine klare Erkenntnis über die Konsequenzen der Immoralität. Überall in Europa nahm man nunmehr eine härtere Haltung gegenüber dem Kindesmord ein. Gemäß der 1532 erlassenen »Carolina«, dem Strafgesetzbuch des Heiligen Römischen Reiches, galt eine Frau, deren illegitimes Kind man tot auffand, so lange als dringend tatverdächtig, bis sie selbst den Beweis erbrachte, dass es tot geboren oder eines natürlichen Todes gestorben war; die überführte Delinquentin wurde lebendig begraben oder man trieb ihr einen Pflock durch die Brust. 1556 mussten in Frankreich unverheiratete Frauen oder Witwen ihre Schwangerschaft vor einem Richtergremium anzeigen, zum einen zur Verhinderung der Kindestötung, zum anderen, um den Vater ausfindig zu machen und ihn zum Unterhalt heranzuziehen. Wenn eine Frau Schwangerschaft und Geburt verheimlichte, drohte ihr die Todesstrafe. Die Verfügungen der Stadt Moulins versuchten positive Vorkehrungen für verarmte und verlassene Kinder zu treffen, sie wurden jedoch nur sehr unregelmäßig in die Tat umgesetzt Auch in England bemühte man sich ab der Mitte des 16. Jahrhunderts verstärkt, der Kindestötung durch Androhung härtester Strafen ein Ende zu setzen und verhängte schließlich 1624 die Todesstrafe für das Delikt. Ähnliche Gesetze finden sich in Schweden (1627), Württemberg (1658), Dänemark (1683), Schottland (1690) und Bayern (1751).[376] In Deutschland sollen unter der Wirkung dieser Gesetze zwischen 1500 und 1800 mindestens 30 000 Frauen wegen Kindestötung hingerichtet worden sein.[377]

Kinder, die von staatlicher, kirchlicher, städtischer und philanthropischer Obhut profitierten, wurden häufig im Rahmen von Zeremonien und Ritualen öffentlich vorgezeigt. So zogen etwa in Norditalien die Waisenkinder an Festtagen in einer Prozession durch die Stadt.[378] Kein Begräbnis von einiger Bedeutung galt als vollständig ohne eine Abordnung von Kindern aus dem Findelhaus der Stadt. In Paris, schreibt Philippe Ariès, wurden die Kinder von *Saint-Esprit,* von *Trinité* oder *Enfants Rouges* »zu regelrechten

Spezialisten für Leichenbegängnisse.«[379] In Lyon und Aix-en-Provence beteiligten sich die Insassen des Waisenhauses an städtischen Umzügen und religiösen Prozessionen.[380] Die Kollegien der kastilischen *Niños de la Doctrina,* die arme Knaben aufnahmen, sie mit Essen, Kleidern und Unterkunft versorgten, ihnen Lesen und Schreiben beibrachten und sie im christlichen Glauben unterwiesen, verlangten von ihren Schützlingen die Teilnahme an Begräbnisprozessionen.[381] Für Findelhäuser und andere karitative Einrichtungen waren solche Tätigkeiten Mittel der Finanzierung. In Stockholm nahmen die Schulkinder im 17. Jahrhundert an bis zu 300 Begräbnissen im Jahr teil – eine Überlebensmöglichkeit für Schule und Kinder, in Wirklichkeit jedoch eine Begräbnissteuer für die Wohlhabenden. So musste eine Witwe ein Jahr lang auf die Beerdigung ihres Mannes warten, weil das Aufbringen der notwendigen Geldmittel so lange Zeit in Anspruch genommen hatte. In Stockholm schaffte man dieses System schließlich ab, aber auf seinem Höhepunkt verwies es hier wie dort auf die Schlüsselrolle, die Kinder bei der Repräsentation der Gemeinschaft spielten, und es bezeugte zugleich die Wohltätigkeit der Reichen.[382]

Schulische Erziehung

Die Kirchen begannen auch ihre Exklusivrolle im Bereich des Schulwesens zu verlieren, aber wiederum ohne dass die religiöse Unterweisung an Bedeutung verloren hätte – sie blieb das Hauptmotiv für die Gründung und die Unterhaltung von Schulen. Man betrachtete das Schulwesen allerdings auch als Mittel, die Bevölkerung an Ordnung und Disziplin zu gewöhnen und sie für die Ausübung nützlicher Tätigkeiten auszubilden. Angesichts der säkularen und religiösen Ziele musste das Schulwesen in das Blickfeld von Obrigkeiten rücken, die religiöse Heterodoxie mit Misstrauen betrachtete und der die Missachtung einer guten öffentlichen Ordnung ein Dorn im Auge war. Dennoch dauerte es bis ins 18. Jahrhundert, bis die Regierungen eine bedeutendere Rolle in der Bereitstellung von

Schulen spielten. Im 16. und 17. Jahrhundert dagegen ging die Initiative von Laien und von den Kirchen aus. Das Ergebnis war eine enorme Zunahme solcher Schulen. In der Periode 1480 bis 1660 wurden in England 800 neue Schulen jeden Typs eröffnet, und die Zunahme nicht-klassisch ausgerichteter Schulen verlief nach 1660, insbesondere dann im 18. Jahrhundert, schneller als in der vorangegangenen Periode.[383]

In protestantischen Ländern galten Haushalt und Familie als idealer Ort für Erziehung, aber die Erfahrung der Kriegswirren in den 1520er Jahren, dem Zeitalter des Deutschen Bauernkriegs, überzeugten Luther, dass das Gewicht von der häuslichen Ausbildung zur öffentlichen Bereitstellung von Schulausbildung verlagert werden müsse: Für die Masse der Bevölkerung war die Ausbildung im Hause nicht mehr tragbar. 1530 formulierte Luther Argumente für eine staatliche Pflicht im Bereich der Schulausbildung und verlangte, wenn sich Eltern der schulischen Ausbildung verweigerten, dass »die Kinder nicht mehr ihren Eltern gehören, sondern der Fürsorge Gottes und der Gemeinschaft unterstellt werden sollen.« Bisweilen äußerte man sich noch entschiedener: Auf der Synode von Straßburg 1547 vertraten Reformatoren die Meinung, dass »Kinder mehr zu Gott und der Gemeinschaft gehören – wir meinen sowohl religiöse, als auch politische Gemeinschaften – als ihren Eltern« und dass »eine christliche Reformation vor allem anderen eine Regierung verlangt, die willens ist, die Eltern zu verpflichten, ihre Kinder im Dienste des Gemeinwohls aufzuziehen.« Hier verbarg man keineswegs die politische und religiöse Funktion der Schule, vielmehr sollten beide Bereiche in Harmonie zusammenarbeiten. Es folgte ein Strom von Verfügungen, die zur Gründung von Schulen ermunterten, so etwa in Nordhausen 1582: »Auch wenn kein Dekret vonnöten sein müßte, die Eltern zu ihren Pflichten gegenüber ihren Kindern zu zwingen, so sehen wir doch große Verfehlungen von ihrer Seite, denn viele von ihnen wissen nicht, was es heißt, ihre Kinder zu unterweisen. Eltern und Vormünder sollen deshalb ihre Kinder in die Schule schicken, auf daß sie in ihrer frühen Kindheit zu beten lernen, daß sie Gott erkennen und Disziplin, Schicklichkeit und gute Fertigkeiten erwerben.« Beabsichtigt war eine Durchdringung des Religiösen und des Weltlichen, aber das Religiöse sollte an erster Stelle stehen. Nichts macht diese Absicht deutlicher als die Erhebung des Katechismus zum vornehmlichen Lehrmittel; seine Frage- und Antworttechnik war dazu gedacht, den Kindern die Grundlagen des christlichen Glaubens einzupflanzen.[384]

In Deutschland, schreibt Gerald Strauss, »wurde fast überall der Schulbesuch verlangt (zur Pflicht gemacht wäre zu stark, aber dies war die Absicht) und eifrig gefördert.« Es scheint, dass die meisten Kinder, selbst in ländlichen Gegenden, Zugang zu irgendeiner Schule hatten, auch wenn diese nicht von allen besucht wurde. Die meisten erwarben wohl ein bestimmtes Maß an Lesefähigkeit, auch wenn es eine ausgesprochen starke Tendenz gab, den Katechismus mit zunehmendem Alter wieder zu vergessen.[385]

In Schottland, wo die calvinistische Reform eine Nation von bibelfesten Gläubigen zu schaffen beabsichtigte, gab es, wie in Deutschland, eine Kooperation zwischen Kirche und Staat; sie führte 1616 zu einem Gesetz des Scottish Parliament, wonach in jedem Kirchspiel eine Schule und ein Lehrer vorhanden sein mussten. Im Laufe des 17. Jahrhunderts wurde diese Bestimmung auch schrittweise realisiert, und man erreichte eine weit verbreitete, wenn auch nicht vollständige Alphabetisierung, namentlich in den dicht besiedelten mittleren Lowlands. In Schweden kam es zu einem ähnlichen Alphabetisierungsgrad, aber weniger aufgrund einer weiteren Verbreitung der Schulen, sondern mithilfe der lutherischen Kirche, die den Katechismusunterricht in der Familie förderte und durch öffentliche Befragungen in den Sonntagsgottesdiensten verstärkte und die zugleich eine enge Verbindung zwischen Kirche und Staat pflegte. Die Bevölkerung unterstand zu einem gewissen Grad der Überwachung durch Kirche und Staat, wobei die örtlichen Pastoren die Hauptverantwortung für die Erziehung zu übernehmen hatten.[386]

Diese durchgreifende Politisierung der Schule zeigte sich auf durchaus unterschiedliche Weise auch in England. Das Ausmaß der Lese-/Schreibfähigkeit war geringer als in Deutschland, Schottland und Schweden, vor allem, weil Kirche und Staat weniger darauf drängten, die Verantwortung für das Schulwesen den Kirchspielen zu übertragen. So überließ man in dieser Hinsicht vieles lokalen Initiativen. Zu dem privaten Engagement für die Einrichtung von Schulen gesellte sich im ausgehenden 17. und beginnenden 18. Jahrhundert die so genannte verfasste Philanthropie in Form von Gesellschaften, die sich bestimmter Mängel und Bedürfnisse innerhalb der Gesellschaft annahmen. Die Society for the Propagation of Christian Knowledge (SPCK) wurde von anglikanischen Laien zur Einrichtung von »Charity Schools« (»Wohlfahrtsschulen«) für die Kinder von Bedürftigen mit der üblichen Mixtur von Religions-, Lese- und Schreibunterricht gegründet. Sie hatten sofort Erfolg: »Die wohltätige Bereitstellung von Elementarunterricht für arme Kinder geriet zur größten philanthropischen Passion des Tages.« 1729 gab es 1 419 derartige Schulen mit insgesamt 22 303 Schülern.[387] Nun wäre es falsch, diese Bewegung für unpolitisch zu halten. Das Ziel der SPCK bestand in der Stärkung der Anglikanischen Kirche gegenüber ihren Feinden – Katholiken oder Abweichler –, und so war eine enge Einbindung in die Politik unvermeidlich. Die Schulen wurden zu Grundpfeilern der gesellschaftlichen Ordnung.[388]

Der Protestantismus fungierte ohne Zweifel als Stimulans für das Schulwesen, so aber auch der Katholizismus, nicht zuletzt als Reaktion auf die protestantische Bedrohung, wie etwa in Bayern[389], bisweilen aber auch aus eigenem Antrieb. In Norditalien entstanden in den 1530er Jahren die von Laienbruderschaften geleiteten Schulen der Christlichen Lehre, in denen man sonntags und an kirchlichen Feiertagen Religion, Lesen und Schreiben lehrte. Ausgestattet mit der Bestätigung des Konzils von Trient expandierten die Schulen, sodass sie beispielsweise in Mailand im Jahre 1591 von 7000 Knaben und 5750 Mädchen besucht wurden.[390] In Antwerpen wurden arme Kinder von Handwerkern zunächst in der Stadt unterrichtet; jeden Sonntagmorgen zog man in Gruppen von zehn Kindern aufs Land, lernte Schreiben, Lesen, Rechnen und Religion und kehrte dann in die Stadt zurück, wo die Kinder von Priestern auf die Erstkommunion vorbereitet wurden.[391]

Die Erteilung eines elementaren Schulunterrichts für die Armen war eine gemeinsame Erscheinung der katholischen und protestantischen Schulpolitik, war aber nicht ihr wichtigster Aspekt. Die weiterführende, höhere Schulausbildung sowie das Universitätsstudium beschäftigten beide Religionsgemeinschaften weit mehr und standen im Mittelpunkt ihrer Bemühungen. Die Jesuiten, deren Einfluss auf die schulische Erziehung in dieser Periode nicht hoch genug eingeschätzt werden kann, konzentrierten sich fast ausschließlich auf die höhere Schulbildung. Der Unterschied zwischen dem elementaren und dem höheren Schulunterricht bestand darin, dass ersterer vollständig in der jeweiligen Landessprache erteilt wurde, während sich letzterer unter anderem dem Erlernen der lateinischen Sprache widmete. Es bestand Übereinstimmung darin, dass die höhere Schulbildung den Knaben wohlhabender Familien vorbehalten sein sollte, um sie auf diesem Wege auf Prestigeberufe vorzubereiten. Es gab durchaus die Möglichkeit für intelligente Schüler aus armen Familien, in das höhere Schulwesen überzuwechseln, aber diese Möglichkeiten waren begrenzt, nicht zuletzt, weil man allgemein der Überzeugung war, dass nur die »von Natur aus höheren Klassen« Zugang zu den Grammatikschulen haben sollten. Bisweilen brachen sich diese latenten sozialen Vorurteile ihren Weg an die Oberfläche. »Es ist unvereinbar mit den Gesetzen der Schicklichkeit«, schrieb 1768 ein anonymer Bürger von Montpellier, »dass ein Sänftenträger, ein Gepäckträger, ein gemeiner und erbärmlicher Mann, das Recht haben soll, seinen Sohn auf eine höhere Schule zu schicken und dass Kinder gemeiner Leute, die weder Erziehung noch Gefühl haben, sich mit den Söhnen aus guten Familien vermischen, schlechte Beispiele abgeben und als schädliche Quelle für schlechtes Betragen wirken.«[392] Ebenfalls stark ausgeprägt war das Vorurteil gegenüber Mädchen, die etwa dieselbe höher Schule wie die Knaben besuchen wollten. Es gab Schulen für Töchter wohlhabender Familien jenseits des Elementarniveaus, aber damit endete im Allgemeinen die Schulbildung für Mädchen. Bestrebungen, Mädchen eine höhere und zugleich »geschlechtsspezifische« Schulbildung zu ermöglichen, wie es im 17. Jahrhundert etwa die englische Katholikin und Ordensgründerin Mary Ward in höchst innovativer Weise unternahm, stießen auf entschiedenen Widerstand der kirchlichen und weltlichen Obrigkeit. Das klassische Curriculum, der Ausweis zum Erfolg im frühneuzeitlichen Europa, war den Mädchen verschlossen, bisweilen durch regelrechte Verbote wie im englischen Banbury 1594 und in Braunschweig im 17. Jahrhundert.[393]

Die Zeit von 1750 bis 1860

Charakteristisch für die Periode 1750 bis 1860 ist die verstärkte Beteiligung der Regierungen an Ausbildungsprogrammen für Kinder. Einige Länder, namentlich Großbritannien, waren davon weitgehend ausgenommen, nicht aber Länder mit einer starken Tendenz zum aufgeklärten Absolutismus. Zugleich stieg die Zahl hilfsbedürftiger Kinder kräftig an; dabei nahm die Zentralregierung bisweilen eine reaktive, manchmal aber auch vorausschauende Haltung an. Allerdings gestaltet sich die Gewichtung nicht immer auf dieselbe Weise; namentlich bei der Förderung der Erziehung nahmen aufgeklärt-absolutistische Herrscher und ihre Berater das Projekt eines nationalen Erziehungssystems in Angriff. Häufig setzten sie am oberen Ende der Ausbildungshierarchie an, bei Eliteschulen und Universitäten, die immer mehr, und auf Kosten der Kirche, die Ausbildung von Staatsbeamten übernahmen. Im Jahre 1763 veröffentlichte der bretonische Verwaltungsbeamte La Chalotais die Schrift *Essai d'éducation nationale*, ein schmales Werk mit einem ebenso starken Einfluss innerhalb und außerhalb Frankreichs wie Rousseaus *Émile*, der im selben Jahr erschien. Sein Thema war, dass die Erziehung die Macht habe, den Charakter eines ganzen Volkes zu verändern; dennoch hielt es La Chalotais für einen Fehler, die Masse der Bevölkerung schulisch erziehen zu wollen.[394] In Polen, wo der Einfluss des Büchleins besonders stark war, äußerte man die Ansicht, »es erfordere das allgemeine Beste, dass es in einer Nation, von einer zentralen Regierung geleitet, nur eine einzige Art des Lehrens, des Lernens und eine Sorte Bücher für Schüler geben soll, genauso wie landesweit gültige Gesetze und Vorschriften; dies lässt sich nicht erreichen, wenn die Schulen nicht unter einer einheitlichen Aufsicht stehen, und wer kann diese Aufgabe besser erfüllen, wenn nicht der König?«[395] Immer mehr betrachtete man Schulen als ein Instrument zur Herstellung der nationalen Identität. »Schulen«, betonte Maria Theresia im Jahre 1770, »sind ein *politicum* [d. h. eine Sache des Staates] und werden es immer sein«. Joseph von Sonnenfels, einer ihrer einflussreichen Berater, schrieb: »Verfolgt das hauptsächliche Ziel der öffentlichen Erziehung, der wahre Quell der Vaterlandsliebe: in die Herzen der Kinder die Gewissheit einpflanzen, dass ihre Wohlfahrt untrennbar verbunden ist mit der Wohlfahrt des Staates, dass die Gesetze weise sind und die Gesetzesbrecher unglückliche und törichte Menschen.«[396] Das bekannteste Beispiel einer Eliteanstalt im absolutistischen Deutschland ist die 1770 von Herzog Karl Eugen von Württemberg gegründete *Hohe Karlsschule,* die sich einerseits durch Vermittlung damals moderner Bildungsinhalte auszeichnete und auch unbemittelten Zöglingen Karrieremöglichkeiten eröffnete, andererseits wegen ihres scharfen militärischen Drills und des von den Eleven geforderten Kadavergehorsams bei aufgeklärten Zeitgenossen Abscheu erregte.

Trotz aller säkularen Lehrinhalte wurde das Christentum keineswegs aus dem Curriculum verbannt, es stand nach wie vor im Zentrum und diente als Inspiration für zahlreiche neue Initiativen.[397] Im Preußen des beginnenden 18. Jahrhunderts übten die Pietisten, deren Wortführer August Hermann Francke eine weitreichende pädagogische Tätigkeit entfaltete, einen mächtigen Einfluss auf Friedrich Wilhelm I. aus. In Österreich spielte die katholische Reformbewegung eine ähnlich bedeutende Rolle.[398] Die Verpflichtung zu einem reformierten und aktiven Christentum bildete die Grundlage für die 1784 gegründete Niederländische Gesellschaft für das Allgemeinwohl und gab die Anregung für die Verbreitung von Elementarschulen in diesem Lande. Die Gesetze bestimmten, dass das Christentum das Fundament der Erziehung bilden solle. In Polen besagte das Gesetz zur Regelung der Elementarschulen von 1783, es sei ihre Aufgabe, »die Leute in Religion zu unterweisen, sie über die Pflichten ihres Standes zu unterrichten, über die Arbeit und das Handwerk, das diesem Stande angemessen ist.« Und das dänische Gesetz von 1814, das die Schulpflicht für ländliche Gegenden regelte, erklärte: »Das Ziel der Kindererziehung ist es, sie zu guten, gesetzestreuen Leuten zu formen, in Übereinstimmung mit den Lehren der evangelischen christlichen Religion, und ihnen Fertigkeiten und Kenntnisse beizubringen, die notwendig sind, um sie zu nützlichen Bürgern des Staates zu machen.«[399] Aber das auf diese Weise propagierte Christentum stand in Opposition zu anderen Erscheinungsformen dieser Religion. Namentlich in katholischen Ländern machte es die Unterdrückung oder Vertreibung der Jesuiten ab den 1750er Jahren nötig, nach neuen Strukturen und neuen Lehrern zu suchen. Dazu half, wie in Österreich, die Konfiszierung des Jesuitenvermögens, das zur Errichtung eines Netzes von Volksschulen verwendet wurde.[400] In den meisten protestantischen Ländern standen jedoch auch die Verfechter einer fortschrittlichen Erziehung dem Reformflügel des Protestantismus' nahe und waren darauf bedacht, mit aufgeklärten Regierungen zusammenzuarbeiten. In den Niederlanden, dessen Volksschulsystem man zu Beginn des 19. Jahrhunderts überall in Europa bewunderte, mobilisierte die Gesellschaft für das Allgemeinwohl bedeutende Mittel für die Lehrerausbildung, die Herstellung von Schulbüchern sowie für die

Schulaufsicht – alles dieses wichtige Elemente für einen Erfolg, der sich aus »einer harmonischen Koalition aus freiwilligen und staatlichen Stellen« ableitete.[401]

Im 18. und beginnenden 19. Jahrhundert versuchte eine bedeutende Anzahl von Ländern die Schulpflicht einzuführen. Es gab Verzögerungen und Ausnahmen[402], aber an der Tendenz war nicht zu zweifeln. In Preußen gehen diese Versuche auf das Jahr 1717 zurück und wurden von Friedrich dem Großen 1763 wieder aufgenommen. In Österreich wurde das Prinzip der Schulpflicht im Jahre 1774 eingeführt, mit Schulunterricht an fünf Tagen in der Woche für Kinder zwischen fünf und zwölf Jahren zumindest für einen Teil des Jahres; Eltern mussten Strafgebühren zahlen, wenn ihre Kinder dem Unterricht fernblieben. 1777 dehnte man das System auch auf Ungarn aus. Im revolutionären Frankreich beschloss der Konvent 1793 die Einrichtung staatlich geführter Schulen mit prinzipiell verpflichtendem Schulbesuch, was 1795 jedoch wieder verwässert wurde, als man den Schulbesuch in das Belieben der Eltern stellte. In den Niederlanden regelte ein Gesetz von 1814 die Regierungsverantwortung für den Schulbesuch aller Kinder zwischen sechs und zwölf Jahren. Das dänische Gesetz von 1814 machte den Schulbesuch für Kinder ab dem sechsten oder siebten Lebensjahr bis zur Konfirmation, also meist bis zum vierzehnten Lebensjahr verpflichtend. Zur Erntezeit gab es vier Wochen Schulferien, und Kinder über zehn Jahren konnten zeitweise wegen Feldarbeiten vom Unterricht freigestellt werden.[403] Solche Gesetze spiegeln ein Ausmaß an staatlicher Kontrolle über das Erziehungswesen, das man gemeinhin mit der Periode 1880 bis 1920 in Verbindung bringt. In der Praxis jedoch erwies es sich als außerordentlich schwierig, diesen Gesetzen Geltung zu verschaffen. Überall stellten Geistliche die Masse der Lehrer, und dem Staat blieb nichts anderes übrig, als sich auf sie zu verlassen, auch wenn vielen Reformern die »Pfaffen« als Mächte der Finsternis erschienen. Auch die Finanzierung der Schulen gestaltete sich schwierig. In Portugal wurden für die Unterhaltung von

479 Elementarschulen vorgesehenen Steuermittel für eher renommiertere Schulprojekte aufgebraucht.[404] In Preußen, das oft als Leitstern des Erfolgs hingestellt wird, »scheiterten die Anstrengungen der Regierung zur Verbesserung des Volksschulwesens regelmäßig am Widerstand lokaler Kräfte.«[405] Das Edikt von 1717 war »nicht mehr als eine Übung in Wunschdenken« und wurde »schlicht und einfach niemals durchgesetzt«, und auch das General-Landschul-Reglement von 1763 setzte man ebenfalls nur unzureichend in die Tat um. Größere Erfolge erzielte man in Österreich, wo durch den Einsatz der Jesuiten und anderer Orden einige finanzielle Belastungen wegfielen, die man sonst den Ortsgemeinden und den Eltern aufgebürdet hätte. Aber wie Derek Beales feststellt: »Im 18. Jahrhundert konnte man sich keine Gesellschaft vorstellen, die in der Lage gewesen wäre, ein säkulares, universelles Erziehungssystem einzurichten, geschweige denn zu finanzieren.«[406] Der Wille war bisweilen vorhanden, es fehlten jedoch die Möglichkeiten.

In zunehmendem Maße mussten sich die Staatsregierungen auch mit dem Problem der zahlreichen verlassenen, ausgesetzten und auf andere Weise verarmten Kinder befassen. Vielleicht eine entscheidende Etappe in diesem Prozess war ab den 1670er Jahren das Engagement der französischen Krone bei der finanziellen Unterstützung des *Hôpital des Enfants Trouvés* in Paris, das 1638 von Vincent de Paul gegründet worden war. Diese Einrichtung erlangte überall in Europa einen guten Ruf, und absolutistische Herrscher, oder die sich dafür hielten, kopierten gerne die Initiative der französischen Krone.[407]

Zum Teil hing die zunehmende Kontrolle der Krone mit dem Scheitern der karitativen Einrichtungen zusammen. Eine immer schwächer werdende Position der Kirche und des christlichen Glaubens, markiert durch einen kräftigen Rückgang der testamentarischen Vermächtnisse an kirchliche Institutionen, wachsende Verarmung und schlechte Verwaltung bedeuteten, dass mildtätige Einrichtungen nicht mehr den Bedürfnissen gewachsen waren. Ab etwa 1760 unterlagen sie heftiger Kritik seitens aufgeklärter Denker, die sich für eine positive Rolle des Staates einsetzten. Der Rückgang karitativer Schenkungen war alarmierend. In Montpellier enthielten 44,9 Prozent der Testamente von 1740/41 karitative Verfügungen gegenüber nur 24,3 Prozent der Testamente von 1785/86. Und wo Mildtätigkeit geübt wurde, wurde sie fälschlicherweise denen zuteil, die man als besonders würdig betrachtete, und nicht denen, die am meisten in Not waren: Jean Rouzière aus Clermont stiftete seiner Heimatstadt 10 000 Livres für die Einrichtung eines Waisenhauses für zwölf Mädchen, aber als man das Heim 1782 eröffnete, fand man in der Stadt nur zwei weibliche Waisenkinder. Nach 1760 erlebte Frankreich »den Zerfall der traditionellen kommunalen Caritas als gangbare Institution.« Die Zentralregierungen füllten die Lücke aus, die das Scheitern der privaten Wohltätigkeit zurückgelassen hatte.[408]

Die Situation gestaltete sich noch verzweifelter wegen der rapide ansteigenden Zahl ausgesetzter Kinder (vgl. Viertes Kapitel). Es ist durchaus möglich, dass die staatliche Wohlfahrtspolitik diese Entwicklung noch förderte, das heißt, die Leute setzten ihre Kinder überall dort aus, wo solche Einrichtungen vorhanden waren und wo man diese Art der Aussetzung billigte. Das Problem lässt sich gut am Londoner Findelhaus demonstrieren, das 1739 in Betrieb genommen wurde, aber eine strenge Auswahl unter den aufzunehmenden Kindern traf, sodass in der ersten Hälfte der 1750er Jahre jährlich etwa 150 ausgesetzte Kinder dort Aufnahme fanden. 1756 öffnete das Findelhaus seine Tore als Gegenleistung für staatliche Finanzhilfen und wurde sofort von abgegebenen Kindern geradezu überschwemmt – es waren 3000 im Laufe der nächsten fünf Jahre, davon starben zwei Drittel. Im Jahre 1760 lief die staatliche Finanzierung aus, und das Findelhaus kehrte zu seiner restriktiven Aufnahmepolitik zurück und beschränkte ab 1801 den Zugang auf illegitim geborene Kinder.[409] Die Londoner Zahlen, die aus anderen Teilen Europas nachhaltig bestätigt werden, bezeugen einen gewaltigen Bedarf an Dienstleistungen, die eine Einrichtung wie das Londoner Findelhaus bereitstellte und von Verheirateten wie von Müttern mit unehelichen Kindern in Anspruch genommen wurden. Die Geschichte der Kindesaussetzung verweist auf die Tatsache, dass nach wie vor Kinder geboren wurden, deren Eltern nicht willens oder nicht in der Lage waren, sie aufzuziehen und dass Familien solche Kinder den Einrichtungen übergaben, die ihnen zur Verfügung standen.

Trotz des Flirts protestantischer Regierungen mit dem Findelhaussystem im 18. Jahrhundert, war es doch weitgehend ein Phänomen katholischer Länder, wo die Politik der Obrigkeiten die Kindesaussetzung bis zu dem im 18. und 19. Jahrhundert erreichten Ausmaß erleichterte. Natürlich waren protestantische Länder nicht immun gegen Armut und illegitime Geburten, aber sie reagierten anders auf diese Probleme als katholische Länder, und zudem war die Aussetzungsrate im protestantischen Bereich wesentlich geringer. Die Belege über die Rate der Kindesaussetzungen in England beziehen sich unter anderem auf Findlingstaufen: in sieben Londoner Kirchenbezirken stieg der Prozentsatz getaufter Findelkinder an den Gesamttaufen von 1 Prozent in den 1590er Jahren auf über 6 Prozent im frühen 17. Jahrhundert und sank dann wieder ab den 1720er Jahren. Damit liegt der Durchschnitt deutlich niedriger als in katholischen Ländern, und der Abwärtstrend in den 1720er Jahren stand im Gegensatz zu den Tendenzen in anderen Regionen. Möglicherweise verbarg sich eine größere Anzahl von Kindesaussetzungen in den Vollzugsberichten zum Armengesetz, denn die Engländer versuchten über die 15 000 Kirchenbezirke, von denen jeder einzelne für die Umsetzung der Armengesetze verantwortlich war, dem Problem ungewollter Kinder, insbesondere dem Bastardproblem, Herr zu werden. Ungewöhnlich an den englischen Belegen ist, dass offensichtlich keine Neugeborenen gleich nach der Geburt weggegeben wurden.[410] Einige Historiker des Findelhaussystems fragen sich mit Blick auf England, ob das englische

Gegenstück zu den Findelhäusern nicht die privat betriebenen Säuglingsfarmen gewesen sein könnten – diese Einrichtungen erregten im 19. Jahrhundert Aufsehen durch eine Reihe von Skandalen, bei denen die Betreiber solcher Farmen in Verdacht gerieten, Kleinkinder, die in ihrer Obhut standen, getötet zu haben. Allerdings gibt es keinerlei Hinweise darauf, dass solche Säuglingsfarmen weit verbreitet gewesen waren. Die Befürworter von Findelhäusern dürften argumentiert haben, dass das Fehlen von Findelhäusern zu einem stärkeren Anstieg der Kindestötungen geführt hätte als in anderen Ländern, aber wie wir im vierten Kapitel gesehen haben, muss eine Unterscheidung getroffen werden zwischen den Umständen der Kindestötung und den Umständen der Kindesaussetzung. Es ist denkbar, dass unverheiratete Hausbedienstete – die Gruppe, die im 18. Jahrhundert am häufigsten wegen Kindestötung angeklagt wurde – ihre Kinder den Findelhäusern übergeben hätten, wären sie verfügbar gewesen. Deren vordringliches Bestreben war jedoch, alle Anzeichen einer stattgefundenen Geburt zu vertuschen, und in kleineren Gemeinschaften mit enger sozialer Kontrolle war dies eher durch Tötung als durch Aussetzen des Kindes zu erreichen. Und überhaupt spricht nichts für eine außergewöhnlich hohe Kindestötungsrate in England. In Wahrheit scheint es so gewesen zu sein, dass englische Familien und Mütter ihre Kinder nach der Geburt versorgten und erst später erkannten, dass das Kind eine Belastung für sie darstellte.[411] Außerhalb Englands, in Deutschland beispielsweise, war die typische Institution für Kinder nicht das Findelhaus, sondern das Waisenhaus, und es ist möglich – obwohl wir es nicht mit Gewissheit sagen können –, dass zumindest ein Teil jener »Waisenkinder« in Wirklichkeit ausgesetzte Kinder waren. Ein Anhaltspunkt für diese Möglichkeit lässt sich vielleicht im Vorschlag der Leiter des Londoner Findelhauses erkennen, den Namen in »Waisenhaus« zu ändern, »weil im Verständnis der einfachen Leute die Bezeichnung Findelkind etwas Geringschätziges an sich hat, die Bezeichnung Waisenkind dagegen Mitgefühl bezeugt.«[412] Es könnte der Verdacht aufkommen, dass man mit solchen Überlegungen eher die Geldgeber als die »einfachen Leute« im Auge hatte.

Kein Landesherr des 18. Jahrhunderts war immun gegenüber dem Prestige, das ihm Initiativen für die Wohlfahrt von Kindern einbrachte. In Moskau und St. Petersburg wurden die Findelhäuser auf Befehl der Zarin Katharina II. gebaut, und das Moskauer Findelhaus »rivalisierte mit dem Kreml um die Dominanz der Moskauer Stadtsilhouette.«[413] Eine Zeit lang schien es so, als würden die Findelhäuser unter dem Eindruck der Aufklärung ihre Anbindung an den Katholizismus verlieren, weil sie sich auch in Deutschland und Skandinavien verbreiteten.[414] Die britische Regierung eröffnete Häuser in Dublin (1730) und in Cork (1747) als Teil einer Strategie, Irland zum Protestantismus zu bekehren.[415] Vor allem aber waren es weltliche Argumente zugunsten der Findelhäuser, die Fürsten und Patrioten zu überzeugen begannen, sie würden das Verbrechen der Kindestötung verhindern, die Straßen von dem skandalösen Anblick ausgesetzter Säuglinge und streunender Kinder befreien und vor allem für einen Anstieg der Bevölkerung sorgen, einer Bevölkerung zumal, die von Jugend an auf den Dienst für den Staat vorbereitet wurde – als Soldaten und Matrosen, als Dienstpersonal oder einfach als ungelernte Arbeiter. Bereits 1670 sah Ludwig XIV. in den Findelkindern zukünftige Soldaten. Sie waren, so meinte ein Deutscher in den 1760er Jahren, »junge Pflanzen, von denen der Staat für seine zukünftige Bevölkerung guten Gebrauch machen kann.«[416] Ohne jegliche Familienanbindung, so behauptete ein französischer Publizist in den 1780er Jahren, könnten die Findelkinder dazu gedrillt werden, »auf Tod und Gefahr mit Gleichgültigkeit zu blicken; sie taugen damit zum Dienst auf Schiffen, als Milizsoldaten oder zur Besiedlung von Kolonien.«[417] In Russland hegte Iwan Beskoi, eine Schlüsselfigur bei der Errichtung der Findelhäuser in Moskau und St. Petersburg, noch ehrgeizigere Pläne: Er wollte die in staatlicher Obhut befindlichen Kinder zu einer Mittelschicht nach westlichem Vorbild formen.[418] Das französsische Dekret von 1811, das ein nationales Fürsorgesystem für verlassene Kinder schuf, sah für Knaben ab zwölf Jahren den Dienst in der Kriegsmarine vor. Allgemein hoffte man, ein wohl organisiertes Fürsorge- und Kontrollsystem für verlassene Kinder könne zur Vergrößerung der Bevölkerung und zu einer zusätzlichen nationalen Stärke führen. In der Französischen Revolution erreichte diese ehrgeizige Politik staatlicher Kinderfürsorge ihren Höhepunkt. Mit der Abschaffung der feudalen Jurisdiktion im Jahre 1790 ging die Verantwortung für Findelkinder an den Staat über, genauer gesagt an die Lokalbehörden, die ermuntert wurden, sie als die »natürlichen Kinder des Vaterlands« *(les enfants naturels de la patrie)* zu betrachten.[419] Einmal abgesehen von der Ausdrucksweise ähneln diese Ansichten jenen, die man Ende des 19. Jahrhunderts und Anfang des 20. Jahrhunderts äußerte, denn auch in dieser Zeit betrachtete man Kinder als Garanten für nationale Stärke. Wie Otto Ulbricht bemerkte, »war die Organisation der Findelhäuser eine Maßnahme der Kinderfürsorge mit beträchtlicher Auswirkung, denn es sollten alle armen Kinder einbezogen werden«. In den Worten Jacques Donzelots lassen sich Findelhäuser und andere Institutionen als »ein Laboratorium für die Beobachtung des Verhaltens der Arbeiterklasse auffassen, als Abschussrampe für Taktiken zur Vorbeugung gegen die negativen Effekte dieses Verhaltens und zur Reorganisation der Arbeiterfamilien im Sinne sozio-ökonomischer Notfälle.«[420]

Die Hoffnung, dass Findelkinder zum Dienst für den Staat erzogen werden könnten, lief parallel zu dem weit verbreiteten Glauben, dass die Ausrichtung armer Kinder auf Arbeit einen sofortigen sowie einen langfristigen Nutzen bringen könne. Man betrachtete die Kinder zunehmend als lebensnotwendig für das Aufblühen bestimmter Industrien. Das ist natürlich nichts Neues. Seit dem Ende des 16. Jahrhunderts haben die Tuchmacher von Leyden Dutzende Knaben aus Waisen- und Armenhäusern rekrutiert, ein System, das im späteren 17. Jahrhundert sorgfältig organisiert wurde. Zwischen 1638 und 1671 wurden rund 8000 junge Arbeiter in die Manufakturen nach Leyden gebracht.[421] Im England des 16. und 17. Jahrhunderts gab es zahlreiche Versuche, mit der Einrichtung von Arbeitsschulen, die Armenhäuser zu entlasten und, wie man hoffe, auch Gewinne zu machen. Die Charity Schools, die wichtigste Erziehungsinitiative im England des 18. Jahrhunderts, waren ursprünglich dazu gedacht, wie wir gesehen haben, die anglikanische Kirche durch den Katechismusunterricht zu stärken, aber schon bald sah man die Notwendigkeit, auch gewerbliche Arbeit in den Lehrplan einzubeziehen. In den 1720er Jahren war man allgemein der Ansicht, »dass Arbeitsschulen in jeder Hinsicht den Schulen ohne Arbeit vorzuziehen sind und dass sie im Einklang mit der öffentlichen Meinung stehen.«[422] Dieser Trend setzte sich fort. In der zweiten Hälfte des 18. Jahrhunderts entstanden Arbeitshäuser (*Houses of Industry*), in denen die Armen zu arbeiten hatten, viele davon waren noch Kinder. In Dublin beispielsweise füllte sich das 1773 gegründete Arbeitshaus rasch mit Kindern, die man schließlich in verschiedenen Häusern unterbrachte. Diese Übernahme der Arbeitshäuser durch Kinder wurde implizit gebilligt, als man sie ab den 1780er Jahre Arbeitsschulen (*Schools of Industry*) nannte. England und Irland standen in dieser Entwicklung keineswegs alleine da. Auch in Frankreich gründete man in den 1760er Jahren Arbeitsschulen; alleine in Lyon gab es 1789 sechs solcher Schulen. Auch in Deutschland fanden diese Schulen breite Zustimmung. William Pitt, der englische Premierminister, zeigte sich 1796 zuversichtlich: »Die Erfahrung hat bereits gezeigt, wie viel mit Kinderarbeit getan werden konnte und welche Vorteile sich aus ihrer Arbeit in diesen Manufakturen, die sie nach ihren Fähigkeiten ausführen, ergeben haben.«[423]

Die Vorteile lagen auf Seiten der Kinder (sie wurden an regelmäßige Arbeit gewöhnt), bei den mit dem Armenrecht befassten Behörden (Verminderung der Kosten) und bei den Manufakturen (die zunehmend von Kinderarbeit abhingen). 1781 bezeichneten die

Textilhersteller das örtliche Waisenhaus für Knaben als »Trainingsschule für die Fabriken«. Aus Deutschland wird 1824 berichtet, dass es »seit der Mitte des 18. Jahrhunderts in Potsdam und Berlin keinen einzigen Fabrikanten gab, der nicht Kinder aus den Waisenhäusern für sein Unternehmen anforderte. Die verlangten Bedingungen waren stets die gleichen und liefen letztlich darauf hinaus, dass die Waisenhäuser die Kinder auf eigene Kosten zur Verfügung stellten, wobei der Fabrikant die Ausbildung der Kinder – aus Patriotismus – in den geforderten Fertigkeiten übernahm, ohne Lohn, nur für Unterkunft und Heizmaterial.« In Potsdam schloss das Waisenhaus für Mädchen mit zwei Kaufleuten einen Vertrag über die Ausbildung von 200 bis 300 Mädchen für die Spitzenfabrikation ab. Die Mädchen hatten eine »Lehrzeit« von sieben Jahren, arbeiteten neun Stunden am Tag, erhielten in den ersten fünf Jahren keinen Lohn und danach lediglich ein Sechstel des üblichen Lohnes. Die Fabrikanten waren ohne Zweifel recht erfreut darüber, diese Arbeitsbedingungen auch noch als »Patriotismus« verkaufen zu können. Überall in Mitteleuropa nutzte man die Arbeitskraft von Waisenkindern für die industrielle Produktion.[424] Es gab auch Versuche, die Arbeit armer Kinder für Zwecke der sozialen Kontrolle und der industriellen Produktion nutzbar zu machen. 1761 dekretierte Maria Theresia, die Kinder der Armen »sollten aufwachsen in der Gewöhnung an harte Arbeit … Unsere Industriellen haben einen großen Bedarf an Arbeitskräften für ihre Spinnereien und würden die Verwendung von Kindern für diesen Zweck freudig begrüßen«, und Friedrich II. schrieb 1775 an den Chef der Provinzialverwaltung von Brandenburg: »Ich würde es in höchstem Maße als günstig erachten, wenn Ihr dafür sorgen könntet, dass Kinder auf dem Lande, die gegenwärtig müßig gehen, ihre freie Zeit in den Spinnereien zubringen.« Spinnschulen wurden in den 1760er Jahren eingerichtet und verdrängten die eher informellen Spinnstuben, die mehr als Orte gesellschaftlichen Lebens funktionierten.[425] In Kinderbüchern verbreitete man die Botschaft: In der fünften

Arbeitserziehung. Der Mädchen- und Knabenarbeitssaal im »Rauhen Haus« zu Hamburg, der 1833 von dem Pfarrer und Philanthropen J. H. Wichern gegründeten Anstalt zur »Rettung verwahrloster und schwer erziehbarer Kinder« (Illustrirte Zeitung, Leipzig, 1846).

Auflage von *Life of Jesus for Children* (1787) instruierte J. F. Feddersen die Kinder, es sei »Gottes Wille, dass die Leute jeglichen Müßiggang vermeiden und von ihren frühesten Jahren an arbeiten.«[426]

Die in der zweiten Hälfte des 18. Jahrhunderts gehegte Hoffnung, man könne arme Kinder in produktive und disziplinierte Untertanen des Staates verwandeln, erfüllte sich nicht vollständig. In England gab es Skandale im Zusammenhang mit der Beschäftigung solcher Kinder in den Fabriken. In Bezug auf Findelhäuser konnten Gegner das wirksame Argument vorbringen, ein offenes Findelhaus würde Anreiz zu unmoralischem Verhalten geben.[427] Das katastrophale Scheitern der Wohlfahrtspolitik in der Französischen Revolution gab den Anstoß, die extensiven staatlichen Programme an die Kandare zu nehmen. In diesem Stadium jedoch, gegen Ende des 18. Jahrhunderts, hatten sich viele Regierungen bereits so intensiv für den Betrieb von Findelhäusern engagiert, dass sie sich nicht mehr ohne weiteres aus diesem Engagement lösen konnten. Die Findelhäuser waren zu einem entscheidenden Faktor der Staatsökonomie geworden, die Kinder fungierten »als leicht verderbliche Ware in einem Austauschsystem zwischen Stadt und Land.« In den 1880er Jahren wurden in Russland jährlich 70 000 Ammen verpflichtet, damit sie sich um Findelkinder kümmerten. Die Lebensumstände von vielen tausend Menschen waren eng mit der Existenz eines Systems verbunden, das auf ausgesetzten, verlassenen Kindern beruhte. Es ist eines der immer wiederkehrenden Themen in der Geschichte der Sozialpolitik, dass die zur Hilfe oder zur Kontrolle vorgesehenen Bevölkerungen sehr häufig fähig waren, die Absichten der Politikmacher zu unterminieren und ihren eigenen Interessen zu dienen, außerhalb einer Politik, die auf ganz andere Ziele gerichtet war. In Russland diente das Ammengeschäft den Bedürfnissen der Unternehmer genauso wie den Bedürfnissen des Staates.[428] Um die Mitte des 19. Jahrhunderts nutzten die Eltern in Kanada die so genannten Waisenhäuser, um ihre Kinder dort für eine bestimmte Zeit abzuliefern; »von Ausnahmen abgesehen nahmen die meisten Heime wesentlich mehr Nicht-Waisen als Waisen auf.«[429]

Konfrontiert mit dieser immer stärker steigenden Nachfrage nach Dienstleistungen, die sie selbst bereitgestellt hatten, versuchten Regierungen und Philanthropen die Flut der Nutzer einzudämmen. Das drehbare Babykörbchen an der Außenwand des Findelhauses, in das man anonym einen ungewollten Säugling ablegen konnte, war noch von Napoleon gut geheißen worden; es existierte damals allein in 1200 Städten und Dörfern in Italien und auch sonst in Europa, aber die Zeit der »Babyklappe« lief aus: zwischen den 1840er und 1860er Jahren in Frankreich, in den 1850er Jahren in Spanien, ab Ende der 1860er Jahre in Portugal und Italien. Der Rückgang der Kindesaussetzung konnte dramatische Formen annehmen; in Florenz beispielsweise ging sie zwischen 1873 und 1877 um die Hälfte zurück. Ende des 19. Jahrhunderts waren Italien, Spanien und Griechenland die einzigen europäischen Länder, in denen die »Babyklappe« noch in Gebrauch war.[430] Man begann, unverheirateten Müttern Hilfe anzubieten und versuchte sie damit zu überzeugen, ihre eigenen Kinder aufzuziehen. Es war von hier aus, meint Jacques Donzelot, nur noch ein recht kleiner Schritt zu der Ansicht, man müsse ohne Unterschied allen Müttern der armen Bevölkerungsschichten Unterstützung gewähren.[431]

Das waren in gewisser Weise noch Zukunftsvisionen. Um die Mitte des 19. Jahrhunderts kam eine Phase staatlicher Kinderpolitik zu ihrem Ende, freilich in unterschiedlichem Ausmaß in den jeweiligen Teilen des Kontinents. Diese Phase war markiert durch den aufgeklärten Absolutismus, durch den Glauben, dass zentrale Regierungen effektiv in die Erziehung solcher Kinder, die für den Staat von Nutzen sein könnten, einzugreifen hätten. Diese Einstellung erreichte in der Französischen Revolution ihren Kulminationspunkt mit Dantons Forderung »Die Kinder gehören der Gesellschaft, bevor sie den Eltern gehören« und mit Robespierres Ansicht »Das Land hat das Recht, seine Kinder aufzuziehen; es soll diese Aufgabe nicht dem Stolz von Familien oder den Ansprüchen einzelner Individuen überlassen.«[432] Solche Forderungen wurden in den späteren Phasen der Französischen Revolution nicht mehr gestellt, aber es bedurfte eines weiteren halben Jahrhunderts, bis die Regierenden von einer Politik Abschied nahmen, die sie selbst so enthusiastisch verfolgt hatten. Im Bereich des Schulwesens gab es keinen Rückzug von staatlichem Engagement, es gab aber auch keine wesentlichen Fortschritte. Zwar erließ man noch wegweisende Gesetze zur Förderung der schulischen Erziehung, in Frankreich 1833, in Schweden 1842, aber die wichtige nächste Phase setzte erst in den 1880er Jahren ein, als die Staaten die Schulpflicht durchzusetzen begannen und Finanzmittel bereitstellten, um einen kostenlosen Schulbesuch zu ermöglichen. In der Zwischenzeit kam es in einer Reihe von Staaten zu Initiativen, die zusammengenommen ein neues Bild von einer Kindheit entwarfen, die allen offen stehen sollte.

Sechstes Kapitel
Für die Rettung der Kinder
(ca. 1830 – ca. 1920)

Bereits seit Jahrhunderten haben Obrigkeiten und Philanthropen, wie wir gesehen haben, Kinderpolitik betrieben. Warum also sollte die Periode zwischen 1830 und 1920 besonders behandelt werden? Die Antwort muss lauten, dass sich für eine bedeutende Anzahl von Reformern der Zweck der Kinderpolitik deutlich von seinen alten Verankerungen gelöst hatte: Bis zum 19. Jahrhundert galt die Hauptsorge entweder den Seelen der Kinder oder der Bereitstellung zukünftiger Arbeitskräfte für den Staat. Beide Belange blieben auch noch im 19. und beginnenden 20. Jahrhundert gültig, es trat aber ein neuer Aspekt hinzu: die Kinder für den Genuss der Kindheit zu erretten. Die Ideologie der Kindheit, deren Auftreten im Dritten Kapitel erörtert wurde, begann jetzt das öffentliche Handeln zu beeinflussen.

Die Philanthropie war von zentraler Bedeutung für diese Rettungsaktion. Philanthropen eröffneten und betrieben Heime für Waisenkinder und andere vernachlässigte Kinder, sie organisierten Zeitpläne für ihre Verschickung nach Übersee, errichteten Kindergärten und Schulen, gründeten Gesellschaften für die Verhinderung von Grausamkeiten gegenüber Kindern und besuchten regelmäßig arme Familien. Auch wenn diese Maßnahmen kaum messbar sein dürften, besteht doch kein Zweifel, dass sie wesentlich häufiger erfolgten als im 18. Jahrhundert und, mit Ausnahme einiger Stadtgemeinden, auch häufiger als im 16. und 17. Jahrhundert. Auf jeden Fall stehen diese Aktivitäten in deutlichem Kontrast zum Niedergang karitativen Verhaltens, das sich zumindest für das Frankreich des 18. Jahrhunderts beobachten lässt.

Wer waren diese Philanthropen und was trieb sie zu ihrem Wirken? Gewiss unterschieden sie sich von denen, die in vergangenen Jahrhunderten mildtätige Werke verrichteten und glaubten, dass sie mit Almosen für die Armen ihre eigene Seele retten könnten. Und dennoch war die große Mehrzahl der Philanthropen ausgesprochen christlich eingestellt, sowohl in ihrer Lebensführung als auch in den Organisationen, die sie gründeten. Konfessionelle Rivalitäten motivierten sie zwar auch zu ihrem Tun, aber eben nur zum Teil. Wesentlich wichtiger war ihr von missionarischem Eifer angetriebenes Bestreben, an Menschen heranzutreten, die in den Elendsvierteln der neuen Großstädte einer industrialisierten Welt genauso heidnisch zu sein schienen wie die »Wilden« in Afrika oder Polynesien. Natürlich stieß dieser missionarische Eifer an seine Grenzen: Oft trat die schichtspezifische Furcht vor den »gefährlichen Klassen« auf alarmierende Weise zutage; Shaftesbury sah 1840 »zwei große, Moral und Politik heimsuchende Dämonen, Sozialismus und Chartismus, die im Lande umgehen« und empfahl als Gegenmittel, dass die Vernachlässigung der Kinder ein Ende haben müsse. Führende christliche Philanthropen in Europa, etwa W. H. Suringar in den Niederlanden und J. H. Wichern in Deutschland, beide in vorderster Front in dem Bemühen, vernachlässigte Kinder zu erretten, hegten ähnliche Befürchtungen.[433] Die Äußerung einer solchen Furcht vor Revolution konnte ein rhetorischer Kniff sein, um die Teilnahmslosen aufzuschrecken, aber auch ein Antrieb für den aktiven Philanthropen, wobei Letzterer sicherlich nicht im Sinn hatte, die existierende Gesellschaftsordnung umzustürzen, sondern sie vielmehr zu festigen. Philanthropen waren weder Utopisten noch Revolutionäre – sie arbeiteten auf dem Boden der wirtschaftlichen, sozialen und politischen Strukturen ihrer Zeit. Dies allein verlieh ihnen Macht und Einfluss. Bisweilen jedoch setzten sie sich auch der Kritik aus: Henry Mayhew beispielsweise konnte argumentieren, dass die Ragged Schools, die freien Schulen für arme Kinder, im London des 19. Jahrhunderts die Kriminalitätsrate eher erhöhten als senkten. Schärfere Kritiker konnten Politik und Praxis der Philanthropen in Frage stellen, wenn sie Kinder nach Kanada verbrachten. Dr. Barnardo und die British National Society for the Prevention of Cruelty to Children wurden wegen des Umfangs und der Zielrichtung ihrer Aktivitäten heftig kritisiert.[434] Insgesamt aber hatten philanthropische Organisationen, die sich mit Kindern befassten, eine gute Presse und waren in den jeweiligen Gemeinden und in der Gesellschaft als Ganzes durchaus akzeptiert.

Kinder waren nicht die einzigen, auf die sich philanthropisches Wirken erstreckte, spielten aber in den Plänen der Philanthropen eine zentrale Rolle. Man hielt Kinder für formbar genug, um sie noch erretten zu können. Sie repräsentierten die Zukunft. Ihre »formbare Natur«, so meinte die Boston Children's Friend Society, »kann in Abbilder makelloser Schönheit gegossen werden oder in absolute Widerwärtigkeit«.[435] Und es war verhältnismäßig einfach, die öffentliche Geldbörse durch den sentimentalen Appell zu ihren Gunsten anzuzapfen. Überdies spielten Frauen in der Philanthropie des 19. Jahrhunderts eine immer wichtigere Rolle, und es erschien ganz natürlich und politisch gerechtfertigt, dass sie ihre karitative Arbeit auf Kinder konzentrierten. Für das England des Jahres 1893 schätzte man, dass 500 000 Frauen »dauerhaft und halb-professionell« philanthropisch tätig waren, viele davon im Bereich der Kinderfürsorge.[436]

Im philanthropisch/missionarischen Diskurs ist häufig ein Erschrecken über die Diskrepanz zwischen der Realität und den Idealen der Kindheit zu spüren, so wie sie innerhalb der Mittel- und Oberschichten erfahren wurde und die man auf dem Felde der Mission beobachten konnte: Es waren »Kinder ohne Kindheit«. Die in der ersten Hälfte des 19. Jahrhunderts dominierende mehr romantische als christliche Sicht einer geschützten und abhängigen Kindheit, die abseits der Erwachsenenwelt stand, lieferte einen motivierenden Bezugspunkt für Philanthropen. »Unsere ideale Vorstellung«, schrieb der amerikanische Progressive Edward T. Devine im Jahre 1910, »ist eine geschützte Kindheit«. Wir sehen die reale Wirksamkeit dieses Ideals in der Reaktion von Florence Davenport-Hill auf Kinder in Arbeitshäusern: »Es ist schmerzlich, unser Ideal einer Kindheit voller Unschuld und heiterer Verspieltheit abtun zu müssen und zu erkennen, dass es mitten unter uns Tausende von Kindern gibt, die mit den schrecklichsten Lastern vertraut sind ...« Ihre Abhilfe bestand natürlich darin, die Kinder in eine Umgebung zu versetzen, in der »Unschuld und heitere Verspieltheit« blühen konnten.[437]

Diese Auffassung von Kindheit übte ab den 1830er Jahren in zahlreichen Ländern einen motivierenden Einfluss aus. In ihrer Studie über Kinderfürsorge im britischen Nordamerika legten Patricia Rooke und R. L. Schnell dar, dass die meisten Elemente des von uns als modern aufgefassten Kindheitskonzepts bereits vor den 1880er Jahren präsent waren. Es existierten Konzepte, die die Notwendigkeit des Schutzes, der Absonderung und der Beaufsichtigung der Kinder betonten. Es stand nur noch aus, die Eigenverantwortlichkeit der Kinder hinauszuschieben, denn bislang erwartete die Gesellschaft, dass Kinder von einem frühen Lebensalter an ihren Beitrag zur Wirtschaft leist sollten. Dies trifft nicht nur für Kanada zu, sondern noch mehr für England, wo man bereits eine ganze Reihe von modellhaften Maßnahmen gegenüber Kindern ergriffen hatte, die dann von Kanadiern aufgenommen wurden.[438]

Um diesen Kindheitsvorstellungen eine weitere Verbreitung zu verleihen, waren viele Philanthropen bestrebt, die Kinder in »Netzwerke des guten Einflusses« einzugliedern.[439] Oder anders ausgedrückt: viele Kinder der Arbeiterklasse gerieten unter die Aufsicht und Kontrolle philanthropischer Organisationen. Die Philanthropie hatte große Bereiche für Eingriffe der Öffentlichkeit in das Leben der Arbeiterklasse geöffnet, denn obwohl sich der Staat an ihren Aktivitäten selten beteiligte, hatte ihre Arbeit doch ausgesprochen öffentlichen und kaum privaten Charakter.

Die Philanthropen waren jedoch nicht die einzigen, die sich im öffentlichen Bereich um Kinder kümmerten. Bisweilen macht man einen Unterschied zwischen der dreißigjährigen Periode der Kinderrettung ab der Mitte des 19. Jahrhunderts und der ehrgeizigeren und weiter reichenden Schutzpolitik seit den 1880er Jahren. Damit verbunden ist die Ansicht, dass die Kinderbefreiung vornehmlich die Aufgabe philanthropischer und freiwilliger Tätigkeit gewesen sei, während die Freistellung der Kinder von Arbeit in erster Linie der Regierung und der wachsenden Anzahl hauptberuflich mit Kindern befasster Personen zugesprochen wurde. Ohne Zweifel übernahm nach den 1880er Jahren der Staat immer mehr das Engagement der Philanthropen, und immer häufiger nahmen sich Fachleute der Belange der Kinder an. Gegen Ende des Jahrhunderts verbreitete sich die Überzeugung, dass allein der Staat die Kindheit für die Kinder retten könne, und überall begannen die Staaten hierbei die Schlüsselrolle zu übernehmen – auf Kosten der Philanthropen. In ihrem Engagement für die »Rettung des Kindes« zeigten die Staaten vielfältige Motivationen, nicht aber solche, die man kindorientiert nennen könnte: Interesse an der Bevölkerungsgröße; Sorge über den Grad der »Zivilisation« der Massen; der Wunsch zum Heranziehen von Menschen, die fähig wären, im 20. Jahrhundert zu bestehen. »Rettung der Kinder«, bedeutete, sie nahe am Zentrum des politischen Handelns moderner Staaten zu platzieren.

Kinderarbeit

Die Kinderarbeit unter den neuen Bedingungen der industriellen Revolution in England brachte zum ersten Mal die neue Kindheitsideologie als Faktor der Politik ins Spiel. Regulierung und Kontrolle der Kinderarbeit reichten Jahrhunderte zurück, und zwar unter der Prämisse, dass die Kinder ihre ersten Erfahrungen als vollgültige Arbeitskräfte als Bedienstete oder Lehrlinge machten, das heißt, dass sie außerhalb des elterlichen Hauses zu leben hätten. Regeln über die Verantwortlichkeit von Herren, Dienern oder Lehrlingen hatten volle Gesetzeskraft. Außerdem hatte der Staat die Pflicht, Lehrstellen für solche Kinder zu finden, die sich in seiner Obhut befanden. Was bisweilen als erstes Arbeitsschutzgesetz im England des Jahres 1802 betrachtet wird, lässt sich besser beschreiben als ein Gesetz, das in einer langen Tradition gesetzlicher Regelungen der Kinderarbeit steht, wobei es in diesem Falle um den Schutz aus armen Familien stammender Kinderarbeiter in Baumwollspinnereien ging. Das Neue war deshalb nicht das Prinzip staatlichen Eingreifens in den Kinderarbeitsmarkt ab 1830. Das Neue war vielmehr die explizite Erklärung, dass Kinder ein Recht hatten, überhaupt nicht zu arbeiten.

Diese Erklärung und Einsicht durchlief eine Reifezeit von etwa fünfzig Jahren. Ab ungefähr 1780 hören wir zum ersten Mal von Leuten, die die vorherrschende Meinung, arme Kinder sollten schon früh an Arbeit gewöhnt werden, in Frage stellten. 1766 drängte Jonas Hanway in seiner Schrift (mit dem bezeichnenden Titel) *An Earnest Appeal for Mercy to the Children of the Poor* (Eine ernstliche Bitte um Erbarmen mit den Kindern der Armen), man solle darüber nachdenken, wie man den in Lehre gegebenen Kindern »die Arbeit so angenehm, oder mehr zum Herzen gesprochen, so wenig verdrießlich wie möglich« machen könne, »mit liebevoller Rücksicht auf das Maß der Leibes- oder Geisteskraft eines jungen Menschen.«[440] Hanway war Merkantilist und von der Bedeutung einer Ausbildung junger Leute für den zukünftigen Dienst im Staatswesen überzeugt. Allerdings bezweifelte er mit Vehemenz die Ansicht John Lockes, die immer noch als autoritativ galt, dass nämlich arme Kinder im Alter von drei Jahren arbeiten sollten »mit einem Bauch voll Brot täglich« und – bei kalter Witterung – »mit etwas warmer Wassergrütze, wenn man es für ratsam erachtet.«[441] Hanway befasste sich auch mit den Buben (bisweilen waren es auch Mädchen), die als Kaminfeger arbeiten mussten. Vor allem dank Hanway begann man die mit dieser Arbeit verbundene Grausamkeit gegenüber den Kindern allmählich zu erkennen: Mit Nadelstichen in ihre Füße oder mit einem im Kamin entzündeten Feuer zwang man die Kinder, den Schornstein hinaufzuklettern, und wenn sie nicht den Erstickungstod starben, erkrankten sie besonders häufig an Hodenkrebs. Hanways Schrift *A Sentimental History of Chimney Sweepers* (Ein empfindsame Geschichte der Kaminfeger) von 1785 war mehr als eine Schilderung dieser Grausamkeiten: Er kleidete sie in eine Rhetorik, die auf die Gefühle der Leser abzielte und an Menschlichkeit, Christlichkeit, Barmherzigkeit, Mitgefühl, Vernunft, Zorn, nationale Ehre und Traditionen appellierte. Die durch Schornsteine kletternden Jungen müssten »als Kinder«, so schrieb er, »Gegenstand unseres Erbarmens und zärtlichster Freundlichkeit sein.« Hanway war der Initiator eines Literaturgenres, das die jungen Kaminkletterer als exemplarische Opfer der Ausbeutung darstellte, gestohlen und verkauft wie Sklaven, und das umso skandalöser, wie ein sozial Engagierter aus Sheffield in den 1830er Jahren schrieb, weil »*sie* unter allen Menschenwesen die entzückendsten sind, die anrührendsten, die am meisten von allen des Schutzes, des Wohlbefindens, der Liebe bedürfen. Sie sind *Kinder*.«[442]

Anfangs war es die Gesundheitsschädigung der Kinder, die die Aufmerksamkeit auf die Kinderarbeit in den Baumwollspinnereien lenkte. Aufgeschreckt durch den Ausbruch eines Fiebers in einer Baumwollfabrik formulierten Ärzte in Lancashire in den 1780er Jahren das Axiom, dass für Kinder unter vierzehn Jahren »die aktive Erholungszeit der Kindheit und der Jugend notwendig ist für Wachstum, Stärke und richtigen Bau des menschlichen Körpers.« Hier wird die Kindheit zumindest teilweise als Zeit zum Spielen aufgefasst. Ohne diese Schonzeit würde sich nicht diese körperliche Kraft entwickeln, die für ein erfolgreiches Erwachsenenleben notwendig sei, und in den Baumwollfabriken hätten die Kinder diese Entwicklungsmöglichkeit nicht. Jenseits dieser utilitaristischen Haltung jedoch kam es zu einer Beimischung von Empfindsamkeit, für deren Legitimation Hanway und die romantischen Dichter gesorgt hatten. Der Anblick arbeitender Kinder begann die Menschen zu bewegen: Über weite Strecken des 18. Jahrhunderts reagierte man eher mit Bewunderung für diejenigen, die eine solche Arbeit organisiert hatten, aber gegen Ende des Jahrhunderts fiel es Personen wie Mrs. Trimmer, einer nicht gerade für ihre Weichherzigkeit bekannte Evangelikalen, schwer, »an kleine Kinder, die in Manufakturen arbeiten, ohne das größte Mitleid zu denken«. Wie auch die jungen Kaminfeger begann man diese Kinder als Sklaven zu betrachten – »unsere armen kleinen weißen Sklaven, die Kinder in unseren Baumwollfabriken«, wie es S. T. Coleridge ausdrückte.[443]

Coleridge selbst kämpfte für ein Parlamentsgesetz zur Kontrolle der Kinderarbeit. Das Gesetz von 1802 hatte sich weitgehend mit Lehrjungen aus armen Familien befasst, aber schon bald erwies es sich als notwendig, die Perspektive zu erweitern und die so genannte »freie Arbeit« der Kinder zu berücksichtigen, das heißt die Arbeit von Kindern, die in ihren Familien lebten und sich nicht in der Obhut des Staates befanden. Die Fabriken hatten bereits begonnen, solche Kinder zu rekrutieren. Kritiker verachteten die Vorstellung, dass diese Arbeit in irgendeiner Weise »frei« sei: »Wäre die Arbeit wirklich frei«, schrieb Coleridge, »näherte sich das Arbeitsverhältnis auf der einen Seite deutlich dem Selbstmord, auf der anderen Seite dem Totschlag.« Das Gesetz von 1819, das erste, das sich mit der »freien« Arbeit befasste, war für die Reformer eine Enttäuschung, aber die Kampagne zur Verbesserung der Arbeitsbedingungen hatte eine Triebkraft erhalten, die nicht mehr so schnell zu stoppen war. Die Dinge spitzen sich in den 1830er Jahren zu und fielen genau mit dem Kampf für die Emanzipation der Sklaven in den britischen Kolonien zusammen. Ein Gutteil der emotionalen Kraft dieser Reformbewegung hing mit der Behauptung zusammen, die britische Regierung kümmere sich mehr um die schwarzen als um die weißen Sklaven. »Es ist allbekannt«, schrieb Richard Oastler im Jahre 1833, »dass die Gesundheit eines Negersklaven, eines erwachsenen Verbrechers, eines Pferdes, eines Esels, eines

Hasen, eines Kaninchens und Rebhuhns, eines Pfaus, eines Kohlkopfs, einer Erdbeere durch Gesetz geschützt ist, aber die Kinder der Armen sind durch das Gesetz nicht geschützt …«[444]

Die Regierung räumte ein, dass etwas getan werden müsse, war aber entschlossen, den Forderungen der Kämpfer für einen Zehnstundentag nicht nachzugeben, denn das hätte nicht nur die Arbeitszeit der Kinder, sondern auch die der Erwachsenen begrenzt. Stattdessen konzentrierte sich die Regierung auf die Kinder, verbot die Fabrikarbeit von Kindern unter neun Jahren und setzte einen achtstündigen Arbeitstag für Kinder bis zum Alter von vierzehn Jahren fest. Indem sie das Gesetz durch die Einrichtung einer Aufsichtsbehörde stärkte, definierte die Regierung die Kindheit als eine Periode, die des gesetzlichen Schutzes bedurfte. Diese Kindheitsperiode wurde ihrerseits von der utilitaristischen Königlichen Kommission (Royal Commission) eingegrenzt. Die Kommission argumentierte, dass mit dem Beginn des vierzehnten Lebensjahres »die Zeit der eigentlichen Kindheit endet und die der Pubertät eintritt, wenn der Körper besser in der Lage ist, länger andauernde Arbeiten auszuhalten …« Dieser physiologische Wandel geht mit einer Änderung des sozialen Status' einher, denn im Allgemeinen werden junge Leute in ihrem vierzehnten Jahr nicht mehr als Kinder behandelt; sie werden gemeinhin nicht mehr durch körperliche Strafen gezüchtigt, und zur selben Zeit tritt eine wichtige Veränderung in dem ein, was man ihre häusliche Lage nennen könnte. Denn zumeist unterstehen sie nicht mehr der Kontrolle ihrer Eltern oder ihrer Schutzbefohlenen. Sie beginnen, einen Teil ihres Lohnes für sich zu behalten. Häufig bezahlen sie für ihre eigene Unterkunft, ihre Mahlzeiten und ihre Bekleidung. Gewöhnlich schließen sie ihre eigenen Arbeitsvereinbarungen ab und sind, im eigentlichen Wortsinn, frei Handelnde.

Ein Kind wurde als ein nicht »frei handelndes« Wesen definiert, es war abhängig und musste deshalb vom Gesetz geschützt werden.[445] Keine anderen Kinder schienen mehr Schutz nötig zu haben, als solche, die unter Tage arbeiteten und Kohlenkarren durch die Schächte schoben oder zogen. Eine andere Königliche Kommission beschrieb 1842 nicht nur die dortigen Arbeitsbedingungen, sondern fügte ihrem Bericht auch Zeichnungen arbeitender Kinder bei. Damit schockierte sie ihre Zeitgenossen, und die Abbildungen gelten seitdem als eindrückliches Beispiel für die Bedingungen der Kinderarbeit während der industriellen Revolution.

Die Maßnahmen der Regierung richteten sich teilweise gegen skrupellose Eltern, die ihren Kindern frühzeitige und quälende Arbeiten zumuteten. Der Fabrikinspektor Leonard Horner machte die Eltern für das verantwortlich, was in den Fabriken vor sich ging, und wollte von elterlichen Rechten nichts wissen. »Wenn der Vater seine natürlichen Rechte hat«, so schrieb er, »dann auch das Kind; und wenn der Vater seinem Kinde diese Rechte raubt, muss der Staat zum Schutzbefohlenen des Kindes werden und dem Kind diese Rechte wieder zurückgeben.« Aber neben der Bereitschaft, die Gültigkeit dieser althergebrachten Elternrechte zu überdenken, gab es die Erkenntnis, dass ökonomische Kräfte zum Nachteil der Kinder am Werke waren, denn die Nachfrage nach Kinderarbeit war groß. Die Königliche Kommission sah die wachsende Nachfrage »als Folge verbesserter Maschinen und einer Tendenz, immer mehr Arbeit den Kindern aufzuladen, um damit die Erwachsenenarbeit zu ersetzen«. Diese Tendenz, so dachten einige, hatte Ursachen, die »so automatisch wirkten wie ein physikalisches Gesetz«. Die in Konkurrenz zueinander stehenden Fabrikanten waren bestrebt, die Arbeitskosten zu senken, und eine Methode bestand darin, Maschinen einzusetzen, die von den billigsten Arbeitskräften – den Kindern – bedient werden konnten. Verteidiger des Arbeitsschutzsystems verwiesen darauf, wie sehr dieses System ein Jahrhundert langes, geradezu endemisches Problem zu lösen half – nämlich genügend Arbeit für Kinder zu finden. Andere dagegen, auch die Utilitaristen, die einen starken Einfluss auf das offizielle Denken im England in den 1830er und 1840er Jahren ausübten, waren gezwungen anzuerkennen, dass die verborgene Hand des Kapitalismus' wohl nicht immer zum Nutzen aller wirkte und dass es eines Corpus' von Gesetzen bedurfte, das – verstärkt durch Inspektoren – die Marktkräfte davon abzuhalten habe, immer mehr Kinder und immer weniger Erwachsene zu beschäftigen.[446]

Es muss darauf hingewiesen werden, in welchem Ausmaß jene Marktkräfte bereits tätig waren. Für die Profite der Industrie im ausgehenden 18. und beginnenden 19. Jahrhundert waren junge Leute von ausschlaggebender Bedeutung. In der englischen Baumwollindustrie des Jahres 1835 waren 43 Prozent der Arbeiter jünger als achtzehn Jahre. In den nordöstlichen Vereinigten Staaten stieg der Prozentsatz der Frauen und Kinder an der Arbeiterschaft vom Anfang des 19. Jahrhunderts bis 1832 von 10 auf 40 Prozent. 1852 waren in Manchester und Salford 76 Prozent aller vierzehn Jahre alten Mädchen und 61 Prozent aller vierzehn Jahre alten Jungen in Spinnereien beschäftigt. In den Worten eines Vorarbeiters in einer Wollspinnerei des Jahres 1833: »Fabriken lassen sich nicht ohne Kinder betreiben ... Eine Auswirkung des gegenwärtigen Systems ist, dass Kinder dieselbe Arbeit an Stelle der Väter verrichten, es arbeiten Knaben anstatt Männer.«[447] Diese Entwicklung war jedoch nicht auf die Textilindustrie beschränkt. Als Henry Mayhew Mitte des 19. Jahrhunderts Untersuchungen über das Londoner Handwerkergewerbe anstellte, erzählten ihm Schneider, Schuhmacher, Zimmerleute und Tischler, nicht Maschinen oder technische Neuheiten hätten dazu geführt, dass die Erwachsenenarbeit durch Kinderarbeit ersetzt wurde: vielmehr lag der Grund dafür im Wettbewerb und in der Arbeitsteilung. Um überleben zu können, waren die Meister gezwungen, ihre Kosten zu reduzieren. »Ich glaube nicht, dass vor zwanzig Jahren«, berichtete der Meister eines kleinen Holz verarbeitenden Handwerksbetriebs, »ein Kind in unserem Gewerbe gearbeitet hat. Jetzt ist unser Gewerbe in eine so schlimme Lage gekommen, dass ein Mann nicht leben kann, wenn er keine Kinder zu seiner Hilfe hat.«[448] Es scheint sich eine Situation eingestellt zu haben, in der Wettbewerb die Arbeitskosten durch den Einsatz von Kinderarbeit drastisch gesenkt hatte.

Die Utilitaristen hatten keine grundsätzlichen Einwände gegen Kinderarbeit, sondern nur gegen das Ausmaß dieser Arbeit. In der Kindheit, so argumentierten sie, musste Zeit für Schulausbildung und körperliches Wachstum bleiben. Darüber hinaus jedoch und jenseits eines bestimmten Mindestalters sahen sie keinen Grund, warum Kinder nicht zur Arbeit gehen und zum Unterhalt der Familie beitragen sollten. Kinder sollten Halbzeitarbeiter sein und die eine Hälfte der Zeit für Arbeit, die andere für die Schule verwenden – ihrer Meinung nach die beste Lösung für das Problem der Fabrikarbeit, die in den mittleren Jahrzehnten des 19. Jahrhunderts breite Zustimmung fand. Sie war für Evangelikale akzeptabel wie etwa Lord Shaftesbury, einer der leidenschaftlichsten Advokaten des Zehnstundengesetzes, denn seine Hauptsorge galt, wie er nicht müde wurde zu betonen, dem Schulbesuch der Kinder.[449]

Für diejenigen indessen, die von romantischem Gedankengut berührt waren, galt eine von Arbeit geprägte Kindheit als unnatürlich. Die romantische Auffassung von Kindheit war weit verbreitet und auch fest verankert in der Rhetorik der Arbeitsschutzbewegung der 1830er und 1840er Jahre. In seinem Überblick über die Arbeitsbedingungen bezog sich Philip Gaskell in seinem Buch *Artisans and Machinery* (1836) direkt auf Wordsworths »Intimations of Immortality from Recollections of Early Childhood«, indem er schrieb:

Richtig hat man beobachtet, und dies nicht weniger hübsch als wahrhaftig, dass der »Himmel um uns ist in unserer Kinderzeit«. Dies könnte man erweitern und sagen, dass »der Himmel um uns und in uns ist in unserer Kinderzeit, denn die Glückseligkeit der Kindheit entspringt voll und ganz aus dem inneren Bewusstsein der Wonne, ebenso wie aus dem Neuen ihrer äußeren Eindrücke. Ihre Seele, vorausgesetzt die Gemütsbewegungen werden gebührend geleitet, ist in der Tat ein Quell alles Schönen, alles Liebenswerten, und sie fließt über vor Freude und Zärtlichkeit; und ihr junges Herz ist ein lebendiges Laboratorium der Liebe, geformt, um sich üppig allenthalben auszustreuen.«

Hier ist Kindheit eine Quelle, die den ausgedörrten Boden des Erwachsenenlebens berieselt. Man betrachtete sie als eine Art Entschädigung der Menschheit für den Verlust des Paradieses. Sie war, oder sollte sein »des erschöpften Lebens langer, glücklicher Heiliger Tag *(holyday)*.« Die archaische Buchstabierung von *holiday* (»Feiertag«) betont den Platz, den die Kindheit in Gottes Plan für die Menschheit einnimmt.[450]

Mit solcher Art Visionen gerüstet, wurde die Erklärung der Kindheitsrechte von einer emotionalen Qualität durchdrungen, die den utilitaristischen und evangelikalen Perspektiven fehlte. Die Vernunft gab dem Gefühl den Vortritt, und solche Gefühle wurden den Kindern in den Fabriken, in den Kohlebergwerken und in den Kaminen entgegengebracht. Im Konflikt mit den Rechten der Kinder spielten die Rechte der Eltern praktisch keine Rolle mehr. In der Tat ging es auch nicht um die Frage Kinder versus Eltern, sondern Kinder versus »Fabriksystem«, gegen jene neue und widernatürliche Art der industriellen Produktion. Während die Jungtiere in der Natur ihre Zeit mit Spielen und Wachsen verbringen, müssen die Menschenkinder arbeiten, zumindest im Rahmen des Fabriksystems. Elizabeth Barrett Browning drückt diesen Gedanken in »The Cry of the Children« (»Aufschrei der Kinder«) so aus:

> The young lambs are bleating in the meadows,
> The young birds are chirping in the nest,
> The young fawns are playing in the shadows,
> The young flowers are blowing toward the west –
> But the young, young children, O my brothers,
> They are weeping bitterly!
> They are weeping in the playtime of others,
> In the country of the free.

(Die jungen Lämmer blöken auf den Weiden,
Die jungen Vögel zwitschern im Nest,
Die jungen Rehe spielen im Schatten,
Die jungen Blumen wiegen sich nach West
Aber die jungen, jungen Kinder, Oh meine Brüder,
Sie weinen bitterlich!
Sie weinen, während and're spielen/Im Land der Freien.)

Für die Engländer war das Verbrechen gegen die Kindheit aufs Engste mit der Tatsache verbunden, dass es im »Land der Freien« – in England – geschah. Was aber Browning und andere, von der Romantik beeinflusste Philanthropen wirklich wollten, war eine Kindheit für alle Kinder überall: Dies allein stand im Einklang mit der Natur, und da hatte körperliche Arbeit keinen Platz. »Jedes hart arbeitende *Kind* macht uns traurig«, schrieb Samuel Roberts aus Sheffield im Jahre 1837. Drei Jahre später schrieb Douglas Jerrold, einer der Gründer des *Punch*, über Fabrikkinder, es seien »Kinder ohne Kindheit«.[451] Das musste er nicht näher erklären: Die Romantiker hatten bereits im Bewusstsein der Engländer eine Vorstellung darüber eingepflanzt, was Kindheit ausmachen sollte.

Bis Mitte des 19. Jahrhunderts beschränkte sich die Debatte über Kinderarbeit unter den Bedingungen der Industrialisierung auf England. Aber auch andere Länder begannen, im Zuge ihrer eigenen Industrialisierung, Gesetze zum Schutz ihrer Kinder zu erlassen. 1841 markierte das »Kinderarbeitsgesetz« in Frankreich »mit der Überwachung und dem Schutz der Kindheit das Aufkommen eines ernsthaften staatlichen Interesses für diese Probleme.« Obwohl das Gesetz nur unzureichend umgesetzt wurde, entwickelte sich in seiner Folge Mitte/Ende der 1860er Jahre »eine dramatische Intensivierung des Interesses an den Belangen der Kinderarbeit«, die von den Historikern zum Teil damit erklärt wird, dass sich »in der Mentalität der besser gestellten Schichten Ende der 1860er Jahre ein neues Verständnis von Kindheit als normatives Element eingestellt hatte: Die Kindheitsperiode sollte verlängert und für Entwicklung und Erziehung genutzt werden.«[452] Der Reformschwung wurde nur kurz von den Kriegsereignissen 1870/71 unterbrochen, und 1874 verabschiedete Frankreich ein Kinderarbeitsgesetz, in dem das zwölfte Lebensjahr als Mindestalter für die Aufnahme einer Arbeit festsetzt wurde. In Preußen bestimmte das Gesetz von 1853 das zwölfte Lebensjahr als Mindestalter für Arbeit in der Industrie, es wurde aber erst 1878 mit einem neuen Gesetz konsequent durchgesetzt. In den industrialisierten Regionen Neuenglands ergingen ab den 1840er Jahren Gesetze zur Kinderarbeit.[453] Für Länder mit zunehmender industrieller Entwicklung lässt sich mit hinreichender Berechtigung behaupten, dass alle wichtigen Schritte zur Kontrolle der Kinderarbeit vor den 1880er Jahren unternommen worden waren, und obwohl utilitaristische und evangelikale Argumente die Gesetzgebung durch Kritik und Einfluss mitgestalteten, kam man immer mehr zur Überzeugung, dass Kinder grundsätzlich nicht arbeiten sollten. Als progressive Kräfte in den Vereinigten Staaten recht spät – Anfang des 20. Jahrhunderts – versuchten, jenseits der einzelnen Staaten eine Reaktion des Bundes auf Kinderarbeit zu bewirken, dann nicht zuletzt deshalb, weil, so einer ihrer Sprecher, »der Begriff Kinderarbeit paradox ist, denn wenn ein Kind zu arbeiten anfängt, ist es kein Kind mehr«; und in den Worten eines anderen ist ein Kind »industriell gesehen tabu« und »die Rechte eines Kindes zu verletzen heißt, gegen etwas Heiliges zu freveln«.[454] Die Größenordnung des vollzogenen Wandels ist beachtlich und verdient betont zu werden: Über weite Teile des 18. Jahrhunderts bemühten sich Philanthropen und Regierungen Arbeitsgelegenheit für Kinder in einem Alter zu schaffen, als Kinder im 19. Jahrhundert noch die Schule besuchten, denn zu dieser Zeit gab es nur wenige, die öffentlich in Abrede gestellt hätten, dass man Kinder von Arbeit verschonen sollte.

Straßenkinder

Die Arbeitsbedingungen für Kinder während der industriellen Revolution waren etwas gänzlich Neues, und so verwundert es nicht, dass sie scharfe Reaktionen hervorriefen. Straßenkinder dagegen waren ein Jahrhunderte altes Problem. Die Reaktion auf dieses Problem jedoch in den mittleren und späteren Jahrzehnten des 19. Jahrhunderts enthielten eher Elemente des romantischen Wunsches, den Kindern ihre Kindheit zu retten, als sie an regelmäßige Arbeit zu gewöhnen. Vielleicht war es die bloße Menge der Kinder, die etwas mit dieser Einstellung zu tun hatte. 1849 berichtete der Polizeichef von New York über die »ständig wachsende Zahl von vagabundierenden, müßig gehenden und verderbten Kindern«, deren Anzahl, so behauptete er, »schier unglaublich« sei. In London gab es nach Schätzungen Shaftesburys 30 000 »nackte, verdreckte, umherstreifende, gesetzlose und verlassene Kinder«. Im Paris der ersten Hälfte des 19. Jahrhundert war die Zahl der vagabundierenden und ausgesetzten Kinder höher als vor der Revolution.[455] Auf Not leidende Kinder wirkten die Städte wie Magneten. Seit Jahrhunderten kamen sie in Frankreich aus Savoyen und der Auvergne nach Paris, um ihren Lebensunterhalt als Kaminfeger und Straßenhändler zu verdienen. In den armen italienischen Dörfern des Apennin übergaben die Familien ihre Kinder an »Padrone«, die die Kinder in den Straßen von Paris, London, New York, Moskau und anderen Städten arbeiten ließen, und sie mit Tieren oder als Musikanten auftreten ließen.[456]

Man brachte diesen Kindern durchaus Sympathie entgegen, insbesondere wenn sie sich typisch kindlich verhielten. Wenn philanthropisch eingestellte Personen von besonders erbarmungswürdigen Fällen hörten, konnte es auch vorkommen, dass sie solche Kinder adoptierten, um ihnen drohende Gefängnisstrafen zu ersparen.[456] Allerdings ging auch die Angst um. Für Shaftesbury gefährdeten solche Kinder, die sich wie »Scharen gesetzloser Freibeuter« verhielten, »die Gesellschaft mehr als in allen früheren Tagen.« Das Delacroix-

Gemälde *Die Barrikade* verankerte im öffentlichen Bewusstsein die Rolle der Straßenjungen während der revolutionären Ereignisse im Paris des Jahres 1830, Verhältnisse, auf die sich Tocqueville auch für 1848 bezog, wenn er schreibt: »Es sind die Pariser Straßenjungen, die gewöhnlich mit dem Aufruhr beginnen.« Die beiden Städte wetteiferten miteinander, wenn sie von Gefahren durch solche Kinder berichten. In London, so behauptete ein Autor im Jahre 1849, »haben wir es mit einer Kategorie zu tun, die ebenso wild ist, und vielleicht noch weniger korrigierbar als diejenige, die von den gefährlichen Schichten in Paris herangezüchtet wird.«[458]

Hatte die Aufregung über die immer häufiger so genannte »Jugendkriminalität« eine reale Grundlage? Vermutlich nicht. Man hatte Jungen im Polizeigewahrsam (und es waren fast alles Jungen) befragt, die auf ihre Gerichtsverhandlung warteten. Dabei ergab sich das Bild von Arbeiterkindern aus armen Verhältnisse, die sich meist nur kleinerer Vergehen schuldig gemacht hatten. Henry Underwood beispielsweise »stahl Lebensmittel ... Brot und Schinken«. Es war häufig Zufall, dass sich der eine Jugendliche – und nicht ein anderer – im System der Kriminaljustiz verfing, und sobald er einmal damit zu tun hatte, waren weitere Vergehen wahrscheinlich. Wenn man einmal im Gefängnis saß, war es schwierig, wieder eine Arbeitsstelle zu bekommen und zu einem Leben ohne kriminelle Handlungen zurückzukehren. Vielleicht aus diesem Grunde erschien manchen Jugendlichen die Aussicht einer Reise nach Übersee verlockend, weil sie in einem anderen Land ein neues Leben beginnen konnten.[459]

Kommentatoren der Mittelklasse mit Kontakten zu jugendlichen Kriminellen oder Straßenkindern stellten fest, dass ihnen alle Eigenschaften fehlten, die man Kindern gewöhnlich zusprach. Sie genossen, sagte Shaftesbury, eine »barbarische Freiheit von aller Aufsicht und Zügelung.« Man nannte sie »Wilde« oder »Straßenaraber« und stempelte sie ab als »träge, jede geregelte und dauerhafte Arbeit verabscheuend, ohne irgend eine Beschränkung.« Die

Freiheiten dieser Lebensweise raubten ihnen alle Merkmale des Kindhaften, ein Umstand, der nicht zuletzt in ihrer Körpersprache sichtbaren Ausdruck fand. Bei einem Gespräch mit einem acht Jahre alten Mädchen, das Brunnenkresse verkaufte, beobachtete Henry Mayhew, dass sie »gänzlich jede kindliche Art verloren hatte« und dass ihr Gesicht faltig war, wo eigentlich Grübchen hätten sein müssen«. Man sagte, ein straffällig gewordener Junge habe »das Gesicht eines Kindes ohne jegliche Spuren kindlicher Gefälligkeit«.[460]

Aus dieser Diagnose leitete man die Therapie ab: Der straffällige Jugendliche »muss wieder in ein Kind umgewandelt werden«. In England formulierte Mary Carpenter in den 1850er Jahren ein Verfahren von äußerster Schlichtheit. Kinder, so meinte sie, brauchen Liebe; ohne Liebe »sind sie keine Kinder mehr«. Junge Delinquenten müssen deshalb unter Berücksichtigung ihre »Kindesnatur *als Kind* behandelt werden. Wir dürfen es nicht wie einen erwachsenen Mann behandeln.« Und schließlich muss der Straffällige »nach und nach in die wahre Umgebung der Kindheit eingesetzt werden … er muss … seinen Platz in einer *Familie* erhalten.« Das waren nicht einfach sentimentale Regungen, Klagen über eine verlorene Kindheit, obwohl dies gewiss auch eine Rolle spielte; es war in erster Linie die Äußerung des verinnerlichten romantischen Glaubens, dass nur das Erleben einer wahren Kindheit die Grundlage für ein ersprießliches Erwachsenenleben sein könne. Und Kindheit müsse eine Zeit der Zugehörigkeit und des Schutzes im Rahmen einer Familie oder einer Ersatzfamilie sein.[461]

Seit dem 15. Jahrhundert war es gängige Praxis, verlassene oder delinquente Kinder in die Obhut einer Institution zu geben. Insbesondere ab den 1830er Jahren entstanden zahlreiche Institutionen, die Betreuung und Versorgung von Kindern für dringend notwendig erachteten. In Europa wurden zwei Einrichtungen – das 1833 eröffnete Rauhe Haus bei Hamburg und das 1840 eröffnete Mettray bei Tours – zu viel besuchten und inspirierenden Vorbildern für etwas, was Jeroen Dekker als »Archipel von Heimen« für die Umerziehung von Kindern beschrieb, für »hunderttausende Kinder ... in vielen tausend Heimen«.[462] Nach 1830 entstanden überall in den Vereinigten Staaten Kinderasyle. Alleine im Staat New York gab es 1850 öffentliche und private Institutionen für die Betreuung von Kindern. Landesweit hatte sich die Anzahl privater Waisenhäuser von 77 im Jahre 1851 auf 613 im Jahre 1880 erhöht, weitere 474 kamen im Laufe er nächsten Jahre hinzu. 1910 sorgte man in 1150 Einrichtungen für 150 000 minderjährige, verwahrloste und delinquente Kinder. Im anglophonen Teil Kanadas gab es 1891 nicht weniger als 41 Waisenhäuser, in denen 3827 Kinder lebten.[463] Nach der Hungersnot in den ausgehenden 1840er Jahren erlebten die Institutionen einen gewaltigen Zulauf an Kindern, deren Zahl sich 1850 auf 120 000 belief. Um die Mitte der 1860er Jahre war die Anzahl der in Heimen untergebrachten Kinder zwar auf 18 000 gesunken, aber zusätzlich kümmerten sich auch religiöse Einrichtungen um eine Vielzahl von Kindern. Zwischen 1834 und 1864 stieg die Zahl der Waisenkinder in katholischen Einrichtungen von 800 auf 3500 an, und noch einmal so viele wurden von protestantischen Organisationen betreut.[464]

Diese Institutionen, ob sie nun für verwaiste, verwahrloste oder straffällige Kinder gegründet wurden, wiesen viele gemeinsame Merkmale auf. Waisenhäuser hatten eine breiter gestreute Klientel als man hätte vermuten können: In vier Waisenhäusern in einem Staat des Mittleren Westens beispielsweise hatten 1920 zwei Drittel der Insassen noch beide Eltern.[465] Es erwies sich als schwierig, eine klare Unterscheidung zwischen Institutionen vorzunehmen, die für straffällig gewordene Kinder und Jugendliche gedacht waren, und solchen Institutionen, die der Kinderkriminalität vorbeugen wollten. Es war wohl die Mission aller dieser Einrichtungen, den Kindern einen Platz zu geben, »wo sie eine Zuflucht finden vor den Gefahren der Armut und der Vergiftung durch schlechtes Beispiel«. Es waren Asyle, Zufluchtsstätten, Schutzorte für die Kinder.[466] Man könnte sie leicht als Einrichtungen für soziale Kontrolle bezeichnen, aber Eltern und andere verantwortliche Erwachsene bemühten sich für die Kinder in ihrer Obhut sehr häufig um Aufnahme in diesen Häusern. Im Falle der holländischen Stadt Delft etwa können weder Not noch Elternlosigkeit die Einweisung der Kinder in das Waisenhaus erklären: Man vertraute die Kinder dieser Institution an, weil sie den Kindern in ihrer Obhut eine gute Fürsorge und günstige Zukunftsaussichten bot.[467]

Trotz derartiger Beispiele äußerten sich die meisten Zeitgenossen, aber auch die moderne Forschung, höchst kritisch über das Leben, das Kinder in solchen Heimen führten. Obwohl sie vorgeblich nach dem Modell der christlichen Familie organisiert waren, wurden die Kinder in den Heimen einer strengen Disziplin unterworfen, und Gehorsam schien das oberste Erziehungsziel zu sein. In den Worten eines Besuchers: »Alles verläuft wie von einer Maschine angetrieben, wie es wohl sein muss bei der Masse der Kinder, die niemals von einander getrennt in Familien gelebt haben.«[468] Die Kritik an den Institutionen verstärkte sich in der 2. Hälfte des 19. Jahrhunderts. In den Heimen gab es akute Gesundheitsprobleme, insbesondere grassierte die Ophthalmia, eine Augeninfektion. Aber darüber hinaus stellte man fest, dass bei der Massierung von Kindern »das natürliche Bedürfnis des Kindes nach häuslichem Leben, nach liebevoller Zuwendung und vor allem nach elterlicher Liebe nicht berücksichtigt wird. All dieser Dinge beraubt, fühlt es sich wie ausgestoßen, und es ist nur zu wahrscheinlich, dass es irgendwann einmal Rache nimmt an der Gesellschaft, die ihm Schaden zugefügt hat. Wenn wir den Armen Heim und Liebe nehmen, reduzieren wir ihr Los auf das eines Lasttieres.« Offenbar waren es Amerikaner, die das Wort »institutioniert« prägten, um damit ein Kind zu beschreiben, das »durch die Auswirkung des Heimlebens mechanisch und hilflos« geworden war.[469]

Gegen Ende des 19. Jahrhunderts gab es zahlreiche Versuche, den in Obhut befindlichen Kindern eine Art zu Hause zu verschaffen. Bisweilen wurden sie in ihre eigenen Familien zurückgebracht, so etwa in Paris, wo die Hälfte der straffällig gewordenen Kinder wieder ihren Eltern übergeben wurden.[470] Bei vielen Kindern indessen machte man die Familie dafür verantwortlich, dass Kinder in Abhängigkeit von Fürsorgeinstitutionen gerieten oder kriminell wurden. Deshalb mussten Ersatzfamilien gefunden werden, und hierfür boten sich zwei Wege an. Der erste Weg bestand darin, die jungen Straffälligen von den älteren zu trennen und zu versuchen, den Ersteren ein Leben in einer Institution zu ermöglichen, das in etwa dem Leben in einer Familie glich. Dieser Ansatz geht auf das 18. Jahrhundert zurück: 1788 wurde in England die Philanthropische Gesellschaft (Philanthropic Society) zur Errettung verlassener oder krimineller Kinder gegründet. Das Vorbild für eine Heiminstitution war das 1833 vor den Toren Hamburgs gegründete Rauhe Haus, an dem sich Mettray in Frankreich, Mettray in den Niederlanden, Ruysselede in Belgien und Red Hill in England orientierten. Es handelte sich dabei um ländlich-landwirtschaftliche Siedlungen für junge Straffällige oder verwahrloste Kinder mit dem doppelten Vorteil, dass die Kinder dem schädlichen Einfluss der Städte entzogen waren und in familienähnlichen, häuslichen Gemeinschaften leben konnten.[471] Für die jeweiligen Kategorien der Kinder in institutioneller Obhut waren zunächst Einzelgebäude und Wohngruppen und keine kasernenartigen Massenunterkünfte vorgesehen, das heißt verhältnismäßig kleine, separate Wohneinheiten innerhalb der Grenzen einer größeren Einrichtung. Diese aber waren teuer, und viele zweifelten daran, ob sie wirklich so angelegt waren, dass sich die Kinder wie zu Hause fühlen konnten.[472]

Erst im 20. Jahrhundert führte man eine spezielle Strafrechtspflege ein und rückte von einer Sonderbehandlung nach der Verurteilung ab. Die Initiative für besondere Kindergerichte stammte aus den Vereinigten Staaten, wo der Staat Illinois 1899 ein Jugendgerichtsgesetz verabschiedete. Im Laufe der nächsten vier Jahre folgten Wisconsin, New York, Ohio, Maryland und Colorado dem Beispiel von Illinois; 1908 wurde die Initiative auch jenseits des Atlantiks in England und Deutschland aufgegriffen. Vier Grundgedanken waren ausschlaggebend für die Einrichtung von Jugendgerichten: Der vornehmliche Zweck des Gerichts sollte erstens die Besserung und nicht die Bestrafung sein; daraus folgte zweitens, dass die Jugendgerichte vorbeugend zu wirken hätten, mit der Befugnis, sich mit solchen Kindern und Jugendlichen zu befassen, die man in Illinois »Prädelinquenten« nannte, die also noch nicht straffällig geworden waren, aber aller Voraussicht nach kriminell werden würden. Da Besserung die Zielrichtung war, sollte die verhängte Strafe von unbestimmter Dauer sein, je nach dem, wie der Jugendliche auf die vom Gericht getroffenen Maßnahmen reagierte. Schließlich sollte es eine Bewährungszeit geben, in der die Kinder Anleitung und Aufsicht erfuhren, die sich nicht in der Obhut von Institutionen befanden.[473]

Die zweite Initiative für verwahrloste oder delinquente Kinder war noch radikaler als der Versuch, den Kindern in Institutionen ein Gefühl familiären Lebens zu vermitteln: Es ging darum, die Kinder in Pflegefamilien zu geben. Dies in einem staatlichen Rahmen zu tun, war letztlich die Erweiterung des seit Jahrhunderten praktizierten Ammensystems, das man im Falle von Findelkindern anwendete. Man entfernte die Kinder aus dem ungesunden Milieu der Städte und verpflanzte sie in ländliche Gegenden. Der Nachteil dieses Verfahrens bestand in der Frage der staatlichen Aufsicht: man hielt sie zwar für dringend notwendig, sie war aber nur schwer in die Tat umzusetzen, und so bestand immer die Gefahr, dass ein Kind in einer Pflegefamilie ausgebeutet wurde.[474]

Der mit einer Trennung des Kindes von seiner Familie verbundene »soziale Eingriff« zeigte sich noch deutlicher, wenn Kinder nach Übersee oder an einen sonstigen, von ihrem ursprünglichen Aufenthalt weit entfernten Ort gebracht wurden.[475] Dieses Programm verfolgte man seit den 1820er Jahren in London und Paris, und 1831 brachte man neunundfünfzig Mädchen aus dem Findelhaus in Cork auf Regierungskosten nach Neu-Südwales, das gesamte Verfahren wurde aber erst um die Jahrhundertmitte häufiger angewendet.[476] In London wollte Shaftesbury Abgänger seiner Armenschulen (Ragged Schools, »Lumpenschulen«) nach Südaustralien schicken. In New York begann die Children's Aid Society von Charles Loring Brace im Jahre 1854 damit, arbeitsfähige Kinder auf Farmen im Staat New York und in den Staaten des Mittleren Westens unterzubringen; die Zahl der verschickten Kinder belief sich schließlich auf 60 000.[477] Zwischen 1870 und 1914 »emigrierten« die Engländer 80 000 Kinder nach Kanada, vor allem wegen der großen Nachfrage nach Kinderarbeit in der Landwirtschaft sowie nach Hausbediensteten in den Grenzgebieten. Man könnte dies durchaus als Widerspruch zur allgemeinen Forderung sehen, die Kinder vor Kinderarbeit zu schützen. Allerdings konnte man Kinderarbeit in der Landwirtschaft, vorausgesetzt sie entsprach der körperlichen Entwicklung der Kinder, als etwas ganz Natürliches und als etwas gänzlich anderes als Fabrikarbeit präsentieren. Der entscheidende Vorteil lag darin, dass die Kinder in eine natürliche Umgebung versetzt wurden und nicht mehr auf den Straßen der Städte ihr Leben fristen mussten. Dass sie arbeiteten, erschien unumgänglich, aber wenigstens verrichteten sie ihre Arbeit unter freiem Himmel und nicht unter Fabrikdächern. Es konnte ihnen etwas von ihrer Kindheit zurückgegeben werden, und das sollte jeden Versuch wert sein. Barnardo, die wichtigste Figur der britischen Kinderemigrationsbewegung im ausgehenden 19. und beginnenden 20. Jahrhundert, bezog sich auf die »philanthropische Entführung«, um die Kinder vor den Städten und vor ihren unzulänglichen Familien zu retten.[478]

Grausamkeit gegenüber Kindern

Es wird oft gesagt, die Briten regten sich mehr über Tierquälerei auf als über Grausamkeit gegenüber Kindern. Während es bereits in den 1820er Jahren eine »Königliche Gesellschaft zur Verhinderung von Tierquälerei«, gab, wurde die »Nationale Gesellschaft für die Verhinderung von Grausamkeit gegenüber Kindern« erst in den 1880er Jahren gegründet. Allerdings rief die Misshandlung von Kindern durch Erwachsene auch schon Ende des 18. Jahrhunderts und zu Beginn des 19. Jahrhunderts scharfe gesellschaftliche Sanktionen hervor, und bisweilen kam es auch zu entsprechenden Gerichtsverfahren. Zwischen 1785 und 1860 berichtete *The Times* von 385 gerichtsnotorischen Fällen vernachlässigter und sexuell missbrauchter Kinder, wobei nur in 7 % der Verfahren erfolgreich auf »nicht schuldig« plädiert werden konnte. In ihren Urteilsbegründungen äußerten die Richter ihr Entsetzen und ihren Abscheu über die – meist von den Eltern – begangenen Grausamkeiten gegenüber den Kindern.[479] Kinder als Opfer von Gewalt spielten auf den von Reiserichtern abgehaltenen Gerichtstagen im nordöstlichen England zwischen 1770 und 1845 eine immer größere Rolle, und diese Zunahme ließ sich auch nach 1830 in London und im West-Riding-Distrikt von Yorkshire feststellen. Diese gerichtlichen Verfolgungen von Kindesmisshandlungen stießen auf rückhaltlose gesellschaftliche Unterstützung. Die meisten Fälle kamen durch Anzeigen der Nachbarn oder von Mitgliedern der Familie vor die Gerichte. Ein Londoner Richter musste 1830 einen Schuhmacher, der wegen des Missbrauchversuchs an kleinen Mädchen angeklagt war, aus Mangel an Beweisen freisprechen. Am Schluss der Verhandlung sagte der Richter: »Wenn ich der Vater wäre und hätte eine gute Pferdepeitsche zur Hand, dann wüsste ich wohl, wie ich sie gebrauchen würde.« Vor dem Gerichtsgebäude wurde der Schuhmacher »von einer Schar Frauen erwartet, die ihn mit Pfuirufen überschütteten und auf ihn einprügelten; ein kräftiger Kohlenträger stellte ihm ein Bein und rollte ihn mehrere Yards den Rinnstein entlang – zum nicht geringen Ergötzen der Umstehenden.«[480]

Vor diesem Hintergrund war es nicht wirklich etwas Neues, wie häufig behauptet wird, als man in den Vereinigten Staaten in den 1870er Jahren und in England in den 1880er Jahren Gesellschaften für die Verhinderung von Grausamkeiten gegenüber Kindern (Society for the Prevention of Cruelty to Children/SPCC) gründete. Ende der 1870er Jahre gab es vierunddreißig SPCCs in den Vereinigten Staaten und fünfzehn in anderen Ländern.[481] Auf dem europäischen Kontinent standen Frankreich und Belgien in der vordersten Front der Diskussion über Schutzmaßnahmen für Kinder: Von fünfzehn internationalen Konferenzen über dieses Thema im Zeitraum 1872–1914, fanden sieben in Belgien statt und zwei in Paris, und namentlich in den 1890er Jahren starteten diese beiden Länder Kampagnen zur Reformierung der Gesetze und Institutionen sowie zur Ausweitung des Schutzes für gefährdete Kinder.[482]

Zwei Dinge waren neu bei diesen Initiativen. Zum einen gab es jetzt Organisationen, die sich bewusst dem Schutz der Kinder verschrieben hatten. Es trifft zu, dass schon Vorgängerorganisationen existierten, aber die Ziele der neuen Organisationen waren weiter gesteckt: Sie strebten danach, bereits bestehenden Gesetzen Geltung zu verschaffen, Misshandlung und sexuellen Missbrauch von Kindern zu einem Straftatbestand zu machen und ein Inspektionssystem einzurichten, das bei Verdacht auf Vernachlässigung oder Missbrauch Untersuchungen anstellen sollte. In England waren 1910 bei der NSPCC 250 Inspektoren beschäftigt, die über 50 000 Beschwerden bearbeiteten. Es war in der Periode 1880–1914, so argumentiert Harry Ferguson, »dass das moderne Konzept des ›Kindesmissbrauchs‹ gesellschaftlich entwickelt wurde.«[483] Zum anderen repräsentierten die Organisationen und die mit ihnen verbundenen Bewegungen den bewussten Versuch, die Macht der Eltern und insbesondere die Macht der Väter zu beschränken. Dieser Ansatz war nicht neu. In England etwa hatte man seit langem eine Vorstellung von den Grenzen der Bestrafung, die Eltern ihren Kindern auferlegen konnten. Im Jahre 1850 wurde ein Anwalt zu einer Gefängnisstrafe verurteilt, weil er diese Grenze überschritten hatte, und die Eltern wurden ermahnt, »dafür Sorge zu tragen, bei der Züchtigung die Grenzen der Mäßigung nicht zu überdehnen«.[484] In Frankreich führten die Rechte der Eltern, genauer gesagt die Rechte des Vaters, zu besonders tief greifenden Konflikten. Nach dem Napoleonischen Code Civile musste ein Vater, dessen Kind »hinreichenden Anlass zur Unzufriedenheit«, gab, »mit einer Gefängnisstrafe von einem Monat rechnen, wenn er jünger als sechzehn Jahre ist und mit sechs Monaten, wenn er älter ist«.[485] Im ausgehenden 19. Jahrhundert indessen begann man die im Code Napoléon verankerte väterliche Autorität anzugreifen. In den 1860er Jahren entstanden philanthropische Gesellschaften für den Schutz der Kinder, und in den 1880er Jahren entwickelte sich das Konzept des »moralisch vernachlässigten« Kindes *(moralement abandonné)* als Bedrohung und Opfer, das aber in jedem Falle rettungsbedürftig war. Wenn ein Vater für sein Kind eine Gefängnisstrafe beantragte, griffen routinemäßig Sozialarbeiter ein und untersuchten, ob vielleicht der Vater – und nicht das Kind – bestraft werden müsse. Nach den Erfahrungen mit Eltern, die ihre in staatlicher Obhut befindlichen Kinder zurückforderten, drohte ein Gesetz von 1889 mit dem endgültigen Verlust der elterliche Autorität, wenn »Väter oder Mütter ... durch ihre gewohnheitsmäßige Trunkenheit, durch ihr offenkundiges und anstößiges Fehlverhalten oder durch schlechte Behandlung die Sicherheit, die Gesundheit und Sittlichkeit ihre Kinder gefährden.« Im folgenden Vierteljahrhundert erließen alle westlichen Staaten Gesetze nach dem französischen Vorbild und schränkten die Rechte der Eltern ein. In Frankreich selbst befanden sich 1899 über 20 000 »moralisch vernachlässigte« Kinder in staatlicher Obhut.[486] Das ebenfalls im Jahre 1889 verabschiedete englische Gesetz zur Verhinderung von Grausamkeit gegenüber Kindern (Prevention of Cruelty to Children Act), die so genannte »Kindercharta«, sah ebenfalls die Loslösung der Kinder aus der elterlichen Gewalt vor. Es markierte, in den Worten Benjamin Waughs, des eifrigsten Befürworters der Kindercharta, »den Beginn des parlamentarischen Kampfes zugunsten der Kinder als Kinder in ihrem rein menschlichen Interesse ... Der Absolutismus des Staates obsiegte über den Absolutismus der Eltern.«[487] Jetzt existierten Institutionen, deren Aufgabe es war, Kinder vor der Grausamkeit ihrer Eltern zu schützen.

Philanthropie, der Staat und die Kinder

Die Gesellschaften für die Verhinderung von Grausamkeit gegenüber Kindern waren in gewisser Weise privat organisierte und privat finanzierte staatliche Agenturen. Die New Yorker SPCC beispielsweise war eine private Körperschaft, aber ihre Bevollmächtigten war »vorschriftsmäßig eingesetzte Beamte nach Recht und Gesetz«. Es hatte den Anschein, als zögere der Staat sich allzu sehr in die Privatangelegenheiten der Bürger einzumischen und habe deshalb einer privaten Körperschaft erlaubt, in seinem Namen tätig zu werden. Im Gegensatz zu vielen anderen SCCs in den Vereinigten Staaten beharrte die New Yorker SPCC auf ihrer Politik der institutionalisierten Kinderbetreuung und lenkte damit heftige Kritik auf sich, nicht nur wegen der verfolgten Politik, sondern auch wegen fehlender Verantwortlichkeiten.[488] Die Beziehungen zwischen Philanthropen und einem um das Kindeswohl bemühten Staat waren durchaus mit Schwierigkeiten befrachtet.

In gewisser Weise hatte die Philanthropie den Boden für die späteren staatlichen Eingriffe vorbereitet, und der Übergang von der einen zur anderen Institution wurde in dem Maße erleichtert, in dem der Umfang der Aufgaben die Kräfte der Philanthropen überstieg. Allerdings widersetzten sich die Philanthropen staatlichen Interventionen auf den Gebieten, die sie als ihre ureigenen Betätigungsfelder definiert hatten. Anfang des 20. Jahrhunderts wuchs die Kritik an der Philanthropie als eine auf Kinderprobleme ausgerichteten institutionalisierten Bewegung. Obwohl die Philanthropie sorgfältig auf Einzelfallhilfe bedacht war und auf die Trennung von Hilfsbedürftigen und Nicht-Hilfsbedürftigen Wert legte, wurde sie wegen einer Beschränkung anderer Art kritisiert: Ihre Tätigkeit erstreckte sich nicht auf die gesamte Bevölkerung; in manchen Gebieten waren philanthropische Einrichtungen stark vertreten, während sie bisweilen schon in benachbarten Gebieten überhaupt nicht vorhanden waren.[489] Innerhalb der Regierungen entwickelte sich eine starke, bisweilen auch mehrheitliche Unterstützungsfront für das, was man die philanthropische Lösung sozialer Probleme nennen könnte. In der ersten Dekade des 20. Jahrhunderts jedoch äußerte man offene Kritik gegenüber der Philanthropie, häufig kombiniert mit herablassender Beurteilung der guten Absichten der Philanthropen.[490] Man argumentierte jetzt häufiger, der Staat müsse als die zentrale und koordinierende Institution zum Wohle der Kinder agieren. In den Vereinigten Staaten und in England bezogen die Befürworter einer erweiterten staatlichen Rolle die Bezeichnung »Kinder des Staates« – ursprünglich alleine auf Kinder in direkter staatlicher Obhut gemünzt – immer mehr auf alle Kinder. »Alle Kinder sind Kinder des Staates, oder keines ist es«, erklärte Rev. Lloyd Jenkins aus Illinois im Jahre 1898.[491]

Die Identifizierung der Kindheit als ein Aufgabengebiet staatlicher Politik wurde begleitet – und zum Teil auch verursacht – vom schwindenden Vertrauen in die Familie. Einige meinten, wenn die Familien ihre Aufgaben gebührend erfüllten, müsste es auch keine staatliche Kinderpolitik geben; die Lösung bestand indessen nicht im Rückgriff auf staatliche Maßnahmen, sondern darin, die Familien zur Übernahme ihrer Verantwortung zu zwingen. Nach Meinung anderer, waren die Familien unfähig, sich hinreichend um ihre Kinder zu kümmern, deshalb müsse der Staat zugunsten der Kinder eingreifen, zugleich aber auch die Familien befähigen, besser ihren Aufgaben nachzukommen. Die Verteilung von Schulspeisung durch lokale Behörden konnte man deshalb entweder als Verdrängung der Familie aus einer traditionellen und anerkannten Rolle auffassen oder als willkommene Entlastung der Familien, die ihre knappen Mittel dann für andere Dinge einsetzen konnten. In beiden Fällen jedoch wurde die Familie in gewisser Hinsicht von den Philanthropen oder dem Staat infrage gestellt; man ging ohne Zweifel nicht mehr davon aus, dass man das Aufziehen von Kindern einfach den Familien überlassen könne, während sich Staat und private Organisationen lediglich der Problemfälle annehmen würden.

Die Kindersterblichkeit, die in vielen Ländern Ende des 19. Jahrhunderts ebenso hoch war wie zu Beginn des Jahrhunderts, war ein besonders offenkundiges Betätigungsfeld für öffentliche Intervention. Anfang des 20. Jahrhundert existierte »eine internationale Kinderwohlfahrtsbewegung von wahrhaft immensen Dimensionen« mit nationalen Organisationen in Dänemark, Deutschland, Italien, Luxemburg, den Niederlanden, Norwegen, Rumänien, Russland, Spanien, Schweiz, Großbritannien und den Vereinigten Staaten.[492] Gewiss wurde die Frage, wie man Kindersterblichkeit verringern könne, von Land zu Land unterschiedlich behandelt, besonders bemerkenswert war jedoch, wie schnell eine in dem einen Land gefundene Lösung von anderen Ländern übernommen wurde. Die in Frankreich eingeführten *Gouttes de Lait* – Milchdepots – verbreiteten sich auch in Kanada, den Niederlanden, Schweden, in Großbritannien, in den Vereinigten Staaten und zweifellos auch in anderen Ländern, wobei die entsprechenden Informationen von den internationalen Konferenzen in Paris 1905 und Brüssel 1907 verbreitet wurden.

Die Essenz der internationalen Bewegung für die Wohlfahrt des Kindes war die Konstituierung des Säuglingsalters als medizinisches Problem, bei dem die Mütter in der vordersten Verteidigungslinie gegen Bazillen standen.[493] Die Ärzte entdeckten für sich selbst eine neue Rolle bei der Verbreitung des Evangeliums von der Hygiene. »Die Zukunft der Menschheit«, behauptete das *British Medical Journal* im Jahre 1904, » … beruht weitgehend auf der medizinischen Profession«.[494] Die häufig allzu gleichgültigen und sorglosen Mütter, so meinte man, waren verantwortlich für die hohe Kindersterblichkeitsrate, und es musste die Aufgabe der Ärzte, der Krankenschwestern und der Gesundheitsinspektoren sein, die Mütter in ihren Pflichten zu unterweisen – nicht nur zum Wohl ihrer eigenen Kinder, sondern auch für die Zukunft der gesamten Menschheit.

Dieser Aufgabe nahm man sich mit Begeisterung an und startete dezidiert soziale Aktionen, insbesondere propagierte man das Stillen der Säuglinge. Statistiken aus den Vereinigten Staaten, erstellt vom Children's Bureau,[495] zeigten, dass die Sterblichkeitsrate bei nicht gestillten Kindern drei- bis viermal so hoch war; deshalb sollten die nicht stillenden Mütter zu einer verbesserten Milchabgabe befähigt werden. Zu diesem Zweck organisierte man eine Kampagne, um Mütter und zukünftige Mütter über Hygienefragen und Kinderbetreuung zu informieren. Mutterinstinkt reichte nicht aus. Der Nationale Mütterkongress in den Vereinigten Staaten von 1912 zeigte sich entschlossen, »gegen den alten Glauben anzukämpfen, der Instinkt lehre die Mütter all das, was zum Aufziehen eines Kindes nötig ist«.[496] Mutterschaft, so betonte man, ist mit einer großen Verantwortung verbunden, unter anderem mit der Verpflichtung zum Verzicht auf Arbeit, wenn nicht schwer wiegende Gründe dagegen sprechen. Überall entstanden Mutterschulen. Krankenschwestern verschafften sich Zugang zu Arbeiterfamilien, wo sie die Grundsätze der Hygiene verbreiteten.[497] In den Volksschulen unterwies man die Schülerinnen in Babypflege. Unter der Flagge der *puériculture* bereitete man in Frankreich die Mädchen auf ihre biologische Bestimmung vor. Die amerikanische Liga der Jungen Mütter (Little Mother's League) für Mädchen ab zwölf Jahren bemühte sich darum, dass die Mädchen Prinzipien der Hygiene an ihre Immigrantenfamilien weitergaben. Alleine in der Stadt New York gab es 239 Einrichtungen der Liga, und 1915 existierten Zweigniederlassungen in 44 amerikanischen Städten.[498]

Öffentlichkeitsarbeit war das Kernelement dieser Kampagnen. In den Vereinigten Staaten wurden Wettbewerbe wie »Besseres Baby« der Jahre 1912 und 1913 ab 1916 von nicht-kommerziellen, aber höchst erfolgreichen »Babywochen« abgelöst; in England fand die erste Nationale Babywoche im Juli 1917 statt.[499] Nur wenige Mütter dürften sich dem Beratungstrommelfeuer, das auf sie hernieder ging, entzogen haben. Im Jahre 1929 schätzte das United States Children's Bureau, dass etwa die Hälfte der amerikanischen Kleinkinder von den regierungsamtlichen Informationen über die Behandlung von Babys profitiert hatten. In Großbritannien existierten 1918 etwa 700 städtische und 578 private Mütter- und Kinderzentren, eine Zahl, die sich seit Beginn des Weltkriegs im Jahre 1914 verdoppelt hatte.[500]

Die Besorgnis in Bezug auf Kindersterblichkeit war eine internationale Angelegenheit, und die vorgeschlagenen Lösungen unterschieden sich nur marginal, dennoch existierten von Land zu Land bedeutende Unterschiede in Motivation und Struktur der Kampagnen. In Frankreich beispielsweise ging es bei den Kampagnen in erster Linie um die Erhöhung der Geburtenrate und damit um die Vergrößerung der Bevölkerung des Landes, während in den USA die Amerikanisierung der Einwanderer und die Erhöhung der ökonomischen Effizienz im Vordergrund standen. In allen Ländern spielte die Ärzteschaft eine Schlüsselrolle, aber während in Frankreich ihre Autorität von Anfang an anerkannt wurde, nutzten die Ärzte beispielsweise in den USA und in den Niederlanden das Problem der Kindersterblichkeit, um ihren eigenen Status zu befördern; sie waren eifrig bemüht, wie es ein Arzt im Jahre 1913 formulierte, »die Tore zu diesem wichtigen Bereich der Vorsorgemedizin nicht den Sozialarbeitern und Philanthropen zu öffnen«.[501] Die Letzteren hatten in der Tat bereits den Fuß in der Türe, einige akzeptierten die Führungsrolle der Mediziner, andere setzten sich für eine Politik ein, die nicht nur in Hygienefragen beraten, sondern auch für materielle Unterstützung der Mütter sorgen sollte. Wenig indessen war zu erreichen, wenn es nicht der Staat, häufig aus ganz anderen Gründen, für geboten erachtete, Unterstützungsmittel für Mütter bereitzustellen.

Die Rolle des Staates manifestierte sich besonders deutlich bei der Einführung und Ausbreitung der Schulpflicht. In vielen Ländern existierten schon vor den 1880er Jahren Schulgesetze, die dazu gedacht waren, für alle Kinder Schulen einzurichten. Einige davon reichten, wie wir gesehen haben, bis ins 18. Jahrhundert zurück. Was aber beinahe jede vor den 1880er Jahren eingerichtete Schule charakterisierte, war die tiefe Kluft zwischen Absicht und Realität: So beispielsweise das französische Guizot-Gesetz von 1833. In jeder Kommune oder jedem Kommunalverband sollte mindestens eine amtlich genehmigte Elementarschule existieren, außerdem mussten Vorkehrungen für die Ausbildung von Schullehrern getroffen werden. In bestimmter Hinsicht stellte dieses Gesetz einen enormen Erfolg dar: In den 1830er und 1840er Jahren stieg die Anzahl der Schulen und der angemeldeten Schüler stark an, wobei der Aufschwung schon vor 1833 einsetzte. Um 1850 »war das Prinzip, wenn auch noch nicht die Praxis, des allgemeinen Schulwesens etabliert«, und im Laufe des nächsten Vierteljahrhunderts »wurde die Praxis des Schulbesuchs die allgemein akzeptierte Norm.«[502] Dennoch waren 1876 fast 800 000 von 4,5 Millionen Kinder im schulpflichtigen Alter (18 Prozent) in keiner Schule registriert. Überdies ließen Schulen und Lehrer vieles zu wünschen übrig. »Dunkel, feucht, überfüllt, stickig, ohne Einrichtungsgegenstände, ungeheizt, stinkend und rauchig bei brennendem Ofen, zugig, unwirtlich und hässlich – so waren die meisten Schulen bis Ende der 1870er Jahre«, schreibt Eugen Weber. Die Lehrer arbeiteten nur im Nebenerwerb und besserten ihren schmalen Lohn mit anderen Tätigkeiten auf.[503] Viele Schulen in ländlichen Gebieten waren nur im Winter geöffnet, wohl wissend, dass die Kinder im Sommer in der Landwirtschaft arbeiten mussten. Der Schulbesuch im Sommer war dann auch um weniger als Dreiviertel geringer als im Sommer. Außerdem bedeuteten lange Schulwege, schlechte Wegeverhältnisse und unzureichendes Schuhwerk, dass viele Kinder nicht oder nur unregelmäßig zur Schule gingen, obwohl die Schule geöffnet war.[504] Indessen: Die große Mehrheit der Kinder besuchte vor den 1880er Jahren die Schule, und es gibt genügend Hinweise darauf, dass

Eltern und Kommunen den Schulbesuch der Kinder verlangten, und dies nicht, weil die Zentralregierung entsprechenden Zwang auszuüben versuchte. Überdies verfügte das System über einen quasi eingebauten Wachstumsmechanismus. Jedenfalls übten die Reformen der 1880er Jahre einen mächtigen Einfluss aus.[505] 1881 wurde das Schulgeld in öffentlichen Elementarschulen abgeschafft; 1882 machte man die Anmeldung an eine Schule zur Pflicht; 1883 verlangte der Staat von jedem Dorf oder jedem Weiler mit mehr als zwanzig schulpflichtigen Kindern die Unterhaltung einer Elementarschule; 1885 wurde das Budget für den Bau und die Instandhaltung von Schulen sowie für die Besoldung der Lehrer kräftig angehoben, und 1886 richtete man ein ausgeklügeltes Inspektions- und Kontrollsystem ein.[506] Nach der Niederlage von 1870/71 betrachtete man in Frankreich die Schulen als nationale Investition in ein System zur allgemeinen Verbreitung des Französischen (dies keineswegs eine Selbstverständlichkeit vor den 1880er Jahren) und als eine Möglichkeit, der Bevölkerung ein Gefühl des Nationalstolzes einzupflanzen. Zugleich aber – und aus unterschiedlichen Gründen – wurden die Schulgesetze auch von der Bevölkerung bereitwillig akzeptiert. Die elementaren Fertigkeiten des Lesens, Schreibens und Rechnens erkannte man als notwendig für die Bewältigung des täglichen Lebens, und ein qualifiziertes Schulabgangszeugnis eröffnete Chancen für einen wirtschaftlichen und gesellschaftlichen Aufstieg.[507]

In England und Wales gestaltete sich die Chronologie ganz ähnlich: 1833 gab es die ersten öffentlichen Geldzuwendungen für Volksschulen, wenn auch in geringerem Maße als in Frankreich. Aber eine Kombination von kirchlichen Schulen, Sonntagsschulen und billigen Privatschulen bedeutete, dass eine deutliche Mehrheit aller Kinder einige Schulbildung genoss, bevor der Staat ab den 1870er Jahren eingriff. Das Gesetz von 1870 schrieb für jede Nachbarschaft eine Schule vor, aber erst 1880 wurde der Schulbesuch für Kinder zwischen fünf und zehn Jahren verpflichtend; 1891 wurde das Schuldgeld abgeschafft. Die staatlich verordnete Schulpflicht ging über die Vermittlung von Lesen, Schreiben und Rechnen hinaus: es ging auch darum, den Kindern Sittlichkeit, Vaterlandsliebe und Regelmäßigkeit beizubringen. Die Schulen sollten zu Stützpunkten der Ordnung werden. Im London der 1870er Jahre war es so, »als hätte man eine Festung in Feindesland errichtet ... das Symbol für Tyrannei und Unterdrückung.« Die mehr nachbarschaftlich verankerten Privatschulen wurden ausgemerzt.[508]

In zahlreichen Ländern wurde im letzten Viertel des 19. Jahrhunderts der Weg für einen tief greifenden Wandel sowohl in den Erfahrungen als auch in der Begrifflichkeit der Kindheit frei gemacht – es vollzog sich in dieser Periode ein Übergang in der Wahrnehmung der Kinder: Sie galten nun nicht mehr als integraler Bestandteil der arbeitenden Klasse, sondern vielmehr als Kinder, die zur Schule gehen sollten. Die Zahlenangaben für Schulkinder sind bekanntermaßen schwer zu interpretieren, denn bisweilen beziehen sie sich auf die Anmeldung zum Schulbesuch, bisweilen auf den Schulbesuch selbst, aber insgesamt lassen die Zahlen keinen Zweifel an dem Ausmaß der stattgefundenen Veränderung zu. In England und Wales beispielsweise stieg der Anteil der eingeschulten Kinder zwischen dem fünften und vierzehnten Lebensjahr von 24 Prozent im Jahre 1870 auf 48 Prozent 1880 und 70 Prozent im Jahre 1900. In Österreich gestaltete sich der Anstieg weniger dramatisch, war aber mit 43 Prozent im Jahre 1870, 53 Prozent 1880 und 66 Prozent 1900 durchaus signifikant. In anderen Ländern indessen stützen die Zahlen keineswegs die Ansicht, dass sich gerade in dieser Periode ein Wandel vollzogen hatte. In den Niederlanden und Norwegen belief sich der Anteil der eingeschulten Kinder in der angegebenen Altersstufe auf höchstens zwei Drittel in der Periode 1870–1900. In Italien dagegen nahmen im Jahre 1900 nur etwa 39 Prozent der Kinder zwischen fünf und vierzehn Jahren an einem Schulunterricht teil. Diese niedrige Zahl für Italien muss indessen nicht bedeuten, dass nur 39 Prozent der italienischen Kinder überhaupt eine schulische Ausbildung erfuhren; wenn zum

Beispiel das Schulabgangsalter bei zehn oder elf Jahren lag, ist nicht zu erwarten, dass der Anteil der eingeschulten Kinder zwischen fünf und vierzehn Jahren sehr hoch ausfiel.[509] Wenn überdies die Zahlen für eingeschulte Kinder in Frankreich keine signifikante Zunahme in dieser Periode nahe legen, zeigen andere Bewertungskriterien, was sich wirklich abgespielt hat: Das Analphabetentum unter Neuvermählten und Rekruten – in den 1860er Jahren noch bei 25 Prozent – war 1900 auf 5 oder 6 Prozent gefallen.[510]

Wichtiger noch als der Anteil der eingeschulten Kinder war die Tatsache, dass inzwischen in fast allen Ländern eine Schulpflicht existierte. Obwohl in den Vereinigten Staaten in manchen Gegenden Kinderarbeit noch in Konkurrenz zum Schulbesuch stand, verabschiedeten achtundzwanzig Bundesstaaten in der Zeit nach dem Bürgerkrieg Schulpflichtgesetze, und die Zahl der eingeschulten Kinder vergrößerte sich ständig.[511] Außerdem ergriffen die Staaten Maßnahmen zur Durchsetzung der Schulgesetze, und dies änderte zweifellos den Umgang mit der Schulpflicht und unterwarf die Arbeiterfamilien, insbesondere die Eltern, einer Art Kontrolle, die zu zahlreichen Konflikten mit dem Staat führten. In England und Wales gab es in den 1880er Jahren rund 100 000 Verfahren pro Jahr wegen unentschuldigten Fernbleibens vom Schulunterricht, und obwohl diese Zahl im Jahre 1910 auf 37 000 zurückging, stand dieses Vergehen bei den Gerichten immerhin an zweiter Stelle hinter Trunkenheitsdelikten.[512]

Der verpflichtende Schulbesuch war nicht das einzige Gebiet, auf dem der Staat das tägliche Leben der Arbeiterkinder und ihrer Eltern auf eine neue und ungewohnte Weise formte. Die Schulen selbst setzten sich zum Ziel, den Kindern die »Gewohnheiten der Ordnung und des Gehorsams« einzuprägen. Das ging meist mit körperlicher Züchtigung einher, und die Einstellung dazu konnte zu scharfen Gegensätzen zwischen Familien und Schulen führen. Es betraf auch etwas, was Stephen Heathorn in Bezug auf England als »nahezu systematischen Prozess des Aufbaus einer nationalen Identität in der Zeit zwischen 1880 und 1914« bezeichnete: Anhand volkstümlicher Geschichten lernten die Kinder, dass Jungen und Mädchen unterschiedliche Rollen auszufüllen hatten, und dies wurde verstärkt durch den Schulstoff, der Nadelarbeit, Kochen und Hausarbeit vorsah und die Mädchen auf ein Leben als Hausbedienstete oder Hausfrauen vorbereitete. In gewisser Weise entsprach dies auch den Erwartungen der arbeitenden Klasse, denn Mädchen sollten zu Hause bleiben und ihren Müttern im Haushalt helfen, und diese Vorstellung wurde von den Schulen sanktioniert.[513]

Dass alle Kinder ihrer Schulpflicht nachkamen, ging nicht ohne Kampf ab, die heftigste Phase dieses Kampfes war jedoch in den 1920er Jahren, bisweilen auch schon früher, vorüber. Eltern und Kinder hatten den regelmäßigen Schulbesuch als Norm akzeptiert. Trotz der Betonung einer landesweiten Einheitlichkeit und Regulierungen von oben, stellten sich auf lokaler Ebene doch vielfältige Unterschiede im Schulalltag ein, und während eine Reihe von Kindern auf ihr Schülerleben mit sicherlich durchaus gerechtfertigtem Grauen zurückblickten und die erstbeste Gelegenheit zum Verlassen der Schule ergriffen, bedeutete für andere die Schule doch eine weitgehend positive Erfahrung, die sie möglicherweise gerne noch verlängert hätten.[514]

Vom Standpunkt des Staates aus bot die Schulpflicht eine Möglichkeit der Überwachung, wie man sie niemals hätte durchführen können, wären die Kinder in ihren Familien geblieben. Wie es der französische Psychiater Georges Heuyer 1914 formulierte, war die Schule »ein Laboratorium für die Beobachtung antisozialer Tendenzen«.[515] Aus einer ganz anderen Perspektive lieferten die Befunde des Schulunterrichts über einen längeren Zeitraum die Munition für diejenigen, die sich um die mögliche Entartung des Menschen in der urbanen Zivilisation des 19. und beginnenden 20. Jahrhunderts Sorgen machten. Dr. Alfred Eicholz, ein englischer Schulinspektor, legte dem Interdepartmental Committee on

Physical Deterioration (Interministerielles Komitee für Physische Deformierung) Fotografien von Kindern einer Schule im Süden Londons vor und meinte, Verbesserungen feststellen zu können. Auf den Fotografien von 1902 dokumentiere sich »ein zivilisierteres, intelligenteres Aussehen der Kinder. Sie erscheinen besser genährt und sind von strafferer Gestalt.«[516] Die Schule war der Ort für Verbesserungen und lieferte zugleich die Belege für diese Verbesserungen.

Die 40 Jahre zwischen 1880 und 1920 waren im eigentlichen Sinne nicht die Periode, in der die Regierungen unvermittelt zur Überwachung und Regulierung von gesellschaftlichen Bereichen griffen, die zuvor eine *terra incognita* der Regierungen gewesen wären. Vielmehr blickt das staatliche Interesse an der Kindheit auf eine lange Geschichte zurück, in einigen Ländern gut sichtbar auf nationaler Ebene, in anderen Ländern weniger deutlich, aber dennoch auf lokaler Ebene durchaus präsent. Die Industrialisierung zwang die Regierungen – zuerst in England und später auch in anderen Ländern – mehr als früher zu einer genaueren Kontrolle der Kinderarbeit. Eine Vielfalt von Motiven, darunter die Kinderarbeitslosigkeit, führte zur Einführung der Schulpflicht, die Ausmaß und Intensität staatlicher Aktivitäten erhöhte. Mittlerweile waren die philanthropischen Projekte des 19. Jahrhunderts bemüht – in einem in früheren Jahrhunderten undenkbaren Umfang – soziale Probleme in den Griff zu bekommen, die mit der raschen Urbanisierung zusammenhingen. Anfang des 20. Jahrhunderts verstärkte sich jedoch der Eindruck, dass diese Aufgaben die Grenzen der Philanthropie sprengen würden und dass der Staat eine aktivere Rolle einnehmen müsse. Es folgten heftige Auseinandersetzungen zwischen Philanthropie und Staat, die nicht immer mit einem Sieg der staatlichen Seite endeten, denn die Philanthropen verfügten über machtvolle Unterstützung. Ohne Zweifel aber baute der Staat auf diesem Gebiet seine Stellung aus und übernahm von den Philanthropen die Schlüsselrolle für die Aufgabe, »die Kinder zu retten«.

Staatsinteressen und Kinderrecht

Die Schulpflicht wurde nicht, oder zumindest nicht in erster Linie, eingeführt, um den Kindern eine Erfahrung von Kindheit zu verschaffen. Man muss sie im Kontext staatlicher Konkurrenz sehen und als Sorge um die Effektivität der Sozialisation der Kinder im Rahmen einer Reproduzierung der gesellschaftlichen Ordnung. In diesem Kontext standen auch die Projekte der Kinderverschickung nach Übersee und die Kinderbetreuung in Institutionen des eigenen Landes. Inwieweit ging es den auf die Kinder gerichteten staatlichen Maßnahmen wirklich alleine um die Kinder selbst, sollte die »Errettung der Kinder« wirklich den Kindern zu einer Kindheit verhelfen? Die Antwort liegt vielleicht in Überlegungen zu einer Bewegung, die sich den »Rechten des Kindes« annahm.

Reformer und Philanthropen waren durchdrungen von der romantischen Ansicht, dass die Kindheit – die beste Zeit des Lebens – glücklich sein müsse. »Gott schuf die Kindheit, damit sie eine glückliche Zeit ist«, schrieb ein schottischer Evangelikaler in den 1840er Jahren. Es sollte ein Lebensabschnitt sein, auf den man später mit Sehnsucht und zur eigenen Inspiration zurückblicken konnte. »Eine glückliche Kindheit«, schrieb Kate Wiggin im Jahre 1892, »ist eine unsagbar wertvolle Erinnerung. Wir schauen auf sie zurück und erquicken unsere müden Herzen mit ihrem Anblick, wenn die Lebenserfahrung ihren Schatten auf die ungetrübte Freude am Leben geworfen hat.«[517] Zur Verwirklichung dieser glücklichen Kindheit musste man die Kindheit scharf vom Erwachsenenalter trennen und ihre Besonderheiten und Bedürfnisse anerkennen. Kindheit und Erwachsensein waren in diesem Denken geradezu Gegensätze. Wenn Erwachsene mit Verantwortung belastet waren, sollten Kinder sorgenfrei sein. Wenn Erwachsene arbeiteten, sollten Kinder spielen: »Spielen, Spiel ist die höchste Stufe der Kindesentwicklung«, schrieb Friedrich Fröbel.[518] Wenn Sexualität Bestandteil des Erwachsenenlebens war, sollte sie im Leben der Kinder keinerlei Rolle spielen: In England und Wales wurde die Ehemündigkeit für Mädchen von zwölf auf sechzehn Jahre angehoben. Und wenn Erwachsene in Städten leben mussten, sollten Kinder im Kontakt zur Natur stehen.

Philanthropen, die so inbrünstig die Ideologie der Kindheit vertraten und sich mit der Wirklichkeit der realen Kindheiten in den Straßen der Städte konfrontiert sahen, begannen Theorien über spezielle Kinderrechte zu formulieren. Wir haben gesehen, dass die Idee vom Kindesrecht als Gegensatz zum Eltern- oder Arbeitgeberrecht im England der 1830er Jahre ihren Anfang nahm. Am Ende des Jahrhunderts bezog man diese Rechte nicht nur auf Unterhalt, Erziehung und Schutz, sondern betrachtete sie als spezifische Rechte der Kindheit. »Die Rechte eines Kindes«, schrieb Benjamin Waugh, »sind seine Geburtrechte. Ihre Magna Charta ist das Wesen des Kindes. Der Verfasser ist der Schöpfer des Kindes.« Gott und Natur hatten einen Plan für die Kindheit entworfen, in den Erwachsene nur unter Gefährdung der Kinder eingreifen konnten. Ein Kind, schrieb Kate Wiggin, hat »ein unveräußerliches Recht auf seine Kindheit«.[519] Diese Rechte standen den Rechten, die Erwachsene in Bezug auf Unabhängigkeit und Freiheit beanspruchen mochten, gegenüber. Nach einer Formulierung des Board of Public Charities (Amt für Öffentliche Fürsorge) in Illinois, ist »Abhängigkeit der natürliche Zustand des Kindes«.[520] Im Jahre 1913 entwarf Alexander McKelway, der sich an prominenter Stelle für die Einschränkung der Kinderarbeit in den Vereinigten Staaten einsetzte, eine »Abhängigkeitserklärung der Kinder Amerikas in den Bergwerken, Fabriken und Werkstätten«: »Wir (die Kinder) erklären uns selbst für hilflos und abhängig; dass wir abhängig sind und das Recht haben sollen, abhängig zu sein; wir berufen uns hiermit auf unsere Hilflosigkeit und auf unser Recht, dass unsere Kindheit geschützt werde.«[521] Das Kinderrecht bestand somit im Recht auf Schutz, eine Theorie, die gut zu den Bemühungen um die »Errettung der Kinder« passte.

Es spricht alles dafür, dass sich die Kinder im Großen und Ganzen nicht als Nutznießer dieses Denkens fühlen konnten. Im Namen des Kinderrechts wurden Kinder von ihren Familien getrennt, in Heimen eingesperrt und über die Ozeane transportiert. Einige mögen dies zweifellos als Rettung empfunden haben. Aber die meisten der geretteten Kinder dürften Schwierigkeiten gehabt haben, sich mit den Normen und Praktiken der Institutionen abzufinden, die jetzt ihr Leben bestimmten. Die sexuell missbrauchten Mädchen etwa mussten erleben, dass sie jetzt als unrein oder als potenziell unrein galten und deshalb abgesondert wurden. Kinder wurden zu ihrer Rettung in Institutionen gesteckt, viele davon, ohne sich jemals eines Vergehens schuldig gemacht zu haben, und mussten diese Behandlung »als Strafe« empfinden. Nach Übersee geschickte Kinder oder in Pflegefamilien aufgewachsene Kinder wurden oft schlecht behandelt und konnten sich nur mit Mühe der neuen, häufig ländlichen, Umgebung anpassen, von der man ihre »Errettung« erhoffte. Das von ihren Familien herstammende Gefühl persönlicher Identität wurde durch die Trennung von ihrem früheren Leben systematisch unterminiert.[522]

Dennoch, Anfang des 20. Jahrhunderts verbreitete sich auf internationaler Ebene immer mehr die Vorstellung vom Recht der Kinder auf Schutz. 1912 schrieben eidgenössische Beamte: »In zahlreichen Staaten rückt die machtvolle Idee des Kinderschutzes immer mehr in den Mittelpunkt der Überlegungen, und das nicht nur bei offiziellen Stellen, sondern in allen Schichten der Bevölkerung«, und sie setzten all ihre Hoffnungen auf die Gründung eines *Office international de protection de l'enfance*. Es bedurfte der Erschütterungen durch den Ersten Weltkrieg und seiner Nachwirkungen, um die separaten Anstrengungen all derer zusammenzuführen, die an die Formulierung einer Erklärung der Kinderrechte dachten. Miteinander konkurrierende Organisationen warben beim neu gegründeten Völkerbund dafür, dass man sie mit der zentralen Koordination der Kinderrechte beauftrage. Die erfolgreiche Initiative stammte von der Engländerin Eglantyne Jebb, die sich der Sache der Kinder in den besiegten Ländern angenommen hatte. Als Kinder, so argumentierte sie, konnte man sie für den Krieg nicht verantwortlich machen, und deshalb sollten sie auch unter der Niederlage nicht zu leiden haben. Das Ergebnis ihrer Bemühungen war der »Save the Children Fund«. Als die unmittelbare Krise vorüber war, löste sie die Organisation nicht auf, weil sich immer neue Situationen zur Rettung der Kinder ergaben. Sie formulierte deshalb eine einfache Erklärung der Kinderrechte, die 1924 vom Völkerbund angenommen wurde (»Genfer Erklärung«). Die Rechte waren im eigentlichen Sinne Pflichten der Erwachsenen, und es wurde in aller Form anerkannt, dass »die Menschheit den Kindern das Beste schuldet, das sie zu geben hat.«[523]

Die internationalen Organisationen bestimmten zwar Ton und Tendenz der Diskussionen, es waren aber die einzelnen Staaten, die die Gesetze verabschiedeten und entsprechende Maßnahmen ergriffen. Im Denken des ausgehenden 19. Jahrhunderts und des beginnenden 20. Jahrhundert standen die Rechte der Kinder im völligen Einklang mit der zunehmend wichtigen Rolle des Staates für das Leben der Kinder, denn nur der Staat konnte diese Rechte auch in die Tat umsetzen. Wenn es die unmittelbare Folge der Kinderarbeit war, »dass die Kinder sofort aufhörten, Kinder zu sein«, dann lag es in der Verantwortung des Staates, den allzu frühen Eintritt der Kinder in einen Arbeitsalltag zu verhindern.[524] Wenn Familie und Schule die einzige angemessene Umgebung für Kinder darstellten, dann musste der Staat dafür sorgen, dass die Kinder wirklich ein Heim und eine Schule hatten, die diesen Namen verdienten. Die Sicherung der neu definierten Kinderrechte stand im Einklang mit der weitergehenden Zielsetzung des Staates, eine Gesellschaft zu schaffen, die den harten Bedingungen des 20. Jahrhunderts standhalten konnte. Nach damaliger Ausdrucksweise waren die Interessen der Kinder und die Interessen des Staates ein und dasselbe. Von einer auf die Interessen der Kinder gerichteten Politik konnte ein Staat nur profitieren. Dabei konnten die Familien die Verlierer sein. Bisweilen überantworteten sie ihre Kinder der Fürsorge des Staates, aber, wie Donzelot meinte, »je entschiedener die Rechte der Kinder proklamiert werden, desto enger wird der Würgegriff vormundschaftlicher Autorität um den Hals der armen Familien«.[525] Die Kinderrechtsbewegung wollte den Kindern die Kindheit (oder was man darunter verstand) und dem Staat die Zukunft sichern. Beide Ziele hielt man für vollkommen deckungsgleich.

Kinder als Arbeitskräfte in den Bergwerken von Lancashire (Illustrirte Zeitung, Leipzig, 1844).

Siebtes Kapitel
»Das Jahrhundert des Kindes«?
(20. Jahrhundert)

Im Jahre 1900 veröffentlichte die schwedische Frauenrechtlerin Ellen Key ein Buch unter dem Titel »Barnets Århundrade« (»Das Jahrhundert des Kindes«, dt. Übersetzung 1902). Den Titel entnahm sie dem Drama »Das Löwenjunge«, in dem gesagt wird: »Das nächste Jahrhundert wird das Jahrhundert des Kindes sein, so wie dieses Jahrhundert das Jahrhundert der Frau war. Wenn das Kind seine Rechte bekommt, dann ist die Sittlichkeit vollendet.« Keys Zukunftsvision besagte, dass Kinder von körperlich gesunden Eltern empfangen werden, die in liebevoller Zuneigung zueinander leben; die Kinder würden dann in einem Zuhause aufwachsen, in dem die Mütter ständig präsent sind. Kinder aufzuziehen sei die vornehmste Rolle der Frauen; sie sollen sich auf die Mutterschaft in einer Zeit des Dienstes vorbereiten und sich »ganz der Fürsorge für Kinder, der Hygiene und der Krankenpflege widmen.« Formen der Kinderbetreuung wie etwa Kindergärten seien nur die zweitbeste Möglichkeit, und Schulen sollten danach streben, »sich selbst überflüssig« zu machen. Das Aufziehen eines Kindes war dann erfolgreich, wenn man »selbst zum Kinde wird«, »die Einfachheit des kindlichen Wesens« würde sodann »von den Erwachsenen bewahrt« werden. »Damit wird die alte soziale Ordnung fähig sein, sich selbst zu erneuern.« Für Key bestand kein Zweifel daran, dass die Zukunft davon abhing, auf welche Weise die Kinder aufwuchsen, und sie machte Fehler in der Behandlung von Kindern für die drei Makel der modernen Welt – Kapitalismus, Krieg, Christentum – verantwortlich. Wenn also das 20. Jahrhundert dabei ist, zum »Jahrhundert des Kindes« zu werden, dann nicht nur einfach zum Wohle der Kinder, sondern zum Wohle der gesamten Menschheit.[526]

Keys Buch spiegelte sowohl gängige Ideen ihrer Zeit, wie etwa die Eugenik, als auch die Verarbeitung der Ansichten des ausgehenden 19. Jahrhunderts, dass die »Rettung der Kinder« von fundamentaler politischer und gesellschaftlicher Bedeutung sei, wider. Das Buch wurde zu einem Weltbestseller, und der Titel des Buches wirkte weiter als Schlagwort in der progressiven Ära der Vereinigten Staaten.[527] Wohl schon recht bald traten die als verschroben aufgefassten Ideen in Keys Buch in den Hintergrund, wie etwa ihre Gegnerschaft zur Schule oder zum Christentum. Das Buch fand aber in der ersten Hälfte des 20. Jahrhunderts seinen festen Platz im Rahmen der etablierten Meinung, dass »von allen Gütern, die ein Staat besitzt, keines wertvoller ist als Kinder« und »dass Kinder das höchste Gut jeder Zivilisation« sind.[528] Deshalb sollten Kinder entsprechend hoch bewertet werden, und man betonte leidenschaftlicher als je zuvor die Verantwortung des Staates für die Garantie einer Kindheit für alle Kinder. So schrieb in den 1920er Jahren Lillian Knowles in einem für die erweiterte Rolle des Staates bezeichnenden Lehrbuch zur Geschichte: »Die Einschränkung der Fabrikarbeit führte schließlich zur staatlichen Kindererziehung, dessen Umfang sich immer mehr vergrößerte, genauso wie die Schutzmaßnahmen für Kinder. Wahrhaftig verspricht das 20. Jahrhundert zum Jahrhundert des Kindes zu werden.«[529] Wie wir im sechsten Kapitel gesehen haben, beinhaltete dies eine Neubewertung des Verhältnisses zwischen Philanthropie und Staat. Zugleich begann die Suche nach der wahren Natur der Kindheit, denn nur »wissenschaftliche« Erkenntnisse könnten zu erfolgreichen Maßnahmen für Kinder führen.

Die Vision eines »Jahrhunderts des Kindes« übte auf Reformer in der ersten Hälfte des 20. Jahrhunderts eine gewaltige Anziehungskraft aus. Ihr vornehmliches Ziel war es, ein Territorium namens »Kindheit« zu entwerfen und an den Grenzen Wachen zu postieren, um ein allzu frühes Entweichen aus jenem als begehrenswert aufgefassten »Lustgarten« zu verhindern. Im Garten selbst wären die Kinder behütet und würden »den Zustand des Glücks« erfahren.[530] Auf ihrem weiteren Weg liegen, so zeigt es das Gemälde *The Twentieth Century Child* von Edward H. Cooper (1905), die Dornen der Adoleszenz und des Erwachsenenlebens: Die sonnenüberflutete Kindheit des barfüßig ausschreitenden Mädchens geht zu Ende, in Händen hält es einige Lilien als Symbol der Reinheit, aber sie scheinen keinen wirksamen Schutz gegen die Fährnisse zu bieten, denen es auf seinem Weg begegnen wird. In der zweiten Hälfte des 20. Jahrhunderts beherrschte ein Gefühl der Aushöhlung, ja des Verschwindens der Kindheit die Diskussion: Die Kinder fordern und erhalten Rechte, die ihnen den Ausbruch aus dem Garten ermöglichen; jugendliche Kriminelle etwa zeigen nichts von der Unschuld, die Kindern angeblich eigen ist; sehr viele mehr, vielleicht alle, scheinen gegenwärtig ihre Kindheit unter dem doppelten Druck der Medien und des Massenkonsums zu verlieren.

Wissenschaft, Experten und Kindheit

Im Jahre 1909 unterstrich ein Bericht des US-Kongresses über einen Antrag zur Gründung einer Bundeskinderbehörde die Notwendigkeit, »wissenschaftliche Daten und aktuelle Fakten zu erhalten sowie die Resultate der besten wissenschaftlichen Behandlung in Hinblick auf Kinder.«[531] Der Glaube, dass die Wissenschaft der Schlüssel zu einer besseren Kindheit sei, erlebte Ende des 19. Jahrhunderts und Anfang des 20. Jahrhunderts seinen Höhepunkt. Mütter waren die Zielgruppe von Magazinen, die auf wissenschaftlichen Erkenntnissen basierende Ratschläge erteilten; »wissenschaftliche Kinderpflege gehörte zum täglichen Leben der Mittelschichten.«[532] Die Wissenschaft, so glaubte man, könne die Lebenschancen für Kinder verbessern und darüber hinaus Licht in das Mysterium der kindlichen Seele bringen, sie könne die Intelligenz messen, den Müttern sagen, wie sie ihre Kinder aufzuziehen haben und solchen Kindern helfen, deren Entwicklung und Verhalten nicht den gängigen Normen entsprachen.

Zu Beginn des Jahrhunderts galt es als die vordringlichste Aufgabe, das Überleben der Kinder nach der Geburt zu sichern. Wie wir gesehen haben, verharrte die Kindersterblichkeitsrate während des gesamten 19. Jahrhunderts auf einem sehr hohen Niveau. In der zweiten Hälfte des 19. Jahrhunderts sank die Rate zuerst in den nordeuropäischen Ländern, um dann Anfang des 20. Jahrhunderts auch in fast allen anderen Ländern kontinuierlich zurückzugehen. Zu Beginn des 20. Jahrhunderts lag die Rate bei den meisten Ländern bei 100 bis 250 Todesfällen bei 1000 Lebendgeburten. 1950 dann hatten von 26 europäischen Ländern nur drei eine Rate von über 100 und 14 unter 60. 1975 lag die Rate in der Hälfte der europäischen Länder unter 20 und in nur vier Ländern über 30. Ende des 20. Jahrhunderts sank die gesamteuropäische Kindersterblichkeitsrate auf 11, in Nordamerika auf 7 von 1000.[533] Allein dieser Rückgang der Kindersterblichkeit lässt das 20. Jahrhundert in der Geschichte der Kindheit einzigartig dastehen. Die Bedeutung dieses Vorgangs darf wahrhaftig nicht hoch genug eingeschätzt werden. Um die Mitte des 20. Jahrhunderts mussten nur wenige Eltern die bittere Erfahrung des Kindestodes machen, eine Erfahrung, die Eltern in vergangenen Jahrhunderten gerne vermieden hätten. Wir haben gezeigt, dass die Eltern auf den Tod eines Neugeborenen nicht mit Gleichgültigkeit reagierten, dass sie vielmehr auch von tiefem Schmerz ergriffen waren. Der Unterschied liegt darin, dass Eltern jetzt mit Recht annehmen konnten, dass ihre Kinder das Erwachsenenalter erreichen würden. Zugleich nahm der Begriff Familienplanung eine neue Bedeutung an, und es überrascht nicht, dass der Rückgang der Kindersterblichkeit von einem starken Geburtenrückgang begleitet wurde. Die Kinder des 20. Jahrhunderts hatten weniger Geschwister als die Kinder früherer Jahrhunderte, und außerdem waren die Altersunterschiede zwischen den Geschwistern nicht mehr so groß wie früher, wo sich wegen häufiger Todesfälle Lücken bis zu 20 Jahren zwischen ihnen auftun konnten.

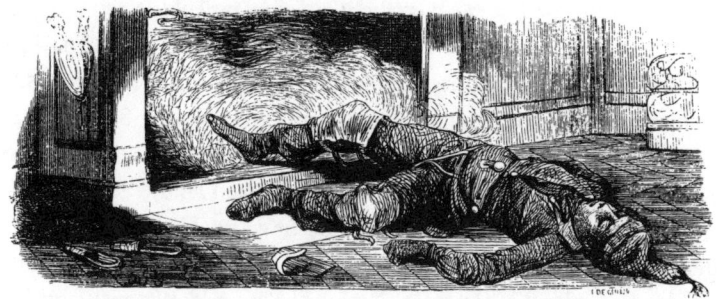

Der Kaminkehrer. Französische Zeichnung (1840).

Der Abwärtstrend bei der Kindersterblichkeit verlief so deutlich, dass es leicht schien, die Gründe dafür zu identifizieren. So verhält es sich jedoch keineswegs. Aus dem sechsten Kapitel geht hervor, dass es bedeutende Maßnahmen zur Reduzierung der Kindersterblichkeit gab, aber es ist nicht klar ersichtlich, welche Rolle sie bei der Reduzierung spielten. In der ersten Hälfte des Jahrhunderts war der Sterblichkeitsrückgang bei Säuglingen von einem Monat und älter besonders stark. Sie starben meist an Durchfall in den heißen Sommermonaten, wenn Fliegen die Erreger von Fäkalien auf Nahrungsmittel übertrugen, diese Gefahr konnte durch strikte Hygiene gebannt werden. Es ist wahrscheinlich, dass der Rückgang von Todesfällen aufgrund von Diarrhöe mehr mit den verbesserten sanitären Verhältnissen zu tun hat als mit den Aktivitäten von Lehrern, Ärzten, Krankenschwestern und Sozialarbeitern. In England beispielsweise wurden Anfang des 20. Jahrhunderts in vielen Städten Wasserklosetts eingebaut; 1899 hatten 26,4 % der Häuser in Manchester Wasserklosetts, im Jahre 1913 dagegen 97,8 %.[534] Änderungen dieser Art machten einen bestimmten Hygienestandard überhaupt erst möglich. Man sagte auch, der Rückgang der Kindersterblichkeit hinge besonders stark mit verbesserten Lebensstandards zusammen, unabhängig von medizinischen und sozialen Maßnahmen.[535]

Der Schluss liegt nahe, dass nicht ein einziger Faktor den rapiden Rückgang der Kindersterblichkeit erklären kann, sondern dass mehrere Faktoren, darunter verbesserte sanitäre Einrichtungen, dafür verantwortlich gemacht werden müssen. Neuere Studien aus England und Österreich »zeigen deutlich, dass der einzigartige Rückgang der Kindersterblichkeit [in der ersten Hälfte des 20. Jahrhunderts] hauptsächlich der Verbesserung von Umweltbedingungen in den eher benachteiligten Regionen (urbane Gebiete in England, Tieflandregionen in Österreich) zu verdanken ist.« In der jüngsten Vergangenheit bewirkte die medizinische Wissenschaft, dass dieser Rückgang anhielt, insbesondere bei Neugeborenen.[536]

Die Sorge um Mortalität und Morbidität erstreckte sich natürlich nicht nur auf Kinder im Säuglingsalter. In einer Reihe europäischer Länder (England und Wales, Finnland, Italien, Spanien und Schweden) scheint es bis 1840 einen Sterblichkeitsrückgang bei Kindern der Altersstufe eins bis fünf gegeben zu haben, bis in die Mitte der 1860er Jahre dann eine Verschlechterung, und danach ergab sich ein ständiger Rückgang. Zwischen 1861 und 1900 fiel in England die Sterberate bei Kindern zwischen einem und fünf Jahren auf 33 Prozent, und in den Vereinigten Staaten fiel sie bei weißen Kindern in den zwei Jahrzehnten vor 1900.[537] Wiederum galt die Rolle der Mutter als entscheidend, und man ermunterte die Mütter, ihre Kinder zu Hause zu behalten. So sank etwa in England der Prozentsatz eingeschulter Kinder im Alter zwischen drei und fünf von 43,5 Prozent im Jahre 1899 auf 33,8 Prozent im Jahre 1906.[538] Parallel entwickelte sich eine größere Professionalität im Bereich der Kinderheilkunde. Das war an sich nichts Neues, denn aus vorangegangen Kapiteln ging hervor, dass die Medizin schon früh typische Kinderkrankheiten identifiziert hatte. Überdies existierte bereits 1802 in Paris ein Kinderkrankenhaus; in Deutschland kam es bis in die 1840er Jahre zu zahlreichen Gründungen von Kinderhospitälern; 1852 nahm das Hospital für Kranke Kinder in der Londoner Great Ormond Street seinen Betrieb auf, und um die Mitte der 1850er Jahre entstanden Kinderkrankenhäuser in New York und Philadelphia. Diese frühen Hospitäler waren jedoch eher Quarantänekrankenhäuser, und erst Ende des Jahrhunderts wandte man sich auch der Therapie zu, namentlich nachdem man in den 1890er Jahre über ein Serum zur Bekämpfung der Diphterie verfügte. Lehrstühle für Kinderheilkunde wurden 1879 in Paris und 1894 in Berlin eingerichtet. 1888 wurde die Amerikanische Pädiatrische Gesellschaft gegründet, und über ihre Arbeit in den Hospitälern erlangten Kinderärzte auch bei den Zweiflern Anerkennung, die die Kinderheilkunde nicht als eigenständigen Zweig der Humanmedizin akzeptieren wollten. Die nächste Stufe in den USA ist gekennzeichnet durch die Entstehung von speziellen Kinderarztpraxen, deren Zahl von 138 im Jahre 1914 auf 6567 im Jahre 1955 stieg und sich dann noch einmal bis 1966 verdoppelte. Ein neuer Beruf war entstanden.[539]

Nachdem die Kinder einmal das schulpflichtige Alter erreicht hatten, wurde es möglich und vielleicht auch notwendig, Feststellungen über ihre mentalen und physischen Fähigkeiten zu treffen. Es entwickelten sich Methoden der Kategorisierung nach ihrer Intelligenz und zum Messen ihrer körperlichen Entwicklung aufgrund neu festgelegter Normen. Beide Methoden entwickelten sich aus dem Gefühl heraus, dass ein signifikanter Anteil von Kindern wegen mentaler oder physischer Defekte nicht für den verpflichtenden Schulbesuch geeignet wären. Die erste Sorge in Bezug auf die mentalen Fähigkeiten betraf die Identifizierung und Aussonderung mental behinderter und »schwachsinniger« Kinder, für die man Ende des 19. und Anfang des 20. Jahrhunderts zunächst »Sonderschulen« vorgesehen hatte sowie eine lebenslange Verwahrung in einer entsprechenden Institution.[540] Der Intelligenztest (IQ-Test) wurde in Frankreich von Victor Simon und Alfred Binet entwickelt und gewann nach 1905 rasch internationale Anerkennung als ein Instrument, mit dessen Hilfe man das Entwicklungspotenzial eines Kindes vorhersagen konnte.

Die für die körperliche Entwicklung festgelegten Normen entsprachen häufig den Normen der auf dem Lande lebenden Mittel- und Oberschichten, und dementsprechend erfüllten meist die Arbeiterkinder in den Städten diese Standards nicht; in welchem Ausmaß sie die Standards nicht erfüllten, war indessen höchst augenfällig. In Glasgow waren 1905 selbst die Jungen der Unterschichten, die in Zweizimmerwohnungen lebten, im Durchschnitt 5020 Gramm leichter und rund 10 cm kleiner als Jungen, die in Vierzimmerwohnungen aufwuchsen, und Mädchen aus Einzimmerwohnungen waren 6350 Gramm leichter und 13,5 Zentimeter kleiner als Mädchen aus Vierzimmerwohnungen.[541] Zur Behebung dieser physischen Defizite nahm man Leibesübungen in den schulplan auf, verabreichte Schulspeisungen und führte medizinische Untersuchungen durch. Organisierte schulmedizinische Dienste gehen in Brüssel, Schweden und Paris auf die 1870er Jahre zurück. Nach einem schwierigen Start im Jahre 1870 in New York, nahm das amerikanische schulmedizinische Programm in den 1890er Jahren Gestalt an. In England und Wales musste alles, was über lokale Initiativen hinausging, bis zum ersten Jahrzehnt des 20. Jahrhunderts warten, danach aber kam es zu substantiellen Programmen für den schulmedizinischen Dienst: zwischen 1910 und 1935 stieg die Zahl der Schulzahnärzte von 27 auf 852, der Krankenschwestern in Schulen von 436 auf 3 429 und der Schulkliniken von 30 auf 2037. Von der öffentlichen Hand finanzierte Schulspeisungen standen überall zur Verfügung, insbesondere in den Depressionsjahren zwischen den Kriegen. In den USA wurden in den 1930er Jahren über einen Zeitraum von fünf Jahren 130 Millionen Mahlzeiten ausgegeben; in England und Wales bekamen 1938 etwa 9 Prozent der Kinder in den Volksschulen Schulspeisungen, und dieser Prozentsatz schnellte im Zweiten Weltkrieg rapide in die Höhe.[542] Dies alles bedeutete eine vorher nie da gewesene Überwachung der Arbeiterbevölkerung, denn sie erstreckte sich über den Klassenraum hinaus bis hinein in die Familien, und entsprechend kam es zur Herausbildung von

Experten im Rahmen dieses Aufsichtsystems. Zunehmend waren diese Experten medizinisch ausgebildet. »Im Jahre 1880«, schreibt Roger Cooter, »waren Kindergesundheit und Kinderwohlfahrt noch nicht medizinisch bestimmt … Aber in den 1920er Jahren waren Kindergesundheit und Kinderwohlfahrt nicht nur eine Sache der Medizin, sondern sie diente als machtvolles Argument für die Rolle des Staates im Gesundheitswesen und in der Wohlfahrt allgemein.«[543]

Der Beitrag der Wissenschaft zum Verständnis der Kindheit war keineswegs auf die Medizin beschränkt. Auf mindestens drei weiteren Gebieten hatte sie eine entscheidende Rolle zu spielen. Als Erstes nahm sie sich der kindlichen Geistesverfassung an: Waren Kinder beispielsweise biologisch programmiert, ihre Muttersprache zu sprechen, oder musste sie ihnen beigebracht werden? Wie lernten sie? Dies waren für das Verständnis aller Menschen höchst wichtige Fragen, aber man begann sich mit ihnen in erster Linie als Beitrag zum Studium der Kinder zu befassen. Im Jahre 1877 veröffentlichte die englische Zeitschrift *Mind* Hippolyte Taines »Über den Spracherwerb durch Kinder« und Charles Darwins »Biographische Skizze eines Kleinkindes«. Diese Arbeiten regten geradezu eine Flut von Amateuruntersuchungen durch wissenschaftsbegeisterte Väter an, sodass James Sully 1881 im Cornhill Magazine schreiben konnte: »Der kleine Wiegenbewohner musste den stechenden Blick des wissenschaftlichen Auges aushalten.« In Deutschland gab Wilhelm Preyers *Die Seele des Kindes* (19881) Anstoß zu weiteren Nachforschungen dieser Art.[544] In Amerika erhielt G. Stanley Halls Studie von 1883, *The contents of childrens Minds*, klassischen Status und inspirierte auf beiden Seiten des Atlantiks die Gründung von Gesellschaften für Kinderstudien. Halls recht willkürliche Benutzung seines Materials, das er mithilfe von an Eltern verteilten Fragenbögen gesammelt hatte, wurde schließlich scharf kritisiert, und nun konnten die Psychologen das Terrain für sich beanspruchen. Anfang des 20. Jahrhunderts kämpfte die Psychologie um ihre Anerkennung als Wissenschaft; von unschätzbarer Bedeutung für den Erfolg dieses Kampfes waren Pädagogen, die nach einem Bewertungssystem für Schulkinder suchten – und hierbei boten die von Psychologen konzipierten Tests die Lösung. Von der Psychologie geleitet konnte die Pädagogik zu einer Wissenschaft werden. In England sprach 1916 Cyril Burt, ein am Londoner County Council angestellter Psychologe, von einer »wissenschaftlichen Profession des Lehrens«, und im selben Jahr konnte in Illinois ein Beamter behaupten: »Das Studium des Kindes vom Standpunkt einer wissenschaftlichen Interpretation des Geistes und seines Werdens ist eine neue Wissenschaft.«[545] Damit sollte er Recht behalten. Kollektiv und individuell standen die Kinder nun im wissenschaftlichen Blickfeld der Psychologen.

Als Zweites hielt man die Wissenschaft für fähig, Erkenntnisse über die Instinkte und Gemütsregungen von Kindern beizutragen. Dies war ein höchst umstrittenes Studienfeld, denn im 19. Jahrhundert hatte die Idee von der Unschuld des Kindes die Theorie von der ihnen innewohnenden Boshaftigkeit fast verdrängt – und nun waren die wissenschaftlichen Ergebnisse nur mit großen Schwierigkeiten mit den Theorien über kindliche Unschuld in Einklang zu bringen. Die Psychiater des 19. Jahrhunderts hatten Kinder beschrieben, deren Verhalten kaum etwas mit Unschuld zu tun hatte, aber sie waren sich nicht sicher, ob solche Verhaltensstörungen erblich waren oder mit bestimmten auslösenden Faktoren in der frühen Jugend zusammenhingen, und auch fehlte der Psychologie die Vorstellung von einem normalen Reifungsprozess. Bekanntermaßen förderten sie die Verbreitung der Ansicht von der Unnatürlichkeit und der Gefährlichkeit der Masturbation bei Kindern. Obwohl also den Psychiatern die Existenz kindlicher Sexualität bewusst war, neigten sie dazu, sie als widernatürlich zu betrachten.[546] Es war Freuds vieldeutiger Beitrag gleich zum Beginn des Jahrhunderts des Kindes zu behaupten, jedes Kind habe eine ihm innewohnende Sexualität, die sich selbst in vorhersehbarer Weise vom Säuglingsalter an manifestieren würde.[547]

In einem gewissen Sinne zerstörte Freud die Vorstellungen von der Unschuld des Kindes, denn im 19. Jahrhundert hatte man Unschuld und Asexualität eng miteinander verknüpft. Genauso gut jedoch konnte man argumentieren, die Sexualität eines Kleinkindes sei Teil der Natur; die Unschuld könne nur zerstört werden, wenn sich die Erwachsenen störend in das sexuelle Spiel und die sexuelle Freude der Kinder einmischten. Freud, der mit Ausnahme des fünf Jahre alten Hans nur Erwachsene behandelte und deren Schwierigkeiten auf Kindheitstraumata zurückführen konnte – insbesondere auf die falsche Behandlung der kindlichen Sexualität durch die Erwachsenen – trug dazu bei, die elterliche Erziehung zu einer mit Schwierigkeiten behafteten Aufgabe zu machen, bei der weder gesunder Menschenverstand noch Traditionen als Richtschnur dienen konnten. Die Eltern benötigten also den Rat von Experten, und sie erhielten ihn im Überfluss. Die meisten dieser Experten hatten eine medizinische Ausbildung.

Drittens begannen sich Praktiker um die Ursprünge von Straffälligkeit in der Kindheit zu kümmern und darum, was man häufig als gestörtes psychologisches Gleichgewicht bezeichnet. Delinquenz hatte man früher zum Teil dem Milieu und der Armut zugeschrieben, jetzt aber glaubte man psychologische Ursachen erkennen zu können. Eine Quelle dafür und eine deutliche Erinnerung daran, dass die Auffassung von der kindlichen Unschuld keineswegs überall geteilt wurde, war die Entwicklung der »pädagogischen Pathologie«; sie konzentrierte sich auf Schwächen der Kinder: dreihundert solcher Defiziterscheinungen, darunter Halsstarrigkeit, Kurzsichtigkeit, Unaufrichtigkeit, wurden identifiziert und aufgelistet.[548] Eine andere Quelle war William Healys Chicago Juvenile Psychopathic Institute, 1909 gegründet und von gewaltigem Einfluss auf alle Unternehmungen, die Saatkörner der Jugendkriminalität aufzufinden. Als dann der Commonwealth Fund 1918 in den USA eingerichtet wurde, »um für die Wohlfahrt der Menschheit« aktiv zu werden, sollte er Mittel für die Einrichtungen von Kliniken für die

Führung von Kindern (Child Guidance Clinics) bereitstellen, um so zur Verhinderung von Jugendkriminalität beizutragen. Das »Problemkind« stand im Mittelpunkt der Aufmerksamkeit, aber bald wurde deutlich, dass es »Problemkinder«, gab, die keineswegs auf eine kriminelle Karriere zustrebten, sondern leichtere emotionale und verhaltensauffällige Symptome zeigten, denen weder Eltern noch Lehrer ohne weiteres beikommen konnten. Die Child Guidance Clinics – bis 1942 gab es 60 von ihnen in den USA – boten solchen Kindern und ihren Erziehungsberechtigten Hilfen durch Psychiater, Psychologen und Sozialarbeiter.[549]

Eine nationale Kinderinitiative endete nur selten an den Grenzen des jeweiligen Landes: So gab es etwa internationale Konferenzen über Schulhygiene in London 1907 und in Paris 1910. Deutschland war wegweisend in der Einrichtung von Schulen unter freiem Himmel für gesundheitlich gefährdete Stadtkinder, und der deutsche »Kreuzzug für die Mundhygiene« wurde zum Vorbild für die gesamte Zahnheilkunde. Ein Gutteil der »Kindercharta« von Ontario 1893 beruhte direkt auf der britischen Kindercharta von 1889.[550] Die Abschaffung der Kinderarbeit war eines der Anliegen der im Jahre 1900 gegründeten Vereinigung für Arbeitsgesetze (Associaton for Labour Legislation), die vor dem Ersten Weltkrieg im Zweijahresabstand Konferenzen veranstaltete.[551] Die Child Guidance Clinics nach amerikanischem Vorbild erreichten England um die Mitte der 1920er Jahre.[552] Obwohl ganz offenkundig nationale Unterschiede bestehen blieben, existierte inzwischen ein nationales Netzwerk mit einem gemeinsamen standardisierten Rahmen, in dem man Bewertungen vornehmen konnte, inwieweit das 20. Jahrhundert wirklich »das Jahrhundert des Kindes« war.

Kinder und Sozialpolitik

Im gesamten 20. Jahrhundert bedeuteten die Kinder für demokratische Regierungen und Publizisten nicht mehr und nicht weniger als »die Zukunft«. Lief es für Kinder gut, winkte eine strahlende

Zukunft, lief es schlecht, lauerte die Katastrophe. Einerseits rechtfertigte diese Haltung jede erdenkliche Aufwendung für Kinder, andererseits stellte sie Kinder als aktuelle oder potenzielle Gefahr dar. In keinem Falle jedoch konnte die Bedeutung der Kindheit geleugnet werden. Sie warf Fragen auf und verursachte häufig heftige Debatten über die jeweilige Rolle des Staates, der freiwilligen Organisationen, der Familie oder des Einzelnen. Einige politische Parteien, etwa die Independent Labour Party und die Social Democratic Federation in Großbritannien, setzten Anfang des 20. Jahrhunderts Fragen der Kindheit an die Spitze ihrer politischen Programme. Das war mehr als nur Innenpolitik, denn Kinder und Kindheit wurden zum Faktor der Rivalität zwischen den Staaten. Kinder galten als wertvollstes Gut eines Landes, das im Falle einer Vernachlässigung zum Niedergang und zum Verlust von Macht und Status gegenüber anderen Ländern führen würde. So war es beinahe unvermeidlich, dass die Staaten mehr und mehr in die Probleme der Kinderpolitik hineingezogen wurden.

Harry Hendrick erkennt drei Dichotomien oder Gegenüberstellungen, die ein Gutteil der Kinderpolitik im 20. Jahrhundert bestimmten: man betonte entweder den Körper oder das Gemüt des Kindes; das Kind als Opfer oder Bedrohung; das Kind als normal oder unnormal. In den ersten Jahrzehnten waren es die Körper der (Arbeiter-)Kinder, die die Aufmerksamkeit erregten: schlecht genährt, zu klein und anfällig für Krankheiten; die Kinder waren Opfer ihres Milieus oder Elternhauses und konnten zur Bedrohung werden, wenn man sie vernachlässigte. Deshalb die eifrig betriebenen medizinischen Untersuchungen und die Verabreichung von Schulspeisung. Einige Körper (und Seelen) waren bis zur Abnormalität zerstört, bedurften einer Spezialbehandlung und mussten vielleicht weggeschlossen oder sterilisiert werden. Um die Mitte des Jahrhunderts wechselte die Aufmerksamkeit von den Körpern zur Geistes- und Gefühlswelt der Kinder, besonders deutlich im Zweiten Weltkrieg, als evakuierte Kinder in England Zeichen mentaler

Erschöpfung zeigten. Mit den 1960er Jahren rückten erneut die Körper der Kinder in den Mittelpunkt. Das »Syndrom des misshandelten Babys« und eine ganze Reihe skandalöser Fälle von Kindesmissbrauch und Kindesmisshandlung nährten die Besorgnis der Öffentlichkeit, und die Regierungen sahen sich zu Reaktionen gezwungen.[553]

Kinder waren nach wie vor in den Armutsstatistiken stark vertreten. Ihre Entfernung vom Arbeitsmarkt machte sie länger als je zuvor zu einem Kostenfaktor für die Eltern; sie fielen als potenzielle Einkunftsquelle aus. B. Seebohm Rowntrees berühmte Studie über die nordenglische Stadt York, Poverty: A Study of Town life (1901) konnte zeigen, wie junge Kinder zur Verarmung ihrer Familien beitrugen und wie viele Kinder in Armut lebten; zahlreiche Nachfolgestudien bekräftigten die gewonnenen Erkenntnisse. In der südenglischen Stadt Reading lebte beim Ausbruch des Ersten Weltkriegs fast die Hälfte der Kinder in Primärarmut, und auch an anderen Orten stellten Kinder die Hälfte derer, die in Primärarmut lebten. Nach Rowntrees Folgestudie über die Stadt York von 1936 waren fast die Hälfte der in Primärarmut lebenden Stadtbewohner Kinder unter vierzehn Jahren.[554] Politiker, Bürokraten, Sozialarbeiter und Publizisten rangen mit dem Problem, wie man verhindern könne, dass die Armut der Arbeiterfamilien den Kindern ihre Kindheit raubt, auf die sie einen Anspruch hatten. Sollten die Kinder armer Familien direkt Sachzuwendungen erhalten, etwa Nahrungsmittel und Bekleidung? Oder sollte man an ein »Familiengeld« denken, also an Zahlungen durch den Staat oder die Arbeitgeber an die Familien? In der ersten Hälfte des 20. Jahrhunderts jedenfalls waren finanzielle Unterstützungen für Familien überall – außer in den USA – üblich geworden. Die Bereitschaft der Regierungen, diesen Familien Zuschüsse zu gewähren, hing nicht nur mit dem Druck von Interessengruppen zusammen, die solche Zuschüsse alleine aus Erwägungen des Kindeswohls verlangten: Die Regierungen betrachteten das Familiengeld auch als ein Mittel, das Verhältnis zwischen

Arbeitgebern und Arbeitern zu stabilisieren, eventuell die Lohn-inflation zu kontrollieren oder zu einer höheren Geburtenrate zu ermuntern.[555] Ohne Zweifel profitierten die Kinder von solchen Maßnahmen, die eine Kindheit ohne Armut wahrscheinlicher erscheinen ließen.

Die Errungenschaften in der einen Generation konnten jedoch zu Rückschlägen in der anderen Generation führen: Es gab jedenfalls keine nachhaltige Reduzierung der Kinderarmut. Darin stand Großbritannien zugegebenermaßen schlechter da als andere Staaten mit Ausnahme der Vereinigten Staaten. Die Daten der Kinderarmut in Großbritannien im ausgehenden 20. Jahrhundert zeigen jedoch auch die Art und Weise, wie eine Mischung von ökonomischen Tendenzen – namentlich hohe Arbeitslosigkeit, demografische Veränderungen – und Regierungspolitik dem Leben von Hunderttausenden Kindern ihren Stempel aufdrücken können: In den 1980er und 1990er Jahren stieg der Anteil von Kindern in Armut von 1:10 auf 1:3.[556] Es hat seitdem eine Verbesserung gegeben, aber im 21. Jahrhundert zerstört wiederum die unverhältnismäßig hohe Anzahl von Kindern in Armut das Leben der Kinder und ist – angesichts der Rhetorik von den Kindern als Zukunft – eine ständige Peinlichkeit und Herausforderung.

Für Reformer stand es außer Frage, dass Kinder nicht zu früh in den Arbeitsmarkt eintreten durften, wenn sie sich einer Kindheit im eigentlichen Sinne erfreuen wollten. Ende des 19. Jahrhunderts haben fast alle Länder, wie schon gesagt, Gesetze zur Verhinderung oder zumindest Einschränkung der Kinderarbeit erlassen. Auf nationaler Ebene bildeten die Vereinigten Staaten eine Ausnahme; erst Anfang des 20. Jahrhundert wurde das Nationalkomitee für Kinderarbeit (National Child Labor Committee) gegründet, das Maßnahmen und Gesetzgebungen auf bundesstaatlicher Ebene anregte und zuletzt auch eine Gesetzgebung auf Bundeseben, jedoch nur mit begrenztem Erfolg. Für die Vertreter des Komitees bestand kein Zweifel, »dass das Kind aufhört Kind zu sein, wenn die Arbeit beginnt«, aber bis in die 1920er Jahre stießen sie auf erheblichen Widerstand, vor allem im Süden, wo es immer noch eine Nachfrage nach Kinderarbeit in der Textilindustrie gab. Die Opposition war jedoch noch weiter gespannt: Katholische Priester verteidigten die Kinderarbeit, weil sie den armen Einwandererfamilien ein zusätzliches Einkommen verschaffte; Farmer verlangten Kinder als Saisonarbeiter und erklärten die Feldarbeit als förderlich für die Gesundheit; Arbeiterfamilien lehnten staatliche Eingriffe in die familiären Arbeitstraditionen ab.[557] Diese Faktoren, zusammen mit einer sturen Verteidigung bundesstaatlicher Rechte, bedeuteten, dass sich das National Child Labor Committee mit kleinen Schritten zur Erosion der Kinderarbeit in den Vereinigten Staaten zufrieden geben musste, eine Erosion, die technologischen Veränderungen ebenso viel verdankte wie der öffentlichen Meinung und der Gesetzgebung.[558]

Außerhalb der Vereinigten Staaten hatten nationale Arbeits- und Schulpflichtgesetze zu Beginn des 20. Jahrhunderts den Umfang der Kinderarbeit verringert, aber es gab Wirtschaftsbereiche, wie etwa die Heimarbeit, die nur unter Schwierigkeiten vom Arm des Gesetzes erreicht werden konnten, und so blieb das Problem von Schulkindern, die außerhalb der Schulstunden arbeiteten, bestehen. 1908 brachte in Österreich eine Untersuchung von 400 000 Schulkindern zutage, dass ein Drittel einer regelmäßigen Arbeit vor allem in der Heimindustrie nachging; in den 1920er Jahren arbeiteten Kinder der Arbeiterschicht zwischen vier und sechs Stunden täglich.[559] Am Vorabend des Ersten Weltkriegs schätzte man für das Vereinigte Königreich, dass eine halbe Million Kinder unter 14 Jahren neben der Schule noch eine Arbeitsstelle hatten, häufig als Boten oder Zeitungsausträger. Dieselben Nischen im Arbeitsmarkt füllten auch skandinavische Schulkinder, obwohl deren Arbeit namentlich auf dem Lande oder in den Fischereisiedlungen an der Küste auf weniger Ablehnung stieß als in England: In Dänemark wurde der Teilzeitschulbesuch erst in den 1950er Jahren zugunsten des Vollzeitschulbesuchs aufgegeben.[560]

Der Erste Weltkrieg erhöhte die Nachfrage nach Kinderarbeit, danach war die Kinderarbeit, besonders an den Rändern der Wirtschaft, rückläufig. Dennoch gingen die meisten Schulkinder einer Nebenbeschäftigung nach, nicht nur, um das Familieneinkommen zu erhöhen, sondern auch, ab der Mitte des Jahrhunderts, um ihre eigenen Konsumwünsche finanzieren zu können. Von offizieller Seite wurde diese Art der Kinderarbeit verneint, man war überzuversichtlich, dass das Problem gelöst sei, aber alles deutet darauf hin, dass Kinder weiterhin arbeiten.[561]

Die Schule und nicht die Arbeitsstelle sollte der eigentliche Platz der Kinder sein, wenn sie nicht zu Hause waren. Viele betrachteten das Ende der Schule auch als das Ende der Kindheit. Als die Regierungen das Ende der regulären Schulpflicht heraufsetzten, wurde auch die Kindheit schrittweise verlängert. Als die Schulpflicht in England und Wales 1880 eingeführt wurde, lag das Alter bei zehn, stieg lokal unterschiedlich bis zum Ersten Weltkrieg, blieb ab 1918 beim Alter von vierzehn, stieg auf fünfzehn im Jahre 1944 und auf sechzehn im Jahre 1972. Noch im Jahre 1900 ging lediglich die Hälfte der Zwölf- bis Vierzehnjährigen in die Schule, um die Mitte des 20. Jahrhunderts dagegen waren es 100 Prozent dieser Altersgruppe. Rund 5 Prozent der Fünfzehn- bis Achtzehnjährigen besuchten im ersten Viertel des Jahrhunderts die Schule und 37 Prozent nach Anhebung des Alters, an dem der verpflichtende Schulbesuch endete. Um die Mitte des 20. Jahrhunderts konnten alle Kinder in den meisten europäischen Ländern damit rechnen, vom Schuleintrittsalter (das zwischen fünf und sieben variierte) bis mindestens zum vierzehnten Lebensjahr in der Schule zu sein. Die Ausnahmen bestanden in Südeuropa, mit Spanien und Portugal als Nachzügler, wo weniger als die Hälfte der Fünf- bis Vierzehnjährigen die Schule besuchten. Diese Länder sollten jedoch bald aufholen. Spanische Statistiken zeigen, allerdings wenig glaubhaft, dass 1970 mehr Kinder die Schule besuchten als überhaupt im Altersbereich fünf bis vierzehn im Lande vorhanden waren.[562] Die genauen Zahlen mögen zweifelhaft sein, nicht aber die Tendenz: Die Regierungen sorgten dafür, dass die Schule immer mehr Lebenszeit einer Person in Anspruch nahm, und je länger diese Zeit währte, desto länger hielten sich die Schulpflichtigen für Kinder und wurden auch als Kinder behandelt.

Armut, Kinderarbeit und Schule waren zentrale Elemente der Kinderpolitik, sie beschränkte sich aber nicht darauf. Es existierte noch ein breites und amorphes Betätigungsfeld für Regierungen, das die Beziehungen zwischen Regierung, Eltern und Kindern betraf. Für die Regierungen standen die »Problemkinder« im Mittelpunkt: Es ging um Kinder, die aus den Familien herausgenommen wurden und sich in staatlicher Obhut befanden; um Kinder, die Bekanntschaft mit der Strafjustiz gemacht hatten sowie um Kinder, die häuslicher Grausamkeit ausgesetzt waren. Ein Hinweis auf die Bedeutung dieser Probleme liefert die immer größere werdende Menge einschlägiger Gesetze. In England und Wales beispielsweise – um nur die wichtigsten legislativen Maßnahmen zu nennen – erlebte das »Jahr des Kindes«: das Kinderschutzgesetz (Children Act) von 1908, das Gesetz zum Schutz von Kindern und Jugendlichen (Children and Young Persons Act) von 1933, das Kinderschutzgesetz von 1948, Die Gesetze zum Schutz von Kindern und Jugendlichen von 1963 und 1969 sowie die Kinderschutzgesetze von 1975 und 1989. Diese Gesetzgebung versuchte zwischen zwei Anliegen einen Weg zu bahnen: Zwischen dem »Kindeswohl« und zwischen dem Interesse der Gesellschaft am Schutz vor »Problemkindern« in Gegenwart und Zukunft. Im Zweiten Weltkrieg und der darauf folgen sozialstaatlichen Phase (beeinflusst von Studien über die Wirkung von Evakuierungen und John Bowlbys Studien über die schädlichen Wirkungen einer Trennung von Mutter und Kind) war es das Ziel, die Kinder in ihren Familien zu belassen, selbst wenn es sich um »Problemfamilien« handelte.

Man ging davon aus, dass diese benachteiligten Familien Hilfe benötigten, und die Sozialarbeiter waren die Vertreter des Staates, die solche Hilfen bereitstellten. In den ausgehenden 1960er Jahren und in den 1970er Jahren führte die Opposition gegen den Wohlfahrtsstaat, und mit wachsender Besorgnis aufgrund häuslicher Grausamkeiten gegenüber Kindern, zu einer Revision dieser Politik. Im letzten Viertel des Jahrhunderts suchte der Staat nach Möglichkeiten, zwischen dem Kindeswohl, der Verantwortung der Eltern für die Erziehung ihrer Kinder und dem Interesse der Öffentlichkeit zu vermitteln. Der *Daily Star* brachte jenes Interesse der Öffentlichkeit auf den Punkt: »England sieht sich einer Furcht erregenden Explosion von Kinderkriminalität gegenüber.« Obwohl die Gesetzgebung mehr tat, als dem Recht der Kinder nur kurz zuzunicken, waren es die Rechte und Verantwortlichkeiten der Eltern, die am meisten betont wurden. Am Ende des »Jahrhunderts des Kindes« kämpfte die Gesellschaft immer noch um die Lösung eines Problems, das zum ersten Mal in den 1880er ans Tageslicht kam: das angemessene Verhältnis zwischen Staat, Eltern und Kindern.[563]

Eltern und Kinder

Seit der Erfindung des Buchdrucks gab es Beratungsliteratur, an die sich Eltern wenden konnten; die Menge solcher Ratgeber begann jedoch im 20. Jahrhundert zu eskalieren, und es ist kein Ende abzusehen. In der ersten Hälfte des 20. Jahrhundert nahm diese Beratungsliteratur einen Ton an, der jeden vor ernsthafte Probleme stellt, wenn er behaupten wollte, dies sei das »Jahrhundert des Kindes«. Der Einfluss der Wissenschaft musste bei den Eltern geradezu eine Distanzierung zwischen ihnen und ihrem Kind bewirken. Reinhard Spree sagt in Bezug auf die deutsche Beratungsliteratur: »Gegen Ende des 19. Jahrhunderts verbreitete sich immer mehr die Idee von der Unterwerfung der täglichen Behandlung eines Kindes unter exakte, wissenschaftlich fundierte Regeln. Die Lebensgestal-

Demonstration für Rechte und Wohlfahrt der Kinder. Umzug für die »Deutsche Kinderhilfe« (Historische Fotografie, 1920).

tung des Kindes als eine technisch kontrollierte Wissenschaft wurde komplettiert, indem man versuchte, auch die Eltern-Kind-Beziehung zu einer Wissenschaft zu machen. Was abgeschafft werden sollte, waren Spontaneität, Gefühle und Individualität.«[564] Spree fragt sich, ob diese Einstellung typisch deutsch gewesen sei, und beantwortet seine Frage mit Nein. 1914 meint das United States Children's Bureau: »Die Vorschrift, dass Eltern nicht mit ihren Babys spielen sollen, erscheint hart, aber ohne Zweifel ist sie richtig.«[565] Der Hauptbeitrag der Wissenschaft in den 1920er Jahren war der Behaviorismus, die Lehre, dass man Kinder durch Strafe und Belohnung ein gewünschtes Verhalten antrainieren könne. Wie es Cyril Burt ausdrückte: »Das Heranwachsen eines menschlichen Wesens zu überwachen ist genauso ein wissenschaftliches Geschäft wie Pflanzen zu züchten oder ein Rennpferd abzurichten.«[566] Nicht immer eigneten sich Eltern dazu, sich so zu verhalten.

Der Amerikaner John Watson zweifelte nicht daran, »dass es sehr viel mehr wissenschaftliche Wege gibt, Kinder aufzuziehen [als durch Eltern in den jeweiligen Familien], die vielleicht edlere und glücklichere Kinder hervorbringen. Sollten aber die Eltern die Erziehung übernehmen, so lautete sein Rat unmissverständlich: »Es gibt eine vernünftige Art, Kinder zu behandeln. Behandelt sie so, als wären sie junge Erwachsene ... Umarmt und küsst sie niemals und lasst sie niemals auf eurem Schoß sitzen.« In England riet das *Mothercraft Manual*, das zwischen 1923 und 1954 in zwölf Auflagen erschien, den Müttern: »Selbstkontrolle, Gehorsam, Anerkennung der Autorität und später Respekt vor den Älteren – das sind die Ergebnisse des Trainings in den ersten Jahren.« Truby King, eine besonders in England einflussreiche Stimme, teilte seinen Lesern 1937 mit: »Die führenden Fachleute – englische, ausländische und amerikanische – stimmen alle darin überein, dass eine Regelmäßigkeit der Gewohnheiten das erste ist, was man im Leben erwerben muss. Das Erreichen einer perfekten Regelmäßigkeit, angefangen mit ›Füttern und Schlafen nach der Uhr‹, ist das Fundament für den vollständigen Gehorsam.« Hier erkennen wir eine Kombination zwischen John Locke mit seiner Betonung des Lernens durch Herausbildung von Gewohnheiten und dem puritanischen Glauben an die Bedeutung des Gehorsams. Nach Meinung der Newsons hat »die auf das Göttliche zentrierte Moralität einer auf die Wissenschaft zentrierten Moralität Platz gemacht, und das mit merkwürdig ähnlichen Ergebnissen für die Art elterlichen Verhaltens.«[567]

Der Angriff auf den dominierenden Behaviorismus erfolgte in den 1930er Jahren durch die Psychoanalyse, die den Willen, die Emotionen und die Leidenschaften der Kinder herausstellten und davor warnten, solche Gemütsregungen zu unterdrücken, weil sie einfach später während der Jugend und der Erwachsenenzeit wieder an die Oberfläche kommen. Die repressive Methode der Kindererziehung – das »Training« – begann man mit Faschismus zu assoziieren, das Kind zu verstehen und mit ihm zusammenzuarbeiten assoziierte man dagegen mit Demokratie. In den Vereinigten Staaten markierte das Buch von Anderson und Mary Aldrich, *Babies are Human beings* (1938), das Ende der Vorherrschaft des Behaviorismus', und in der Periode nach dem Zweiten Weltkrieg riet man den Eltern, sich an der Kindererziehung zu freuen und sie nicht als Furcht einflößende wissenschaftliche Pflichtaufgabe zu betrachten.[568] Der Appetit auf Beratungsliteratur war enorm. *Parent's Magazine* erreichte im ersten Erscheinungsjahr Ende der 1920er Jahre Verkaufszahlen von 100 000 Exemplaren pro Monat. Dreißig Jahre nach dem ersten Erscheinen im Jahre 1946 hatte sich Dr. Spocks *The Common Sense Book of Baby and Child Care* 28 Millionen mal verkauft und ist neben der Bibel der größte Bestseller des 20. Jahrhunderts.[569]

Allerdings wurden die Eltern nicht von der Ansicht befreit, dass Erziehung von höchster Bedeutung für das Kind selbst und zugleich für die Menschheit sei, und dieses Beharren auf der Wichtigkeit elterlicher Erziehung rechtfertigte dann auch das Etikett »Jahrhundert des Kindes«. Max Lerner kommentierte in den 1950er Jahren: »Es ist evident, dass es in keiner Kultur eine solch allgegenwärtige kulturelle Sorge um das Aufziehen der Kinder gibt.«[570] Behavioristen und Psychoanalytiker mögen sich in der Auffassung vom Kind und ihren Ratschlägen unterscheiden, aber sie waren sich über die hohe Bedeutung der Kindheit einig. Und um die Flut von Ratschlägen in Zeitschriften, im Radio, im Fernsehen, von ärztlicher Seite etc. zu ignorieren, hätte es schon äußerst selbstbewusster Eltern bedurft.[571]

In welchem Ausmaß haben sich alle diese Entwicklungen auf das Leben der Kinder ausgewirkt? Für die große Mehrheit bestand die Hauptveränderung im Laufe der der ersten Hälfte des 20. Jahrhunderts darin, dass sie ihre wirtschaftlich produktive Rolle verloren und zunehmend die Rolle von Konsumenten annahmen. Dies veränderte unzweifelhaft die Einstellung der Eltern zu ihren Kindern. Nun war es nicht so, dass früher die Kinder in erster Linie wegen ihrer Beiträge zur Familienökonomie geschätzt worden wären; vielmehr betrachtete man diesen Beitrag als etwas ganz Selbstverständliches. Nachdem dieser wirtschaftliche Beitrag nicht mehr existierte, mussten die Eltern die Bewertung ihrer Kinder neu justieren. Sie reagierten darauf mit weniger Kindern, die sie aber individuell höher schätzten, und dazu noch aus emotionalen Gründen und nicht nur aufgrund der ohnehin kaum analysierten Kombination von emotionalen und ökonomischen Gründen.

Dieser Übergang – vielleicht die wichtigste Veränderung in der Geschichte der Kindheit – setzte Ende des 19. Jahrhunderts ein und zog sich bis in die Mitte des 20. Jahrhunderts. Die Kinder erlebten diese Entwicklung nicht notwendigerweise als Befreiung. Es existieren deutliche Hinweise darauf, dass die Selbsteinschätzung der Kinder wuchs, wenn sie begannen, ihren Beitrag zur Familienökonomie zu leisten. Clifford Hill, Kind einer ländlichen Arbeiterfamilie in East Anglia, erinnert sich noch mit Stolz daran, wie er mit neun Jahren soviel Geld verdiente, dass sich die Familie einen Sonntagsbraten kaufen konnte. Robert Roberts machte in einer Slum-Schule in Salford den Vorschlag, das Schulabgangsalter auf fünfzehn Jahre anzuheben, um die Berufschancen der Schüler zu verbessern. Er erntete nur Hohn und Spott von seinem siegreichen Opponenten, der unter donnerndem Applaus erklärte: »Wir müssen mit vierzehn raus aus der Schule und arbeiten und Geld reinholen für unsere Eltern.« Mit Blick auf die Depressionsjahre in den USA sagte Margot Hentoff, es habe »ein Gefühl großer Zufriedenheit geherrscht, ein Kind zu sein, das eine gute Arbeit hatte.«[572]

Kinder, denen die Schule Spaß machte und die gute Schüler waren, mochten durchaus bedauern, dass sie zu einem frühen Zeitpunkt die Schule verlassen mussten, um Geld zu verdienen. Die meisten dürften die Notwendigkeit eingesehen haben, und manchmal kam es vor, dass Schüler absichtlich in Prüfungen versagten und damit ihre Schulkarriere abkürzten. Der von der Gemeinschaft und der Familie ausgeübte Druck machte jeden Wunsch nach mehr

Schulbildung zunichte. In der neuenglischen Textilindustrie »erwarteten die meisten Familien von ihren Kindern, dass sie arbeiten gingen, sobald sie dazu fähig waren oder die Erlaubnis dazu erhielten«, und manche manipulierten die Geburtsurkunden oder machten falsche Angaben, um schneller mit der Arbeit beginnen zu können. In erster Linie verdienten die Kinder das Geld nicht für sich, sondern für ihre Familien. In den 1920er Jahren lieferten die Söhne 83 Prozent und die Töchter 95 Prozent ihres Lohnes bei ihren Familien ab.[573]

Mit von Land zu Land unterschiedlicher Geschwindigkeit schwanden in der ersten Hälfte des 20. Jahrhunderts die Voraussetzungen für eine frühe Beendigung der Schule und einen möglichst frühen Eintritt in das Erwerbsleben. Der Prozess verlief nicht ohne Unterbrechungen. Während der Depressionsjahre in den USA mussten vor allem kinderreiche Familien wiederum auf die Lohnarbeit ihrer Kinder zurückgreifen, wobei die Söhne Geld verdienten und die Töchter häusliche Arbeiten erledigen mussten.[574] Aber die Tendenz, unterstützt durch bessere Lebensstandards und staatliche Familienbeihilfen, war unverkennbar. Die Kinder hörten auf, von ökonomischem Wert zu sein, und wenn sie nebenher Geld verdienten, dann nutzten sie es für sich selbst. Wichtiger noch: Kinder standen im Mittelpunkt der familiären Ausgabenpolitik; die Eltern waren entschlossen, ihren Kindern zu einer besseren Kindheit zu verhelfen, als sie selbst gehabt hatten, und ein Mittel dazu waren finanzielle Aufwendungen.[575]

Für Arbeiterkinder ergab sich im 20. Jahrhundert ein Übergang vom Leben auf der Straße zum Leben im Haus. Die überfüllten Wohnungen der Arbeiterfamilien eigneten sich höchstens zum Schlafen und für die Einnahme von Mahlzeiten. Im Wien der Jahrhundertwende »waren wir alle Straßenkinder. Damals war jeder ein Straßenkind, wir wuchsen in den Gassen und Straßen auf ...« Auch in London »war die Straße der Lebensraum für die Arbeiterkinder; dort verbrachten sie ihre freie Zeit«. Die Mädchen hielten sich ebenfalls auf der Straße auf, streiften aber nicht so weit umher wie die Buben, weil sie oft auf jüngere Geschwisterkinder aufpassen mussten.[576] Mit der Verbesserung der Wohnverhältnisse boten die Wohnungen mehr Platz und Komfort und die Straße dürfte ihre Attraktivität verloren haben. Parallel dazu verlief eine Veränderung der sozialen Organisation zu Hause. Die Eltern, insbesondere die Väter, waren nicht mehr so oft außer Haus und deutlich weniger autoritär und standen weniger im Mittelpunkt, wenn sie zu Hause waren.

Kindheit in Gefahr

Der Krieg machte besonders deutlich, wie schwer es war, das Territorium der Kindheit intakt zu halten. Auf der einen Seite – und das war der positive Aspekt – zwang der Krieg die einzelnen Staaten, sich auf die Kinder als Garanten der Zukunft zu konzentrieren und für wirksame Reformen zu sorgen, um Kindersterblichkeit und Kinderarmut so weit wie möglich zu reduzieren.[577] Auf der anderen Seite setzte der Krieg die Kinder lebensbedrohlichen Gefahren aus, und im Zweiten Weltkrieg wurden anderthalb Millionen Kinder aufgrund staatlicher Politik getötet. Die Gefährdung der Kinder in Kriegszeiten zeigte sich besonders deutlich während der chaotischen Verhältnisse in Osteuropa nach dem Ersten Weltkrieg. Eine positive Seite war die Gründung des Kinderschutzfonds, der sich dem Schutz der Kinder in Kriegszeiten widmete. Solche und andere internationale und humanitäre Initiativen hatten jedoch während des Zweiten Weltkriegs in Deutschland und den von Deutschland beherrschten Ländern keinerlei Wirkungsmöglichkeiten.

Jüdische Kinder litten auch schon vor dem Krieg unter strenger Ausgrenzung und Diskriminierung. Nach Beginn des Krieges wurden sie zunehmend isoliert, zuerst zu Hause oder in Verstecken, dann in Durchgangslagern oder Ghettos und schließlich zur Zwangsarbeit und in die Vernichtungslager deportiert. Kinder in den illegalen Ghettoschulen entdeckten zwar verstärkt ihre jüdischen Wurzeln und die jüdische Kultur, aber die gemeinsame Erfahrung war von Verarmung und Hunger bestimmt. Die 16-jährige Mary Berg schrieb im Warschauer Ghetto: »Es gibt hier eine große Anzahl fast nackter Kinder, deren Eltern gestorben sind, und die in Lumpen am Straßenrand sitzen. Ihre Körper sind grausam ausgemergelt; man kann ihre Knochen durch ihre pergamentartige, gelbe Haut sehen ... Einige der Kinder haben ihre Zehen verloren, sie werfen sich hin und her und stöhnen ... Sie betteln nicht mehr um Brot, sondern um den Tod.« Wenn diese Kinder nicht vor Hunger starben oder an Krankheiten, waren die jüngeren unter ihnen, die nicht mehr arbeiten konnten, die ersten, die man in die Gaskammern trieb. Nur 11 % der jüdischen Kinder überlebten den Krieg. Es gibt bemerkenswerte Belege dafür, dass sich Kinder die Fähigkeit zu einer Art kindlichem Leben bewahrten, sie spielten und gaben sich in den Ghettos und sogar noch auf dem Weg zu den Gaskammern, ihren Fantasien hin, aber ihr Spiel oder ihre gemalten Bilder sind nicht so sehr Fluchtversuche in eine glücklichere Welt, sondern vielmehr Abbildungen des entsetzlichen Lebens, das sie führen mussten, und des Todes, der sie erwartete.[578] Es ist ein Hohn, vom »Jahrhundert des Kindes« zu sprechen, wenn so viele Kinder als Folge staatlicher Verbrechen zugrunde gehen mussten.

In der zweiten Hälfte des 20. Jahrhunderts schwand die Vision vom Jahrhundert des Kindes aus weniger dramatischen Gründen. Nicht dass die Menschen die Bedeutung der Kindheit aus dem Auge verloren hätten, ganz im Gegenteil, vielmehr begannen sie daran zu zweifeln, dass es möglich sein könnte, die Integrität des abgesteckten Territoriums der Kindheit so beizubehalten, wie sie einmal gedacht war. Invasionen drohten von allen Seiten, und die Kindheit, so sagte man, könne nicht länger überleben. Als Konsequenz wurden die Kinder selbst zu fremdartigen Kreaturen, zu einer Bedrohung der Zivilisation – und waren nicht mehr ihre Hoffnung und Erlösung.

Ein symptomatischer Text ist Neil Postmans *The Disappearance of Childhood* (1982), dt. *Das Verschwinden der Kindheit* (1983). Er berichtet, dass es in Kalifornien keine Spiele, Lebensmittel oder Bekleidung mehr speziell für Kinder gebe. Kinder zeigten keinen Respekt mehr vor den Älteren, tauchten in den Kriminalstatistiken an prominenter Stelle auf und hatten jegliches Schamgefühl, besonders in Bezug auf Sex, verloren – ein wichtiger Baustein in Postmans Kindheitskonzept. In gewisser Weise führen uns diese Beobachtungen in die von Ariès imaginierte Mittelalterwelt zurück, in der die Grenzen zwischen Erwachsenenwelt und Kindheit fließend oder nicht existent waren. Interessanterweise erkannte Ariès in der Öffnung der Kindheit im Frankreich der 1950er Jahre ein typisches Merkmal der modernen Welt; bereits ein Vierteljahrhundert später konnte man in Kalifornien das Ende der Kindheit beklagen.

Postmans Klage würde kaum besondere Aufmerksamkeit verdienen, wäre da nicht seine Erklärung für das Verschwinden der Kindheit. Nach seiner Argumentation tauchte zum ersten Mal ein Begriff von Kindheit mit der Erfindung des Buchdrucks auf; Lesen wurde zu einer hoch geschätzten Fertigkeit, die sich jeder aneignen sollte. Die Kindheit sollte die Zeit sein, in der man diese Fertigkeiten zu erlernen hätte, und die Schule war der Ort, wo dieser Wissenserwerb stattfinden sollte. Lesen zu lernen erforderte bestimmte Eigenschaften: eine spätere – und keine sofortige – Genugtuung, Beharrlichkeit, Stillsitzen, Folgerichtigkeit. Eine visuelle Kultur dagegen, repräsentiert durch das Fernsehen, erforderte solche Eigenschaften nicht, denn das Zuschauen muss nicht gelehrt werden. Die Kindheit nahm deshalb ihren Aufstieg im Rahmen einer Form der Kommunikation und erlebte ihren Niedergang, als die Lesekultur durch die visuelle Kultur ersetzt wurde. Der technologische Determinismus konnte kaum weiter vorangetrieben werden.

Zwei interessante Aspekte lassen sich aus Postman herauslesen: Zum einen hat seine Vision von Kindheit nichts mit Freiheit und Glück zu tun, sondern mehr mit gutem Betragen, Achtung gegenüber Erwachsenen und dem Erlernen von Fertigkeiten, die für die Welt der Erwachsenen wichtig sind. Zum andern ist das Fernsehen nicht einfach nur ein Kommunikationsmedium, vielmehr ist diesem Medium ein Kommerzialismus eigen, der Kinder in Konsumenten verwandelt. Die Furcht, dass Kinder durch bestimmte Medien verdorben werden könnten, hat eine lange Geschichte; schon das Lesen von »Groschenheften« (penny dreadfuls) galt in der victorianischen Zeit als gefährlich. Die visuelle Kultur wurde wohl schon immer schlechter beurteilt, und im ganzen 20. Jahrhundert herrschte die Furcht, Kinofilme könnten die Jugend verderben. Aber Filme konnte man zensieren und kontrollieren und festlegen, welche Kategorie von Filmen sich für welche Altersstufe eignete. Fernsehen und insbesondere Video, Ende des 20. Jahrhunderts dann auch das Internet, konnten jedoch nicht in diesem Maße kontrolliert werden. Bilder von Gewalt und Sexualität könnten, so befürchtete man, die Kinder verwirren. Heimtückischer noch spiegeln TV-Werbung und TV-Spiele mit Bargeldpreisen den Kindern Bilder von einem guten Leben vor und widersprechen jener »späteren Genugtuung«, die Postman so sehr schätzte und die in einer langen christlichen Tradition als Ideal vertreten wurde. Kinder werden zu Konsumenten und wollen kaufen – aber nicht mehr zum Unterhalt der Familie, sondern für sich selbst.

Pessimisten auf dem rechten wie auf dem linken politischen Spektrum[579] verweisen auf die Zerstörung der Kindheit durch den Kommerz. Im ausgehenden 20. und beginnenden 21. Jahrhundert verstärken die rapiden medientechnischen Veränderungen solche Befürchtungen, wie sie Postman geäußert hat. Allerdings wird auch die optimistische Ansicht vertreten, das Internet könne die Kinder von elterlicher Kontrolle befreien. Kinder mit »Mediendurchblick« würden die »interaktiven« Möglichkeiten des Internets nutzen und könnten eine eigene Jugendkultur entwickeln. Diese in Medien gesetzten Hoffnungen haben kurioserweise vieles gemein mit den entsprechenden Befürchtungen. Auf unterschiedliche Weise übertreiben und vereinfachen sie die Wirkung von Medien. Beide Ansichten scheren Kinder jeden Alters und jeder sozialen Schicht

»Es war kein besonders schöner Tag.«
Ölgemälde von Adelchi Riccardo Mantovani (1974).

über einen Kamm, und beide missverstehen die Komplexität, in der Kinder auf Medien reagieren. Sie sind jedoch ein Zeugnis dafür, wie sehr Hoffnungen und Befürchtungen in Bezug auf die moderne Welt auf Kinder ausgerichtet sind.[580]

Die mit Postman verbundene Kritik betonte ein Kindheitsideal, das sich in der ersten Hälfte des Jahrhunderts etabliert hatte: die Isolierung der Kinder von der Erwachsenenwelt. Die Sichtweise legt nahe, dass die Erwachsenen selbst das Erwachsensein als Vertreibung aus dem Garten Eden auffassen, die Kindheit dagegen als eine Zeit des Glücks und der Sicherheit. Deshalb sollte die Kindheit so weit wie möglich ausgedehnt werden. Postmans Klage bekommt eine zusätzliche Bedeutung wenn er erklärt, Kinder seien für ihn Menschen im Alter zwischen sieben und siebzehn; die Kindheit beginnt und endet spät.

Es überrascht nicht, dass gerade in Amerika der Zusammenbruch der separaten Kindheitswelt am weitesten fortgeschritten war, denn für Europäer hatte das amerikanische Kind schon immer alarmierende Tendenzen zur Frühreife gezeigt, was man Ende des 19. Jahrhunderts und im 20. Jahrhundert stets beklagte. 1875 beobachtete Therese Yelverton bei ihrer Reise durch die Vereinigten Staaten:»Ich habe zu keiner Zeit entdecken können, dass es hier amerikanische *Kinder* gab. Es waren kleine Männer und Frauen auf ihrem Weg zu großen Männern und Frauen, die ich traf, aber ein Kind in dem Sinne wie wir es in England auffassen – ein Kind mit rosigen Wangen und hellem, fröhlichem Lachen, mit fügsamer Folgsamkeit und Einfachheit ist ein in Amerika beinahe unbekanntes Wesen.«[581] Amerikanische Kinder wurden den französischen Kindern gegenübergestellt, die im Kreise der Familie lebten und doch in einer von den Erwachsenen, auch von ihren Eltern, verschiedenen Welt.[582] J. B. Priestley entdeckte in Arizona Ende der 1930er Jahre »etwas sehr Verwirrendes« an amerikanischen Kindern:

»Sie schienen in etwas zu hoher Geschwindigkeit zu leben; sie waren nicht solide genug; sie machten einen überaufgeregten Eindruck … Alle waren erwachsener in ihrem Geschmack und Lebensstil, wenn auch nicht in ihrem Temperament, als unsere eigenen Kinder und andere Kinder in England. Die meisten waren außerordentlich frühreif, und das war bisweilen amüsant, bisweilen alarmierend. Außenstehenden gegenüber verhielten sie sich recht zivil, aber oft benahmen sie sich sehr grob ihren Eltern gegenüber, die sich so weit von der althergebrachten Bedeutung elterlicher Autorität entfernt hatten, dass sie merkwürdigerweise diese Kinder, die äußerst fordernd und schrill in ihren Ansprüchen waren, auch noch verteidigten und große Nachgiebigkeit an den Tag legten.[583]

Priestley verkehrte in akademischen und Mittelschichtkreisen, und die Respektlosigkeit der amerikanischen Kinder gerade in diesen sozialen Schichten schockierte die Europäer besonders. In Europa waren die Kinder in eine Welt der Bediensteten und der Schule eingebunden, wo die Autorität der Erwachsenen nicht infrage gestellt wurde und wo Eltern eine Distanz zu ihren Kindern einnahmen, die ihnen eine Aura der Unnahbarkeit und Unbesiegbarkeit verlieh. Dieses System brach zusammen, als es aus finanziellen Gründen schwierig wurde, all jene Hausbediensteten und Kindermädchen zu engagieren, die zu diesem Lebensstil notwendig waren. Eltern und insbesondere die Mütter mussten in engeren Kontakt zu ihren Kindern treten und ihr Verhalten modifizieren.

Dieser Zusammenbruch der elterlichen Autorität manifestierte sich in unterschiedlicher Weise. Noch in den 1950er Jahren verlangten französische Eltern eher mehr als weniger Disziplin von ihren Kindern.[584] Aber als man Müttern der Arbeiterschicht in Nottingham in den 1960er Jahren die Frage stellte: »Würden Sie sagen, dass Sie Ihre Kinder auf dieselbe Weise erziehen wie Sie selbst erzogen wurden, oder erziehen Sie Ihre Kinder anders?«, waren sie sich ganz sicher, dass sie ihre Kinder anders erziehen. Größtenteils lebten diese Mütter in verbesserten Verhältnissen und konnten ihre Kinder mit mehr materiellen Gütern ausstatten. Eine Mutter sagte: »Ich denke, du gibst deinem eigenen Kind das, was du nicht haben konntest, du denkst, wie es bei dir war, und nun ja, ich habe es nicht bekommen, und ich sorge dafür, dass er es bekommt. Ich glaube, so denken viele.« Aber da war noch mehr, als den Kindern einfach materielle Güter zu »geben«. Die Befragten waren sich sicher, dass ihre Eltern viel strengere Disziplin forderten als sie selbst. Viele fanden ihre Mütter distanziert und rigide und nur wenig zugänglich, und versuchten mit ihrem eigenen Elternverhalten eine größere Gemeinschaft mit ihren Kindern herzustellen. Allerdings war ihnen auch der soziale Druck bewusst, der sie wider besseres Wissen zum »Geben« drängte: »Das Geklingel der TV-Werbung verdrängt die Wiegenlieder; die Supermärkte platzieren verlockende Waren auf die Augenhöhe der Kinder und benutzen sie in ihrem Sinne, damit sie den Müttern das Geld aus dem Portemonnaie ziehen; und jede städtische Siedlungsgesellschaft scheint dafür gesorgt zu haben, dass mindestens drei Eisverkäufer durch die Straßen patrouillieren.«[585]

Dies alles lief auf eine Verschiebung der Machtbalance zwischen Erwachsenen und Kindern hinaus. Das zeigte sich besonders deutlich auf wirtschaftlichem Gebiet. In Bethnal Green im Osten Londons erklärte in den frühen 1950er Jahren eine Mutter aus der Arbeiterschicht: »Als ich klein war, hatte mein Papa immer das Beste von allem. Jetzt sind es die Kinder, die das Beste bekommen. Wenn ein Schweinekotelett übrig ist, dann kriegt es das Kind.«[586] Weil sie selbst kein Geld verdienten, bekamen Kinder ein wöchentliches Taschengeld und immer teurere Geschenke zu Weihnachten und zum Geburtstag. Gerade das Taschengeld beunruhigte Mittelschichtkommentatoren im ausgehenden 19. und beginnenden 20. Jahrhundert, denn es gewährte den Kindern eine Unabhängigkeit, mit der sie nicht richtig umgehen konnten. 1899 äußerte die American Society for the Study of Child Nature zahlreiche Vorbehalte gegen das Taschengeld.[587] Eine Umfrage in englischen Städten in den 1940er Jahren förderte zutage, dass »Schulkinder in den ärmeren Bezirken über mehr Taschengeld verfügten als diejenigen der besser gestellten Schichten« und dass sie das Taschengeld meist

»für Süßigkeiten, Eiscreme und Comics« ausgeben; dabei seien die Süßigkeiten von »miserabelster Qualität« und die Comics »minderwertig«.[588] Offenkundig meinte man, das Geld sei schlecht verwendet worden und habe die Kinder nicht wenigstens einige Grundzüge der Sparsamkeit gelehrt.

Bereits vor dem Zweiten Weltkrieg konstituierten Kinder einen Markt mit bedeutender Kaufkraft. Die größten Gewinne erzielte man bei Begleitprodukten von Spielfilmen und Cartoons; 1933 verkaufte Disney Waren im Werte von über 10 Millionen Dollar, meist Figuren aus den berühmten Zeichentrickfilmen und Cartoons.[589] Das Fernsehen erweiterte die Vermarktungsmöglichkeiten von Produkten enorm; sie bestimmten letztlich Form und Inhalt des Kinderfernsehens. So meinte Stephen King: »Das Fernsehen macht Kinder zu einer Zuschauergruppe, sodass sie in den Markt integriert werden können.«[590] In den 1980er Jahren machte Disney weltweit 3,44 Milliarden Dollar mit Lizenzen für Cartoon- und Fantasyfiguren; in den USA betrug das Marktvolumen für lizensierte Spielfiguren 8,2 Milliarden Dollar, und diese Spielsachen machten fast 70 % des gesamten Spielzeugmarktes aus. Ende des 20. Jahrhunderts schätzte man den Markt für Kinderartikel im Vereinigten Königreich auf über 10 Milliarden Pfund jährlich.[591]

Anfang des 20. Jahrhunderts lagen Auswahl und Kauf von Spielsachen meist in den Händen der Erwachsenen. Sie wussten, dass Kinder durch Spielen lernen und sahen in angemessenem Spielzeug (technisches Spielzeug für Jungen, Puppen für Mädchen) ein gutes Mittel, die Kinder auf die Erwachsenenwelt vorzubereiten. Erziehungsratgeber ermunterten zum Konsum: Bis zum Beginn des 20. Jahrhunderts sollten Kinder, so lautete der Rat, Gefühlsregungen wie beispielsweise Neid zu zügeln lernen; zwischen 1915 und 1930 riet man den Eltern, auf die Neidgefühle des Kindes zu reagieren und ihm zu kaufen, was es wollte.[592] Dies war ein wichtiger Schritt zur Einbeziehung des Kindes in den Spielzeugkauf. In den USA verschoben sich – zuerst in den 1930er Jahren und dann wieder in den 1960er Jahren – die Gewichte beim Spielzeugkauf nachdrücklich auf die Seite der Kinder; die Beziehung zwischen Spielzeugherstellern und Eltern wurde unterbrochen. Barbie-Puppen (ab 1959) und Action Men wurden zu Prototypen einer neuen Spielzeugära, in der die Kinder die Entscheidungsgewalt bei Einkäufen innehatten.[593]

Für Eltern waren die Kinder ein Kostenfaktor, der nur teilweise von Formen der Wohlfahrtspolitik ausgeglichen werden konnte. Kinder waren schon immer ein Kostenfaktor, vielleicht in größerem Ausmaß, als man sich je vorgestellt hat, aber dieser Umstand war stets begleitet von einem Gefühl der Verpflichtung des Kindes gegenüber den Eltern, und das Kind erfüllte diese Verpflichtung, sobald es der Mutter seinen Arbeitslohn übergab. In der zweiten Hälfte des 20. Jahrhunderts trugen die Kinder kaum etwas zum Familieneinkommen bei. Wenn Kinder arbeiteten, verwendeten sie das Geld für sich selbst. Eltern konnten hoffen, im Alter eventuell von ihren Kindern versorgt zu werden, aber bis dahin mussten sie für ihre Kinder aufzukommen: In den 1990er Jahren beliefen sich die Kosten für ein Kind auf über 100 000 Pfund (2004 auf 164 000 Pfund).[594] Die Kinder hatten natürlich kein absolutes Recht auf solche Summen und mochten sich einer Situation relativer Machtlosigkeit fühlen. Und obwohl sich die Eltern darüber beklagten, in welchem Ausmaß ihre Kinder »ausgenutzt« wurden, so lebten sie doch in einer Kultur mit einem so starken Konkurrenzdruck, dass Schuldgefühle aufkommen mussten, wenn sie ihre Kinder nicht mit dem ausstatteten, was auch die Altersgenossen hatten.

Indessen, die Verschiebung der Machtbalance zwischen Erwachsenen und Kinder war mehr als rein ökonomischer Natur – sie war auch von emotionaler Qualität. Eltern suchten bei ihren Kindern nach emotionaler Zufriedenheit. Nirgendwo wird dieser Vorgang im 20. Jahrhundert deutlicher als auf dem Gebiet der Adoption. Jede Gesellschaft hat ein System entwickelt, Kinder von den Eltern an Nicht-Eltern zu übertragen; meist jedoch hatte diese Überführung ökonomische Gründe, denn die empfangende Familie zog Nutzen aus dem Kind. Dabei konnte sich durchaus auch eine affektive Beziehung entwickeln, sie war aber nicht der Grund der Adoption. Im 20. Jahrhundert adoptierten meist kinderlose Ehepaare Kinder, die ihnen schließlich nur Kosten verursachen würden. Die Motivation mochte bisweilen die Rettung des Kindes sein, aber wie der häufig geäußerte Wunsch nach blonden Mädchen zeigt, wollten sich die Eltern auch selbst eine Freude machen. Erwachsene brauchen Kinder, um ihre emotionalen Bedürfnisse zu befriedigen, und so sind sie zur Aufwendung großer Summen bereit, um sich ein Kind zu verschaffen. Amerikanische Eltern versicherten sich gegen den Tod ihrer Kinder, nicht etwa weil sie, wie in der Vergangenheit, die Arbeitskraft des Kindes verloren hatten, sondern wegen des erlittenen emotionalen Verlustes – und die Versicherungssummen, die sie erhielten, lagen höher als die Summen für den Verlust der Arbeitsfähigkeit.[595] Den Kindern dürfte höchstens ansatzweise klar sein, welchen Wert man ihnen beilegte, aber die ökonomische und emotionale Transformation bedeutete auch, dass Eltern allzu leicht, wie Anfang des 20. Jahrhunderts in Amerika beobachtet, »Sklaven ihrer Kinder« werden konnten. Anders ausgedrückt vollzog sich nach den Worten Zelizers, eine Sakralisierung der Kindheit, das heißt, »die Kinder wurden mit sentimentalen oder religiösen Bedeutungen belegt.«[596] Ein Hinweis darauf liegt in der Macht, die man Abbildungen von Kindern beilegt: Einerseits machen Amerikaner jährlich etwa 10 Milliarden Schnappschüsse von ihren Kindern, andererseits helfen Kinderbilder beim Verkauf von Waren: rund die Hälfte aller Bildreklamen zeigen Abbildungen mit Kindern.[597]

Ende des 20. Jahrhundert erwarben Kinder Rechte, die sie näher an die Rechte der Erwachsenen heranrückten. Als man zum ersten Mal erkannte, dass auch Kinder Rechte haben, hatte man Rechte zum Schutz der Kindheit im Sinn (vgl. Kap. 6). Die Kinderrechtskonvention der Vereinten Nationen von 1969 sah nicht nur den

Schutz des Kindes vor, sie regelt auch, dass das Kind bei allen Entscheidungen, die sein Leben direkt betrafen, angehört werden muss. Nach nationalen Gesetzen, so etwa in den USA und Großbritannien, erhielten Kinder das Recht, gegen ihre eigenen Eltern zu klagen – ein deutlicher Hinweis, dass die Veränderung des Machtgleichgewichts zwischen Eltern und Kindern über die ökonomischen und emotionalen Sphären hinausging.

Dieser Machtverlagerung auf die Kinder wirkten zwei miteinander verbundene und sich verstärkende Faktoren entgegen. Eltern bemühten sich zunehmend darum, das zu tun, was sie für das Beste des Kindes hielten, und lokale und globale Ereignisse schienen ein solches Bemühen immer schwerer zu machen. Das Ergebnis war eine größere Neigung zum Schutz der Kinder, vermischt mit einer Sehnsucht nach einer sicheren Welt für sie, die freilich nur in der Vorstellungswelt existierte. Die Bedrohungen der Kindheit schienen vielfältig zu sein. Wenn Heim und Schule zu Beginn des 20. Jahrhunderts zu von Kindern bevölkerten Orten wurden, so waren Ende des Jahrhunderts weder Heim noch Schule sichere Orte. Mit dem Anstieg des Kindesmissbrauchs war das Heim in der politischen Agenda der Platz, wo der Missbrauch am ehesten begangen wurde, außer in »Heimen«, in denen sich die Kinder in »Obhut« befanden. Entsetzliche Ereignisse suchten selbst Schulen heim: Erwachsene drangen in Schulgebäude ein und schossen wahllos auf Schüler und Lehrer; in den USA waren es in der Columbine Highschool sogar Kinder, die töteten. In Deutschland erregte besonders der so genannte »Amoklauf« in einem Erfurter Gymnasium tiefe Betroffenheit, ebenso aber auch die »alltägliche« Gewalt an vielen Schulen. Das Cyberspace war nicht sicherer als der terrestrische Raum: Kinder konnten Gewaltszenen beobachten, die nicht für ihr Alter – oder jedes beliebige Alter – geeignet waren, und in Form der Kinderpornografie wurden sie zu Opfern der Erwachsenenperversion. Die Gefahr für die Kindheit kam jedoch nicht alleine von den Erwachsenen, sondern auch von den Kindern selbst: Die Berichte über Schikanen und Einschüchterungen häuften sich, aber es konnte noch schlimmer kommen. Im Jahre 1993 wurde in England der dreijährige James Bulger von einem Einkaufszentrum verschleppt und schließlich von zwei zehnjährigen Jungen getötet. In der britischen Presse wurden sie als »böse« beschrieben: Die Unschuld des Kindes war keine Selbstverständlichkeit mehr.[598]

Der Trend zum Schutz der Kinder wird begleitet von einer Unmenge von Studien über Kinder und Kindheit, die allesamt behaupten, das ausgehende 20. Jahrhundert zeichne sich durch »einen hartnäckigen Angriff auf die Kindheit und die Sorge um Kinder« aus. Die Botschaft dieser Studien besagte, die Eltern sollten die Welt mit den Augen des Kindes betrachten und das Kind nicht nur als zukünftigen Erwachsenen sehen. Die beschriebene Realität jedoch sah so aus, dass Kindheit und Kinder von ängstlichen und besorgten Erwachsenen kontrolliert wurden. Aus dieser Perspektive war die Machtwaage durchaus davon entfernt, sich nur den Kindern zuzuneigen.[599]

Das Jahrhundert des Kindes endete so, wie man es an seinem Beginn nicht vorhergesagt hätte. Die Essenz der Kindheitsvision am Anfang des Jahrhunderts war die Machtlosigkeit der Kinder, ihre Abhängigkeit; gutes elterliches Verhalten sollte diesen Zustand, nicht zuletzt durch die Ausübung elterlicher Autorität, bewahren und verlängern. In der zweiten Hälfte des Jahrhunderts vollzog sich der Niedergang elterlicher Autorität, und die Kinder forderten und erhielten einen früheren Zugang zur Erwachsenenwelt; sie akzeptierten nicht die Verlängerung der Kindheit bis in die späten Teenagerjahre. In gewisser Weise bedeutete dies die Rückkehr zu einer historischen Norm, nach der sich die Kindheit nicht über das 14. Lebensjahr als Maximum erstreckte. Allerdings gab es zwei wichtige Unterschiede. Zunächst einmal war die Kindheit zu einer wichtigen Frage der Politik und des allgemeinen Diskurses geworden, und die größeren Freiheiten der Kinder wurden durch Versuche einer stärkeren Kontrolle ihrer Zeit, ihres Bewegungsraumes, ihrer Körper und ihres Verstands durch die Erwachsenen wieder wettgemacht. In vergangenen Jahrhunderten – und dies ist der zweite Unterschied – waren Kinder im Alter von 14 ökonomisch produktiv; im ausgehenden 20. Jahrhundert dagegen hatten die Kinder mindestens noch zwei weitere Jahre, wahrscheinlich aber noch sieben und mehr Jahre der wirtschaftlichen Unproduktivität vor sich. Es darf also nicht überraschen, dass man »Adoleszenz« immer mehr als einen aufreibenden Konflikt zwischen Eltern und Kindern empfand.

Achtes Kapitel
Zusammenfassung

Im Jahre 1971 beschrieb David Rothman, »wie so viele Historiker nächtliche Panikattacken erleben bei dem Gedanken, dass eigentlich nur eine dünne Trennungslinie ihr Werk von der Fiktion trennt. Beim gegenwärtigen Stand erscheint die Kindheitsforschung besonders nervenaufreibend zu sein und droht, uns alle zu Romanciers zu machen.«[600] Noch nach 30 Jahren und trotz einer großen Menge an Arbeiten über die Geschichte der Kinder und der Kindheit ist es nach wie vor möglich, eine solche Panik zu empfinden. Die Panik wird noch erhöht durch die Gewissheit, dass die für die 1970er Jahre gültigen wissenschaftlichen Ergebnisse von Historikern der 1980er Jahre über den Haufen geworfen wurden. Es ist überdies nicht einfach so, dass die Ergebnisse des einen Jahres im nächsten Jahr angegriffen werden. Wir sind vielmehr nicht einmal sicher, welche Fragen wir stellen sollen. Die zentralen Fragen dieses Buches drehen sich um das Verhältnis zwischen öffentlichem Handeln und Denken einerseits und individueller Erfahrung andererseits. Nach meiner Einschätzung sind es diese Fragen, die auf dem Arbeitsprogramm von Historikern der Kinder und der Kindheit stehen sollten. Es sind eigentlich solche Fragen, die Philippe Ariès angesprochen hat.

Bis vor kurzem allerdings setzte man die Akzente anders und fragte: Haben die Eltern in der Vergangenheit ihre Kinder geliebt? Tagebücher, Autobiografien, Briefe und Testamente, die Archive von Findelhäusern wurden alle auf der Suche nach Antworten auf diese Frage durchforstet. In vielerlei Hinsicht ist es eine vergebliche

Suche, es ist der Versuch, eine falsch gestellte Frage zu beantworten, denn sie setzt voraus, dass »Liebe« etwas ist, was wir unmittelbar erkennen würden, sollten wir in den Quellen darauf stoßen. Außerdem konstruiert die Frage eine falsche Gegenüberstellung von Eltern, die ihre Kinder lieben und von Eltern, die ihre Kinder nicht lieben, und erkennt nicht, dass Eltern ihre Kinder lieben und zugleich nicht lieben können, dass es da gegensätzliche und ambivalente Gefühle gab.[601]

Die Konzentrierung auf diese Frage platzierte die Geschichte der Kinder und der Kindheit mitten hinein in die Geschichte des privaten Lebens, in jenen Versuch, das emotionale Tempo intimer menschlicher Beziehungen der Vergangenheit ans Tageslicht zu bringen. In diesem Buch argumentiere ich, dass privates Leben auch zum öffentlichen Leben gehört – in dem Sinne, dass eine öffentliche, auf Kinder bezogene Politik artikuliert und oft auch in die Tat umgesetzt wurde sowie in dem Sinne, dass Kinder eine Rolle im ökonomischen, sozialen und politischen Leben einer Gemeinschaft spielten. In den 1960er und 1970er Jahren mag die Klage legitim gewesen sein, die Geschichte der Kinder und der Kindheit würde sich allzu stark auf das Studium der öffentlichen Kinderpolitik konzentrieren;[602] in den 1980er und 1990er Jahren drohte dafür die gegenteilige Gefahr, dass man nämlich alles außerhalb der privaten Sphäre ignorierte. Dieses Buch ist bestrebt, die Waage wieder in die richtige Balance zu bringen und auf die Interaktion zwischen – einerseits – wirtschaftlichen Entwicklungen, öffentlichen Maßnahmen, Weltvorstellungen und – andererseits – Denken über Kindheit und konkreten Kindheitserfahrungen hinzuweisen.

Ist es möglich, zusammenfassend die Kontinuitäten und Änderungen in diesem historischen Ablauf herauszuarbeiten? Wenn es eine Veränderung in der Kindheitskonzeption und der Behandlung der Kinder gegeben hat, dann lag sie, so urteilte Ariès um die Mitte des 20. Jahrhunderts, im 17. Jahrhundert, wobei er akzeptiert, dass sich diese Veränderungen schon lange Zeit vorher durch die sozialen Ränge hindurchgearbeitet haben. Pollocks Gegenargument besagte, dass in der Periode 1500–1900 die Kontinuitäten des Verhaltens der Eltern gegenüber ihren Kindern deutlicher zutage treten als die Veränderungen. Ariès schenkte dem 19. Jahrhundert nur wenig Aufmerksamkeit und Pollock befasste sich mit dem 20. Jahrhundert nur am Rande. Ich vertrete die Auffassung, dass sich im 20. Jahrhundert die Kindheitskonzepte und Kindheitserfahrungen am schnellsten verändert haben, dass diese Veränderungen aber eine lange Vorgeschichte hatten. Insgesamt, und unter Berücksichtigung der genannten Änderungen, ist jedoch die Kontinuität der Schlüssel zu den mittelalterlichen Jahrhunderten sowie zum 16. und 17. Jahrhundert, wobei die stärkste Wirkung vom Christentum ausging. Der Beginn einer säkularen Sicht der Kinder und der Kindheit im 18. Jahrhundert markiert den Aufbruch zu einer Periode des Wandels auf den Gebieten der Kindheitskonzeption und der Kinderbehandlung. Mit der Popularität der Ideen von Locke und Rousseau und später der Romantiker setzt eine Periode ein, in der man Kinder nicht mehr als Verkörperung erlösungsbedürftiger Seelen betrachtete; stattdessen behandelte man sie wie kleine Welpen, die noch der Abrichtung bedurften, oder wie eine junge Saat, der man ein natürliches Aufwachsen erlaubte.

Es ist gut belegt, dass Locke und Rousseau einen tief greifenden Einfluss auf Eltern der wohlhabenden Schichten ausübten, die eifrig ihre Bücher zur Grundlage der Erziehung machten. Allerdings verbreiteten sich ihre Ideen nicht automatisch in den Mittelschichten und erfassten auch nicht automatisch die unteren Schichten der Gesellschaft. Vielmehr versetzte die industrielle Revolution die Kinder der Armen in eine allgemein sichtbare und öffentliche Situation, bei der manifest wurde, dass sie in deutlichem Gegensatz zur Natur aufwuchsen. Propagandisten des Kindeswohls sowie Reformer kämpften für eine Beendigung dieser Situation, und einige benutzten den Bezug auf die Natur als Waffe. Meist zeigten sich die Regierungen wenig beeindruckt von diesen Argumenten, sahen sich aber dennoch zu Gesetzen zur Kontrolle der Kinderarbeit und zur Verhinderung ihrer schlimmsten Auswüchse genötigt.

Der Kinderarbeit ein Ende zu setzen war eine Möglichkeit zur »Rettung des Kindes«. Dies war das Ziel zahlloser freiwilliger Organisationen im 19. und 20. Jahrhundert. Zugrunde lag die Vorstellung, man müsse die Seelen der Kinder retten, denn die meisten Vertreter dieser Organisationen waren gläubige Christen. Die »Rettung des Kindes« bedeutete zugleich, den Kindern eine wirkliche Kindheit – so wie man sie damals verstand – zu ermöglichen, und dies implizierte die Trennung ihrer Welt der Unschuld und der Abhängigkeit von der Welt der Erwachsenen. Für die meisten Christen waren die Kinder jetzt nicht mehr von der Erbsünde befleckt. Langsam gewann die Vision einer Kindheit für alle Kinder an Boden zu gewinnen, das heißt mit getrennten Kinder- und Erwachsenenwelten, so weit dies menschlich möglich war.

Die Schulpflicht wurde aus vielfältigen Gründen eingeführt, und einige waren weit entfernt von den Konzepten zur Rettung des Kindes. Dennoch kann sie als wichtigste Veränderung gelten, denn sie verbreitete wirksam die Idee, dass alle Kinder eine Kindheit haben sollten. Kinder hörten auf, einen ökonomischen Wert darzustellen. Das »Jahrhundert des Kindes« setzte sich selbst die Aufgabe, den Kindern ihre Kindheit zu sichern und verzeichnete in vielerlei Hinsicht triumphale Erfolge, nicht zuletzt, indem es die Überlebenschancen der Kinder deutlich verbesserte.

Der Bruch erfolgte in der zweiten Hälfte des 20. Jahrhunderts. Die Kinder brachen aus dem ihnen zugedachten Ghetto der Abhängigkeit von Haus und Schule aus. Sie erwarben ein gewisses Maß an emotionaler, ökonomischer und gesetzlicher Macht gegenüber ihren Eltern, sie wurden zu Teilnehmern an einer kommerziellen, auf Gewinn ausgerichteten Kultur. Den meisten Erwachsenen war diese Kultur fremd, und es gelang ihnen nur am Rande, über diese Kultur und über die Teilnahme ihrer Kinder daran eine wirksame Kontrolle auszuüben. Die Kindheit vieler Kinder der westlichen

Gesellschaften am Ende des 20. Jahrhunderts stand kaum noch im Einklang mit den Hoffnungen, die man für ein »Jahrhundert des Kindes« gehegt hatte.

Dennoch, bisweilen brachte »das Jahrhundert des Kindes« von Anfang an nicht vorhersehbare Ergebnisse. Die Kinder erwarben Rechte, die sie den Erwachsenen näher brachten und sie nicht von ihnen entfernten. In Gerichtsverfahren und in innerfamiliären Diskussionen versuchten die Erwachsenen, die Sichtweisen der Kinder in einem Ausmaß zu erkennen und zu respektieren, wie es zu Beginn des Jahrhunderts undenkbar gewesen wäre. Erklärungen zu den Rechten der Kinder am Ende des Jahrhunderts betonten nicht nur den Schutz der Kinder, sondern auch einen bestimmten Grad der Selbstbestimmung, und damit traten die einstmaligen Versuche einer Trennung der Erwachsenenwelt von der Welt der Kinder in den Hintergrund.

Als Norbert Elias und Philippe Ariès auf die Geschichte der Kindheit zurückblickten und eine zunehmende Differenzierung zwischen Erwachsenen und Kindern zu erkennen glaubten, beobachteten sie eine Reihe von Veränderungen die – aus der Perspektive der Jahrhundertmitte – durchaus folgerichtig erschienen. Wenn wir – wie sie es taten – von der Gegenwart ausgehen, sehen wir etwas anderes, denn die von ihnen nachgezeichnete Tendenz über die Jahrhunderte hatte sich umgedreht. Angesichts der jüngsten Berichte über Kindesmissbrauch – wie die Entführung, Vergewaltigung und Tötung von Kindern durch den Belgier Marc Dutroux – fällt es schwer, nicht über die Naivität eines Lloyd de Mause den Kopf zu schütteln, der ja glaubte, die Dinge würden sich kontinuierlich verbessern. Die offenkundige Polarität zwischen den Ansichten von Elias und Ariès auf der einen und der von de Mause auf der anderen Seite erfordert jedoch weitere Überlegungen. Bewegten sich die Welten der Erwachsenen und Kinder bis zur Mitte des 20. Jahrhundert auseinander oder rückten sie einander näher? Elias und Ariès ist in ihrer Beobachtung zuzustimmen, dass es eine

Tendenz zur Herauslösung der Kindheit als eigenen Lebensabschnitt gab, und de Mause mag nicht völlig falsch liegen in seiner Beobachtung, dass Eltern näher an die Welt der Kinder heranrückten. Das heißt, was mit der Kindheit geschah, stand im Widerspruch zu dem, was mit Kindern geschah – dies jedoch nur scheinbar. Es handelt sich um ein Element des romantischen Ethos', dass Kindheit als eine besondere Lebensperiode anerkannt werden sollte, aber auch, dass die Erwachsenen das Kind in sich am Leben erhalten müssten; in gewisser Weise sollten sie weiterhin Kinder bleiben. Und nur wenn sie sich so verhielten, kamen sie ihren Kindern in der von de Mause beschriebenen Weise näher.

Die romantische Ansicht von der Kindheit als eigenständige Lebensperiode hat sich tief verankert und behauptet sich hartnäckig in den westlichen Gesellschaften, aber nicht nur dort. Internationale Organisationen – staatliche und private, oft im Wettstreit um öffentliche Aufmerksamkeit – haben im 20. Jahrhundert versucht, die westlichen Vorstellungen von Kindheit zu exportieren. Die aufeinander folgenden Erklärungen der Kinderrechte, von der Erklärung der Kinderrechte des Völkerbunds von 1924 über die Erklärung zu den Rechten des Kindes der Vereinten Nationen 1959 bis zur Kinderrechtskonvention von 1989 enthalten alle westlichen Kindheitsvorstellungen.[603] 1973 hatte die Internationale Arbeitsorganisation, seit ihrer Gründung 1919 mit der »Abschaffung der Kinderarbeit« befasst, eine Welt im Auge, in der kein Kind unter sechzehn Jahren irgendeine gewerblich-produktive Arbeit mehr verrichten muss – ein Standpunkt, der mit Ideen und Praktiken außerhalb der westlichen Welt noch immer nicht im Einklang steht.[604]

Das romantische Ideal sah sich zahlreichen Angriffen gegenüber und hat ihnen auch meist widerstanden. Man kann sagen, dass bis zur Mitte des 20. Jahrhunderts die Realitäten der Kindheit in den westlichen Gesellschaften dem Ideal näher kamen. Anhänger der romantischen Idee von Kindheit konnten durchaus zuversichtlich sein, dass sich die Verhältnisse wahrhaftig verbessert hatten. 1942, noch mitten im Krieg, freute sich Sylvia Lynd: »Die Geschichte der englischen Kinder ist eine Geschichte, die sich auf ein glückliches Ende zubewegt.«[605] Was sich jedoch am Ende des 20. Jahrhunderts ereignete, war ein Auseinanderklaffen von romantischem Ideal und gelebter Wirklichkeit. Dieser Diskrepanz gab Zlata unter den extremen Bedingungen der Belagerung von Sarajewo Ausdruck, aber auf unterschiedlichen Ebenen betraf sie alle Eltern und die meisten Kinder.

In einer Mehrzahl der Gesellschaften hatten Kinder ebenso wenige Mittel und Möglichkeiten wie Zlata, die Wirklichkeit dem Ideal anzunähern. Die Eltern bestimmten, wie ein Kind aufwuchs. Im ausgehenden 20. und beginnenden 21. Jahrhundert indessen liegen die Dinge anders. Die Erwachsenen schildern die Welt außerhalb ihres häuslichen Bereichs als angefüllt mit Gefahren und sind dementsprechend bestrebt, ihre Kinder zu schützen und ihnen ihre Autonomie zu verweigern. Gleichzeitig schwindet das Vertrauen in ihre eigene Autorität – aus wirtschaftlichen, rechtlichen und psychologischen Gründen – und hindert sie, den Schutz der Kinder so zu gestalten, wie sie es wünschen. Dies führte dazu, dass, mehr noch als in früheren Jahrhunderten, die Erziehung zu einem Verhandlungsgegenstand zwischen Eltern und Kindern wurde, wobei der Staat und andere Einrichtungen diesen Prozess begleiteten und überwachten. Bei diesem Prozess fungieren öffentliche Ideen über Kindheit als Rahmen, in dem Erwachsene und Kinder ihr Leben ausgestalten. Die Besonderheit des ausgehenden 20. und beginnenden 21. Jahrhunderts sowie die Grundursache für manche Verwirrung und Angst in Bezug auf Kindheit liegen darin, dass die Hauptposition des öffentlichen Diskurses – Kinder sind Personen mit Rechten und genießen eine gewisse Art von Autonomie – im Widerstreit zur romantischen Auffassung steht, das Kind habe das Recht, ein Kind zu sein. Die Bedeutung der ersteren Position liegt in einer Verschmelzung der Kinder- und Erwachsenenwelten, die der zweiten in der Beibehaltung der Trennung.

Anhang
Anmerkungen

1 Z. Filipović, Zlata's Diary: A Child's Life in Sarajevo, London 1994, 60, 122.

2 G. Boas, The Cult of Childhood, London 1966.

3 C. Steedman, The Tidy House: Little Girls Writing, London 1982, 61–84.

4 A. Farge, Fragile Lives: Violence, Power and Solidarity in Eighteenth-Century Paris, Cambridge 1993, 46–51; L. Jordanova, New worlds for children in the eighteenth century: problems of historical interpretation, in: History of the Human Sciences 3, 1990, 82.

5 J. Mechling, Advice to historians on advice to mothers, in: Journal of Social History 9, 1975–76, 44–46, hat den Historikern nahegelegt, besonders vorsichtig mit diesen Quellen umzugehen.

6 R. H. Tawney, Religion and the Rise of Capitalism (1926), Harmondsworth 1937, 239.

7 N. Elias, The History of Manners: The Civilizing Process, Bd. 1, 1939, New York 1978, XIII, 141.

8 Ebda., 146, 203.

9 Ebda., 168.

10 P. Ariès, Centuries of Childhood, London 1962, 397, 395.

11 Ebda., 395, 399.

12 Ebda., 396–397.

13 Ebda., 320–321.

14 Ebda., 127.

15 Ebda, 7.

16 R. T. Vann, The Youth of *Centuries of Childhood,* in: History and Theory 21, 1982, 279–297.

17 L. de Mause (Hg.), The History of Childhood (1974), London 1976, 1, 3, 21.

18 M. Anderson, Approaches to the History of Western Family 1500–1914, London 1980, 15.

19 L. de Mause, History of Childhood, 3; zur Kritik der von de Mause verwendeten Quellengrundlage vgl. L. A. Pollock, Forgotten Children: Parent-Child Relations from 1500 to 11900, Cambridge 1983, 57–58.

20 E. Shorter, The Making of the Modern Family, London 1976, 11, 170, 192–196.

21 Ebda., 259.

22 L. Stone, The Family, Sex and Marriage in England 1500–1800, London 1977, 105–107, 161–174.

23 Ebda., 405, 411, 449–478.

24 Ebda., 658, 665–666.

25 Ebda., 682, 683–687.

26 J. H. Plumb, The New World of Children in Eighteenth-Century England, in: Past and Present 67, 1975, 64–93; R. Trumbach, The Rise of the Egalitarian Family: Aristocratic kinship and Domestic Relations in Eighteenth-Century England, New York etc. 1978.

27 L. de Mause, History of Childhood, 5.

28 M. Anderson, Approaches of the History of the Western Family, 41, 61–64.

29 P. Ariès, Centuries of Childhood, 125.

30 A. Macfarlane, "The Family, Sex and Marriage in England 1500–1800" by Lawrence Stone, in: History and Theory 18, 1979, 103–126; A. Wilson, The Infancy of the History of Childhood: An Appraisal of Philippe Ariès, in: History and Theory 19, 1980, 132–154; E. P. Thompson, Happy Families, in: Radical History Review 20, 1979, 43–50.

31 L. A. Pollock, Forgotten Children, 141–142, 199.

32 Ebda., 33–43.

33 Ebda., 71, 73, 88, 270.

34 K. Wrightson, English Society 1580–1680, London 1982, 118.

35 R. A. Houlbrooke, The English Family 1450–1700, London 1984, 156.

36 F. Mount, The Subversive Family, London 1982.

37 C. Nardinelli, Child Labor and the Industrial Revolution, Bloomington/Indianapolis 1990.

38 Vgl. V. A. Zelizer, Pricing the Priceless Child: The Changing Social Value of Children, New York 1985.

39 L. de Mause (Hg.), The History of Childhood (1974), London 1976, 51.

40 Vgl. beispielsweise D. Engels, The problem of female infanticide in the Greco-Roman world, in: Classical Philology 75, 1980, 112–120; W. V. Harris, The theoretical possibility of extensive infanticide in the Greco-Roman world, in: Classical Quarterly 32, 1982, 114–116.

41 L. de Mause, History of Childhood, 25–29.

42 J. Boswell, The Kindness of Strangers: The Abandonment of Children in Western Europe from Late Antiquity to the Renaissance (1988), London 1989, 135; einen grundlegenden Überblick über die Belege liefert W. V. Harris, Child-exposure in the Roman Empire, in: Journal of Roman Studies 84, 1994, 1–22.

43 J. Boswell, Kindness of Strangers, 65–71, 111–114.

44 S. Dixon, The Roman Family, Baltimore/London 1992, 112.

45 J. Boswell, Kindness of Strangers, 116–131; zu einer vorsichtigeren Bewertung der alumni und der ausgesetzten Kinder im Allgemeinen vgl. B. Rawson, Children in the Roman *familia,* in: B. Rawson (Hg.), The Family in Ancient Rome: New Perspectives, London 1986, 173–186, 196.

46 K. R. Bradley, Wet-nursing at Rome: a study in social relations, in: Rawson, Family in Ancient Rome, 210–213.

47 V. Fildes, Wet Nursing: A History from Antiquity to the Present, Oxford 1988, 1–25.

48 J. Boswell, Kindness of Strangers, 66–67, 81–85, 88.

49 M. Golden, Children and Childhood in Classical Athens, Baltimore/London 1990, 87–89.

50 B. Rawson, Adult-child relationships in Roman society, in: B. Rawson (Hg.), Marriage, Divorce, and Children in Ancient Rome, Canberra/Oxford 1991, 7; S. Dixon, Roman Family, 130.

51 Der Sarkophag wird im Museo Nazionale zu Agrigent gezeigt. Eine umfassende Behandlung der bildlichen Darstellung von Kindern in der Antike vgl. B. Rawson, Children and Childhood in Roman Italy, Oxford 2003, 17–92.

52 Vgl. etwa K. R. Bradley, Wet-nursing at Rome, 201–229.

53 R. B. Lyman, Barbarism and religion: late Roman and early medieval childhood, in: de Mause, History of Childhood, 77.

54 S. Dixon, Roman Family, 104; Golden, Children and Childhood in Classical Athens, 12–16; T. Wiedemann, Adults and Children in the Roman Empire, London 1989, 32–34.

55 T. Wiedemann, Adults and Children, 180; S. Shahar, Childhood in the Middle Ages, London 1990, 17.

56 J. Boswell, Kindness of Strangers, 27–28.

57 R. Saller, Corporal punishment, authority, and obedience in the Roman household, in: B. Rawson, Marriage, Divorce, and Children, 144–165.

58 T. Wiedemann, Adults and Children, 28–30.

59 J. Boswell, Kindness of Strangers, 28–36.

60 W. K. Lacey, Patria potestas, in: Rawson, Family in Ancient Rome, 121–144, Zitat 123.

61 Aristotle, Politics and the Athenian Constitution, London 1959, 23.

62 R. Saller, *Patria potestas* and the stereotype of the Roman family, in: Continuity and Change 1, 1986/87, 8–9.

63 Ebda., 7–22; E. Eyben, Fathers and sons, in: Rawson, Marriage, Divorce, and Children, 114–143.

64 S. Dixon, Roman family, 100.

65 T. Wiedemann, Adults and Children, 32–43, Zitat 40.

66 Ebda., 176–185, Zitat 185.

67 Golden, Children and Childhood in Classical Athens, 4–5; vgl. S. Wiedemann, Adults and Children, 19.

68 S. Wiedemann, Adults and Children, 24, 41–42.

69 S. Dixon, Roman Family, 104–105; S. Wiedemann, Adults and Children, passim.

70 S. Wiedemann, Adults and Children, 204.

71 Golden, Children and Childhood in Classical Athens, 169–180.

72 S. Dixon, Roman Family, 103; S. Dixon, The sentimental ideal of the Roman family, in: B. Rawson, Marriage, Divorce, and Children, 99–113.

73 B. Rawson, Adult-child relationships in Roman society, 29–30; Ders., Children and Childhood in Roman Italy, 4–9.

74 S. Wiedemann, Adults and Children; Lyman, Barbarism and religion, 76–77.

75 S. Wiedemann, Adults and Children, 188, 193.

76 Ebda., 37.
77 J. Boswell, Kindness of Strangers, 163, Fußnote 86; Lyman, Barbarism and religion, 90.
78 J. Boswell, Kindness of Strangers, 162–179.
79 Deut. 5:6; Matthäus 15:4; Markus 7:10; Epheser 6:1–2.
80 Sprüche Salomons 13:24.
81 Markus 10:14–15; vgl. Lukas 18:16–17.
82 Matthäus 18:10.
83 Epheser 6:4; 2. Korinther 12:14.
84 Matthäus 10:34–37; Lukas 18:29–30; Markus 3:31–35.
85 T. Wiedemann, Adults and Children, 102–106; J. Sommerville, The Rise and Fall of Childhood, Beverly Hills etc. 1982, 52–56; Lyman, Barbarism and religion, 88–90; Saint Augustine, Confessions, Hg. H. Chadwick, Oxford 1991, 28–34.
86 P. Ariès, Centuries of Childhood, London 1962, 125.
87 S. Shahar, Childhood in the Middle Ages, 1.
88 Ariès, Centuries of Childhood, 125.
89 Ebda., 31–41, 327–352; Andrew Martindale, The child in the picture: a medieval perspective, in: D. Wood (Hg.), The Church and Childhood, Oxford 1994, 197.
90 I. H. Forsyth, Children in early medieval art: ninth through twelfth centuries, in: Journal of Psychohistory 4, 1976, 31–70.
91 L. Steinberg, The Sexuality of Christ in Renaissance Art and in Modern Oblivition, New York 1983.
92 L. A. Pollock, Forgotten Children: Parent-Child Relations from 1500 to 1900, Cambridge 1983, Zitat 47; Shahar, Childhood in the Middle Ages, 95.
93 E. Sears, The Ages of Man: Medieval Interpretations of the Life Cycle, Princeton 1986; J. A. Burrow, The Ages of Man: A Study in Medieval Writing and Thought, Oxford 1986.
94 P. Ariès, Centuries of Childhood, 21; Sears, Ages, Abb. 50, 56, 65–67, 70, 71, 78.
95 P. Ariès, Centuries of Childhood, 13–30, vor allem 20.
96 Zitiert bei S. Wilson, The myth of motherhood a myth: the historical view of European child-rearing, in: Social History 9, 1984, 193.
97 S. Shahar, Childhood in the Middle Ages, 2, 3, 40–41, 84.
98 Ebda., 96, 85, 99; vgl auch M. M. McLaughlin, Survivors and surrogates: children and parents from the ninth to the thirteenth centuries, in L. de Mause, History of Childhood, 112–119.
99 L. Demaitre, The idea of childhood and childcare in medical writings of the Middle Ages, in: Journal of Psychohistory 4, 1977, 461–490.
100 J. Swanson, Childhood and childrearing in *ad status* sermons by later thirteenth century friars, in: Journal of Medieval History 16, 1990, 309–331, Zitat 310; J. Kroll, The concept of childhood in the middle ages, in: Journal of the History of the Behavioral Sciences 13, 1977, 390.
101 S. Shahar, Childhood in the Middle Ages, 102.
102 Ebda., 174.
103 Ebda., 24–25.

104 P. Ariès, Centuries of Childhood, 150.

105 Ebda., 186–188, 278–279, 353–355, 388; vgl. auch P. Ariès, Préface à la nouvelle édition, L'enfant et la vie familiale sous l'ancien régime, Paris 1973, III, VI-IX.

106 N. Z. Davis, The reason of misrule: youth groups and charivaris in sixteenth-sentury France, in: Past and Present 50, 1971, 41–75; Shahar, Childhood in the Middle Ages, 232–233.

107 P. Ariès, Centuries of Childhood, z. B. 229–230.

108 S. Shahar, Childhood in the Middle Ages, 162–224; N. Orme, From Childhood to Chivalry: The Education of the English Kings and Aristocracy 1066–1530, London 1984.

109 S. Shahar, Childhood in the Middle Ages, 2, 102, 112; B. A. Hanawalt, Growing Up in Medieval London: The Experience of Childhood in History, Oxford 1993, 67. Vgl. aber auch B. A. Hanawalt, The Ties That Bound: Peasant Families in Medieval England, New York 1986, 44, zur Ansicht, dass es in mittelalterlichen Haushalten mehr Privatspäre gab, als von der Forschung häufig angenommen wurde, und dass sich „fast eine Obsession" beobachten lässt, private Bereiche zu bewahren.

110 S. Shahar, Childhood in the Middle Ages, 179–182; Hanawalt, Growing Up in Medieval London, 79–80.

111 S. Shahar, Childhood in the Middle Ages, 9–16, Zitat 15; Burrow, Ages of Man, 95–123; vgl. Lyman, Religion and barbarism, 79–80.w

112 S. Shahar, Childhood in the Middle Ages, 17–20, 101; N. Orme, Medieval Children, New Haven/London 2001, 274.

113 Shahar, Childhood in the Middle Ages, 13–14, 116; McLaughlin, Survivors and surrogates, 101–182.

114 Zum Versucht, die Einstellungen zur Kindheit und die entsprechende Kindheitserfahrung in einer bestimmten mittelalterlichen Gesellschaft herauszuarbeiten, vgl. S. Crawford, Childhood in Anglo-Saxon England, Stroud 1999. Zur Ansicht es habe keine Diskontinuität zwischen mittelalterlicher und frühneuzeitlicher Kindheit gegeben, vgl. L. Haas, The Renaissance Man and His Children: Childbirth and Early Childhood in Florence 1300–1600, Basingstoke 1998, 8–9,180.

115 J. Goody, The Development of the Family and Marriage in Europe, Cambridge 1983, 153; D. Herlihy, Medieval Households, Cambridge, Mass./London 1985, sowie "Family", in American Historical Review 96, 1991, 1–16.

116 Herlihy, Family, 11–15.

117 J. A. Schultz, The Knowledge of Childhood in the German Middle Ages, 1100–1350, Philadelphia 1995.

118 Shahar, Childhood in the Middle Ages, 108.

119 B. A. Hanawalt, Childrearing among the lower classes of late medieval England, in: Journal of Interdisciplinary History 8, 1977–78, 122; E. C. Gordon, Accidents among medieval children as seen from miracles of six English saints and martyrs, in: Medical History 35, 1991, 145–163; R. C. Finucane, The Rescue of the Innocent: Endangered Children in Medieval Miracles, Basingstoke 1997, insbes. 9–10, 151–163; vgl. auch Shahar, Childhood in the Middle Ages, 139–144.

120 E. Le Roy Ladurie, Montaillou: Cathars and Catholics in a French Village 1294–1324,

Harmondsworth 1980, 210–213, Zitat 212 (dt. Montaillou, Ein Dorf vor der Inquisition 1294 bis 1324, 1989, 234).

121 Ebda, 190, 215–216.

122 E. Coleman, L'infanticide dans le Haut Moyen Age, in: Annales, ESC, 29, 1974, 315–335; R. C. Trexler, Infanticide in England in the Later Middle Ages, in: History of Childhood Quarterly 1, 1973, 98–116, 367–388; R. H. Helmholz, Infanticide in the Province of Canterbury during the fifteenth century, in: History of Childhood Quarterly, 2, 1974–75, 379–390.

123 P. Gavitt, Charity and Children in Renaissance Florence: The Ospedale degli Inno- centi, 1450–1536, Ann Arbor 1990, 275.

124 Ebda., 278–279.

125 Ebda., 278–281.

126 Ebda., 281–284; Collected Works of Erasmus, Toronto etc. 1985, Bd.25, XXIII.

127 Gavitt, Charity and Children, 282, 284.

128 Ebda., 273–275.

129 A declamation on the subject of early liberal education for children, in: Collected Works, Bd. 26, 299, 301, 307.

130 Ebda., 297, 301–301, 305.

131 S. Shahar, Childhood in the Middle Ages, London 1990, 100–101.

132 Collected Works, Bd. 26, 299–300.

133 M. Todd, Christan Humanism and the Puritan Social Order, Cambridge 1987, 107– 108; zu Erasmus' Ansichten über die Erziehung von Töchtern, vgl. W. H. Wood- ward, Desiderius Erasmus Concerning the Aim and Method of Education (1904), New York 1964, 148–153. Ich nehme an, dass das »pueri« im Titel seiner Deklama- tion dem Leser die Bedeutung »Knaben« und nicht »Mädchen« vermittelte.

134 Collected Works, Bd. 25, XXII; Bad. 26, 324, 339.

135 Ebda., Bd. 25, XXXV-VI, XVII; Bd. 26, 325.

136 Ebda., Bd. 25, XIII-XVII; G. Kennedy, Quintilian, New York 1969, 41–44.

137 On good manners for boys, in: Collected Works, Bd. 25, 269–289; J. Revel, The uses of civility, in: R. Chartier (Hg.), A History of Private Life III: The Passions of the Renaissance, Cambridge, Mass./London 1989, 168–181.

138 Collected Works, Bd. 25, 273; Bd. 26, 307.

139 Ebda., Bd. 26, 312, 321; Earle zitiert bei J. E. Illick, Child-rearing in seventeenth- century England and America, in: L. de Mause (Hg.), The History of Childhood (1974), London 1976, 317.

140 Todd, Christian Humanism, 97.

141 C. Hill, The spiritualization of the household, in: Society and Puritanism in Pre- Revolutionary England, London 1964, 443–481.

142 Zitiert bei S. Ozment, When Fathers Ruled: Family Life in Reformation Europe, Cambridge, Mass./London 1983, 132.

143 Zitiert bei P. Collinson, The Birthplace of Protestant England: Religious and Cultu- ral Change in the Sixteenth and Seventeenth Centuries, London 1988, 60.

144 J. Morgan, Godly Learning: Puritan Attitudes Towards Reason, Learning, and Education, 1560–1640, Cambridge 1986, 143–144.

145 Zitiert bei Ozment, When Fathers Ruled, 133–134.

146 Zitat ebda., 132.

147 R. V. Schnucker, Puritan attitudes towards childhood discipline, in: V. Fildes (Hg.), Women and Mothers in Pre-Industrial England, London 1990, 108–121.

148 Zitat bei Morgan, Godly Learning, 169–170.

149 Collinson, Birthpangs of Protestant England, 78; P. Tudor, Religious instruction for children and adolescents in the early English Reformation, in: Journal of Ecclesiastical History 35, 1984, 394.

150 Tudor, Religious instruction, 393–394.

151 Zitat bei Ozment, When Fathers Ruled, 164.

152 Zitat ebda., 164–165.

153 Zitat bei J. Demos, A Little Commonwealth: Family Life in Plymouth Colony, New York 1970, 134–135.

154 Ozment, When Fathers Ruled, 170–172; Tudor, Religious instruction; I. Green, "For Children in Yeeres and Children in Understanding": the emergence of Elizabethan catechism under Elizabeth and the early Stuarts, in: Journal of Ecclesiastical History 37, 1986, 400–401.

155 Zitiert bei Morgan, Godly Learning, 153.

156 R. P. Hsia, Social Discipline in the Reformation: Central Europe 1550–1750, London 1989, 147–148; vgl. aber auch Morgan, Godly Learning, 143.

157 Zitiert bei Morgan, Godly Learning, 177–182.

158 W. Gouge, Of Domestical Duties: Eight Treatises (Edition von 1634).

159 Morgan, Godly Learning, 177–182.

160 Ebda., 185–186, 205–207.

161 A. Fletcher, Prescription and practice: Protestantism and the upbringing of children, 1560–1700, in: D. Wood (Hg.), The Church and Childhood, Oxford 1994, 335–345.

162 S. Schama, The Embarrassment of Riches: An Interpretation of Dutch Culture in the Golden Age (1987), London 1991, 521.

163 P. Crawford, The construction and experience of maternity in seventeenth-century England sowie A. Wilson, The ceremony of childbirth and its interpretation, in: Fildes, Women as Mothers, 3–38, 68–107.

164 S. H. Mendelson, Stuart women's diaries and occasional memories, in: M. Prior (Hg.), Women in English Society 1500–1800, London 1985, 196.

165 Demos, A Little Commonwealth, 133.

166 Schama, Embarrassment of Riches, 537–538; R. A. Houlbrooke, The English Family 1450–1700, London 1984, 132; vgl. auch die Belege aus Frankreich in E. W. Marvick, Nature versus nurture: patterns and trends in seventeenth-century French child-rearing, in: de Mause, History of Childhood, 270–271.

167 Houlbrooke, English Family, 136.

168 Schama, Embarrassment of Riches, 517.

169 Ozment, When Fathers Ruled, 167–168.

170 A. Macfarlane (Hg.), The Diary of Ralph Josselin 1616–1683, London 1976, 201–203; zu anderen Beispielen elterlicher Trauer vgl. J. J. H. Dekker/L. F. Groenendijk, The

republic of God or the republic of children? Childhood and child-rearing after the Reformation: an appraisal of Robert Schama's thesis about the uniqueness of the Dutch case, in: Oxford Review of Education 17, 1991, 325–326.

171 J. B. Bedaux/R. Ekkart (Hg.), Pride and Joy: Children's Portraits in the Netherlands 1500–1700, Ghent/Amsterdam 2000, bes. 262–263.

172 Schama, Embarrassment of Riches, 481–561; Zitate 495, 557, 559.

173 Zitiert bei Houlbrooke, 135–136.

174 The Life of Adam Martindale, Written by Himself, Chetham Society, old series 4, 1845, 154; P. Greven, The Protestant Temperament: Patterns of Child-Rearing, Religious Experience, and the Self in Early America (1977), New York 1979, 158.

175 Greven, Protestant Temperament, passim

176 Ebda., 31, 47.

177 Ebda., 36.

178 Ebda., 47.

179 Zitiert bei Hill, The spiritualization of the household, 447.

180 Greven, Protestant Temperament, 37, 162, 164–167.

181 Ebda., 26–27, 153–155.

182 Ozment, When Fathers Ruled, 177.

183 Ebda., 163.

184 Greven, Protestant Temperament, 25–26.

185 Collinson, Birthpangs of Protestant England, 81–93, Zitat 93.

186 M. Foisil, The literature of intimacy, in: Chartier, A History of Private Life III, 345–348.

187 Hill, The spiritualization of the household. Zur katholischen Beurteilung der protestantischen Fixierung auf die Erbsünde als Korrumpierung der kindlichen Unschuld vgl. Hsia, Social Discipline in the reformation, 147.

188 J.-L. Flandrin, Families in Former Times: Kinship, Household and Sexuality, Cambridge 1979, 130–140, 158–160.

189 P. Ariès, The Hour of Our Death, London 1981, 231; Foisil, The literature of intimacy, 348.

190 P. Ariès, Centuries of Childhood, London 1962, 127; man beachte aber, dass die Mutter das Mädchen zurückwies, weil es kein Knabe war, Marvick, Nature versus nurture, 283.

191 Zitiert bei Ariès, Centuries of Childhood, 128.

192 Ebda., 40–41.

193 Ebda., 98–124.

194 Marvick, Nature versus nurture, 289.

195 Ariès, Centuries of Childhood, 111–112, 118–119; Marvick, Nature versus nurture, 283.

196 Ausführlich zu diesem Argument vgl. L. Chatellier, The Europe of the Devout: The Catholic Reformation and the Formation of a New Society, Cambridge 1989.

197 Ariès, Centuries of Childhood, 357–358.

198 J. Locke, Some Thoughts Concerning Education, hg. v. J. W. und J. S. Yolton, The Clarendon Edition of the Works of John Locke, Oxford 1989, 105, 111, 138. (dt. Gedanken über Erziehung, Reclam: Ditzingen 1986).

199 Ebda., 105, 107.

200 Ebda., 265; Introduction 38; J. Locke, An Essay Concerning Human Understanding, hg. v. P. H. Nidditch, Oxford 1975, 85, 95, 106–107, 116–117.

201 J. Locke, Some Thoughts Concerning Education, 83.

202 Ebda., 122, 198, 265.

203 Ebda., 115, 119, 182–183, 208.

204 Ebda., 185.

205 Ebda., 84. Defoe zitiert in M. J. M. Ezell, John Locke's images of childhood: early eighteenth century response to *Some Thoughts Concerning Education,* in: Eighteenth-Century Studies 17, 1983, 150.

206 Locke, Some Thoughts Concerning Education, 195, 212, 213–214.

207 Ebda., 65; Ezell, John Locke's images of childhood, 139–155, insbes. 146–147; J. A. Leith (Hg.), Facets of Education in the Eighteenth Century, Studies on Voltaire and the Eighteenth Century, CLXVII, 1977, 18–19; S. F. Pickering, Jr., John Locke and Children's Books in Eighteenth-Century England, Knoxville 1981.

208 J. H. Plumb, The new world of children in eighteenth-century England, in: Past and Present 67, 1975, 69.

209 J.-J. Rousseau, Émile, hg. v. P. D. Jimack, London 1974, 1. (dt. Emile oder Über die Erziehung, hg. v. Martin Rang, übers. v. Eleonore Sckomodau unter Mitarbeit von M. Rang, Stuttgart 2004).

210 Ebda., 5.

211 Ebda., 57–58.

212 Ebda., 44, 53–54, 71.

213 Locke, Some Thoughts Concerning Education, 192.

214 Rousseau, Émile, 43; zu anderen Äußerungen über Sehnsucht nach der Kindheit vgl. P. Coveney, The Image of Childhood (1957), Harmondsworth 1967, 52.

215 Rousseau, Émile, 80.

216 Ebda., 193, vgl. auch 378.

217 Ebda., 322.

218 Ebda., 2.

219 Ebda., 59.

220 R. Darnton, The Great Cat Massacre, and other Episodes in French Cultural History (1984), Harmondsworth 1985, 209–249.

221 Rousseau, Émile, XXIII-XXVI; R. Trumbach, The Rise of the Egalitarian Family: Aristocratic Kinship and Domestic Relations in Eighteenth-Century England, London 1978, 210–211, 214.

222 K. Calvert, Children in the House: The Material Culture of Early Childhood, 1600–1900, Boston 1992.

223 Coveney, Image of Childhood, 46.

224 G. Summerfield, Fantasy and Reason: Children's Literature in the Eighteenth Century, London 1984, 119–120, 149–153.

225 Rousseau, Émile, XXIV-XXV; T. Zeldin, France 1848–1945, Bd. 1, Oxford 1973, 317.

226 Trumbach, Egalitarian Family, 187–233, Zitat 208.

227 L. Hunt, The Family Romance of the French Revolution, Berkeley/Los Angeles 1992, 27. Zu einem allgemeinen Überblick über die englische Kinderliteratur, der weiter gespannt ist als der Titel nahe legt, vgl. Pickering, John Locke and Children's Books.

228 R. Lonsdale (Hg.), Eighteenth-Century Women Poets, Oxford 1989, 115, 135, 270–271, 459, 506–507.

229 Hunt, Family Romance, 26; vgl. auch P. Stewart, The child comes of age, in: Yale French Studies 40–41, 1968, 134–141.

230 K. Calvert, Children in American family portraiture, 1670 to 1810, in: William and Mary Quarterly 39, 1982, 134–141.

231 Hunt, Family Romance, 36; zu Aubray, vgl. sein L'Amour Paternel im Barber Institute of Fine Arts, University of Birmingham; P. Crown, Portraits and fancy pictures by Gainsborough and Reynolds: contrasting images of childhood, in: British Journal for Eighteenth-Century Studies 7, 1984, 159–167, Zitat 159.

232 M. Pointon, Hanging the Head: Portraiture and Social Formation in Eighteenth-Century England, New Haven/London 1993, 177–226; A. Higonnet, Pictures of Innocence: The History and Crisis of Ideal Childhood, London 1998, 15–35; J. C. Steward, The New Child; British Art and the Origins of Modern Childhood, 1730–1830, Berkeley 1995.

233 T. W. Laqueur, Religion and Respectability: Sunday Schools and Working Class Culture 1780–1850, New Haven/London 1976, 5–20; P. Sangster, Pity my Simplicity: The Evangelical Revival and the Religious Education of Children 1738–1800, London 1963; H. More, Strictures on Female Education, in: The Works of Hannah More, 18 Bde., London 1818, Bd. 7, 67.

234 W. E. McLoughlin, Evangelical child-rearing in the age of Jackson: Francis Wyland's view on when and how to subdue the willfulness of children, in: Journal of Social History 9, 1975, 21–43. Zum Argument, es habe eine Zunahme der Disziplin im frühen 19. Jahrhundert gegeben, vgl. L. Stone, The Family, Sex, and Marriage in England 1500–1800, London 1977, 669–673; L. A. Pollock, Forgotten Children: Parent-Child relations from 1500 to 1900, Cambridge 1983, 184–185.

235 B. Wishy, The Child and the Republic: The Dawn of Modern American Child Nurture, Philadelphia 1968, 22, 109.

236 Ebda., 96; vgl. Bronson Alcott 1831: »Dies ist wahrhaftig die eigentliche Sünde – der Glaube an die ursprüngliche und gewisse Verderbtheit der Kindesnatur«, zitiert bei C. Strickland, A transcendentalist father: the child-rearing practices of Bronson Alcott, in: History of Childhood Quarterly 1, 1973, 11.

237 Summerfield, Fantasy and Reason, 100–110; Coveney, Image of Childhood, 50–51.

238 J. Brewer, The genesis of modern toy, in: History Today 30, Dez. 1980, 32–39, Zitat 37.

239 Plumb, New world of children, 90; vgl. auch Locke, Some Thoughts Concerning Education, 191; zu Spielzeugläden im Amsterdam des ausgehenden 17. Jahrhunderts vgl. R. Dekker, Childhood, Memory and Autobiography in Holland: From the Golden Age to Romanticism, Basingstoke 2000, 79.

240 Zitiert bei Pickering, John Locke and Children's Books, 150. Pickering selbst rettet

Mrs. Barbauld vor den Versuchen der Romantiker und späterer Kommentatoren, sie in der Versenkung verschwinden zu lassen, ein Vorgang, der auch in den Aufsätzen in J. H. MacGavran (Hg.), Romanticism and Children's Literature in Nineteenth-Century England, Atlanta 1991, fortgesetzt wird und die den Gegensatz zwischen Didaktischem und Romantischem herunterspielen.

241 Summerfield, Fantasy and Reason, 23–71, 269–273, Zitat 271.

242 Coveney, Image of Childhood, 68–83, Zitat 68.

243 B. Garlitz, The Immortality Ode: its cultural progeny, in: Studies in English Literature 6, 1966, 639–649. Brooks »fürstlicher Palast« (*imperial palace*) stammt direkt aus der Ode.

244 A. Wilson, Dickens on children and childhood, in: M. Slater (Hg.), Dickens 1970, London 1970, 195–227; M. Andrews, Dickens and the Grown-Up Child, London 1994, insbes. 9.

245 G. Eliot, Silas Marner,1860, Kap. 14.

246 Zitiert bei Strickland, A transcendentalist father, 8, 45.

247 Dekker, Childhood, Memory, and Autobiography in Holland; J. Schlumbohm, Constructing individuality: childhood memories in late eighteenth-century "Empirical Psychology" and autobiography, in: German History 16, 1998, 29–42.

248 C. Steedman, Strange Dislocations: Childhood and the Idea of Human Interiority, 1780–1930, London 1995; A. Fletcher/S. Hussey, Introduction, in: A. Fletcher/S. Hussey (Hg.), Childhood in Question: Children, Parents and the State, Manchester 1999, 6–7.

249 Calvert, Children in American family portraiture, 105; P. N. Stearns, Girls, boys, and emotions: redifinitions and historical change, in: Journal of American History 80, 1993, 36–74.

250 Zitiert bei J. R. Kincaid, Child-Loving: The Erotic Child and Victorian Culture, London 1992, 64–65, vgl. auch 13–16, 106–107.

251 P. Fuller, Uncovering childhood, in: M. Hoyles (Hg.), Changing Childhood, London 1979, 93–96.

252 R. Rosenblum, The Romantic Child from Runge to Sendak, London 1988.

253 J. Ruskin, Fairyland, 1883, in: The Library Edition of the Works of John Ruskin, 39 Bde., London 1903–1912, Bd. 33, 339–340.

254 L. Alcott, Little Women (1868), Harmondsworth 1953, 21, 88; zum Wunsch, nicht groß werden zu wollen, vgl. A. Birkin, J. M. Barrie and the Lost Boys, London 1979.

255 Wishy, The Child and the Republic, 162–163.

256 W. B. Drummond, The Child: His Nature and Nurture (1901), London 1909, 19.

257 Vgl. L. Davidoff/C. Hall, Family Fortunes: Men and Women of the English Middle Class, 1780–1850, London 1987, 329–335; J. Tosh, A Man's Place: Masculinity and the Middle-Class Home in Victorian England, New Haven/London 1999, 79–101; R. Habermas, Parent-child relationships in the nineteenth century, in: German Quarterly 16, 1998, 43–55.

258 J. Uglow, Elizabeth Gaskell: A Habit of Stories, London 1993, 94–95.

259 N. S. Dye/D. B. Smith, Mother love and infant death, 1750–1920, in: Journal of

American History 73, 1986–87, 329–353, Zitat 338; Davidoff/Hall, Family Fortunes, 338–343.

260 Zitiert bei Drummond, The Child, 19.

261 M. Mitterauer/R. Siedler, The European Family: Patriarchy to Partnership from the Middle Ages to the Present, Oxford 1982, 29–32.

262 A. Macfarlane, The Origins of English Individualism: The Family, Property and Social Transition, Oxford 1978; J. Goody, The Development of the Family and Marriage in Europe, Cambridge 1983; D. Herlihy, Medieval Households, Cambridge, Mass./London 1985.

263 Mitterauer/Siedler, European Family, 32–35.

264 D. E. Vassberg, Juveniles in the rural work force of sixteenth-century Castile, in: Journal of Peasant Studies 11, 1983, 62–75; I. K. Ben-Amos, Adolescence and Youth in Early Modern England, New Haven/London 1994, 40–47.

265 H. Cunningham, The employment and unemployment of children in England c. 1680–1851, in: Past and Present 126, 1990, 115–150.

266 R. M. Smith, Some issues concerning families and their property in rural England 1250–1800, in: R. M. Smith (Hg.), Land, Kinship and Life-Cyle, Cambridge 1984, 68–71.

267 Mitterauer/Sieder, European Family, 42–43.

268 R. Rudolph, The European peasant family and economy: central themes and issues, in: Journal of Family History 17, 1992, 132–133.

269 Ebda., 133.

270 H. Medick, The proto-industrial family economy: the structural function of household and family during the transition from peasant society to industrial capitalism, in: Social History 3, 1976, 304–305.

271 J. M. Baart, Ceramic consumption and supply in early modern Amsterdam: local production and long-distance trade, in: P. J. Corfield/D. Keene (Hg.), Work in Towns 850–1850, Leicester 1990, 77.

272 M. Spufford, First steps in literacy: the reading and writing experiences of the humblest seventeenth-century autobiographers, in: Social History 4, 1979, 412–414; G. L. Gullickson, Spinners and Weavers of Auffray: Rural Industry and Sexual Division of Labor in a French Village, 1750–1850, Cambridges 1986, 75.

273 Rudolph, European peasant family, 128–129.

274 U. Pfister, The protoindustrial household economy: toward a formal analysis, in: Journal of Family History 17, 1992, 210–214; Gullickson, Spinners and Wevers of Auffray.

275 U. Pfister, Work roles and family structure in proto-industrial Zurich, in: Journal of Interdisciplinary History 20, 1989, 83–105.

276 R. Wall, Work, welfare and the family: an illustration of the adaptive family economy, in: L. Bonfield/R. M. Smith/K. Wrightson (Hg.), The World We Have Gained: Histories of Population and Social Structure, Oxford 1986, 261–294, insbes. 278.

277 Cunningham, Employment and unemployment, 126–131; Gullickson, Spinners and Weavers of Auffray, 75.

278 Vgl. beispielsweise S. L. Engerman, Expanding protoindustrialization, in: Journal of Family History 17, 1992, 244–245.

279 S. Horrell/J. Humphries, "The exploitation of little children": child labor and the family economy in the industrial revolution, in: Explorations in Economic History 32, 1995, 485–516.

280 G. Alter, Work and income in the family economy: Belgium, 1853 and 1891, in: Journal of Interdisciplinary History 15, 1984, 255–276; M. R. Haines, Industrial work and the family life cycle, 1889–1890, in: Research in Economy History 4, 1979, 325, 328; C. Goldin, Family strategies and the family economy in the late nineteenth century: the role of secondary workers, in: T. Hershberg (Hg.), Philadelphia: Work, Space, Family and Group Experience in the Nineteenth Century, New York/ Oxford 1981, 284; E. Camps I Cura, Family strategies and children's work patterns: some insights from industrializing Catalonia, 1850–1920, in: H. Cunningham/ P. P. Viazzo (Hg.), Child Labour in Historical Perspective, 1800–1985: Case Studies from Europe, Japan, Colombia, Florence 1996, 67; L. A. Tilly/J. W. Scott, Women, Work, and Family, New York 1978, Zitat 134.

281 R. Razzell, The growth of population in eighteenth-century England: a critical reappraisal, in: Journal of Economic History 53, 1993, 757–758, revidiert die Zahlenangaben in E. A. Wrigley/R. S. Schofield, The Population History of England 1541–1871: A Reconstruction, London 1981, 249; H. Kamen, European Society 1500–1700, London 1984, 25; J.-L. Flandrin, Families in Former Times: Kinship, Household and Sexuality, Cambridge 1979, 199–201.

282 Berechnungen bei B. R. Mitchell, European Historical Statistics 1750–1975, 2. überarb. Aufl., London 1981, 137–144.

283 P. J. Greven, Four Generations: Population, Land, and Family in Colonial Andover, Massachusetts, Ithaca/London 1970, 191; J. Demos, A Little Commonwealth: Family Life in Plymouth Colony, New York 1970, 66. Die demographischen Bedingungen waren in Virginia und Maryland ungünstiger, vgl. R. W. Beales, The child in seventeenth-century America, in: J. M. Hawes/N. R. Hiner (Hg.), American Childhood: A Research Guide and Historical Handbook, Westport, Conn./London 1985, 18–23.

284 R. Mols, Population in Europe 1500–1700, in: C. M. Cipolla (HG.), The Fontana Economic History of Europe: The Sixteenth and Seventeenth Centuries, London 1974, 69–70.

285 E. A. Wrigley, Population and History, London 1969, 166–167; S. H. Preston/ M. R. Haines, Fatal Years: Child Mortality in Late Nineteenth-Century America, Princeton 1991, XVIII.

286 D. I. Kertzer, Sacrificed for Honor: Italian Infant Abandonment and the Politics of Reproductive Control, Boston 1993, 72–73.

287 V. Hunecke, Les enfants trouvés: contexte Européen et cas milanais (XVIII-XIX siècles), in: Revue d'histoire moderne et contemporaine 32, 1985, 4; J. Boswell, The Kindness of Strangers: The Abandonment of Children in Western Europe from Late Antiquity to the Renaissance, London 1989, 15–16.

288 Kertzer, Sacrificed for Honor, 10.

289 Hunecke, Les enfants trouvés, 4; P. Gavitt, Charity and Children in renaissance Florence: The Ospedale degli Innocenti, 1410–1536, Ann Arbor 1990; E. Sonnino, Between the home and hospice: the plight and fate of girl orphans in seventeenth- and eighteenth-century Rome, in: J. Henderson/R. Wall (Hg.), Poor Women and Children in the European Past, London 1994, 94–116.

290 G. D. Sussman, Selling Mothers' Milk: The Wet-Nursing Business in France 1715–1914, Urbana/Chicago/London 1982, 110–112.

291 P. P. Viazzo/B. Bortolotto/A. Zanotto, Five centuries of foundling history in Florence: changing patterns of abandonment, care and mortality, sowie D. I. Kertzer, The live of foundlings in nineteenth-century Italy, in: C. Panter-Brick/M. T. Smith (Hg.), Abandoned Children, Cambridges 2000, 70–91, 41–55.

292 Kerzer, Sacrificed for Honor, 73; C. Larquié, La mise en nourrice des enfants madrilènes au XVII siècle, in: Revue d'histoire moderne et contemporaine 32, 1985, 129; J. Sherwood, Poverty in Eighteenth-Century Spain: The Women and Children of the Inclusa, Totonto 1988, 5; V. Fildes, Maternal feelings re-assessed: child abandonment and neglect in London and Westminster, 1550–1800, in: V. Fildes (Hg.), Women as Mothers in Pre-Industrial England, London 1990, 155–156.

293 J.-C. Peronnet, Les enfants abandonnés et leurs nourrices à Limoges au XVIII siècle, in: Revue d'histoire moderne et contemporaine 33, 1976, 418–430; O. H. Hufton, The Poor of Eighteenth-Century France 1750–1789, Oxford 1974, 332–333; vgl. auch C. Delasselle, Abandoned children in eighteenth-century Paris, in: R. Forster/O. Ranum (Hg.), Deviants and the Abandoned in French Society, Baltimore/London 1978, 70–72. Als Gegenbeispiel vgl. Ravenna, wo zwischen 1720 und 1790 die Zahl der ausgesetzten Kinder fiel oder konstant blieb, während die Getreidepreise stiegen (Kertzer, Sacrificed for Honor, 210).

294 Delasselle, Abandoned children in eighteenth-century Paris, 62; R. G. Fuchs, Abandoned Children: Foundlings and Child Welfare in Nineteenth-Century France, Albany 1984, 66–69; J. Meyer, Illegitimates and foundlings in pre-industrial France, in: P. Laslett et. al. (Hg.), Bastardy and its Comparative History, London 1980, 25; vgl. auch L. Valverde, Illegitimacy and abandonment of children in the Basque Country, 1550–1800.

295 Kertzer, Sacrificed for Honor, 42–43; S. Wilson, Infanticide, child abandonment, and female honour in nineteenth-century Corsica, in: Comparative Studies in Society and History 30, 1988, 762–783.

296 Peyronnet, Les enfants abandonnés, 418–430; L. A. Tilly/R. G. Fuchs/D. I. Kertzer/ D. L. Ransel, Child abandonment in European history: a symposium, in: Journal of Family History 17, 1992, 7–10; A. Levene, The origins of the children of the London Foundling Hospital, 1741–1760: a reconsideration, in: Continuity and Change 18, 2003, 201–236; Hunecke, Enfants trouvés, 19; Kertzer, Sacrificed for Honor, 80.

297 Hunecke, Enfants trouvés, 14; Kertzer, Sacrificed for Honor, 79.

298 Hunecke, Enfants trouvés, 19–26.

299 J. R. Lehning, Family life and wetnursing in a French village, in: Journal of Interdisciplinary History 12, 1982, 655; Sussman, Selling Mothers' Milk.

300 Sussman, Selling Mothers' Milk, 161–188.

301 F. Newall, Wet-nursing and child care in Aldenham, Hertfordshire, 1595–1726, in: Fildes, Women as Mothers, 122–138.

302 S. Hedenborg, To breastfeed another woman's child: wet-nursing in Stockholm, 1777–1937, in: Continuity and Change 16, 2001, 399–422.

303 Hunecke, Enfants trouvés, 15–17.

304 Meyer, Illegitimates and foundlings, 258.

305 Peyronnet, Les enfants abandonnés, 440–441.

306 A. Farge, Fragile Lives: Violence, Power and Solidarity in Eighteenth-Century Paris, Cambridge 1993, 51–62.

307 Kamen, European Society, 26; Wrigley/Schofield, Population History of England, 216, 443–450.

308 P. Laslett, The World We Have Lost, 2. Aufl., London 1971, 109–110.

309 M. Anderson, The social implications of demographic change, in: F. M. L. Thompson (Hg.), The Cambridge Social History of Britain, 3 Bde., Cambridge 1990, Bd. 2, 48–50.

310 Kamen, European Society, 28; V. Brodsky, Widows in late Elizabethan London: remarriage, economic opportunity and family orientations, in: Bonfield/Smith/Wrightson, The World We Have Gained, 136–140.

311 C. Phytian-Adams, Desolation of a City: Coventry and the Urban Crisis of the Late Middle Ages, Cambridge 1979, 224, 233–234.

312 L. Stone, The Family, Sex and Marriage in England 1500–1800, London 1977, 107; A. Mitterauer, A History of Youth, Oxford 1992, 72.

313 R. Wall, The age of leaving home, in: Journal of Family History 3, 1978, 189–1990; A. Kussmaul, Servants in Husbandry in Early Modern England, Cambridge 1981, 3, 72; Mitterauer, History of Youth, 73–74.

314 Wall, Age of leaving home, 192, 197–198, Ders., Leaving home and the process of household formation in pre-industrial England, in: Continuity and Change 2, 1987, 91–92; Cunningham, Employment and unemployment, 132–133; Mitterauer, History of Youth, 72–74, 89–92; K. D. M. Snell, Annals of the Labouring Poor: Social Change and Agrarian England, 1660–1900, Cambridge 1985, 323–332.

315 Mitterauer, History of Youth, 69–70; Snell, Annals of the Labouring Poor, 236.

316 Anderson, Social implications of demographic change, 69.

317 Snell, Annals of the Labouring Poor, 325–326.

318 A. Wilson, The ceremony of childbirth and its interpretation, in: Fildes (Hg.), Women as Mothers, 68–107.

319 M. Pelling, Child health as a social value in early modern England, in: Social History of Medecine 1, 1988, 135–164; Ders., Apprenticeship, health and social cohesion in early modern London, in: History Workshop 37, 1994, 33–56.

320 E. Ross, Survival networks: women's neighbourhood sharing in London before World War I, in: History Workshop 15, 1983, 12–13.

321 H. Cunningham, The Children of the Poor: Representations of Childhood since the Seventeenth Century, Oxford 1991, 22–23; K. Thomas, Children in early modern

England, in: G. Avery/J. Briggs (Hg.), Children and Their Books, Oxford 1989, 51–55.

322 Pelling, Child health as a social value, 140

323 Thomas, Children in early modern England, 57–63; A. James, Confections, concoctions and conceptions, in: B. Waites et al. (Hg.), Popular Culture, London 1982, 294–307; I. u. P. Opie, The Lore and Language of Schoolchildren (1959), St. Albans 1977.

324 R. A. Houston, Literacy in Early Modern England: Culture and Education 1500–1800, Harlow 1988, 33–38, 50.

325 Ebda., 15.

326 I. Green, "For Children in Yeers and Children in Understanding": the emergence of the Elizabethan catechism under Elizabeth and the early Stuarts, in: Journal of Ecclesiastical History 36, 1986, 400–401; R. B. Bottigheimer, Bible reading, "Bibles" and the Bible for children in early modern Germany, in: Past and Present 139, 1993, 66–89.

327 T. W. Laqueur, Religion and Respectability: Sunday Schools and Working Class Culture 1780–1850, New Haven/London 1976.

328 Houston, Literacy, 11; P. Gardner, The Lost Elementary Schools of Victorian England: The People's Education, London 1984, 24; C. Lis, Social Change and the Labouring Poor: Antwerp, 1770–1860, New Haven/London 1986, 122.

329 Houston, Literacy 48, 51–52.

330 Ebda., 54; C. M. Cipolla, Literacy and Development in the West, Harmondsworth 1969, 32–34, Zitat 33.

331 Houston, Literacy, 39, 53; M. Sanderson, Education and social mobility in the industrial revolution in England, in: Past and Present 56, 1972, 75–104.

332 Houston, Literacy, 49–50.

333 D. Vincent, Bread, Knowledge and Freedom: A Study of Nineteenth-Century Working Class Autobiographies, London 1981, 94.

334 Ebda., 102.

335 T. W. Laqueur, Working-class demand and growth of English elementary education, 1750–1850, in: L. Stone (Hg.), Schooling and Society, Baltimore/London 1976, 192, 202–203; Gardner, Lost Schools, 76.

336 Vincent, Bread, Knowledge and Freedom, 103.

337 Laqueur, Working-class demand, 195–201; Vincent, Bread, Knowledge and Freedom, 100–103; P. McCann, Popular education, socialization and social control: Spitalfields 1812–24, in: P. McCann (Hg.), Popular Education and Socialization in the Nineteenth Century, London 1977, 28–30.

338 K. Thomas, Rule and Misrule in the Schools of Early Modern England, Reading 1976, Zitat 14; Ders., Children in early modern England, 66–67.

339 E. West, Heathens and angels: childhood in the Rocky Mountains mining towns, in: H. J. Graff (Hg.), Growing Up in America: Historical Experiences, Detroit 1987, 373.

340 G. Dallas, The Imperfect Peasant Economy: The Loire Country, 1800–1914, Cambridge 1982, Zitat 91; D. Rubinstein, Socialization and the London School Board

1870–1914: aims, methods and public opinion, in: McCann, Popular Education and Socialization, 231–264; J. Davis, A poor man's system of justice: the London Police Courts in the second half of the nineteenth century, in: Historical Journal 27, 1984, 329–330.

341 M. Anderson, Family Structure in Nineteenth-Century Lancashire, Cambridge 1971, 178.

342 R. Lee, Family and "Modernisation": the peasant family and social change in nineteenth-century Bavaria, in: R. J. Evans/W. R. Lee (Hg.), The German Family: Essays on the Social History of the Family in Nineteenth- and Twentieth-Century Germany, London 1981, 96–97.

343 E. Shorter, The Making of the Modern Family, London 1976, 202–203.

344 R. H. Bremner (Hg.), Children and Youth in America: A Documentary History, 2 Bde., Cambridge, Mass. 1971, Bd. 2, 17; Lady Bell, At the Works: A Study of a Manufacturing Town (1907), London 1911, 269–270; M. E. Loane, From Their Point of View, London 1908, 124.

345 Shorter, Making of Modern Family, 172.

346 Zitiert in Wilson, Infanticide, child abandonment, and female honour in nineteenth-century Corsica, 778.

347 Kertzer, Sacrificed for Honor, 111–112; D. L. Ransel, Mothers of Misery: Child Abandonment in Russia, Princeton 1988, 130–149.

348 C. Heywood, On learning gender roles during childhood in nineteenth-century France, in: French History 5, 1991, 451; Boswell, Kindness of Strangers, 35.

349 E. A. Hammel/S. R. Johansson/C. A. Ginsberg, The value of children during industrialization: sex ratios in childhood in nineteenth-century America, in: Journal of Family History 8, 1983, 346–366; D. T. Courtwright, The neglect of female children and childhood sex ratios in nineteenth-century America: a review of the evidence, in: Journal of Family History 15, 1990, 313–323. Nach B. A. Hanawalt soll es im mittelalterlichen London eine Vernachlässigung weiblicher Kinder gegeben haben, vgl. Growing Up in Medieval London: The experience of Childhood in History, Oxford 1993, 58.

350 M. J. Maynes, The contours of childhood: demography, strategy, and mythology of childhood in French and German lower-class autobiographies, in: J. R. Gillis/L. A. Tilly/D. Levine (Hg.), The Europena Experience of Declining fertility: A Quiet Revolution, 1850–1970, Oxford 1992, 117.

351 L. A. Tilly, Linen was their life: family survival strategies and parent-child relations in nineteenth-century France, in: H. Medick/D. W. Sabean (Hg.), Interest and Emotion: Essays on the Study of Family and Kinship, Cambridge 1984, 300–316.

352 Vincent, Bread, Knowledge and Freedom, 91–92; Maynes, The contours of childhood, 101–124, Zitat 101.

353 P. Slack, Poverty and Policy in Tudor Stuart England, London 1988, 73–80.

354 H. Cunningham, The employment and unemployment of children in England c. 1680–1851, in: Past and Present 126, 1990, 133.

355 H. Kamen, European Society 1500–1700, London 1984, 168; C. Jones, Charity and

Bienfaisance: The Treatment of the Poor in the Montpellier Region 1740–1815, Cambridge 1982, 62.

356 N. Z. Davis, Society and Culture in Early Modern France, Cambridge 1987, 22; Slack, Poverty and Policy, 17, 65–66, 71.

357 T. Wales, Poverty, poor relief and the life-cycle: some evidence from seventeenth-century Norfolk, in: R. M. Smith (Hg.), Land, Kinship and the Life-Cycle, Cambridge 1984, 375; Cunningham, Employment and unemployment, 128.

358 C. C. Fairchilds, Poverty and Charity in Aix-en-Provence, 1640–1789, Baltimore/London 1976, 85–86; O. H. Hufton, The Poor of Eighteenth-Century France 1750–1789, Oxford 1974, 329.

359 V. Hunecke, The abandonment of legitimate children in nineteenth-century Milan and the European context, in: J. Henderson/R. Wall (Hg.), Poor Women and Children in the European Past, London 1994, 119–121; vgl. J. Boswell, The Kindness of Strangers: The Abandonment of Children in Western Europe from Late Antiquity to the Renaissance, London 1989, 415–416, der von einer schnelleren Verbreitung im 14. Jahrhundert ausgeht.

360 L. Martz, Poverty and Welfare in Habsburg Spain: The Example of Toledo, Cambridge 1983, 224–225.

361 D. I. Kertzer, Sacrificed for Honor: Italian Infant Abandonment and the Politics of Reproductive Control, Boston 1993, 9–10.

362 P. Gavitt, Charity and Children in Renaissance Florence: The Ospedale degli Innocenti, 1410–1536, Ann Arbor 1990, 33–59.

363 Ebda., 107–140; B. Pullan, Rich and Poor in Renaissance Venice: The Social Institutions of a Catholic State, to 1620, Oxford 1971, 163–169, 183–185; W. K. Jordan, Philanthropy in England 1480–1660: A Study of the Changing Patterns of English Social Aspirations, London 1959, 155–215, 268–170; J. Morgan, Godly learning: Puritan Attitudes Towards Reason, Learning, and Education, 1560–1640, Cambridge 1986, 185.

364 Fairchilds, Poverty and Charity, 21; Davis, Society and Culture, 17–64, Zitat 51–52.

365 C. Lis/H. Soly, Poverty and Capitalism in Pre-Industrial Europe, Hassocks 1979, 87–89.

366 F. R. Salter (Hg.), Some Early Tracts on Poor Relief, London 1926, 8–9, vgl. auch S. 47 zu Ypern.

367 Davis, Society and Culture, 24; Pullan, Rich and Poor, 307.

368 B. Sandin, Education, popular culture and the surveillance of the population in Stockholm between 1600 and the 1840s, in: Continuity and Change 3, 1988, 370–371.

369 Fairchilds, Poverty and Charity, 110–113; J. V. Melton, Absolutism and the Eighteenth-Century Origins of Compulsory Schooling in Prussia and Austria, Cambridge 1988, 141.

370 Salter, Some Early Tracts on Poor Relief, 18–19.

371 Fairchilds, Poverty and Charity, 89–92; Davis, Society and Culture, 42–44; R. A. Mentzer, Organizational endeavour and charitable impulse in sixteenth-century France: the case of Protestant Nîmes, in: French History 5, 1991, 11–16.

293

372 Pullan, Rich and Poor, 307–308.

373 Fairchilds, Poverty and Charity 83, 24; Salter, Some Early Tracts on Poor Relief, 18–19, 93.

374 Vgl. z. B. Gavitt, Charity and Children in Renaissance Florence, 187–271, insbes. 243; M. Mentzer, Organizational endeavour and charitable impulse, 1–19.

375 I. de G. Sá, Child abandonment in Portugal: legislation and institutional care, in: Continuity and Change 9, 1994, 80–83.

376 D. L. Ransel, Mothers of Misery: Child Abandonment in Russia, Princeton 1988, 14–15; Hufton, The poor of Eighteenth-Century France, 320–324; P. C. Hoffer/ N. E. H. Hull, Murdering Mothers: Infanticide in England and New England, New York/London 1981.

377 M. Jackson (Hg.), Infanticide: Historical Perspectives on Child Murder and Concealment, 1550–2000, Aldershot 2002, 98.

378 Gavitt, Charity and Children in Renaissance Florence, 295–296; Pullan, Rich and Poor, 261.

379 P. Ariès, The Hour of Our Death, London 1981, 165–168.

380 Davis, Society and Culture, 56; Fairchilds, Poverty and Charity, 15.

381 Martz, Poverty and Charity in Habsburg Spain, 223.

382 Sandin, Education, popular culture and the surveillance of the population in Stockholm, 370–376.

383 L. Stone, The educational revolution in England 1560–1640, in: Past and Present 28, 1964, 45–46; R. S. Thompson, English and English education in the eighteenth century, in: J. A. Leith (Hg.), Facets of Education in the Eighteenth Century, Studies on Voltaire and the Eighteenth Century, 167, 1977, 68, 80–81.

384 G. Strauss, Luther's House of Learning: Indoctrination of the Young in the German Reformation, Baltimore/London 1978, 8, 13–28, 45, 130, 151–175.

385 Ebda., 130, 197, 200–202, 279, 282.

386 R. A. Houston, Literacy in Early Modern Europe: Culture and Education 1500–1800, London 1988, 42–43; Sandin, Education, popular culture and surveillance of the population in Stockholm, 359–362.

387 C. Rose, Evangelical philanthropy and Anglican revival: the Charity Schools of Augustan London, 1689–1740, in: London Journal 16, 1991, 35–65, Zitat 36; M. G. Jones, The Charity School Movement, Cambridge 1938, 72.

388 C. Rose, „Seminarys of Faction and Rebellion": Jacobites, Whigs and the London Charity Schools, 1716–1724, in: Historical Journal 34, 1991, 831–855.

389 Strauss, Luther's House of Learning, 171–172.

390 P. F. Grendler, The Schools of Christian Doctrine in sixteenth-century Italy, in: Chruch History 53, 1984, 319–331; Pullan, Rich and Poor, 401–404; L. Chatellier, The Europe of the Devout: The Catholic Reformation and the Formation of a New Society, Cambridge 1989, 22.

391 Chatellier, Europe of the Devout, 22.

392 Houston, Literacy in Early Modern Europe, 19; R. Darnton, The Great Cat Massacre, and Other Episodes in French Cultural History, Harmondsworth 1985, 132.

393 Houston, Literacy in Early Modern Europe, 19–22; Morgan, Godly Learning,

176–177; A. Fletcher, Gender, Sex and Subordination in England 1500–1800, New Haven/London 1995, 364–375.

394 H. Chisick, The Limits of Reform in the Enlightenment: Attitudes toward the Education of the Lower Classes in Eighteenth-Century France, Princeton 1981, 90–92, 239; R. R. Palmer, The Improvement of Humanity: Education and the French Revolution, Princeton 1985, 53–59.

395 G. L. Seidler, The reform of Polish school system in the age of enlightenment, in: Leith, Facets of Education, 344.

396 B. Becker-Cantarino, Joseph von Sonnenfels and the development of secular education in eighteenth-century Austria, in: Leith, Facets of Education, 41, 29; vgl. Houston, Literacy in Early Modern Europe, 46.

397 D. Beales, Social forces and enlightened policies und H. M. Scott, Reform in the Habsburg Monarchy, in: H. M. Scott (Hg.), Enlightened Absolutism: Reform and Reformers in Later Eighteenth-Century Europe, London 1990, 50–51, 174–175.

398 Melton, Absolutism and the Eighteenth-Century Origins of Compulsory Schooling.

399 H. van der Laan, Influences on education and instruction in the Netherlands, especially 1750–1815, 285–311; Seidler, Reform on the Polish school system, Zitat 350; C. Gold, Educational Reform in Denmark, 1784–1814, Zitat 54, alle in Leith, Facets of Education.

400 Scott, Reform in the Habsburg Monarchy, 175.

401 S. Schama, Patriots and Liberators: Revolution in the Netherlands 1780–1813, London 1977, 532–541.

402 Beales, Social forces and enlightened policies 51; Chisick, Limits of Reform, passim.

403 Melton, Absolutism and the Eighteenth-Century Origins of Compulsory Schooling, 46, 174–175; Scott, Reform in the Habsburg Monarchy, 176; L. Hunt, The Family Romance of the French Revolution, Berkeley/Los Angeles 1992, 67, 161; Schama, Patriots and Liberators, 536; Gold, Educational reform in Denmark, 54–56.

404 Houston, Literacy in Early Modern Europe, 47.

405 T. C. W. Blanning, Frederick the Great and Enlightened Absolutism, in: Scott, Enlightened Absolutism, 267; vgl. auch R. S. Turner, Of social control and culture experience: education in the eighteenth century, in: Central European History 21, 1988, 303; Houston, Literacy in Early Modern Europe, 48.

406 Melton, Absolutism and the Eighteenth-Century Origins of Compulsory Schooling, 46, 171–239; Beales, Social forces and enlightened policies, 53.

407 R. G. Fuchs, Abandoned Children: Foundlings and Child Welfare in Nineteenth-Century France, Albany 1984, 8–9; O. Ulbricht, The debate about Foundling Hospitals in Enlightenment Germany: infanticide, illegitimacy, and infant mortality rates, in: Central European History 18, 1985, 212.

408 Fairchilds, Poverty and Charity, 131–146, Zitat 144; Jones, Charity and Bienfaisance, 87, 75, 253.

409 R. K. McClure, Coram's Children: The London Foundling Hospital in the Eighteenth Century, New Haven/London 1981, 76–123, 251, 261.

295

410 V. Fildes, Maternal feelings re-assessed: child abandonment and neglect in London and Westminster, 1550–1800, in: V. Fildes (Hg.), Women as Mothers in Pre-Industrial England, London 1990, 139–178.

411 K. Wrightson, Infanticide in earlier seventeenth-century England, in: Local Population Studies 15, 1975,10–22; R. W. Malcolmson, Infanticide in the eighteenth century, in: J. S. Cockburn (Hg.), Crime in England 1550–1800, London 1977, 187–209; Hoffer/Hull, Murdering Mothers; M. Jackson, New-Born Child Murder: Women, Illegitimacy and the Courts in Eighteenth-Century England, Manchester 1996.

412 McClure, Coram's Children, 173.

413 Ransel, Mothers of Misery, 31–61, Zitat 56.

414 B. Pullan, Orphans and Foundlings in Early Modern Europe, Reading 1989, 8; Ulbricht, The debate about Foundling Hospitals in Enlightenment Germany, 211–256.

415 J. Robins, The Lost Children: A Study of Charity Children in Ireland, 1700–1900, Dublin 1980, 15–100.

416 Ulbricht, The debate about Foundling Hospitals in Enlightenment Germany, passim, Zitat 223; McClure, Coram's Children, 14–15, vgl. auch Sherwood, Poverty in Eighteenth-Century Spain: The Women and Children of the Inclusa, Toronto 1988, 100–102, 180–187; Sá, Child abandonment in Portugal, 77.

417 Zitat bei J. Donzelot, The Policing of Families, London 1980, 10.

418 Ransel, Mothers of Misery, 31–61.

419 Fuchs, Abandoned Children, 24; A. Forrest, The French Revolution and the Poor, Oxford 1981, 122–123.

420 Ulbricht, The debate about Foundling Hospitals in Enlightenment Germany, 228; Donzelot, Policing of Families, 26.

421 Lis/Soly, Poverty and Capitalsism in Pre-Industrial Europe, 112–113.

422 Morgan, Godly Learning, 176; H. Cunningham, The Children of the Poor: Representations of Childhood since the Seventeenth Century, Oxford 1991, 24–26, 33–35, Zitat 34.

423 Robins, Lost Children,103–107; Cunningham, Children of the Poor, 26–32, Zitat 32; H. Chisick, Institutional innovation in popular education in eighteenth century France: two examples, in: French Historical Studies 10, 1977, 44–45; M. J. Maynes, Schooling in Western Europe: A Social History, Albany 1985, 44; W. I. Trattner, Crusade for the Children: A History of the National Child Labor Committee and Child Labor reform in America, Chicago 1970, 25–27.

424 Lis/Soly, Poverty and Capitalism in Pre-Industrial Europe, 162, 170; Melton, Absolutism and the Eighteenth-Century Origins of Compulsory Schooling, 131–133.

425 Melton, Absolutism and the Eighteenth century Origins of Compulsory Schooling, 132–141; H. Medick, Village spinning bees: sexual culture and free time among rural youth in early modern Germany, in: H. Medick/D. W. Sabean (Hg.), Interest and Emotion: Essays on the Study of Family and Kinship, Cambridge 1984, 317–339.

426 R. B. Bottigheimer, The Bible for Children: from the Age of Gutenberg to the Present, New Haven/London 1996, 97.

427 Ulbricht, The debate about Foundling Hospitals in Enlightenment Germany, 254.

428 Ransel, Mothers of Misery, 176–255, Zitat 198.

429 P. T. Rooke/R. L. Schnell, Childhood and charity in nineteenth-century British North America, in: Histoire Sociale – Social History 15, 1982, 167–168, 177, Zitat 177; B. Bradbury, The fragmented family; family strategies in the face of death, illness, and poverty, Montreal 1860–1885, in: J. Parr (Hg.), Childhood and Family in Canadian History, Toronto 1982, 110–128; C. Stansell, Women, children, and the uses of streets: class and gender conflict in New York City, 1850–1860, in: H. J. Graff (Hg.), Growing Up in America, Historical Experiences, Detroit 1987, 307–308, 313.

430 Kertzer, Sacrificed for Honor, 84, 103–106, 155–162; Ransel, Mothers of Misery, 68; L. AS. Tilly/R. G. Fuchs/D. I. Kertzer/D. L. Ransel, Child abandonment in European history: a symposium, in: Journal of Family History 17, 1992, 6.

431 Fuchs, Abandoned Children, 28–61; Donzelot, Policing of Families, 26–30.

432 Zitiert bei Hunt, Family Romance of the French Revolution, 67.

433 H. Cunningham, The Children of the Poor: representations of Childhood since the Seventeenth Century, Oxford 1991, 86; J. Dekker, The Will to Change the Child: Re-education Homes for Children at Risk in Nineteenth Century Western Europe, Frankfurt am Main 2001, 69.

434 The Morning Chronicle Survey of Labour and the Poor: The Metropolitan District, Bd. 4, Horsham 1981, 34–78, 131–153; G. Wagner, Barnardo, London 1979, 86–172; G. K. Behlmer, Child Abuse and Moral Reform in England, 1870–1908, Stanford 1982, 119–160.

435 Nach D. J. Rothman, The Discovery of the Asylum: Social Order and Disorder in the New Republic, Boston/Toronto 1971, 213.

436 F. K. Prochaska, Women and Philanthropy in Nineteenth-Century England, Oxford 1980, 30–32, 224–225.

437 Zitiert nach R. A. Meckel, Save the Babies: American Public health Reform and the Prevention of Infant Mortality 1850–1929, Baltimore/London 1990, 103; F. Davenport-Hill, Children of the State, 2. Aufl., London 1889, 22.

438 P. T. Rooke/R. L. Schnell, Childhood and charity in nineteenth-century British North America, in: Histoire Sociale – Social History 15, 1982, 157–179.

439 B. Finkelstein, Casting networks of good influence: the reconstruction of childhood in the United States, 1790–1870, in: J. M. Hawes/N. R. Hiner (Hg.), American Childhood: A Research Guide and Historical Handbook, Westport, Conn./London 1985, 111–152.

440 Nach Cunningham, Children of the Poor, 31.

441 H. Cunningham, The employment and unemployment of children in England c. 1680–1851, in: Past and Present 126, 1990, 129–130.

442 Cunningham, Children of the Poor, 53–64.

443 Ebda., 64–67.

444 Ebda., 70–83.

445 Ebda., 94–95.

446 Ebda., 83–95; zur Nachfrage nach Kinderarbeit vgl. C. Tuttle, Hard at Work in Fac-

tories and Mines: The Economics of Child Labour during the British Industrial Revolution, Boulder 1999.

447 C. Nardinelli, Child Labor and the Industrial Revolution, Bloomington/Indiana-polis 1989, 109; C. Goldin/K. Sokoloff, Women, children, and industrialization in the early Republic. Evidence from the manufacturing censuses, in: Journal of Economic History 42, 1982, 743; British Parliament Papers, Industrial Revolution: Children's Employment, Shannon 1968, Bd. 3, Kap. 1, 96.

448 E. P. Thompson/E. Yeo (Hg.), The Unknown Mayhew, Harmondsworth 1973, 477–478.

449 H. Silver, Ideology and factory child: attitudes to half-time education, in: P. McCann (Hg.), Popular Education and Socialization in the Nineteenth Century, London 1977, 141–166. Zu ähnlichen Überlegungen in Schweden vgl. B. Sandin, "In the large factory town": child labour legislation, child labour and school com-pulsion, in: N. de Coninck-Smith/B. Sandin/E. Schrumpf (Hg.), Industrious Children: Work and Childhood in the Nordic Countries 1850–1990, Odense 1997, 17–46.

450 Cunningham, Children of the Poor, 88–94.

451 Ebda., 51, 83–96.

452 L. S. Weissbach, Child Labor Reform in Nineteenth-Century France, Baton Rouge/London 1989, 84, 140, XII.

453 Nardinelli, Child Labor and the Industrial Revolution, 127–129.

454 V. A. Zelitzer, Pricing the Priceless Child: The Changing Social Value of Children, New York 1971, 91; R. H. Bremner (Hg.), Children and Youth in America: A Docu-mentary History, 2 Bde., Cambridge, Mass. 1971, Bd. 2, 653.

455 J. M. Hawes, Children in Urban Society: Juvenile Delinquency in Nineteenth-Century America, New York 1971, 91; Cunningham, Children of the Poor, 106; L. Chevalier, Labouring Classes and Dangerous Classes in Paris During the First Half of the Nineteenth Century, London 1973, 117–120.

456 J. E. Zucchi, The Little Slaves of the Harp: Italian Child Street Musicians in Nine-teenth-Century Paris, London, and New York, Montreal 1992.

457 C. Nilan, Hapless innocence and precocious perversity in the courtroom melo-drama: representations of the child criminal in a Paris legal journal, 1830–1848, in: Journal of Family History 22, 1997, 256–260.

458 Cunningham, Children of the Poor, 106–108; Chevalier, Labouring Classes and Dangerous Classes in Paris, 115–116.

459 H. Shore, Artful Dodgers: Youth and Crime in Early Nineteenth-Century London, Woodbridge 1999; L. R. Berlanstein, Vagrants, beggars, and thieves: delinquent boys in mid-nineteenth century Paris, in: Journal of Social History 12, 1978–79, 531–552; I. Pinchbeck/M. Hewitt, Children in English Society, 2 Bde., London 1969–73, Bd. 2, 431–478.

460 Cunningham, Children of the Poor, 106–112; zur weiteren Diskussion dieses berühmten Gesprächs vgl. C. Steedman, Strange Dislocations: Childhood and the Idea of Human Interiority, 1780–1939, London 1995, 117–129.

461 Cunningham, Children of the Poor, 112.

462 Dekker, The Will to Change the Child, passim, 237.

463 P. F. Clement, The city and the child, 1860–1885, in: Hawes/Hiner, American Childhood, 252; Bremner, Children and Youth in America, Bd. 2, 283–284; Rothman, Discovery of the Asylum, 206–236; N. Sutherland, Children in English-Canadian Society: Framing the Twentieth-Century Consensus, Toronto 1976, 12.

464 J. Robins, The Lost Children: A Study of Charity Children in Ireland, 1700–1900, Dublin 1980, 119, 192–193, 275–276, 294.

465 Bremner, Children and Youth in America, Bd. 2, 272, 426; B. Bradbury, The fragmented family. Family strategies in the face of death, illness, and poverty, Montreal 1860–1885, in: J. Parr (Hg.), Childhood and Family in Canadian History, Toronto 1982, 128; L. A. Sbrams, The Orphan Country: Children of Scotland's Broken Homes From 1845 to the Present Day, Edinburgh 1998, 86.

466 Rothman, Discovery of the Asylum, 210; Zitat der Orphan Society of Philadelphia, 1831.

467 H. van Solingo/E. Wakhout/F. van Poppel, Determinants of institutionalization of orphans in a nineteenth-century Dutch town, in: Continuity and Change 15, 2000, 139–166; zu einer ähnlich positiven Bewertung des Lebens von Kindern in einem Findelhaus vgl. D. I. Kertzer, The lives of foundlings in nineteenth-century Italy, in: C. Panter-Brick/M. T. Smith (Hg.), Abandoned Children, Cambridge 2000, 41–55.

468 Rothman, Discovery of the Asylum, 210–236, Zitat S. 229.

469 Davenport-Hill, Children of the State, 72–86, 222; vgl. Bremner, Children und Youth in America, Bd. 2, 296 mit Bezug auf W. P. Letchworth (1886), der davon spricht, dass Kinder „institutioniert" ("institutionized") wurden.

470 Berlanstein, Vagrants, beggars, and thieves, 532–533.

471 Pinchbeck/Hewitt, Children in English Society, Bd. 2, 468, 474, 518, 525; Dekker, The Will to Change the Child.

472 L. D. Murdoch, From barrack schools to family cottages: creating domestic space for late Victorian poor children, in: J. Lawrence/P. Starkey (Hg.), Child Welfare and Social Action in the Nineteenth and Twentieth Centuries: International Perspectives, Liverpool 2001, 147–173.

473 A. M. Platt, The Child Savers: The Invention of Delinquency, 2. Aufl., Chicago/London 1977, 133–139; S. Schlossmann/S. Wallach, The crime of precocious sexuality: female juvenile delinquency in the Progressive era, in: Harvard Educatonal Review 48, 1978, 65–92; E. R. Dickinson, The Politics of German Child Welfare from the Empire to the Federal Republic, Cambridges, Mass./London 1996, 20–22, 50.

474 Abrahams, Orphan Country, 35–77

475 Ebda., 247.

476 J. Parr, Labouring Children: British Immigrant Apprentices to Canada 1869–1924, London 1980, 28–29; Chevalier, Labouring Classes and Dangerous Classes in Paris, 456; Robins, Lost Children, 198.

477 Cunningham, Children of the Poor, 106; Hawes, Children in Urban Society, 87–111.

478 Parr, Labouring Children, 62–81.

479 L. A. Pollock, Forgotten Children: Parent-Child Relations from 1500 to 1900, Cam-

bridge 1983, 92–95; vgl. auch J. Warner/R. Griller, "My pappa is out, and my mamma asleep": minors, their routine activities, and interpersonal violence in an early modern town, 1658–1781, in: Journal of Social History 36, 2003, 561–584; zum Verhalten des Staates gegenüber schlechten Eltern im Deutschland des 16. Jahrhunderts vgl. J. F. Harrington, Bad parents, the state, and the early modern civilizing process, in: German History 16, 1998, 16–28.

480 L. A. Jackson, Child Sexual Abuse in Victorian England, London 2000, 20–21, 38.

481 L. Gordon, Heroes of Their Own Lives: The Politics and History of Family Violence, London 1989, 27.

482 M.-S. Dupont-Bouchat, Du tourisme pénitentiaire à «l'internationale des philanthropes». La création d'un réseau pour la protection de l'enfance à travers les congrès internationaux (1840–1914), in: Paedagogica Historica 38, 2002, 533–563.

483 Behlmer, Child Abuse and Moral Reform, 162, 239; H. Ferguson, Cleveland in history: the abused child and child protection, 1880–1914, in: R. Cooter (Hg.), In the Name of the Child: Health and Welfare, 1880–1940, London 1992, 148–149.

484 Report of the Prosecution of D. v. Kenealy for Cruelty to a Child with the Sentence, London o. J. [1874]. Vgl. auch C. A. Conley, The Unwritten Law: Criminal Justice in Victorian Kent, Oxford 1991, 107.

485 J. Donzelot, The Policing of Families, London 1980, 85.

486 Ebda., 30, 83–88; S. Schafer, Children in Moral Danger and the Problem of Government in Third Republic France, Princeton 1997, 67–86, 100–102, 130; Dekker, The Will to Change the Child, 104.

487 R. Waugh, The Life of Benjamin Waugh, London 1913, 306.

488 Bremner, Children and Youth in America, Bd. 2, 117–118, 185–222.

489 S. Tiffin, In Whose Best Interest? Child Welfare Reform in the Progressive Era, Westport, Conn./London 1982, 187–214; B. Harrison, Peaceable Kingdom, Oxford 1982, 240–259.

490 J. E. Gorst, The Children of the Nation: How their health and Vigour should be promoted by the State, London 1906, 12–14.

491 Cunningham, Children of the Poor, 211; Tiffin, In Whose Best Interest?, 218.

492 Meckel, Save the Babies, 101–109.

493 P. Wright, The social construction of babyhood: the definition of infant care a medical problem, in: A. Bryman/B. Bytheway/P. Allatt/T. Keil (Hg.), Rethinking the Life Cycle, London 1987,103–121.

494 Vgl. D. Dwork, War is Good for Babies and Other Young Children: A History of the Infant and Child Warfare Movement in England 1898–1918, London 1987, 21.

495 S. H. Preston/M. R. Haines, Fatal Years: Child Mortality in Late Nineteenth-Century America, Princeton 1991, 27.

496 Vgl. A. Klaus, Every Child a Lion: The origins of Maternal and Infant Health Policy in the United States and France, 189–1920, Ithaca/London 1993, 142–143.

497 J. Lewis, The Politics of Motherhood: Child and Maternal Welfare in England, 1900–1939, London 1980, 27–112; C. Dyhouse, Working-class mothers and infant mortality in England 1895–1914, in: Journal of Social History 12, 1978, 248–267; Dwork, War is Good for Babies and Other Young Children.

498 Meckel, Save the Babies, 144–145; Klaus, Every Child a Lion, 77–80.

499 Klaus, Every Child a Lion, 144–154; Dwork, War is Good for Babies and Other Young Children, 211.

500 T. Skocpol, Protecting Soldiers and Mothers: The Political Origins of Social Policy in the United States, Cambridge, Mass./London 1992, 481; Dwork, War is Good for Babies and Other Young Children, 211.

501 Klaus, Every Child a Lion passim, Zitat S. 88; H. Marland, The medicalization of motherhood: doctors and infant welfare in the Netherlands, 1901–1930, in: V. Fildes/L. Marks/H. Marland (Hg.), Women and Children First: International Maternal and Infant Welfare, 1870–1945, London 1992, 74–96.

502 R. Grw/P. J. Harrigan, School, State, and Society: The Growth of Elementary Schooling in Nineteenth-Century France: A Quantitative Analysis, Ann Arbor 1992, 74–96.

503 E. Weber, Peasants into Frenchmen: The Modernization of Rural France 1870–1914, London 1977, 304–308.

504 Ebda., 318–323; Grew/Harrigan, School, State, and Society 67, 270.

505 Grew/Harrigan, School, State, and Society.

506 Weber, Peasants into Frenchmen, 308–309.

507 Ebda., 328–338.

508 D. Rubinstein, Socialization and the London School Board 1870–1904: aims, methods and public opinion, in: McCann (Hg.), Popular Education and Socialization in the Nineteenth Century, 231–264; J. S. Hurt, Elementary Schooling and the Working Classes 1860–1918, London 1979; P. Gardner, The Lost Elementary Schools of Victorian England: The People's Education, London 1984.

509 Berechnungen aus B. R. Mitchell, European Historical Statistics, 2. Aufl., London 1981, 38–66, 785–806.

510 C. M. Cipolla, Literacy and Development in the West, Harmondsworth 1969, 119.

511 J. P. Felt, Hostages of Fortune: Child Labor Reform in New York State, Syracuse 1965, 7; W. I. Trattner, Crusade for the Children: A History of National Child Labor Committee and Child Labor Reform in America, Chicago 1970; D. I. Macleod, The Age of the Child: Children in America, 1890–1920, New York 1998, 76.

512 Hurt, Elementary Schooling and the Working Classes, 203.

513 A. Davin, Growing Up Poor: Home, School and Street in London 1870–1914, London 1996, 85–153, Zitat 134; S. Heathorn, For Home, Country, and Race: Constructing Gender, Class, and Englishness in the Elementary School, 1880–1914, Toronto 2000, IX; N. de Coninck-Smith, Copenhagen children's live and the impact of institutions, c. 1840–1920, in: History Workshop 33, 1992, 57–72.

514 Rubinstein, Socialization and the London School Board, 250–258; J. Rose, Willingly to school: the working-class response to elementary education in Britain, 1875–1918, in: Journal of British Studies 32, 1993, 114–138.

515 Donzelot, Policing of Families, 132.

516 Interdepartmental Committee on Physical Deterioration, British Parliamentary Papers, 1904, Bd. XXXII, 179.

517 T. Guthrie, Seed-Time and Harvest of Ragged Schools, Edinburgh 1860, 7–8;

K. D. Wiggin, Children's Rights: A Book of Nursery Logic, London o. J. (ca. 1892), 31; R. Bray, The children of the town, in: C. F. G. Masterman (Hg.), The Heart of the Empire, 1901 (Brighton 1973), 127.

518 F. Fröbel, The Education of Man, New York/London 1887, 54 (dt. Die Menschenerziehung, 1826)

519 Waugh, Life of Benjamin Waugh, 296; Wiggin, Children's Rights, 10.

520 Platt, Child Savers, 135

521 Trattner, Crusade for the Children, Titelseite.

522 Jackson, Child Sexual Abuse in Victorian England, 86–89, 135; L. Mahood, Policing Gender, Class and Family: Britain, 1850–1940, London 1995, 148; Abrams, Orphan Country, 35–77, 122–161, 251–254.

523 D. Marshall, The construction of children as an object of international relations: the Declaration of Children's Rights and the Child Welfare Committee of the League of Nations, 1900–1924, in: The International Journal of Children's Rights 7, 1999, 103–1047; F. M. Wilson, Rebel Daughter of a Country House: The Life of Eglantyne Jebb, Founder of the Save the Children Fund, London 1967, passim, Zitat S. 224.

524 Bremner, Children and Youth in America, Bd. 2, 658.

525 Mahood, Policing Gender, 141, 143; Donzelot, Policing of Families, 103.

526 E. Key, The Century of the Child (1900), New York/London 1909, passim, Zitate 45, 109, 183, 257, 317. (dt. Erstausgabe Berlin 1902; Das Jahrhundert des Kindes, Einleitung von S. Andresen/M. S. Baader, Nachwort von U. Hermann, Beltz: Weinheim 2000).

527 S. Tiffin, In Whose Best Interest? Child Welfare Reform in the Progressive Era, Westport, Conn./London 1982, 14.

528 W. Clarke Hall, The State and the Child, London 1917, XI; C. W. Waddle, An Introduction to Child Psychology, London o. J. [1918?], 3.

529 L. C. A. Knowles, The Industrial and Commercial Revolutions in Great Britain during the Nineteenth Century, 1921, rev. Ausgabe London 1926, 96.

530 E. Sharp, The London Child, London 1927, 37.

531 R. H. Bremner (Hg.), Children and Youth in America: A Documentary History, 2 Bde., Cambridge, Mass., 1971, Bd. 2, 763.

532 L. G. Gurjeva, Child health, commerce and family values: the domestic production of the middle class in late nineteenth and early-twentieth century Britain, in: M. Gijswijt-Hofstra/H. Marland (Hg.), Cultures of Child health in Britain and the Netherlands in the Twentieth Century, Amsterdam/New York 2003, 103–125, Zitat 105.

533 B. R. Mitchell, International Historical Statistics: Europe 1750–1988, 3. Aufl., Basingstoke 1992, 116–123; R. Meckel, Infant mortality, in: P. S. Fass (Hg.), Encyclopedia of Children and Childhood in History and Society, 3 Bde., New York 2004, Bd. 2, 477; G. Masuy-Stroobant, Infant health and infant mortality in Europe: lessons from the past and challenges for the future, in: C. A. Corsini/P. P. Viazzo (Hg.), The Decline of Infant and Child Mortality: the European Experience, 1750–1990, The Hague 1997, 1–34.

534 M. J. Daunton, House and Home in the Victorian City: Working-Class Housing 1850–1914, London 1983, 246–259; F. Bell/R. Millward, Public health expenditures and morality in England and Wales, 1870–1914, in: Continuity and Change 13, 1998, 221–249; J. Vögele, Urbanization, infant mortality and public health in Imperial Germany, in: Corsini/Viazzo (Hg.), The Decline of Infant and Child Mortality, 109–127.

535 J. M. Winter, Aspects of the impact of the First World War on infant mortality in Britain, in: Journal of European Economic History 11, 1982, 713–738.

536 C. A. Corsini/P. P. Viazzo (Hg.), The Decline of Infant Mortalità in Europe 1800–1950: Four National Case Studies, Florence 1993, 13. Dieses Buch zusammen mit dem Vorgängerwerk Corsini/Viazzo (Hg.), The Decline of Infant and Child Mortality, bietet eine ausgezeichnete Einführung in die neuere Forschung, vgl. auch Meckel, Infant mortality, 476–477.

537 D. M. Fariñas/A. S. Gimeno, Childhood mortality in central Spain, 1790–1960: changes in the course of demographic modernization, in: Continuity and Change 15, 2000, 235–267; A. Hardy, Rickets and the rest: child care, diet and the infectious children's diseases, 1850–1914, in: Social History of Medecine 5, 1992, 391; S. H. Preston/M. R. Haines, Fatal Years: Child Mortality in Late Nineteenth-Century America, Princeton 1991, XVIII.

538 P. Wright, The social construction of babyhood: the definition of infant care as a medical problem, in: A. Bryman/B. Bytheway/P. Allatt/T. Keil (Hg.), Rethinking the Life Cycle, London 1987, 116.

539 P. Weindling, From isolation to therapy: children's hospitals and diphtheria in fin de siècle Paris, London and Berlin, in: R. Cooter (Hg.), In the Name of the Child: Health and Welfare, 1880–1940, London 1992, 124–145; S. A. Halpern, American Pediatrics: The Social dynamics of Professionalism, 1880–1980, Berkeley/Los Angeles/London 1988, 35, 40, 53–54, 57–79, 82.

540 M. Jackson, "Grown-up children": Understandings of health and mental deficiency in Edwardian England, in: Gijswijt-Hofstra/Marland (Hg.), Cultures of Child health, 149–168.

541 S. R. S. Szreter, The first scientific social structure of modern Britain 1875–1883, in: L. Bonfield/R. M. Smith/K. Wrightson (Hg.), The World We Have Gained: Histories of Population and Social Structure, Oxford 1986, 337–354; Report by Dr. W. Leslie Mackenzie and Captain A. Foster, on a collection of statistics as to physical condition of children attending the public schools of the School Board for Glasgow ..., in: Parliamentary Papers 1907 (Cd 3637).

542 G. Rosen, A History of Public Health, New York 1958, 365–374.

543 Cooter, In the Name of the Child, 12.

544 D. Riley, War in the Nursery: Theories of the Child and Mother, London 1983, 43, 51–52.

545 H. Cunningham, The Children of the Poor: Representations of Childhood since the Seventeenth Century, Oxford 1991, 196–200; Tiffin, In Whose Best Interest?, 267.

546 N. Rose, Governing the Soul: The Shaping of the Private Self, London/New York 1990, 132–150.

303

547 S. Kern, Freud and the discovery of child sexuality, in: History of Childhood Quarterly 1, 1973, 117–141.

548 J. Dekker, The Will to Change the Child: Re-education Homes for Children at Risk in Nineteenth Century Western Europe, Frankfurt a. M. 2001, 120–128.

549 M. Horn, before It's Too Late: The Child Guidance Movement in the United States, 1922–1945, Philadelphia 1989.

550 N. Sutherland, Children in English-Canadian Society: Framing the Twentieth-Century Consensus, Toronto 1976, 52–53, 59, 111, 233–236, 258.

551 A. M. Allen, Sophy Sanger: A Pioneer in Internationalism, Glasgow 1958, 54; E. T[ownshend] (Hg.), Keeling Letters and recollections, London 1918, 320.

552 D. Thom, Wishes, anxieties, play and gestures: child guidance in inter-war England, in: Cooter, In the Name of the Child, 200–219.

553 H. Hendrick, Child Welfare: Historical Dimensions, Contemporary Debate, Bristol 2003, 1–18.

554 A. L. Bowley/A. R. Burnett-Hurst, Livelihood and Poverty (1915), London/New York 1980, 43–45; J. Macnicol, The Movement for Family Allowances, 1918–1945: A Study in Social Policy Development, London 1980, 48–50; J. Lewis, Models of equality for women: the case of state support for children in twentieth-century Britain, in: G. Bock/P. Thane (Hg.), Maternity and Gender Policies: Women and the Rise of the European Welfare States, 1880s to 1950s, London 1991, 85.

555 J. Macnicol, Welfare, wages and the family: child endowment in comparative perspective, 1900–50, in: Cooter, In the Name of the Child, 244–275.

556 Hendrick, Child Welfare, 181–186, 209–216.

557 V. A. Zelizer, Pricing the Priceless Child: The Changing Social Value of Children, New York 1985, 55–72.

558 W. I. Trattner, Crusade for the Children: A History of the National Child Labor Committee and Child Labor Reform in America, Chicago 1970; J. P. Felt, Hostages of Fortune: Child Labor Reform in New York State, Syracuse 1965

559 R. Sieder, „Vata, derf i aufstehn?": childhood experiences in Viennese working-class families around 1900, in: Continuity and Change 1, 1986, 53.

560 F. Keeling, Child Labour in the United Kingdom, London 1914; N. de Coninck-Smith/B. Sandin/E. Schrumpf, Industrious Children: Work and Childhood in the Nordic Countries 1850–1990, Odense 1997, bes. 149–150.

561 P. Horn, The employment of elementary school children in agriculture 1914–1918, in: History of Education 12, 1983, 203–216; S. Cunningham, The problem that doesn't exist? Child labour in Britain 1918–1970, in: M. Lavalette (Hg.), A Thing of the Past? Child Labour in Britain in the Nineteenth and Twentieth Centuries, Liverpool 1999, 139–172; H. Cunningham, The decline of child labour: labour markets and family economies in Europe and North America since 1830, in: Economic History Review 53, 200, 409–428.

562 A. H. Halsey (Hg.), British Social Trends since 1900, Basingstoke 1988, 230; Mitchell, International Historical Statistics, 12–45, 854–877.

563 Hendrick, Child Welfare, passim, Zitat 189; vgl. auch K. Pringle, Children and Social Welfare in Europe, Buckingham/Philadelphia 1998, Zitat 181.

564 R. Spree, Shaping the child's personality: medical advice on child-rearing from the late eighteenth to the early twentieth century in Germany, in: Social History of Medecine 5, 1992, 317–335.

565 Bremner, Children and Youth in America, Bd. 2, 37.

566 Zitiert bei Cunningham, Children of the Poor, 220.

567 J. u. E. Newson, Culturals aspects of childrearing in the English speaking world, in. M. Richards (Hg.), The Integration of a Child into a Social World, Cambridge 1974, 53–82.

568 C. Hardyment, Dream Babies: Child Care from Locke to Spock, London 1983, 157–229.

569 H. Cravens, Child-saving in the age of professionalism, 1915–1930 und C. E. Strickland/A. M. Ambrose, The baby boom, prosperity, and the changing worlds of children, 1945–1963, beide in: J. M. Hawes/N. R. Hiner (Hg.), American Childhood: A Research Guide and Historical Handbook, Westport, Conn./London 1985, 441, 538.

570 Zitiert bei Strickland/Ambrose, The baby boom, prosperity, and the changing worlds of children, 540–541.

571 Riley, War in the Nursery, 80–108; Newson, Cultural aspects of childrearing, 62–63.

572 T. Thompson, Edwardian Childhoods, London 1981, 44, 57–58; R. Roberts, A Ragged Schooling (1976), London 1979, 152; Hentoff zitiert bei G. E. Elder, Children of the Great Depression: Social Change in Life Experience, Chicago/London 1974, 64.,

573 S. Humphries, Hooligans or rebels? An Oral History of Working-Class Childhood and Youth, Oxford 1981, 59–61; T. K. Hareven, Family Time and Industrial Time: The Relationships between Family and Work in a New England Industrial Community, Cambridge 1982, 189, 214–216, 226–227.

574 Elder, Children of the Great Depression, 64–70; vgl. N. Sutherland, Growing Up: Childhood in English Canada from the Great War to the Age of television, Toronto 1997, 131–132.

575 Zelizer, Pricing the Priceless Child; J. Seabroock, Working-Class Childhood: An Oral History, London 1982, 117–118.

576 Sieder, „Vata, derf i aufstehn?", 63, 68–69; R. A. Bray, The boy and the family, in: E. J. Urwick (Hg.), Studies of Boy Life in our Cities (1904), New/York/London 1980, 71–73.

577 Vgl. Etwa D. Dwork, War is Good for Babies and Other Young Children: A History of the Infant and Child Welfare Movement in England 1898–1918, London 1987; Masuy-Stroobant, Infant health and infant mortality, 26; B. Harris, The Health of the Schoolchild: A History of the School medical Service in England and Wales, Buckingham/Philadelphia 1995, 82–87, 165–171; zum Einfluss der napoleonischen Kriege vgl. Dekker, The Will to Change the Child, 47–48.

578 D. Dwork, Children with a Star: Jewish Youth in Nazi Europe, New Haven/London 1991; G. Eisen, Children and Play in the Holocaust: Games among the Shadows, Amherst 1988, Zitat 25; N. Stargardt, Children's Art of the Holocaust, in: Past and Present 161, 1998, 191–235.

579 Seabrook, Working-Class Childhood.

580 D. Buckingham, After the Death of Childhood: Growing Up in the Age of Electronic Media, Cambridge 2000.

581 R. L. Rapson, The American child as seen by British travellers, 1845–1935, in: American Quarterly 17, 1965, 520–534, Zitat 521.

582 T. Zeldin, France 1848–1945, 2 Bde., Oxford 1973, Bd. 1, 328–329, 338–342.

583 J. B. Priestley, Midnight on the Desert, London 1940, 150–152.

584 Zeldin, France 1848–1845, Bd. 1, 338–342.

585 J. u. E. Newson, Infant care in the Urban Community, London 1963, 219–240, Zitat 223, 231.

586 M. Young/P. Willmott, Family and Kinship in East London (1957), Harmondsworth 1968, 28.

587 B. Wishy, The Child and the republic: The Dawn of Modern American Child Nurture, Philadelphia 1968, 117–119; Zelizer, Pricing the Priceless Child, 97–112.

588 Women's Group on Public Welfare, Our Towns, Oxford 1943, 22.

589 S. Kline, Out of the Garden: Toys and Children's Culture in the Age of TV Marketing, London/New York 1993, 136.

590 Ebda., 74.

591 Ebda., 136, 138, 321; Buckingham, After the Death of Childhood, 65.

592 S. J. Matt, Children's envy and the emergence of the modern consumer ethic, 1890–1930, in: Journal of Social History 36, 2002–2003, 283–302.

593 M. Formanek-Brunell, Made to Play House: Dolls and the Commercialization of American Girlhood, 1830–1930, New Haven 1993; G. Cross, Kid's Stuff: Toys and the Changing World of American Childhood, Cambridge, Mass., 1997.

594 Guardian, 5. Mai 2004.

595 Zelizer, Pricing the Priceless Child, 138–165

596 Rapson, The American Child, 523; Zelizer, pricing the Priceless child, 11.

597 A. Higonnet, Pictures of innocence, The History and Crisis of a Childhood, London 1998, 9.

598 Zu einem ähnlichen Fall im Paris des Jahres 1834 und zu den ähnlichen Reaktionen darauf vgl. C. Nilan, Hapless innocence and precocious perversity in the courtroom melodrama: representation of child criminal in a Paris legal journal, 1830–1848, in: Journal of Family History 22, 1997, 273–274.

599 A. James/C. Jenks/A. Prout, Theorizing Childhood, Cambridge 1999, 3; zu anderen wichtigen Werken über diese Tradition vgl. A. James/A. Prout (Hg.), Constructing and Reconstructing Childhood, (1990), London 1997; C. Jenks, Childhood, London 1996; Hendrick, Child welfare.

600 D. J. Rothman, Documents in search of a historian: toward a history of children and youth in America, in: Journal of Interdisciplinary History 2, 1971–72, 369.

601 A. Farge, Fragile Lives: Violence, Power and Solidarity in Eighteenth-Century Paris, Cambridge 1993, 46–51.

602 Typische Arbeiten sind I. Pinchbeck/M. Hewitt, Children in English Society, 2 Bde., London 1969–73, und R. H. Bremner (Hg.), Children and Youth in America: A Documentary History, 2 Bde., Cambridge, Mass., 1971.

603 D. Marshall, The construction of children as an object of international relations:

the declaration of children's rights and the Child Welfare Committee of League of Nations 1900–1924, in: International Journal of Children's Rights 7, 1999, 103–147; ebda., the Cold War, Canada, and the United Nations Declaration of the Right of the Child, in: G. Donaghy (Hg.), Canada and the Early Cold War 1943–1957, Ottawa 1999, 183–212, 183–212; P. T. Rooke/R. L. Schnell, "Uncramping child life": international children's organisations, 1914–1939, in: P. Weindling (Hg.), International Health Organisations and Movements, 1918–1939, 176–202; J. Boyden, Childhood and the policy makers: a comparative perspective on the globalization of childhood, in: A. James/A. Prout (Hg.), Constructing and Reconstructing Childhood: Contemporary Issues in the Sociological Study of Childhood, London, 190–229.

604 H. Cunningham, The rights of the child and the wrongs of child labour: an historical perspective, in: K. Lieten/B. White (Hg.), Child Labour: Policy Options, Amsterdam 2001, 13–26.

605 S. Lynd, English Children, London 1942, 8.

Ausgewählte Literatur

Abrams, L., The Orphan Country: Children of Scotland's Broken Homes From 1845 to the Present Day (Edinburgh, 1998).

Alexandre-Bidon, D. – Lett, D., Children in the Middle Ages, Fifth-Fifteenth Centuries (Notre Dame, Indiana, 1999).

Anderson, M., Approaches to the History of the Western Family, 1500–1914 (London, 1980).

Ariès, P., Centuries of Childhood (Harmondsworth, 1960).

Ariès, P. – Duby, G. (Hgg.), Geschichte des privaten Letus (Frankfurt a. M., 1995).

Arnold, K. u. a., Kind in: Lexikon des Mittelalters, Bd V (München 1991), 1142–1149.

Avery, G. – Reynolds, K. (Hgg.), Representations of Childhood Death (Basingstoke, 2000).

Bedaux, J. B. – Ekkart, R. (Hgg.), Pride and Joy: Children's Portraits in the Netherlands, 1500–1700 (Ghent – Amsterdam, 2000).

Behlmer, G. K., Child Abuse and Moral Reform in England, 1870–1908 (Stanford, 1982).

Behlmer, G. K., Friends of the Family: The English Home and Its Guardians, 1850–1940 (Stanford, 1998).

Boas, G., The Cult of Childhood (London, 1966).

Bolin-Hort, P., Work, Family and the State: Child Labour and the Organization of Production in the British Cotton Industry, 1780–1920 (Lund, 1989).

Bonfield, L. – Smith, R. M. – Wrightson, K. (Hgg.), The World We Have Gained: Histories of Population and Social Structure (Oxford, 1986).

Boswell, J., The Kindness of Strangers: The Abandonment of Children in Western Europe from Late Antiquity to the Renaissance (1988; London, 1989).

Bottigheimer, R. B., The Bible for Children: From the Age of Gutenberg to the Present (New Haven London, 1996).

Bremner, R. (Hg.), Children and Youth in America: A Documentary History, 2 Bde (Cambridge, Mass., 1971).

Brown, M. R. (Hg.), Picturing Children: Constructions of Childhood Between Rousseau and Freud (Aldershot, 2002).

Buckingham, D., After the Death of Childhood: Growing Up in the Age of Electronic Media (Cambridge, 2000).

Buchholz, W. (Hg.), Kindheit und Jugend in der Neuzeit (Stuttgart, 2000).

Calvert, K., Children in the House: The Material Culture of Early Childhood, 1600–1900 (Boston, 1992).

Chatellier, L., The Europe of the Devout: The Catholic Reformation and the Formation of a New Society (1987; Cambridge, 1989).

Chisick, H., The Limits of Reform in the Enlightenment: Attitudes toward the Education of the Lower Classes in Eighteenth-Century France (Princeton, 1981).

Clement, P. C., Growing Pains: Children in the Industrial Age 1850–90 (New York, 1997).

Collinson, P., The Birthpangs of Protestant England: Religious and Cultural Change in the Sixteenth and Seventeenth Centuries (London, 1988).

Cooter, R. (Hg.), In the Name of the Child: Health and Welfare, 1880–1940 (London, 1992).

Corsini, C. A. – Viazzo, P. P. (Hgg.), The Decline of Infant Mortality in Europe 1800–1950: Four National Case Studies (Florenz, 1993).

Corsini, C. A. – Viazzo, P. P. (Hgg.), The Decline of Infant and Child Mortality: The European Experience, 1750–1990 (Den Haag, 1997).

Coveney, P., The Image of Childhood (1957; Harmondsworth, 1966).

Cross, G., Kids' Stuff: Toys and the Changing World of American Childhood (Cambridge, Mass., 1997).

Cunningham, H., The Children of the Poor: Representations of Childhood since the Seventeenth Century (Oxford, 1991).

Cunningham, H. – Viazzo, P. P. (Hgg.), Child Eabour in Historical Perspective 1800–1985: Case Studies from Europe, Japan and Colombia (Florenz, 1996).

Darnton, R., The Great Cat Massacre, and Other Episodes in French Cultural History (1984; Harmondsworth, 1985).

Davidoff, L. – Hall, C., Family Fortunes: Men and Women of the English Middle Class, 1780–1850 (London, 1987).

Davin, A., Growing Up Poor: Home, School and Street in London 1870–1914 (London, 1996).

Davis, N. Z., Society and Culture in Early Modern France (Cambridge, 1987).

De Coninck-Smith, N., Sandin, B. and Schrumpf, E. (Hgg.), Industrious Children: Work and Childhood in the Nordic Countries 1850–1990 (Odense, 1997).

Dekker, J., The Will to Change the Child: Re-education Homes for
Children at Risk in Nineteenth Century Western Europe (Frankfurt a. M., 2001).

Dekker, R., Childhood, Memory and Autobiography in Holland: From the Golden Age to Romanticism (Basingstoke, 2000).

De Mause, L. (Hg.), The History of Childhood (1974; London, 1976).

Demos, J., A Little Commonwealth: Family Life in Plymouth Colony (New York, 1970).

Dickinson, E. R., The Politics of German Child Welfare from the Empire to the Federal Republic (Cambridge, Mass. and London, 1996).

Dixon, S., The Roman Family (London, 1992).

Donzelot, J., The Policing of Families (1977; London, 1980).

Dwork, D., War is Good for Babies and Other Young Children: A History of the Infant and Child Welfare Movement in England 1898–1918 (London, 1987).

Dwork, D., Children with a Star: Jewish Youth in Nazi Europe (New Haven and London, 1991).

Eisen, G., Children and Play in the Holocaust: Games among the Shadows (Amherst, 1988).

Elder, G. H., Children of the Great Depression: Social Change in Life Experience (London, 1974).

Elder, G. H., Modell, J. – Park, R. D., Children in Time and Place: Developmental and Historical Insights (Cambridge, 1993).

Elias, N., The History of Manners: The Civilizing Process, Vol. 1 (1939; New York, 1978).

Fairchilds, C. C., Poverty and Charity in Aix-en-Provence, 1640–1789 (London, 1976).

Farge, A., Fragile Lives (Cambridge, 1993).

Farge, A. – Revel, J., The Rules of Rebellion: Child Abductions in Paris in 1750 (Cambridge, 1991).

Fass, P. S., Kidnapped: Child Abduction in America (New York, 1997).

Fass, P. S. (Hg.), Encyclopedia of Children and Childhood in History and Society, 3 Bde (New York, 2004).

Felt, J. P., Hostages of Fortune: Child Labor Reform in New York State (Syracuse, 1965).

Fildes, V., Wet Nursing: A History from Antiquity to the Present (Oxford, 1988).

Fildes, V. (Hg.), Women as Mothers in Pre-Industrial England (London, 1990).

Fildes, V. u. a. (Hgg.), Women and Children First: International Maternal and Infant Welfare, 1870–1945 (London, 1992).

Finucane, R. C., The Rescue of the Innocents: Endangered Children in Medieval Miracles (Basingstoke, 1997).

Flandrin, J. L., Families in Former Times: Kinship, Household and Sexuality (1976; Cambridge, 1979).

Fletcher, A., Gender, Sex and Subordination in England 1500–1800 (New Haven and London, 1995).

Fletcher, A. and Hussey, S. (Hgg.), Childhood in Question: Children, Parents and the State (Manchester, 1999).

Formanek-Brunell, M., Made to Play House: Dolls and the Commercialization of American Girlhood, 1830–1930 (New Haven, 1993).

Fuchs, R., Abandoned Children: Foundlings and Child Welfare in Nineteenth Century France (Albany, 1984).

Gavitt, P., Charity and Children in Renaissance Florence: The Ospedale degli Innocenti, 1410–1536 (Ann Arbor, 1991).

Gélis, J., History of Childbirth: Fertility, Pregnancy and Birth in Early Modern Europe (Cambridge, 1991).

Gijswijt-Hofstra, M. – Marland, H. (Hgg.), Cultures of Child Health in Britain and the Netherlands in the Twentieth Century (Amsterdam and New York, 2003).

Gillis, J. R., A World of Their Own Making: A History of Myth and Ritual in Family Life (Oxford, 1997).

Gillis, J. R., Tilly, L. A. and Levine, D. (Hgg.), The European Experience of Declining Fertility, 1850–1970: The Quiet Revolution (Oxford, 1992).

Golden, M., Children and Childhood in Classical Athens (London, 1990).

Goody, J., The Development of the Family and Marriage in Europe (Cambridge, 1983).

Gordon, L., Heroes of Their Own Lives: The Politics and History of Family Violence (London, 1989).

Graff, H. J., Conflicting Paths: Growing Up in America (Cambridge, Mass., 1995).

Graff, H. J. (Hg.), Growing Up in America: Historical Experiences (Detroit, 1987).

Greven, P., The Protestant Temperament: Patterns of Child-Rearing, Religious Experience, and the Self in Early America (New York, 1977).

Grew, R. – Harrigan, P. J., School, State and Society: The Growth of Elementary Schooling in Nineteenth-Century France: A Quantitative Analysis (Ann Arbor, 1991).

Haas, L., The Renaissance Man and His Children: Childbirth and Early Childhood in Florence 1300–1600 (Basingstoke, 1998).

Halpern, S. A., American Pediatrics: The Social Dynamics of Professionalism, 1880–1980 (Berkeley, 1988).

Hämmerle, C. (Hg.)., Kindheit im Ersten Weltkrieg (Wien, 1993).

Hanawalt, B. A., The Ties That Bound: Peasant Families in Medieval England (New York, 1986).

Hanawalt, B. A., Growing Up in Medieval London: The Experience of Childhood in History (Oxford, 1993).

Hardyment, C., Dream Babies: Child Care from Locke to Spock (London, 1983).

Hareven, T. K., Family Time and Industrial Time: The Relationship between the Family and Work in a New England Industrial Community (Cambridge, 1982).

Harris, B., The Health of the Schoolchild: A History of the School Medical Service in England and Wales (Buckingham – Philadelphia, 1995).

Hawes, J. M., Children Between the Wars: American Childhood 1920–1940 (New York, 1997).

Hawes, J. M. – Hiner, N. R. (Hgg.), American Childhood: A Research Guide and Historical Handbook (London, 1985).

Heathorn, S., For Home, Country, and Race: Constructing Gender, Class, and Englishness in the Elementary Schools of Victorian England, 1880–1914 (Buffalo – London, 2000).

Henderson, J. – Wall, R. (Hgg.), Poor Women and Children in the European Past (London, 1994).

Hendrick, H., Children, Childhood and English Society, 1880–1990 (Cambridge, 1997).

Hendrick, H., Child Welfare: Historical Dimensions, Contemporary Debate (Bristol, 2003).

Herlihy, D., Medieval Households (London, 1985).

Heywood, C., Childhood in Nineteenth-Century France: Work, Health and Education Among the ›Classes Populaires‹ (Cambridge, 1988).

Heywood, C., A History of Childhood: Children and Childhood in the West from Medieval to Modern Times (Cambridge, 2001).

Higonnet, A., Pictures of Innocence: The History and Crisis of Ideal Childhood (London, 1998).

Hindman, H. D., Child Labor: An American History (Armonk, New York – London, 2002).

Hoffer, P. C. – Hull, N. E. H., Murdering Mothers: Infanticide in England and New England, 1558–1803 (New York, 1981).

Hopkins, E., Childhood Transformed: Working-Class Children in Nineteenth-Century England (Manchester, 1994).

Horn, M., Before It's Too Late: The Child Guidance Movement in the United States, 1922–1945 (Philadelphia, 1989).

Houlbrooke, R. A., The English Family 1450–1700 (London, 1984).

Houston, R. A., Literacy in Early Modern Europe: Culture and Education, 1500–1800 (London, 1988).

Hsia, R. P., Social Discipline in the Reformation: Central Europe 1550–1750 (London, 1992).

Hufton, O. H., The Poor of Eighteenth-Century France, 1750–1789 (Oxford, 1974).

Hunt, D., Parents and Children in History: The Psychology of Family Life in Early Modern France (New York, 1970).

Hunt, L., The Family Romance of the French Revolution (Berkeley, 1992).

Hurt, J. S., Elementary Schooling and the Working Classes 1860–1918 (London, 1979).

Jackson, L. A., Child Sexual Abuse in Victorian England (London, 2000).

Jackson, M., New-Born Child Murder: Women, Illegitimacy and the Courts in Eighteenth-Century England (Manchester, 1996).

Jackson, M. (Hg.), Infanticide: Historical Perspectives on Child Murder and Concealment, 1550–2000 (Aldershot, 2002).

Jaffé, D., The History of Toys (Phenix Mill, 2006).

James, A. – Prout, A. (Hgg.), Constructing and Reconstructing Childhood, 2nd ed. (London, 1997).

James, A., Jenks, C. – Prout A., Theorizing Childhood (Cambridge, 1998).

Jenks, C., Childhood (London and New York, 1996).

Kertzer, D. I., Sacrificed for Honor: Italian Infant Abandonment and the Politics of Reproductive Control (Boston, 1993).

Kertzer, D. I. – Barbagli, M. (Hgg.), Family Life, 3 Bde, I. 1500–1789, II. 1789–1913, III. In the Twentieth Century (New Haven – London, 2001–2003). (deutsche Ausgabe in Vorbereitung, Düsseldorf, 2006–2008).

Kertzer, D. I. – Sailer, R. P. (Hgg.), The Family in Italy from Antiquity to the Present (New Haven, 1991).

Kincaid, J. R., Child-Loving: The Erotic Child and Victorian Culture (New York and London, 1992).

Kirby, P., Child Labour in Britain, 1750–1870 (Basingstoke, 2003).

Kirchhöfer, D. u. a. (Hgg.), Kindheit in der DDR (Frankfurt a. M., 2003).

Klapisch-Zuber, C., Women, Family and Ritual in Renaissance Italy (London, 1985).

Klaus, A., Every Child a Lion: The Origins of Maternal and Infant Health Policy in the United States and France, 1890–1920 (Ithaca, 1993).

Kleindienst, J. (Hg.), Nachkriegs-Kinder. Kindheit in Deutschland 1945–1950 (Berlin, 2006).

Kline, S., Out of the Garden: Toys and Children's Culture in the Age of TV Marketing (London, 1993).

Koven, S. – Michel, S., Mothers of a New World: Maternalist Politics and the Origins of Welfare States (London, 1993)

Ladurie, E. Le Roy, Montaillou: Cathars and Catholics in a French Village 1294–1324 (Harmondsworth, 1980).

Lasch, C., Haven in a Heartless World: The Family Besieged (New York, 1977).

Laslett, P., Family Life and Illicit Love in Earlier Generations (Cambridge, 1977).

Laslett, P. (Hg.), Household and Family in Past Time (Cambridge, 1972).

Laslett, P., Oosterveen, K. and Smith, R. M. (Hgg.), Bastardy and its Comparative History (London, 1980).

Lavalette, M. (Hg.), A Thing of the Past? Child Labour in Britain in the Nineteenth and Twentieth Centuries (Liverpool, 1999).

Lawrence, J. – Starkey, P. (Hgg.), Child Welfare and Social Action in the Nineteenth and Twentieth Centuries: International Perspectives (Liverpool, 2001).

Leith, J. A. (Hg.), Facets of Education in the Eighteenth Century, Studies on Voltaire and the Eighteenth Century, CLXVII (1977).

Levine, D., Reproducing Families: The Political Economy of English Population History (Cambridge, 1987).

Lindenmeyer, K., ›A Right to Childhood‹: The U.S. Children's Bureau and Child Welfare, 1912–46 (Urbana – Chicago, 1997).

Lis, C., Social Change and the Labouring Poor: Antwerp, 1770–1860 (London, 1986).

McCants, A. E. C., Civic Charity in a Golden Age: Orphan Care in Early Modern Amsterdam (Urbana – Chicago, 1997).

McClure, R. K., Coram s Children: The London Foundling Hospital in the Eighteenth Century (London, 1981).

Macfarlane, A., Marriage and Love in England: Modes of Reproduction 1300–1840 (Oxford, 1986).

McGavran, J. H. (Hg.), Romanticism and Children's Literature in Nineteenth-Century England (Atlanta, 1991).

Macleod, D. I., The Age of the Child: Children in America, 1890–1920 (New York, 1998).

Macnicol, J., The Movement for Family Allowances, 1918–45: A Study in Social Policy Development (London, 1980).

Mahood, L., Policing Gender, Class and Family: Britain 1850–1940 (London, 1995).

Matthews Grieco, S. F. – Corsini, C. A., Historical Perspectives on Breastfeeding (Florenz, 1991).

Maynes, M. J., Schooling for the People: Comparative Local Studies of Schooling History in France and Germany, 1750–1850 (New York, 1985).

Maynes, M. J., Schooling in Western Europe: A Social History (Albany, 1985).

Meckel, R. A., Save the Babies: American Public Health Reform and the Prevention of Infant Mortality, 1850–1929 (Baltimore, 1990).

Medick, H. – Sabean, D. W. (Hgg.), Interest and Emotion: Essays on the Study of Family and Kinship (Cambridge, 1984).

Melton, J. und H., Absolutism and the Eighteenth-Century Origins of Compulsory Schooling in Prussia and Austria (Cambridge, 1988).

Meyer, P., The Child and the State: The Intervention of the State in Family Life (1977; Cambridge, 1983).

Mitterauer, M.,Sozialgeschichte der Jugend, Frankfurt a. M., 1992³

Mitterauer, M. – Seider, R., The European Family: Patriarchy to Partnership from the Middle Ages to the Present (Oxford, 1982).

Morgan, J., Godly Learning: Puritan Attitudes Towards Reason, Learning, and Education, 1560–1640 (Cambridge, 1986).

Mount, F., The Subversive Family (London, 1982).

Nardinelli, C., Child Labor and the Industrial Revolution (Bloomington and Indianapolis, 1990).

Negt, O., Kindheit und Schule in einer Welt der Umbrüche (Göttingen, 1999).

Opie, I. – P., The Lore and Language of Schoolchildren (1959; St Albans, 1977).

Orme, N., Medieval Children (New Haven – London, 2001).

Ozment, S., When Fathers Ruled: Family Life in Reformation Europe (London, 1983).

Panter-Brick, C. and Smith M. T. (Hgg.), Abandoned Children (Cambridge, 2000).

Parr, J., Labouring Children: British Immigrant Apprentices to Canada, 1869–1924 (London, 1980).

Parr, J. (Hg.), Childhood and Family in Canadian History (Toronto, 1982).

Peter, K., Beloved Children: History of Aristocratic Childhood in Hungary in the Early Modern Age (Budapest, 2001).

Phythian-Adams, C., Desolation of a City: Coventry and the Urban Crisis of the Late Middle Ages (Cambridge, 1979).

Pickering, S. F., Jr., John Locke and Children's Books in Eighteenth-Century England (Knoxville, 1981).

Pinchbeck, I. and Hewitt, M., Children in English Society, 1 Bde (London, 1969–73).

Platt, A. M., The Child Savers: The Invention of Delinquency (1969; London, 1977).

Pointon, M., Hanging the Head: Portraiture and Social Formation in Eighteenth-Century England (New Haven and London, 1993).

Pollock, L. A., Forgotten Children: Parent-Child Relations from 1500 to 1900 (Cambridge, 1983).

Postman, N., Das Verschwinden der Kindheit (Frankfurt a. M., 2006).

Preston, S. H. – Haines, M. R., Fatal Years: Child Mortality in Late Nineteenth-Century America (Princeton, 1990).

Pullan, B., Rich and Poor in Renaissance Venice: The Social Institutions of a Catholic State, to 1620 (Oxford, 1971).

Pullan, B., Orphans and Foundlings in Early Modern Europe (Reading, 1989).

Ransel, D. L., Mothers of Misery: Child Abandonment in Russia (Princeton, 1988).

Rawson, B., Children and Childhood in Roman Italy (Oxford, 2003).

Rawson, B. (Hg.), The Family in Ancient Rome: New Perspectives (London, 1986).

Rawson, B. (Hg.), Marriage, Divorce, and Children in Ancient Rome (Canberra and Oxford, 1991).

Riley, D., War in the Nursery: Theories of the Child and Mother (London, 1983).

Robins, J. A., The Lost Children: A Study of Charity Children in Ireland, 1700–1900 (Dublin, 1980).

Rose, L., The Erosion of Childhood: Child Oppression in Britain 1860–1918 (London, 1991).

Rose, N., Governing the Soul: The Shaping of the Private Self (London and New York, 1990).

Rosenblum, R., The Romantic Child from Runge to Sendak (London, 1988).

Rothman, D. J., The Discovery of the Asylum: Social Order and Disorder in the New Republic (Boston, 1971).

Schafer, S., Children in Moral Danger and the Problem of Government in Third Republic France (Princeton, 1997).

Schama, S., The Embarrassment of Riches: An Interpretation of Dutch Culture in the Golden Age (London, 1987).

Schlossman, S. L., Love and the American Delinquent: The Theory and Practice of Progressive Juvenile Justice, 1825–1920 (Chicago, 1977).

Schultz, J. A., The Knowledge of Childhood in the German Middle Ages, 1100–1350 (Philadelphia, 1995).

Scott, H. M. (Hg.), Enlightened Absolutism: Reform and Reformers in Later Eighteenth-Century Europe (London, 1990).

Seabrook, J., Working-Class Childhood: An Oral History (London, 1982).

Shahar, S., Kindheit im Mittelalter (Düsseldorf, 2003²).

Sherwood, J., Poverty in Eighteenth-Century Spain: The Women and Children of the Inclusa (Toronto, 1988).

Shore, H., Artful Dodgers: Youth and Crime in Early Nineteenth-Century London (Woodbridge, Suffolk, 1999).

Shorter, E., The Making of the Modern Family (London, 1976).

Simonton, D. (Hg.), The Routledge History of Women in Europe since 1700 (Abingdon – New York, 2006). (deutsche Ausgabe in Vorbereitung, Düsseldorf 2007).

Skocpol, T., Protecting Soldiers and Mothers: The Political Origins of Social Policy in the United States (London, 1992).

Smith, R. M. (Hg.), Land, Kinship and Life-Cycle (Cambridge, 1984).

Sommerville, J., The Rise and Fall of Childhood (London, 1982).

Steedman, C., The Tidy House: Little Girls Writing (London, 1982).

Steedman, C., Childhood, Culture and Class in Britain: Margaret McMillan, 1860–1931 (London, 1990).

Steedman, C., Strange Dislocations: Childhood and the Idea of Human Inferiority, 1780–1930 (London, 1995).

Steward, J. C., The New Child: British Art and the Origins of Modern Childhood 1730–1830 (Berkeley, 1995).

Stone, L., The Family, Sex and Marriage in England 1500–1800 (London, 1977).

Strauss, G., Luther's House of Learning: Indoctrination of the Young in the German Reformation (London, 1978).

Sussman, G. D., Selling Mother's Milk: The Wet-Nursing Business in France, 1715–1914 (Urbana, 1982).

Sutherland, N., Children in English Canadian Society: Framing the Twentieth-Century Consensus (Toronto, 1976).

Sutherland, N., Growing Up: Childhood in English Canada from the Great War to the Age of Television (Toronto, 1997).

Thomas, K., Rule and Misrule in the Schools of Early Modern England (Reading, 1976).

Tiffin, S., In Whose Best Interest? Child Welfare Reform in the Progressive Era (London, 1982).

Tilly, L. A. and Scott, J. W., Women, Work, and Family (New York, 1978).

Todd, M., Christian Humanism and the Puritan Social Order (Cambridge, 1987).

Tosh, J., A Man's Place: Masculinity and the Middle-Class Home in Victorian England (New Haven – London, 1999).

Trattner, W. I., Crusade for the Children: A History of the National Child Labor Committee and Child Labor Reform in America (Chicago, 1970).

Trumbach, R., The Rise of the Egalitarian Family: Aristocratic Kinship and Domestic Relations in Eighteenth-Century England (London, 1978).

Tuttle, C., Hard at Work in Factories and Mines: The Economics of Child Labor During the British Industrial Revolution (Boulder, 1999).

Weber, E., Peasants into Frenchmen: The Modernization of Rural France 1870–1914 (London, 1977).

Weissbach, L. S., Child Labor Reform in Nineteenth-Century France (London, 1989).

Wiedemann, T., Adults and Children in the Roman Empire (London, 1989).

Wishy, B., The Child and the Republic: The Dawn of Modern American Child Nurture (Philadelphia, 1968).

Wood, D. (Hg.), The Church and Childhood (Oxford, 1994).

Zeldin, T., France 1848–1945, Vol. I (Oxford, 1973).

Zelizer, V. A., Tricing the Priceless Child: The Changing Social Value of Children (New York, 1985).

Zucchi, J. E., The Little Slaves of the Harp: Italian Child Street Musicians in Nineteenth-Century Paris, London, and New York (Montreal, 1992).

Personenregister

Abbott, Jacob 108
Alberti, Leon Battista 67
Alcott, Bronson 113
Alcott, Louisa 115
Aldrich, Anderson und Mary 252
Anderson, Michael 27, 30, 156
Anselm von Canterbury 56, 70
Ariès, Philippe 16, 17, 18, 19, 20, 23,
    27, 49, 50, 51, 52, 53, 57, 59, 64,
    65, 92, 94, 109, 257, 269, 270, 271,
    273
Aristoteles 38
Aubry, Étienne 106
Augustinus 48, 49

Barbauld, Mrs 108
Barnardo, Dr. 191, 211
Bayne-Powell, R. 15
Beales, Derek 177
Becon, Thomas 76, 79
Berquin, Arnaud 106
Beskoi, Iwan 181
Beverwijck, Johan van 83
Binet, Alfred 237
Blake, William 111
Boswell, John 36, 37, 38, 47
Brace, Charles Loring 210
Browning, Elizabeth Barrett 201, 202
Bulger, James 267
Burt, Cyril 240, 250
Butler, Samuel 108

Campion, Henri de 89, 91

Carpenter, Mary 206
Cawton, Thomas 75
Cicero 44
Coleridge, S.T. 196
Collinson, Patrick 87
Cooper, Edward H. 233
Cooter, Roger 239
Cowper, William 148
Cranmer, Thomas 76

Danton, Georges Jacques 187
Darwin, Charles 239
Datini, Francesco 163
Davenport-Hill, Florence 192
Davis, Natalie 164
Day, Thomas 104
Defoe, Daniel 100, 129
Dekker, Jeroen 207
Delacroix, Eugène 204
Denmans, R.D. 15
Devine, Edward T. 192
Dickens, Charles 112
Dixon, Suzanne 45
Donzelot, Jacques 182, 187, 230
Dunlop, O. J. 15
Dutroux, Marc 274

Earle, John 72
Edgewood, Richard 104
Edwards, Jonathan 85
Eicholz, Alfred 224
Elias, Norbert 16, 17, 274
Eliot, George 112

Bildnachweis